리더스관리사

적중모의고사 900제

시대에듀

머리말

정보산업의 발달과 함께 국제화시대를 맞은 오늘날, 급변하는 기업 경영 환경과 더불어 고객들의 요구와 니즈가 다양해졌습니다. 이러한 고객의 요구를 만족시키기 위해 고객만족 교육과 운영의 중요성이 더욱 부각되고 있습니다. 고객만족을 위한 기업 경영은 해외 직접투자가 성장함에 따라 국내 경쟁에서 글로벌 경쟁으로까지 그 범위가 확대되어, 결국 초일류 기업만이 살아남는 상황에 직면하게 된 것입니다.

이와 같이 중요한 고객만족경영은 고객이 고령화, 편협화됨에 따라 더 많은 수요를 갖게 되었습니다. 고객만족이 재무, 마케팅, 인사 등과 같은 기업 경영의 기능으로 자리 잡는 현 추세에 비추어 볼 때, 고객만족에 대한 전문성을 가진 경영인과 체계적인 교육이 절대적으로 필요할 것입니다.

CS Leaders(CS리더스관리사)는 다양한 고객의 입장에서 고품질 서비스의 필요성과 역할에 부합되도록 직무를 정의하고, 비즈니스 경쟁력 향상을 위한 서비스체계 구축기반 마련에 기여함으로써 고객중심의 산업화 시대에 부응하는 고객만족 서비스의 기반이 될 것입니다.

이에 CS리더스관리연구소는 보다 효율적이고 확실한 효과가 있는 학습을 위하여 본서를 출간하게 되었습니다. 이 책의 특징은 다음과 같습니다.

❶ 핵심개념을 예·복습할 수 있도록 실제 기출 키워드를 요약하여 '빨리보는 간단한 키워드'를 수록하였습니다.
❷ 10개년(2015~2024) 기출유형을 파악하여 모의고사 10회분과 상세한 해설을 수록하였습니다. 문제와 해설을 별도로 분리하여 실전처럼 연습할 수 있도록 구성하였습니다.

시대에듀는 독자 여러분의 합격을 진심으로 기원합니다.

편저자 씀

자격증·공무원·금융/보험·면허증·언어/외국어·검정고시/독학사·기업체/취업
이 시대의 모든 합격! 시대에듀에서 합격하세요!
www.youtube.com ➜ 시대에듀 ➜ 구독

이 책의 구성과 특징

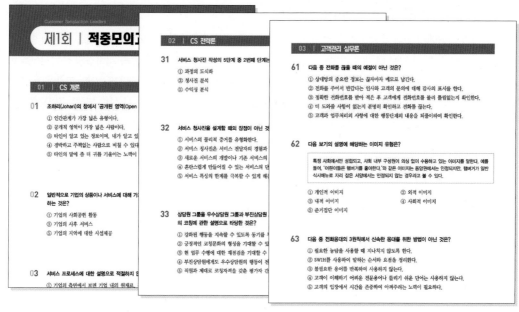

실제시험처럼 과목별 30문제씩 구성되어 있는 모의고사를 풀어보며 본인에게 취약한 과목을 찾을 수 있습니다. 자주 틀리는 과목을 여러번 풀어보며 합격에 도전하세요!

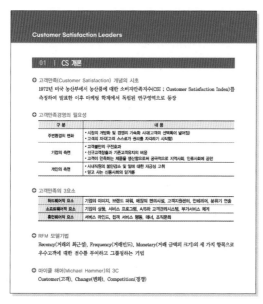

빨리보는 간단한 KEY워드

시험에 자주 출제되는 핵심 개념들을 간추려 담아냈습니다. 시험 전 읽어보며 개념을 상기시키는 합격의 KEY로 활용할 수 있습니다.

혼자서도 학습 가능한 명쾌한 해설

맞은 문항은 왜 맞았는지, 틀린 문항은 왜 틀렸는지, 문제 속 핵심 개념은 무엇인지 명쾌하고 상세한 해설로 수험생 스스로 철저한 시험 대비가 가능합니다.

시험안내

◇ CS리더스관리사(CS Leaders)란?

고객의 입장에서 고품질 서비스의 필요성과 역할에 부합되도록 직무를 정의하고, 비즈니스 경쟁력 향상을 위한 서비스 체계 기반 마련에 기여할 수 있는 인재를 위한 자격증이다. 고객만족 서비스의 전문지식을 바탕으로 실제 생활과 비즈니스(Business)의 효율성과 실용성을 달성하기 위해 CS 기획, 고객응대, 고객감동을 극대화시킬 수 있는 실무적 지식능력을 평가하며, 고객 컴플레인 발생 시 상황 분석능력 및 해결책 제시능력에 관한 업무를 얼마나 신속하고 정확하게 수행할 수 있는가에 대한 능력을 평가한다.

◇ 시험진행

검정방법	필기시험(객관식 90문항/90분/5지선다형)
시행처	(사) 한국정보평가협회(www.kie.or.kr)
응시대상	제한없음

◇ 2024~2025년 시험일정

회 차	접수기간	시험일	합격자 발표일
1회	23.12.18~23.12.22	24.01.14(일)	23.01.19(금)
2회	24.01.22~24.01.26	24.02.18(일)	24.02.23(금)
3회	24.02.26~24.03.04	24.03.17(일)	24.03.22(금)
4회	24.03.25~24.04.01	24.04.04(일)	24.04.19(금)
5회	24.04.22~24.04.29	24.05.19(일)	24.05.24(금)
6회	24.05.27~24.06.03	24.06.16(일)	24.06.21(금)
7회	24.06.24~24.07.01	24.07.13(토)	24.07.19(금)
8회	24.07.22~24.07.26	24.08.11(일)	24.08.16(금)
9회	24.08.19~24.08.23	24.09.08(일)	24.09.13(금)
10회	24.09.23~24.09.27	24.10.13(일)	24.10.18(금)
11회	24.10.21~24.10.25	24.11.10(일)	24.11.15(금)
12회	24.11.18~24.11.22	24.12.08(일)	24.12.13(금)
25~1회	24.12.16~24.12.20	25.01.12(일)	25.01.17(금)

※ 2025년 시험일정이 모두 공개되지 않은 관계로, 현재 공개되어 있는 시험일정을 수록하였습니다. 시험 전 반드시 시행처 홈페이지(www.kie.or.kr)를 방문하여 확인하시기 바랍니다.

※ 시험일정 및 장소는 협회의 사정에 따라 변경될 수 있습니다.

◇ 합격결정기준

❶ 합격 : 전 과목 평균 100점 만점에 60점 이상

❷ 불합격 : 전 과목 평균 100점 만점에 60점 미만

❸ 과락으로 인한 불합격 : 3과목 중 단일 과목 획득 점수 40점 미만

◇ 정답 개수별 환산 점수

정답 개수	점 수	환산 점수	정답 개수	점 수	환산 점수	정답 개수	점 수	환산 점수
1	1.11	1	31	34.41	34	61	67.71	68
2	2.22	2	32	35.52	36	62	68.82	69
3	3.33	3	33	36.63	37	63	69.93	70
4	4.44	4	34	37.74	38	64	71.04	71
5	5.55	5	35	38.85	39	65	72.15	72
6	6.66	6	36	39.96	40	66	73.26	73
7	7.77	7	37	41.07	41	67	74.37	74
8	8.88	8	38	42.18	42	68	75.48	75
9	9.99	9	39	43.29	43	69	76.59	77
10	11.10	10	40	44.40	44	70	77.70	78
11	12.21	11	41	45.51	46	71	78.81	79
12	13.32	12	42	46.62	47	72	79.92	80
13	14.43	13	43	47.73	48	73	81.03	81
14	15.54	16	44	48.84	49	74	82.14	82
15	16.65	17	45	49.95	50	75	83.25	83
16	17.76	18	46	51.06	51	76	84.36	84
17	18.87	19	47	52.17	52	77	85.47	85
18	19.98	20	48	53.28	53	78	86.58	87
19	21.09	21	49	54.39	54	79	87.69	88
20	22.20	22	50	55.50	56	80	88.80	89
21	23.31	23	51	56.61	57	81	89.91	90
22	24.42	24	52	57.72	58	82	91.02	91
23	25.53	26	53	58.83	59	83	92.13	92
24	26.64	27	54	59.94	60	84	93.24	93
25	27.75	28	55	61.05	61	85	94.35	94
26	28.86	29	56	62.16	62	86	95.46	95
27	29.97	30	57	63.27	63	87	96.57	97
28	31.08	31	58	64.38	64	88	97.68	98
29	32.19	32	59	65.49	65	89	98.79	99
30	33.30	33	60	66.60	67	90	99.90	100

※ 정답의 개수가 54개 이상일 시, 합격입니다.

1과목 CS 개론

\# 관광 서비스의 정의 \# 코틀러 고객만족(CS) 개념 \# 피시본 다이어그램 \# 웹시족
\# 고객가치 정보 \# CRM 도입 실패 요인 \# e-CRM 도입 효과 \# 넬슨 존스의 인간관계 심화요인
\# CRM 전략수립 \# 최신효과 발생 원인 \# 에릭 번 시간의 구조화 \# 알더퍼 ERG 이론
\# 감성 리더십 \# 고객만족결정 \# 러브록 다차원적 서비스 분류 \# MBTI \# 고객충성도 사다리모델
\# 노드스트롬 기본 경영원칙 \# 생산성 향상 운동(3S) \# QFD의 발전 과정
\# 서비스 프로세스 매트릭스 \# 공정성 이론 \# 품질의 집 \# 고객만족을 위한 실천 과제
\# 기업 및 제품 선택에서 위험을 줄이기 위한 소비자의 행동 \# 협업 CRM \# 대인지각 왜곡유형
\# 거래 시 서비스 \# 거래 후 서비스 \# 해리스의 인간관계 유형 \# 리더의 특성

2과목 CS 전략론

\# MOT 사이클 차트 분석 \# 고객인지 가치 \# 서비스 수익 체인 \# 서비스 전달 시스템
\# 서비스 품질 측정의 어려움 \# 기대된 서비스 \# 내부 마케팅 \# 직접 측정 \# 충성도 전략
\# 고객만족을 위한 계획 수립 \# 케렌시아 \# 상층흡수 가격정책 \# 마이클 포터 가치 체인
\# 서비스 품질 개선 방안 \# 고객경험관리(CEM)의 특징 \# 바넘 효과 \# 문헌연구법 \# 역할 모호성 발생 원인
\# 기능화 위주의 서비스 전달 시스템 \# 핵심 서비스 실패 \# 서비스 청사진 구성도 \# SERVQUAL의 5가지 품질
\# 고객가치의 특성 \# 품질 구성요소 \# SERVQUAL GAP \# 고객가치의 특성 \# RFM 기법
\# 고객 충성도의 유형 \# 의료기관의 특징 \# 서비스 패러독스 \# 내구성과 유형성 및 용도에 따른 소비재 분류
\# 애프터 서비스(A/S)의 품질 차원 \# 리츠칼튼 호텔의 서비스 활용 사례 \# 서비스 표준안 작성 시 고려사항
\# 미스터리 쇼핑 \# 서비스 실패 \# 서비스 품질의 문제 발생 원인 \# 트렌드(Trend) 개념과 특징

3과목 고객관리 실무론

\# 첫인상 \# 전화응대 자세 \# iCAN 전략 모형 \# 콜센터 전략적 정의 \# 악수 예절 \# 홉스테드 문화차원 이론
\# 전자우편 네티켓 \# 소비자중심경영의 인증 \# 개인정보의 열람 \# 토의법 \# 브레인스토밍 \# 비즈니스 화법
\# 불만고객 \# 맥락효과 \# 클레임(Claim)과 컴플레인(Complain) \# 엘리베이터 이용예절
\# 인바운드 콜센터 특징 \# 정보적 프레젠테이션 \# 안드라고지 학습 \# OJT의 장점
\# 가명정보 처리에 대한 과징금 부과 등 \# 이마무라 세이와 소비자의 정의 \# 소비자의 능력 향상
\# 소비자단체소송 대상 \# 와이블 개인정보 유형 \# 정부주체의 권리 \# 개인정보에 관한 OECD 8원칙
\# 한국소비자원의 피해구제 \# 광고의 기준 \# 가토 이치로 소비자 정의 \# 텔레마케팅 전개 과정
\# 수명과 보고 \# 코칭의 단점 \# 메라비언 언어적인 요소 \# 인사하는 방법 \# 절하는 방법
\# 스크립트 작성 원칙 \# 직무 스트레스 대처법 \# 콜센터 모니터링 방법 \# 의전의 5R(원칙) \# MICE 산업의 분류

모든 서비스 분야의 자격증이 그렇듯 CS Leaders(CS리더스관리사) 역시, 보기에는 쉬워 보이나 막상 공부에 돌입하면 난감하고 어려운 문제가 꽤 있습니다. 특히 이 시험의 경우, 반복하여 출제되는 문제와 함께 매번 새로운 유형의 문제가 추가됩니다. 때문에 문제를 통째로 외우기보다는 이론을 이해하고 기출문제를 통해 응용하는 방법을 터득하여야 합니다.

그러나 마냥 두려워 할 필요는 없습니다. 여러분들이 준비하는 자격증 시험은 반드시 100점을 받아야 합격하는 시험이 아닙니다. 과목별 40점 이상, 전 과목 평균 60점 이상이면 자격을 취득할 수 있습니다. 자만하지 않되, 자신감을 가지고 시대에듀의 전략적이고 효율적인 학습법을 성실하게 따라한다면, 좋은 결과 또한 뒤따를 것이라고 생각합니다.

아래의 보기처럼 지엽적으로 단어를 교체하여 출제하는 경우가 종종 있으므로, 정답만 확인하지 마시고 오답인 이유까지 꼼꼼하게 확인해보는 것이 좋습니다.

보기

더 알아보기

1. 전통적 마케팅 믹스 4P요인
   제품(Product), 가격(Price), 유통(Place), 촉진(Promotion)
2. 포터
   마케팅 전략이란 경쟁에 있어서 유일한 가치 있는 지위를 창조하고 교환하는 활동이다.

(2) 서비스 마케팅 삼각형 중요 기출 19, 20

서비스마케팅은 제조업 마케팅을 의미하는 '외부 마케팅' 이외에도 고객과 직접 접촉하여 제공하는 직원과 고객 간의 '상호작용 마케팅'과 직원이 고객에게 최상의 서비스를 제공할 수 있도록 지원하고 교육하는 '내부 마케팅'을 필요로 한다.

① 내부 마케팅 기출 14, 15, 16, 17, 24

고객에게 잘 봉사하기를 원하는 종업원을 고용하여 훈련시키고 동기유발시키는 과제가 중요해져가고 있다. 내부 마케팅에서는 여러 가지 마케팅 기능들, 즉 판매원, 광고, 제품관리, 마케팅 조사 등이 결합되어야 한다. 또한, 마케팅은 다른 부서들에 의해서 뒷받침되어야 한다. 마케팅은 어느 한 부서의 업무가 아니라 모든 부서의 업무로서 그 업무가 고객에게 영향을 미칠 수 있는가를 고려하는 접근을 택한다.

㉠ 기업-종업원 간에 이루어지는 마케팅
㉡ 서비스의 품질관리를 위해 직원을 교육·훈련하고, 이들에게 동기를 부여하는 내부 직원을 대상으로 하는 마케팅 활동이다.
㉢ 내부 마케팅은 외부 마케팅보다 우선적으로 수행된다.
㉣ 기업의 CEO는 직원에게 적절한 수준의 재량권을 부여함으로써 직원이 고객의 욕구를 확인하고 고객이 불만족할 때 신속하게 대응할 수 있게 하고, 직원이 주인의식과 책임감을 가지고 고객과 상호작용할 수 있게 해야 한다.

46
다음 중 '내부 마케팅(Internal Marketing)'에 대한 설명으로 가장 올바르지 않은 것은?

① 기업과 직원 간에 이루어지는 마케팅을 말한다.

② 외부 마케팅을 최우선으로 시행하고 이후 순차적으로 내부 마케팅을 시행하여야 한다.

③ 직원이 고객에게 최상의 서비스를 제공할 수 있도록 지원하고 교육하는 활동을 의미한다.

④ 기업의 CEO는 직원에게 적절한 수준의 재량권을 부여하여 고객에게 최상의 서비스가 제공될 수 있는 환경을 조성해야 한다.

⑤ 서비스 품질 관리를 위하여 직원에 대한 교육 및 훈련을 실시하고 동기부여를 높일 수 있도록 내부 직원을 대상으로 하는 마케팅 활동을 말한다.

빨리보는 간단한 키워드

빨 · 간 · 키

CS Leaders 관리사
실제 기출 키워드

01 | CS 개론

➕ 고객만족(Customer Satisfaction) 개념의 시초

1972년 미국 농산부에서 농산품에 대한 소비자만족지수(CSI ; Customer Satisfaction Index)를 측정하여 발표한 이후 마케팅 학계에서 독립된 연구영역으로 등장

➕ 고객만족경영의 필요성

구 분	내 용
주변환경의 변화	• 시장의 개방화 및 경쟁의 가속화 시대(고객의 선택폭이 넓어짐) • 고객의 자각(고객 스스로가 권리를 자각하기 시작함)
기업의 측면	• 고객불만의 구전효과 • 신규고객창출과 기존고객유지의 비용 • 고객이 만족하는 제품을 생산함으로써 궁극적으로 지역사회, 인류사회에 공헌
개인의 측면	• 사내직원의 불만감소 및 일에 대한 자긍심 고취 • 믿고 사는 신용사회의 밑거름

➕ 고객만족의 3요소

하드웨어적 요소	기업의 이미지, 브랜드 파워, 매장의 편의시설, 고객지원센터, 인테리어, 분위기 연출
소프트웨어적 요소	기업의 상품, 서비스 프로그램, A/S와 고객관리시스템, 부가서비스 체계
휴먼웨어적 요소	서비스 마인드, 접객 서비스 행동, 매너, 조직문화

➕ RFM 모델기법

Recency(거래의 최근성), Frequency(거래빈도), Monetary(거래 금액의 크기)의 세 가지 항목으로 우수고객에 대한 점수를 부여하고 그룹핑하는 기법

➕ 마이클 해머(Michael Hammer)의 3C

Customer(고객), Change(변화), Competition(경쟁)

➕ 기대 불일치 이론

- 긍정적 불일치 : 지각된 제품 성과 > 기대 → 고객만족 증가(고객 감동)
- 부정적 불일치 : 지각된 제품 성과 < 기대 → 고객 불만족
- 단순 일치 : 지각된 제품 성과 = 기대 → 고객만족

➕ Mass Marketing과 CRM

구 분	Mass Marketing	CRM
판매기반	거 래	가 치
접근방법	불특정다수	특정고객
관심영역	집단고객	고객과의 일대일 관계
목 표	시장점유율	고객점유율

➕ 3S 운동

Standardization(표준화), Specialization(전문화), Simplification(단순화)

➕ 귀인이론의 범주화 체계

인과성의 위치	서비스 실패의 원인이 행위자 자신에게 있는지, 상대방이나 상황에 있는지를 추론하는 것
안정성	어떤 원인이 일시적인지 또는 영원한 것인지, 실수에 의한 것인지 또는 반복적인 것인지를 추론하는 것
통제성	어떤 원인이 의도적인 것인지, 비의도적인 것인지를 추론하는 것

➕ 3현(現)주의

현장(現場), 현물(現物), 현실(現實)

➕ 대기 열의 종류

- 단일 대기 열
  - 고객들이 한 줄로 서서 순서대로 서비스를 기다림
  - 오는 순서대로 서비스를 제공받기 때문에 형평성·공정성이 보장됨
  - 어느 줄에서 대기해야 할지 고민하지 않아도 됨
- 다중 대기 열
  - 고객들이 여러 줄로 서서 각 창구의 서비스를 기다림
- 복합 대기 열
  - 단일 대기 열과 다중 대기 열의 방식을 상황에 따라 복합적으로 사용

➕ 소멸성에 대처하기 위한 마케팅 전략

서비스가격의 차별화 전략, 비성수기 수요의 개발, 보완적 서비스의 제공, 예약시스템의 도입

➕ 감성지능 5대 요소

자아인식력	자신의 감정인식, 자기 평가력, 자신감 등
자기조절력	자기 통제, 신뢰성, 성실성, 적응성, 혁신성 등
동기부여능력	추진력, 헌신, 주도성, 낙천성 등
감정이입능력	타인 이해, 부하에 대한 공감력, 전략적 인식력 등
사교성 (대인관계기술)	타인에 대한 영향력 행사, 커뮤니케이션, 이해조정력, 리더십, 변혁추진력, 관계구축력, 협조력, 팀 구축능력 등

➕ CI(Corporate Identity)
기업문화창달의 주된 방법으로, 조직의 가장 기본적인 핵심가치인 비전과 이념을 어떻게 구성원들에게 신념화하고(MI), 가시화해서(VI), 행동화할 것인지(BI)를 핵심요소로 함

➕ 경쟁프로세스
조직이 영위하는 사업 영역에서 경쟁자보다 뛰어나게 고객가치를 제공하는 프로세스

➕ 변혁적 리더의 4가지 특성

카리스마	조직에 대하여 강한 자부심과 신념을 제공
지적 자극	구성원들이 문제를 인식하고, 그 해결책을 만들어 내는 것을 조력
개인별 배려	구성원들이 일을 잘 수행하는 데 필요한 지원, 격려, 관심을 제공
고취능력	구성원들에게 높은 기대를 가지고 의사소통하여 폭넓게 동기부여

➕ 거래적 리더
분명하고 구체적인 목표를 개발하고 부하들이 그 목표를 달성할 때 보상이 주어진다는 점을 분명히 하고, 목표에 부응한 경우에 부하들의 개인적 관심사에 관심을 표명

➕ 패런과 케이(Farren & Kaye)의 5가지 리더의 역할
지원자, 평가자, 예측자, 조언자, 격려자

➕ 업셀링(Up-selling)
격상판매 또는 추가판매라고도 하며, 소비자에게 신제품과 고급화된 상품의 구매를 유도함으로써 자연스럽게 매출액의 증가와 주력 및 신제품의 홍보와 판매효과를 가져다주는 판매 전략

➕ 고객기여도 평가에 영향을 미치는 요소

요소	내용
최근성(Recency)	최종구매일(최근에 구입한 고객이 다시 구매할 가능성이 높다)
최빈성(Frequency)	구매빈도(과거에 몇 번 구입하였으며, 그 주기는 어느 정도인가?)
소비성(Monetary)	구매금액 합계
구입품목(Item)	어떤 형태의 제품(서비스)을 구매(이용)하였는가?
판매촉진 수단(Promotion)	어느 매체를 통해 제품이나 서비스 정보를 얻었는가?
신용도(Trust)	장기 연체 사실이 있는가?

➕ 최소량의 법칙

한 사람이 모든 능력을 갖추었으나 인간관계가 원만하지 못하면, 그 사람의 능력 활용의 정도는 가장 문제가 되는 인간관계 능력이라는 요소에 의해 결정되는 법칙

➕ 친 교

상호간에 신뢰하며 배려하는 관계에서 이루어지는 스트로크를 극대화시킬 수 있는 시간구조화의 방법

➕ ERG 이론

매슬로우(Maslow)의 욕구단계설이 직면한 문제점들을 극복하고자 실증적인 연구에 기반하여 제시한 수정이론으로, 앨더퍼(Alderfer)가 인간의 욕구를 생존 욕구, 대인관계 욕구, 성장 욕구 등 3가지로 구분한 이론

➕ 호손 효과(Hawthorne Effect)

- 사람들은 누군가 관심을 가지고 지켜보면 더 분발하는 효과로, 여러 명이 함께 일하면 생산성이 향상되는 효과
- 작업능률을 좌우하는 것은 노동조건 및 작업환경과 같은 물적조건 이외에 종업원의 감정과 태도 등 감정의 논리가 중요
- 개인적·사회적 환경, 사내의 세력관계 및 그가 속하는 비공식조직이 종업원의 감정과 태도를 좌우
- 감정의 논리와 비공식조직이 조직의 성과를 좌우하는 중요한 요인

➕ 마이네트(Minet)의 고객만족경영 도입 배경의 중요성
- 글로벌 경쟁 시대
- 공급 과잉으로 인해 소비자가 주요 요소로 부각됨
- 시장의 성숙화로 더 우수한 제품과 서비스 개발 필요
- 소비자 욕구의 다양화와 빠른 변화
- 소프트웨어적 요소의 중요성 증가
- 정보사회 도래로 인한 소비자 주권 의식 확산

➕ 품질기능전개(QFD) 기법
처음부터 끝까지 소비자의 만족과 가치를 보장하는 제품을 디자인하는 것을 목표로 하는 기법

➕ 노드스트롬(Nordstrom)의 경영 원칙
Exceptional Service(최고의 서비스), Quality(품질), Value(가치), Selection(구색)

➕ 고객 생애 가치(LTV ; Life Time Value)를 높이기 위한 활동
- 교차 판매
- 추가 판매
- 고객 유지

➕ 데이(Day)와 랜던(Landon)의 불평 행동 유형
- 무행동 : 아무 행동도 취하지 않고, 미래 구매에 영향을 미치지 않는 유형
- 공적행동 : 기업, 정부에 해결을 요구하거나 법적인 대응을 하는 적극적인 유형
- 사적행동 : 구매를 중지하거나, 주변인들에게 부정적 구전을 하는 등 개인적인 수준에서 불만을
  해소하는 유형

➕ 소비자의 지각된 위험
심리적 위험(Psychological Risk), 신체적 위험(Physical Risk), 경제적 위험(Financial Risk),
사회적 위험(Social Risk), 성능 위험(Performance Risk)

➕ 솔로몬과 구트만의 서비스 접점의 특징
- 서비스 공급자와 고객이 양쪽 모두가 참여한 양자관계일 때 성립된다.
- 서비스 공급자와 고객 사이의 커뮤니케이션은 상호작용이 되어야 한다.
- 접점에서는 고객의 목표와 욕구에 맞춘 목표지향적인 역할이 수행되어야 한다.
- 서비스 공급자와 고객 간 서비스 정보를 교환하는 것이 서비스 접점의 목적이 된다.
- 제공되는 서비스의 내용과 특징에 따라 서비스 접점의 범위가 제한된다.

➕ **고객관계관리(CRM)의 순환**

신규고객 획득 → 우수고객 유지 → 고객가치 증진 → 잠재고객 활성 → 평생고객

➕ **기대 불일치 이론에 근거한 연구**

인지적 불협화 이론, 대조이론, 동화 – 대조이론, 비교수준 이론, 일반화된 부정성 이론

➕ **프로세스적 관점에서 본 고객의 분류**
- 내부고객 : 가치생산에 직접 참여하는 고객(종업원)
- 중간고객 : 기업과 최종 고객이 되는 소비자 사이에서 그 가치를 전달하는 고객(도매상, 소매상, 중간상)
- 외부고객 : 기업이 생산한 가치를 사용하는 고객(구매자, 소비자)

➕ **서비스의 4대 특징**

무형성, 이질성, 비분리성, 소멸성

➕ **린 쇼스택(Lynn Shostack)의 서비스 프로세스 설계 시 고려해야 할 사항**
- 서비스 프로세스의 모든 과정을 고객에게 집중하여 고객 관점에서 제품과 서비스를 계획해야 함
- 서비스 프로세스는 목적론이며 실제적인 과업 성과를 중시해야 함
- 서비스 프로세스는 전체론이며 각각의 개별 활동은 하나의 시각에서 인식되어야 함
- 서비스는 생산과 소비가 동시에 일어나고 접점 종업원과 고객 간의 상호작용을 수반하므로 설계 과정에서 종업원과 고객 모두를 고려해야 함
- 서비스 프로세스의 규율은 창의성을 억제하기보다는 성과와 효율성을 제고할 수 있는 자율적인 성격을 가져야 함

➕ **CRM 전략 수립 단계**

환경 분석 → 고객 분석 → CRM 전략 방향 설정 → 고객에 대한 마케팅 제안 결정(Offer 결정) → 개인화 설계 → 커뮤니케이션 설계

➕ **대인지각 왜곡유형**
- 최근효과(신근성 효과) : 시간적으로 나중에 제시된 정보에 의해서 영향을 받는 효과
- 초두효과 : 최초의 인상이 중심이 되어 전체 인상이 형성되는 효과
- 대조효과 : 최근에 주어진 정보와 비교하여 판단하는 효과
- 빈발효과 : 첫인상이 좋지 않아도, 그 후 반복해서 하는 행동이나 태도가 첫인상과는 달리 진지하고 솔직하면 점차 좋은 인상으로 바뀌는 효과

- 후광효과 : 외모나 지명도 또는 학력과 같이 어떤 사람이 갖고 있는 장점이나 매력 때문에 관찰하기 어려운 성격적인 특성도 좋게 평가되는 효과
- 악마효과 : 싫은 사람이라는 인상이 형성되면 그 사람의 다른 측면까지 부정적으로 평가되는 효과
- 방사효과 : 매력 있는 사람과 함께 있을 때 사회적 지위나 자존심이 고양되는 효과
- 대비효과 : 너무 매력적인 상대와 함께 있으면 그 사람과 비교되어 평가절하되는 효과

➕ 심리학적 용어

- 베르테르 효과 : 유명인이나 평소 존경·선망하던 인물이 자살할 경우, 그 인물과 자신을 동일시하여 자살을 시도하는 현상
- 로젠탈 효과 : 누군가에 대한 사람들의 믿음이나 기대, 예측이 그 대상에게 그대로 실현되는 경향을 말하며 피그말리온 효과라고도 함
- 플라시보 효과 : 의사가 제안한 효과 없는 가짜 약이나 치료법이 환자의 믿음과 긍정적인 소망으로 인해 병세가 호전되는 현상
- 스티그마 효과 : 집단에서 부정적으로 낙인찍히면 그 대상이 점점 더 부정적인 행태를 보이며, 대상에 대한 부정적인 인식이 지속되고 강화되는 현상

➕ 고객 트렌드 유형

- 메타슈머 : 메타(Meta)와 컨슈머(Consumer)의 합성어로 구매한 기존의 제품을 변형하여 업그레이드시키는 소비자
- 트윈슈머 : 트윈(Twin)과 컨슈머(Consumer)의 합성어로 타인의 사용 후기나 소비 경험을 참고하여 물건을 구매하는 소비자
- 프로슈머 : 프로듀서(Producer)와 컨슈머(Consumer)의 합성어로 소비뿐만 아니라 생산과 판매에도 직접 관여하는 소비자
- 모디슈머 : 모디파이(Modify)와 컨슈머(Consumer)의 합성어로 제조업체가 제공한 방법을 따르지 않고 자신이 재창조한 방법으로 제품을 즐기는 소비자
- 슬로비족 : 천천히 그러나 더 훌륭하게 일하는 사람(Slow But Better Working People)의 줄임말로 현대사회의 변화 속도에 맞추기보다는 천천히 살자고 주장하는 소비자
- 웹시족 : 웹(Web)과 미시(Missy)의 합성어로, 인터넷을 통해 정보를 얻거나 쇼핑을 하는 젊은 주부층 소비자
- 보보스족 : 부르주아(Bourgeois)와 보헤미안(Bohemian)의 합성어로, 물질적 실리와 정신적 자유를 동시에 추구하는 미국의 신(新)상류계급 소비자
- 엠니스족 : 맨(Man)과 니스(Ness)의 합성어로, 남성의 전유물이라 여겨지던 힘·명예의 특성에 여성의 전유물이라 여겨지던 양육·소통 등을 조화시킨 남성상

- 모루밍족 : 모바일(Mobile)과 쇼루밍(Showrooming)의 합성어로, 오프라인 매장에서 제품을 살 핀 후 실제 구매는 모바일을 이용하는 소비자
- 메트로섹슈얼 : 외모나 패션에 관심이 많은 남성 소비자
- 액티브 시니어 : 은퇴 이후에도 하고 싶은 일을 찾아 도전하는 50~60대를 일컫는 말로, 자신에 대한 투자를 아끼지 않는 소비자
- 호모 에코노미쿠스 : 합리적인 소비를 추구하여 공산품은 최저가 상품을 구매하지만, 식품·유아 용품 등은 친환경·유기농 제품을 선호하는 소비자

➕ 협상 기법
- 살라미 기법 : 협상 당사자 사이에 요구 수준의 차이가 심하고 협상안이 단기간 타결되기 어려운 경우, 순차적으로 목표를 달성해 나가는 협상 기법
- 낮은 공 기법 : 매력적이지만 불완전한 정보를 먼저 제시하여 동의를 얻은 후에 완전한 정보를 알려주는 기법
- 얼굴 부딪히기 기법 : 상대방이 들어줄 수 없을 만한 요청을 하고, 상대가 거절할 때 요구의 규모를 줄여가는 기법(상대의 죄책감을 이용)
- 한발 들여놓기 기법 : 상대방이 들어줄 수 있을 만한 작은 요청을 한 후 수용을 하면 조금씩 요구를 늘려가는 기법

02 | CS 전략론

➕ 서비스 청사진
고객과 서비스 시스템과의 상호작용을 구체적으로 표현하며 실패 가능점을 미리 식별하여 미연에 방지책이나 복구 대안을 강구하도록 서비스 제공자가 제공하는 무형의 서비스 프로세스를 설계하여 묘사한 것

➕ 서비스 청사진의 구성요소
고객 행동, 일선 종업원 행동, 후방 종업원 행동, 지원 프로세스

➕ 미스터리 쇼퍼(Mystery Shopper)
서비스 모니터링의 한 방법론으로 서비스 접점 현장의 서비스 품질을 측정하기 위해 고객으로 가장 하여 암행감사 방식으로 서비스 현장의 품질을 측정하는 방법

➕ 묶음가격 전략
- 순수 묶음가격 전략 : 서비스를 패키지로만 구입할 수 있도록 하는 전략
- 혼합 묶음가격 전략 : 서비스를 개별적으로나 패키지로 구입할 수 있도록 하는 전략

➕ VOC(Voice of Customer)
제조업의 ZD(Zero Defect), 무결점 운동에서 비롯된 것으로 서비스업에서는 이를 ZC(Zero Complaint)라고 하여 고객 불만 및 불평을 제로화하자는 제도로 적용

➕ MOT 사이클 차트
서비스 프로세스상에 나타나는 시계모양의 도표로서 '서비스 사이클 차트'라고도 하며, 서비스 전달 시스템을 고객의 입장에서 이해하기 위한 방법으로 사용

➕ 틈새시장(Niche Marketing)
경쟁이 심한 산업분야나 남이 미처 알지 못하는 시장 또는 남이 알고 있더라도 아직 공략이 제대로 되지 않은 시장에서 시장 세분화를 거쳐 틈새를 공략하는 것

➕ 롱테일 법칙(The Long Tail)
20%의 핵심고객으로부터 80%의 매출이 나온다는 유명한 파레토 법칙(Pareto's Law)과 반대되는 개념으로 '역(逆) 파레토 법칙'이라고도 함

➕ 깨진 유리창 이론(Broken Windows Theory)
고객이 겪은 한 번의 불쾌한 경험, 한 명의 불친절한 직원, 정리되지 않은 매장, 말뿐인 약속 등 기업의 사소한 실수가 결국은 기업의 앞날을 뒤흔든다는 개념의 법칙

➕ 서비스 패러독스(Service Paradox)
현대 사회는 과거에 비해 풍요롭고 경제적인 호황을 누리고 더 많은 자유 시간을 가지며, 과거에 비해서 서비스가 다양해지고 좋아졌는데도 오히려 소비자의 불만의 소리가 높아지는 현상

➕ 고객인지 프로그램
리츠칼튼 호텔에서 고도의 개별적 서비스를 가능하게 해주는 독특한 고객 정보관리 시스템

➕ 서비스 수익 모델(체인)
고객 서비스가 수익의 원천이 되는 논리적 구조, 즉 서비스 수익체인은 수익성, 고객충성도, 직원만족도, 직원유지, 생산성을 연결시키는 일련의 관계

➕ 만족거울 효과

벤자민 슈나이더(Benjamin Schneider)와 데이빗 보우엔(David Bowen)이 고객과 종업원 만족
수준 사이에 밀접한 관계를 은행 지점들의 예로 1985년 보고에서 발표한 효과

➕ 제품 포지셔닝

자사제품이 경쟁제품과 다른 차별적 경쟁우위 요인을 확보하여 고객의 니즈를 보다 잘 충족시켜줄
수 있다는 인식을 주는 과정

➕ 제품 차별화의 요인

형태, 특성, 성능 품질, 적합성 품질, 내구성, 신뢰성, 수선 용이성, 디자인 등

➕ 서비스 모니터링 구성 요소

대표성, 객관성, 차별성, 신뢰성, 타당성, 유용성

➕ 산업재 시장에서 가능한 시장 세분화 방법

인구통계적 변수, 운영적 변수, 구매 습관적 변수, 상황적 변수, 개인적 특성

➕ 고객만족 측정 방법
- 직접측정
  - 단일항목 또는 복수항목을 통해 만족도를 측정한다.
  - 오차발생이 적고, 중복 측정의 문제를 방지할 수 있다.
- 간접측정
  - 여러 서비스의 하위요소 또는 품질 차원만족도의 합을 복합점수로 간주한다.
  - 다양한 서비스 품질 차원을 고려하여 제공받을 수 있는 정보가 다양하다.
- 혼합측정
  - 직접측정과 간접측정을 혼합하여 측정한다.
  - 체감만족도와 차원만족도의 비율이 5 : 5 또는 3 : 7로 비율 조사모델마다 다르다.

➕ 서비스품질 차원(SERVQUAL의 5개 차원)

서비스품질 평가	SERVQUAL 차원	SERVQUAL 차원의 정의
유형성	유형성	물리적 시설, 장비, 직원, 커뮤니케이션 자료의 외양
신용성	신뢰성	약속한 서비스를 믿을 수 있고 정확하게 수행할 수 있는 능력
반응성	대응성	고객을 돕고 신속한 서비스를 제공하려는 태세
능 력	확신성	직원의 지식과 예절, 신뢰와 자신감을 전달하는 능력
예 의		
신뢰성		
안전성		
접근성	공감성	회사가 고객에게 제공하는 개별적 배려와 관심
의사소통		
고객이해		

➕ 서비스 품질의 결정요인의 상대적 중요성
신뢰성 > 반응성 > 확실성 > 공감성 > 유형성

➕ GARVIN 모델
생산자뿐만 아니라 사용자의 관점을 동시에 고려하여 8가지 범주(기본 성능, 부가적 특징, 신뢰성, 적합성, 내구성, 서비스성, 심미성, 품질인지도)로 서비스 품질을 측정하는 모델

➕ 고객만족 측정의 3원칙
계속성의 원칙, 정량성의 원칙, 정확성의 원칙

➕ 칼 알브레히트(Karl Albrecht)의 7거지악
무관심, 무시, 냉담, 건방떨기, 로봇화, 규정 핑계, 뺑뺑이 돌리기

➕ 서비스 마케팅 삼각형

상호작용 마케팅(리얼타임 마케팅)	종업원과 고객 간
외부 마케팅	기업과 고객 간
내부 마케팅	기업과 종업원 간

➕ 고객만족지수(CSI ; Customer Satisfaction Index)
현재 생산·판매되고 있는 제품 및 서비스 품질에 대해 해당제품을 직접 사용해보고 이 제품과 관련된 서비스를 받아 본 고객이 직접 평가한 만족 수준의 정도를 모델링에 근거하여 측정·계량화한 지표

➕ 7Ps

4P + 3P를 추가한 마케팅 믹스 전략

- 4P
  - 제품(Product)
  - 가격(Price)
  - 유통(Place)
  - 판매촉진(Promotion)
- 3P
  - 과정(Process)
  - 물리적 근거(Physical Evidence)
  - 사람(People)

➕ FGI(Focus Group Interview)

표적시장으로 예상되는 소비자를 일정한 자격 기준에 따라 6~12명 정도 선발하여 한 장소에 모이게 한 후 면접자의 진행 아래 조사목적과 관련된 토론을 함으로써 자료를 수집하는 마케팅조사 기법

➕ 고객충성도의 4가지 유형

- 비충성(No Loyalty) : 회사수익에 약간의 도움이 되지만 결코 충성고객이 될 수 없는 유형
- 타성적 충성(Inertia Loyalty) : 낮은 수준의 애착과 높은 반복구매의 특성을 가진 습관적 구매
- 잠재적 충성(Latent Loyalty) : 높은 수준의 선호도가 있으나 상황적 요소에 따라 여부를 결정
- 최우량 충성(Premium Loyalty) : 높은 수준의 애착과 반복구매가 동시에 존재

➕ 서비스 기대 영향 요인

- 내적 요인 : 개인적 니즈, 관여도, 과거의 경험, 보조 서비스의 핵심 서비스화
- 외적 요인 : 경쟁적 대안, 사회적 상황, 구전
- 상황적 요인 : 구매동기, 소비자의 기분, 날씨, 시간적 제약
- 기업 요인 : 기업 측의 약속, 실내 장식

➕ 서비스 회복(Service Recovery)

실패한 고객 서비스에 대응하여 고객의 불만을 해소시키기 위한 체계적인 활동

➕ 수요관리 전략
- 수요분할
- 서비스 다양화/보완적 상품 개발
- 서비스 제공 시간대와 장소의 조절
- 가격 차별화 전략
- 커뮤니케이션 증대
- 수요의 재고화 전략

➕ 고객분석
고객의 구매행위에 대하여 시장특성, 구매의사 결정 형태, 구매의사 결정의 참여자, 구매의사 결정에 영향을 주는 요인, 구매과정 등을 분석하는 것

➕ 시장 세분화 요건
측정 가능성, 접근 가능성, 충분한 규모의 시장, 차별화 가능성, 실행 가능성

➕ 고객평생가치(LTV ; Life Time Value)
한 고객이 한 기업의 고객으로 존재하는 전체 기간 동안 기업에게 제공할 것으로 추정되는 재무적인 공헌도의 합계

➕ 존 굿맨(John Goodman)의 제3법칙
기업이 행하는 소비자 교육에 의해 그 기업에 대한 신뢰도가 높아지고 호의적인 구전의 파급효과가 기대될 뿐만 아니라 상품구입 의도가 강화되어 시장 확대에 공헌한다는 법칙

➕ 경영 마인드의 핵심요소
고객중심 마인드, 경쟁우위 마인드, 가치극대화 마인드

➕ 서비스 실패의 정의

원(Weun)	서비스 접점에서 고객 불만족을 일으키는 열악한 서비스를 경험하는 것이다.
자이다믈(Zeithaml), 베리(Berry), 파라수라만(Parasuraman)	고객의 허용영역 이하로 떨어지는 서비스 성과이다.
벨(Bell), 젬케(Zemke)	수준이 심각하게 떨어지는 서비스 결과를 경험하는 것이다.
베리(Berry), 레너드(Leonard), 파라수라만(Parasuraman)	책임이 분명한 과실로 인해 초래된 서비스 과정이나 결과이다.
헤스켓(Heskette), 새서(Sasser), 하트(Hart)	서비스 과정이나 결과에 대하여 서비스를 경험한 고객이 좋지 못한 감정을 갖는 것을 말한다.

➕ 양질의 의료 서비스 조건
조정성, 접근성, 적정성, 효율성

➕ 의료기관의 경제적 특징
- 정보의 비대칭성
- 외부효과
- 경쟁제한
- 공공재적 성격
- 질병의 예측 불가능성
- 치료의 불확실성

➕ 소비자 심리
- 언더독 효과 : 사람들이 약자라고 믿는 주체의 성공을 기원하게 되는 현상이나 약자로 연출된 주체에게 부여하는 심리적 애착
- 스놉 효과 : 스놉(Snob)은 잘난 체하는 속물을 의미하며 스놉 효과는 어떤 상품에 대한 사람들의 소비가 증가하면 오히려 그 상품의 수요가 줄어드는 효과
- 베블런 효과 : 상품의 가격이 오르는데도 일부 계층의 허영심과 과시욕 등으로 인해 수요가 증가하는 현상
- 스티그마 효과 : 집단에서 부정적으로 낙인찍히면 그 대상이 점점 더 부정적인 행태를 보이며, 대상에 대한 부정적인 인식이 지속되고 강화되는 현상
- 디드로 효과 : 하나의 물건을 구입한 후 그 물건과 어울리는 다른 제품들을 계속 구매하는 현상
- 톱니 효과 : 일단 어떤 상태에 도달하고 나면, 원상태로 되돌리기 어렵다는 특성을 지칭하는 말. 불가역성(不可逆性) 또는 역진불가(逆進不可)라고도 부름
- 분수 효과 : 저소득층의 소득 증대가 총수요 진작 및 경기 활성화로 이어져 궁극적으로 고소득층의 소득도 높이게 되는 효과
- 바넘 효과 : 보편적으로 적용되는 성격 특성을 자신의 성격과 일치한다고 믿으려는 현상
- 유인 효과(Attraction Effect) : 기업에서 키우고자 하는 주력 브랜드가 있을 경우, 상대적으로 열등한 자사의 신규 브랜드를 출시하여 소비자에게 주력 브랜드의 선택 확률을 높이는 효과
- 부분적 리스트 제시 효과(Part - list Cunning Effect) : 사람들은 1위만 기억하고 2, 3위는 기억하지 못하기 때문에 1, 2위의 맞대결을 벌이겠다는 메시지를 전달하려는 효과
- 타협 효과(Compromise Effect) : 여러 가격대의 제품을 출시할 경우 주력 브랜드를 중간 정도에 내놓는 것이 안전한 효과

➕ 고객 피드백의 가치를 훼손하는 요소
- 비능률적·중복적 자료수집
- 자료 분류의 비일관성
- 오래된 자료 분류
- 결론이 서로 다른 다양한 분석 결과
- 우선순위를 표기하지 않은 분석
- 행동이 수반되지 않는 분석
- 보고체계 오류로 인한 자료 상실
- VOC 관리로 실행한 개선효과 점검 미비

➕ 트렌드 유형
- 메타 트렌드(Meta Trend) : 자연의 법칙이나 영원성을 지닌 진화의 법칙. 사회적으로 일어나는 현상들로써 문화 전반을 아우르는 광범위하고 보편적인 트렌드(자연의 법칙, 진화의 법칙)
- 메가 트렌드(Mega Trend) : 사회 문화적 환경의 변화와 함께 트렌드가 모여 사회의 거대한 조류를 형성하는 현상(세계화)
- 사회적 트렌드 : 삶에 대한 사람들의 감정, 동경, 문화적 갈증
- 소비자 트렌드 : 5~10년 동안 지속되어 소비세계의 새로운 변화를 이끌어 내는 소비문화로부터 소비의 표층 영역까지를 광범위하게 나타나는 현상
- 사회문화적 트렌드(Social Cultural Trend) : 트렌드(Trend) 유형 중 사람들의 삶에 대한 감정과 동경, 문화적 갈증 등의 내용에 가장 부합하는 트렌드 유형

➕ VOC의 장점
- 고객의 요구와 기대의 변화를 파악할 수 있음
- VOC를 통해 예상 밖의 아이디어를 얻을 수 있음
- 표준화된 서비스 응대로 고객의 기대를 충족시킬 수 있음
- 고객과의 커뮤니케이션을 통해 CRM의 한계를 극복하여 데이터를 통한 분석이 아닌, 고객의 실제 성향 파악을 가능하게 함
- 시장의 요구와 기대의 변화를 파악할 수 있음
- 고객의 결정적인 순간을 이해할 수 있음
- 고객의 입장에서 고객의 실제 성향을 파악할 수 있음
- 서비스 프로세스의 문제를 알 수 있음
- 경영혁신의 기초 자료로서 예상 밖의 아이디어를 얻을 수 있음
- 고객과의 관계유지를 더욱 돈독하게 할 수 있음
- 고객접점에서 고객의 욕구에 근거한 표준화된 대응 서비스가 가능

03 | 고객관리 실무론

➕ 전화 응대 시 어휘선택
- 부정형 → 긍정형
- 명령형 → 청유형
- 쿠션 화법 사용
- 긍정 화법 사용

➕ 공수법
- 평상시 : 남자는 왼손이 위이고, 여자는 오른손이 위
- 흉사시 : 남자는 오른손이 위이고, 여자는 왼손이 위

➕ 인간관계 형성단계
- 첫인상 형성단계 : 두 사람의 직접적인 접촉 없이 관찰을 통해 서로 아는 단계(면식단계)
- 피상적 역할단계 : 두 사람 사이에 직접적인 교류가 일어나는 단계(접촉단계)
- 친밀한 사적 단계 : 두 사람 사이에 상호의존이 나타나는 단계(상호의존단계)

➕ 대인지각
주관적 판단에 근거하여 다른 사람에 대한 인상을 형성하는 것을 의미

➕ 대인매력의 요인
상대에 대한 호감도에 결정적인 영향을 미치는 요인(근접성, 친숙성, 호혜성, 상보성, 신체적 매력)

➕ 후광효과
어떤 사람을 좋아하면 그 사람이 행한 모든 것을 호의적으로 보는 경향

➕ 빈발효과
첫인상이 좋지 않게 형성되었다고 할지라도, 반복해서 제시되는 행동이나 태도가 첫인상과는 달리 진지하고 솔직하게 되면 점차 좋은 인상으로 바뀌는 현상

➕ Be 언어
상대방의 문제 행동을 지적해 주기보다는 그 행동을 전반적인 성격 특성이나 인격으로 확대시켜서 표현하는 말

➕ Do 언어
상대방의 문제가 되는 행동을 구체적으로 가리켜 표현하는 말

➕ 산울림법(앵무새법)
고객 기본응대 화법으로 고객이 한 말을 반복하여 이해와 공감을 얻으며, 고객이 거절하는 말을
그대로 솔직하게 받아주는 데 포인트가 있는 화법

➕ 호감득실 이론(에론슨과 린더)
자신을 처음부터 계속 좋아해 주던 사람보다 자신을 싫어하다가 좋아하는 사람을 더 좋아하게 되고,
반대로 자신을 처음부터 계속 싫어하던 사람보다 자신을 좋아하다가 싫어하는 사람을 더 싫어하게
된다고 하는 이론

➕ 메라비언 법칙(Law of Mehrabian)
- 면대면 : 언어적 요소 7%, 청각적 요소 38%, 시각적 요소 55%
- 비대면 : 언어적 요소 14%, 청각적 요소 86%

➕ 고객 불만해소 단계
- 1단계 – 경청(집중효과)
- 2단계 – 고객관점에서 바라보기(회상효과)
- 3단계 – 불만원인 찾기(탐색효과)
- 4단계 – 사과와 양해 구하기(반전효과)
- 5단계 – 건설적인 협상(양해효과)

➕ 불만고객이 기업에 중요한 이유
- 문제점 조기 파악 및 해결
- 고객과의 유대를 강화하여 충성고객으로 전환할 수 있는 기회
- 부정적인 구전효과 최소화
- 재구매 유도
- 유용한 정보 제공

➕ 인사의 기본자세
- 표정 : 밝고 부드럽고 온화한 표정을 짓는다.
- 시선 : 상대의 눈이나 미간을 부드럽게 응시한다.
- 어깨 : 힘을 빼고 부드럽게 한다.
- 머리, 허리, 무릎 : 자연스럽게 곧게 펴서 일직선이 되도록 한다.

- 손 : 여성은 자연스럽게 오른손이 위가 되도록 두 손을 앞으로 모으고, 남성은 두 손을 계란을 쥔 모양으로 감싸 쥐며, 바지 옆선에 가볍게 닿도록 한다.

➕ 정중한 인사를 해야 할 상황
- 공식 석상에서 처음 인사할 때
- 면접 시 인사할 때
- 사죄의 뜻을 전달하거나 예의를 갖추어 부탁할 때
- 고객에게 진정한 감사의 표현을 전할 때

➕ 악수의 기본원칙
- 여성이 남성에게 악수를 먼저 청한다.
- 연장자가 연소자에게 악수를 먼저 청한다.
- 기혼자가 미혼자에게 악수를 먼저 청한다.
- 지위가 높은 사람이 낮은 사람에게 먼저 청한다.
- 남성이 상사인 경우에도 여성 직원에게 악수를 먼저 청한다.

➕ 콜센터의 운영 핵심 요소
- 콜센터의 핵심 상담원
- 전략수립
- 체계적인 운영
- 효율적인 작업 인프라 구축

➕ 조직구성원에 따른 콜센터 분류
- 직할 콜센터 : 기업 내부의 조직원들이 고객정보 보호, 지속적인 업무 진행, 고객 관리의 질을 지속적으로 향상시키기 위해 직접 운영하는 방식의 콜센터 유형
- 아웃소싱형 콜센터 : 운영에 따른 리스크를 방지하고 효율성, 생산성 등을 고려해 외부 전문 콜센터 업체에서 인력, 시스템, 시설 등을 조달하는 방식
- 제휴형 콜센터 : 전문 업체와 제휴하여 인력, 시스템, 시설 등을 공유하여 운영하는 방식

➕ 효과적 경청 방안
- 비판하거나 평가하지 않는다.
- 편견을 갖지 않고 고객의 입장에서 듣는다.
- 고객에게 집중한다.
- 고객의 말에 계속 반응한다.
- 고객의 말을 끊지 않는다.
- 고객의 요점을 기록한다.

➕ 스크립트(Script)

스크립트(Script)
텔레마케터가 고객 응대를 위하여 미리 짜놓은 대화 대본

➕ 데이터 시트(Data Sheet)
스크립트의 흐름에 맞추어 고객과의 응대 상황과 통화 내용, 고객의 요구와 요구 사항 등을 정확하게
기록, 유지하는 기록 노트

➕ 와이블(Weible)의 개인정보 유형
일반정보, 가족정보, 교육 및 훈련정보, 병역정보, 부동산정보, 동산정보, 소득정보, 기타 수익정보,
신용정보, 고용정보, 법적정보, 의료정보, 조직정보, 습관 및 취미정보

➕ 도날슨(Donaldson)과 스캐널(Scannel)의 성인학습의 원리
- 학습은 학습자 스스로의 학습이다.
- 학습속도는 사람마다 다르다.
- 학습은 끊임없이 지속되는 과정이다.
- 학습은 자극에서 시작해 감각으로 끝난다.
- 긍정적 강화는 학습을 강화한다.
- 최선의 학습은 '실행'을 통해 얻어진다.
- '전체-부분-전체'의 순서로 학습할 때 효과가 있다.

➕ 인바운드 및 아웃바운드 콜서비스 분야

구 분	인바운드	아웃바운드
판매 분야	• 상품주문접수 • 예약업무	• 신규고객 유치 • 만기고객 재유치 • 휴면고객 활성화
비판매 분야	• A/S 업무 • 클레임 업무 • 생활정보서비스	• 고객 만족도 조사 • 해피콜(Happy Call) • 시장조사, 여론조사 • 현장판매지원 • DB 정리 및 보완 • 연체대금 회수 촉진

➕ 아론슨 화법
어떤 대화(상담)를 나눌 때 부정(-)과 긍정(+)의 내용을 혼합해야 하는 경우 부정적 내용을 먼저
말하고 끝날 때 긍정적 내용으로 마감하는 것

➊ 코칭 스킬

경청 스킬, 직관 스킬, 자기관리 스킬, 질문 스킬, 확인 스킬 등

➊ 코칭의 특징
- 미래지향적
- 행동변화에 중점
- 스스로 문제를 발견하고 해결
- 양방향적인 관계
- Who에 집중

➊ 고객 유형별 응대 기법
- 전문가형 : 고객 자신이 주장하는 내용의 문제점을 스스로 느끼도록 대안 및 개선방안 제시
- 우유부단한 고객 : 피해보상 기준에 근거해 적정 보상 기준과 이점 등을 성실히 설명
- 빈정거리는 고객 : 상황에 따라 고객의 행동을 우회해 지적, 가벼운 농담형식으로 응답
- 지나치게 호의적인 고객 : 말을 절제하고 고객에게 말할 기회를 많이 주어 결론을 도출
- 같은 말을 되풀이하는 고객 : 상대의 말에 지나치게 동조하지 않아야 함

➊ 고객이 추구하는 가치 유형
- 기본가치 : 상품이나 서비스가 제공될 때 기본적으로 갖추고 있어야 할 절대적 가치
- 기대가치 : 고객이 당연히 기대하고 있고 제공될 것이라고 믿고 있는 가치
- 소망가치 : 반드시 제공될 것이라는 기대는 하지 않지만 없는 것보다 있는 것이 더 좋은 가치
- 예상 외 가치 : 기대나 소망의 수준을 넘어서 뜻밖에 고객에게 제공되어 감동과 기쁨을 안겨주는 가치

➊ 고객의 범위

확대되어 내부고객, 외부고객, 사회, 주주

➊ 체리피커(Cherry Picker)

기업의 상품이나 서비스를 구매하지 않고 기업이 제공하는 혜택을 누리는 소비자

➊ 월마트의 경영이념

더 저렴한 가격, 효율적인 물류관리시스템, 철저한 고객만족주의

➕ 프레젠테이션 4P

3P[사람(People), 목적(Purpose), 장소(Place)] + 사전 준비(Preparation)

➕ 프레젠테이션의 목적

사람(청중)들을 설득하고 동기를 자극하여 어떠한 행동이나 의사결정을 진행자의 원하는 목적대로 이끌어 가는 것

➕ 설득 스피치

정치인의 대중 연설, 토론이나 회의 참여자의 소견발표 등을 위한 스피치

➕ 기초 포토샵

• 페더효과 : 가장자리 흐림효과
• 브러쉬 : 붓으로 그림을 그리는 효과
• 그라디언트 : 두 가지 이상의 색상이 자연스럽게 다른 색으로 변하는 효과
• 플로우 : 채색효과
• 가우시안 : 흐림보정효과

➕ 자기주장적 행동(공감적 주장 행동)

의사소통과정에서 상대방의 권리를 침해하거나 상대방을 불쾌하게 하지 않는 범위 내에서 자신의 권리, 욕구, 의견, 생각, 느낌 등 자신이 나타내고자 하는 바를 직접적이고 정직하며 적절한 방법으로 표현하는 행동

➕ 주장적 행동의 이점

• 인간관계의 개선
• 업무능력의 향상
• 자기능력의 신장
• 정신건강의 예방과 증진
• 타인에게 존경심을 일으킴

➕ 전자거래기본법상 용어의 정의

• 전자문서 : 컴퓨터 등 정보처리능력을 가진 장치에 의하여 전자적 형태로 작성되어 송수신 또는 저장되는 정보
• 전자거래 : 재화나 용역을 거래함에 있어서 그 전부 또는 일부가 전자문서에 의하여 처리되는 거래

➕ **인터넷 마케팅의 특징**

상호작용성, 개인화, 정보지향성, 실시간 운영, 측정 가능성, 유연성, 비용효율성

➕ **전자상거래 관련 보안기능**

기밀성, 인증, 무결성, 부인봉쇄

➕ **MICE 산업**

회의(Meeting), 포상관광(Incentive), 컨벤션(Convention), 전시(Exhibition)

➕ **보고의 일반원칙**

적시성의 원칙, 정확성의 원칙, 완전성의 원칙, 필요성의 원칙, 간결성의 원칙, 유효성의 원칙

➕ **소비자의 4대 권리(미국의 케네디 대통령)**

알 권리, 안전할 권리, 자유롭게 선택할 권리, 의견반영의 권리

➕ **소비자 정의**

폰 히펠(Von Hippel)	소비자란 개인적인 용도에 쓰기 위하여 상품이나 서비스를 제공받는 사람을 의미한다.
가토 이치로(加藤一郎)	소비자란 국민 일반을 소비생활이라고 하는 시민생활의 측면에서 포착한 개념이다.
이마무라 세이와(今村成和)	소비자는 생활자이며 일반 국민임과 동시에 거래 과정의 말단에서 구매자로 나타나는 것을 의미한다.
타케우치 쇼우미(竹内昭未)	소비자란 타인이 공급하는 물자나 용역을 소비생활을 위하여 구입 또는 이용하는 자로서 공급자에 대립하는 개념이다.

➕ **명함 교환 예절**
- 주로 많이 사용되는 명함 사이즈는 '90mm×50mm'
- 대화 중 상대방의 이름을 잊었다고 해서 주머니에 집어넣은 명함을 꺼내어 보는 것은 결례임
- 명함을 건넬 때와 마찬가지로 받을 때도 일어선 채로 두 손으로 받아야 함
- 목례를 하며 가슴선과 허리선 사이에서 건네야 함
- 대화를 나누는 동안 상대방의 명함을 테이블 위에 놓고 상대방을 지칭하는 데 도움이 되도록 하는 것이 좋음

➊ 교육훈련 종류

OJT	Off-JT	OJL	Off-JL
• 직무교육훈련 • 직무순환 • 코 칭 • 멘토링	• 강의법 • 토의법 • 사례연구법 • 역할연기법 • 시 범	• 자기학습 • 실천학습	• 독 서 • 자기계발활동

➊ 화법의 명칭

- 보상 화법 : 지적한 약점이 오히려 더 좋은 강점을 만들어낸다는 것을 강조하는 화법
- 신뢰 화법 : 상대방에게 신뢰감을 줄 수 있는 말을 사용하는 화법
- 맞장구 표현법 : 일단 고객의 말에 동의하며 긍정의 맞장구를 치고 반대의견을 제시하는 화법
- 쿠션 화법 : '죄송합니다만', '수고스러우시겠지만' 등의 말을 적절하게 활용한 화법
- 후광 화법 : 유명 연예인의 사용 기록이나 매출자료를 제시하여 고객의 반대 저항을 감소시켜 나가는 화법
- 레이어드 화법 : 반발심이나 거부감이 들 수 있는 명령조를 질문 형식으로 바꾸어 완곡하게 표현하는 화법
- 산울림 화법 : 고객이 한 말을 반복하여 이해와 공감을 얻고 고객이 거절하는 말을 솔직하게 받아주는 데 포인트가 있는 화법
- 아론슨 화법 : 부정과 긍정의 내용을 혼합해야 할 경우 가능하면 부정적 내용을 먼저 말한 후 긍정적 내용으로 끝마치는 화법
- 역전 화법 : 긍정법, 간접부정법. 일단 고객의 의견에 동의하고 반대의견을 말하는 화법
- 부메랑 화법 : 고객이 제품에 대해 부정적인 이야기를 할 때 사실 그 부정적인 부분이 제품의 장점 또는 특징이라고 설득하는 화법
- 샌드위치 화법 : 충고를 칭찬과 격려 사이에 넣어 상대방이 충고를 거부감 없이 받아들이게 하는 화법

CS 리더스관리사

적중모의고사
900제

남에게 이기는 방법의 하나는 예의범절로 이기는 것이다.

– 조쉬 빌링스 –

제1회 | 적중모의고사

🕐 정답 p.255

01 | CS 개론

01 조하리(Johari)의 창에서 '공개된 영역(Open Area)'에 대한 설명으로 옳지 않은 것은?

① 인간관계가 가장 넓은 유형이다.
② 공개적 영역이 가장 넓은 사람이다.
③ 타인이 알고 있는 정보이며, 내가 알고 있는 영역이다.
④ 경박하고 주책없는 사람으로 비칠 수 있다.
⑤ 타인의 말에 좀 더 귀를 기울이는 노력이 필요하다.

02 일반적으로 기업의 상품이나 서비스에 대해 가지는 고객만족의 요소에서 직접적인 요소에 해당하는 것은?

① 기업의 사회공헌 활동
② 기업의 환경보호 활동
③ 기업의 사후 서비스
④ 기업의 주민복지 지원
⑤ 기업의 지역에 대한 시설제공

03 서비스 프로세스에 대한 설명으로 적절하지 않은 것은?

① 기업의 측면에서 보면 기업 내의 원재료, 정보, 사람들을 투입(Input)하여 행하는 기업의 활동과 이로 인한 서비스 등의 산출물(Output)로의 변환과정을 표시한 것이다.
② 고객의 측면에서 보면 고객을 위한 결과물 또는 고객을 위해 가치를 창출하는 모든 관련 활동들의 집합을 말한다.
③ 프로세스는 궁극적으로 과업성과를 제고할 수 있어야 한다.
④ 프로세스에서의 규율은 통제하기 위한 규율이어야 한다.
⑤ 프로세스는 목적론적, 전체론적 입장에서 모든 기업활동이 고객만족을 위하여 진행될 때 기업이 추구하는 목적을 성취할 수 있다.

04 서비스 접점의 유형 중에서 대면접점에 해당하는 내용은?

① 서비스 흐름을 원활하게 하는 기술적 프로세스 관리와 시스템이 품질관리의 근본이 된다.
② 다른 접점의 유형 중에서 가장 판단이 어렵고 복잡하다.
③ 다른 유형과는 다르게 상호작용에서 잠재적인 변화가 존재한다.
④ 다양한 업무에서 고객센터 또는 콜센터 등으로 운영이 된다.
⑤ 고객의 입장에서는 비가시적 접점유형이다.

05 쇼스택(Shostack)이 제시한 유형성 스펙트럼(Tangibility Spectrum)에서 무형성의 지배가 가장 강한 업종은?

① 청량음료   ② 광고대행사
③ 화장품   ④ 교 육
⑤ 투자관리

06 관광 서비스의 특징에 대한 설명으로 옳지 않은 것은?

① 고객의 직접 참여에 의한 서비스를 창출한다.
② 인적 서비스에 대한 의존성이 높다.
③ 관광 수요의 계절성 수요가 불규칙적이다.
④ 관광 서비스는 모방이 쉽다.
⑤ 차별화된 고급 서비스 환경을 요구한다.

07 다음 중 구전(口傳)에 대한 설명으로 옳지 않은 것은?

① 소비자의 생생한 경험적 활동에 기인한다.
② 고객의 활동에 의해 창출되는 정보로 믿을 수 있다.
③ 많은 사람에게 신속하게 전파되는 특징이 있다.
④ 다른 통신매체에 비해 효과가 크다.
⑤ 단방향 커뮤니케이션으로 다른 매체보다 전달효과가 크다.

08 서비스 상호작용에서 '고객은 효과적으로 자신의 역할을 수행했다고 생각하는 고객일수록 서비스에 만족한다'는 내용에서 고객의 역할은?

① 투입자로서의 고객　　　　　② 공헌자로서의 고객
③ 지원자로서의 고객　　　　　④ 생산자원으로서의 고객
⑤ 경쟁자로서의 고객

09 다음 보기에서 설명하는 MBTI 성격유형별 행동단서의 명칭은?

진실과 사실에 큰 관심을 갖고, 논리적이고 분석적이며 객관적으로 판단한다.

① 직관형(N)　　　　　② 감각형(S)
③ 내향형(I)　　　　　④ 사고형(T)
⑤ 인식형(P)

10 다음 중 소비자 의사결정 단계의 순서가 바르게 나열된 것은?

가. 욕구(문제)인식	나. 구매 후 행동(평가)
다. 제품(서비스)의 대안평가	라. 정보의 탐색
마. 제품(서비스) 구매	

① 가 – 나 – 다 – 라 – 마　　　② 가 – 라 – 다 – 마 – 나
③ 다 – 라 – 가 – 마 – 나　　　④ 라 – 가 – 다 – 나 – 마
⑤ 가 – 나 – 마 – 다 – 라

11 매슬로우(Maslow)의 인간욕구 5단계 중에서 의미가 있는 타인과 인간적인 친교를 맺거나 물질적 편안함을 위해 소비하려는 욕구에 해당하는 것은?

① 생리적 욕구　　　　　② 안전 욕구
③ 사회적(소속감과 애정) 욕구　　　④ 존경 욕구
⑤ 자아실현 욕구

12 CRM 활동 중에서 데이터에 존재하는 이상치나 중복성을 제거하는 과정은?

① 데이터 정제
② 데이터 수집
③ 데이터 웨어하우스
④ 고객 분석 및 데이터마이닝
⑤ 피드백 정보활동

13 다음 중 '고객만족관리(Customer Satisfaction Management)'의 필요성에 대한 설명이 아닌 것은?

① 경제성장으로 인해 고객의 욕구는 더욱 진화하였으며, 기대 수준 또한 높아졌다.
② 고객만족은 기업의 단골고객 증대로 이어지며, 공생의 개념과 관계가 있다.
③ 기업의 제품이나 서비스에 대해 만족한 고객의 구전이 신규고객의 창출로 이어진다.
④ 기업의 제품이나 서비스의 만족은 고객이탈로 이어지며, 기업 이미지와는 상관없다.
⑤ 불만족 고객의 90%는 기업이 적극적이고 신속하게 문제를 해결해 줄 경우 높은 재거래율을 보인다.

14 인간관계론은 호손실험을 통해서 본격적으로 대두되었다. 실험의 결론과 관련이 없는 내용은?

① 조직의 생산성 향상은 근로자들의 물리적인 요소가 만족되었을 때 발생한다.
② 조직 내에 존재하는 비공식적 조직에 의해 만들어진 규범이 인간행동을 통제한다.
③ 종업원의 태도나 감정에 의해 생산성이 향상된다.
④ 종업원의 태도나 감정은 조직 내의 인간관계에 영향을 받는다.
⑤ 종업원의 태도나 감정은 개인적 경력과 직장의 상황에 비추어 이해가 된다.

15 다음 중 수평적 의사소통에 해당하는 요소는?

① 편 람
② 직원 여론조사
③ 연 설
④ 위원회
⑤ 상 담

16 CRM의 시스템을 구축할 때 고객성향을 분석하여 구매를 유발하고, 다양한 고객층을 대상으로 차별화된 마케팅을 시도하는 단계에 해당하는 것은?

① CRM 인프라 구축
② 기업특성별 고객전략 수립
③ 데이터마이닝을 통한 고객분석과 마케팅
④ 고객유지를 위한 서비스와 피드백 관리
⑤ 자동화된 데이터 웨어하우스와 정보분석환경 구축

17 고객만족에 대한 개념을 정리한 학자들을 순서대로 바르게 나열한 것은?

> • (가)은(는) 고객만족을 결과에 초점을 두고 개념화하여, 고객의 포괄적인 감정에 대하여 고객이 상품 및 서비스를 구매·비교·평가·선택하는 과정에서 고객이 경험하는 호의적인 감정을 고객만족, 비호의적인 감정을 불만이라고 하였다.
> • (나)은(는) 고객만족을 과정에 초점을 두고 개념화하여, 고객의 만족과 불만족을 하나의 과정으로 이해하여 고객의 사용 전 기대와 사용 후 성과를 평가한 결과로 고객만족을 이해하였다.

	가	나
①	앤더슨(Anderson)	햄펠(Hempel)
②	웨스트브룩과 뉴먼 (Westbrook & Newman)	앤더슨(Anderson)
③	앤더슨(Anderson)	밀러(Miller)
④	밀러(Miller)	웨스트브룩과 뉴먼 (Westbrook & Newman)
⑤	햄펠(Hempel)	밀러(Miller)

18 다음 중 대인지각 왜곡 유형에 대한 설명으로 옳지 않은 것은?

① 최근효과 - 시간적으로 나중에 제시된 정보에 의해서 영향을 받는 효과
② 초두효과 - 최초의 인상이 중심이 되어 전체 인상이 형성되는 효과
③ 중심화 경향 - 인간의 행복추구 본능 때문에 타인을 다소 긍정적으로 평가하는 경향
④ 스테레오 타입 - 집단 특성에 근거하여 판단하는 경향
⑤ 대조효과 - 최근에 주어진 정보와 비교하여 판단하는 효과

19 서비스 정의 중에서 '서비스는 무형적 성격을 띠는 일련의 활동으로 서비스 종업원과의 상호관계에서부터 발생하여 고객의 문제를 해결해 주는 것이다'에 해당하는 것은?

① 봉사론적 정의
② 경제론적 정의
③ 속성론적 정의
④ 인간 상호관계론적 정의
⑤ 활동론적 정의

20 거래 전 서비스(Before Service)에 대한 설명으로 옳지 않은 것은?

① 대표적인 사전 서비스 전략으로 판매가능성 타진을 촉진하는 예약서비스가 있다.
② 서비스의 설명과 적절한 제안으로 고객의 의사결정을 촉진하는 활동이다.
③ 우수한 서비스를 제공하기 위한 환경을 구축하는 활동이다.
④ 고객과 서비스 제공자 간에 직접적으로 상호거래가 이루어지는 서비스 본질을 말한다.
⑤ 사전에 고객을 맞이하기 위한 준비활동이다.

21 슈메너(Schmenner)의 서비스 프로세스 매트릭스에서 노동집약도가 낮고, 고객과의 상호작용 및 개별화 정도가 높은 항목에 해당하는 업종은?

① 병 원
② 화물운송업
③ 리조트
④ 학 교
⑤ 금융업

22 기대-불일치 이론에서 소비자가 구매한 제품의 성과가 기대보다 나은 경우 이를 지칭하는 용어는?

① 긍정적 불일치
② 부정적 불일치
③ 단순 일치
④ 긍정적 일치
⑤ 부정적 일치

23 다음 중 서비스의 이질성에 의해 발생하는 마케팅의 문제점은?

① 재고와 저장의 어려움
② 표준화와 품질관리의 어려움
③ 대량생산체계 구축의 어려움
④ 가격 결정의 어려움
⑤ 상품진열의 어려움

24 대기 시스템 유형 중 '단일 대기 열'에 대한 설명으로 가장 옳지 않은 것은?

① 어느 줄에서 대기해야 할지 고민할 필요가 없다.
② 단일 입구로 되어 있어 끼어들기 문제를 해소할 수 있다.
③ 전체적인 대기 시간이 길어지는 현상이 발생한다.
④ 줄이 길어지는 경우 고객 이탈 문제가 발생될 수 있다.
⑤ 고객이 오는 순서대로 대기하기 때문에 대기 시간의 공정성이 보장된다.

25 귀인 이론의 범주화 체계 중 다음의 설명에 해당하는 것은?

어떤 원인이 의도적인 것인지, 비의도적인 것인지를 추론하는 것

① 배열성   ② 안정성
③ 인과성의 위치 차원   ④ 통제성
⑤ 전문화된 솔루션

26 허츠버그(Herzberg)의 동기위생요인 이론에서 개인의 동기를 자극하는 동기요인에 해당하는 것은?

① 작업조건   ② 급 여
③ 대인관계   ④ 성 취
⑤ 회사의 정책

27 다음 중 내부고객의 만족을 위해 **노드스트롬**(Nordstrom) 백화점에서 실시한 권한위임에 해당하는 내용은?

① 모든 규칙과 규정 폐지
② 내부 승진 제도
③ 충분한 보상 및 인센티브 제공
④ 무조건적인 반품수용 정책
⑤ 매력적인 쇼핑 환경의 제공

28 피시본 다이어그램(Fishbone Diagram)의 단계별 흐름으로 보기 어려운 것은?

① 1단계 - 문제의 명확한 정의
② 2단계 - 문제 원인 확인
③ 3단계 - 잠재 원인 브레인스토밍 실시
④ 4단계 - 주요 원인 범주의 세부 사항 검토
⑤ 5단계 - 근본 원인 확인

29 다음 중 교류분석에서 에릭 번(Eric Berne)이 제시한 '시간의 구조화'에 대한 설명으로 옳지 않은 것은?

> 가. 폐쇄 - 자기를 타인으로부터 멀리하고 대부분의 시간을 공상이나 상상으로 보내며, 자기에게 스트로크를 주려고 하는 자기애적인 것이다.
> 나. 의식 - '감추어진 저의' 없이 서로 진정한 감정을 표현하는 것으로서, 사회적 수준과 심리적 수준이 일치를 이루는 것이다.
> 다. 잡담 - 직업, 취미, 스포츠, 육아 등의 무난한 화제를 대상으로 특별히 깊이 들어가지 않고 즐거운 스트로크의 교환을 하는 것이다.
> 라. 게임 - 겉으로 보기에는 정보의 교환을 하는 것 같지만, 심리적 수준으로는 또 다른 의도가 깔려 있는 교류이다.
> 마. 활동 - 주로 일이나 공부 등을 하면서 보내는 시간으로 긍정적인 것과 부정적인 것이 있다. 타인과의 거리를 만들기 위해 의도적으로 일에 몰두한다든가, 가족의 간섭이 싫어 회사에서 늦게까지 일을 한다든가 하는 것은 부정적 의미의 시간이라 할 수 있다.

① 가
② 나
③ 다
④ 라
⑤ 마

30 다음 보기의 내용에 해당하는 개념은?

> 자아실현의 욕구부분을 고려한 마케팅으로서, 개인으로 하여금 이상적인 자아나 타인, 문화를 연결하여 고객의 자기향상 또는 타인에게 긍정적으로 인식되고 싶은 욕구를 자극한다. 여기에서 가장 중요한 것은 개인을 더 넓은 사회적 시스템과 연결시켜서 브랜드 공동체를 형성하게 되는데, 그 대표적 예로 HOG(할리 데이비슨 그룹) 커뮤니티가 있다.

① 관계 마케팅　　　　　　　　② 감성 마케팅
③ 인지 마케팅　　　　　　　　④ 틈새 마케팅
⑤ 문화 마케팅

02 | CS 전략론

31 다음 보기의 괄호 안에 들어갈 가장 적절한 용어는?

> (　　　)의 목적은 상담원이 고객과의 전화응대 과정에서 콜센터에서 정한 통화의 기본서비스 기준 사항을 정확히 준수하는지를 확인 및 평가하고, 향후 인적 서비스 개선을 위한 직원 교육의 방향 및 방법을 제시하고자 하는 것이다.

① 서비스 프로세스　　　　　　② 서비스 청사진
③ 서비스 모니터링　　　　　　④ 미스터리 쇼퍼
⑤ 피시본 다이어그램

32 다음 중 서비스 모니터링의 실시 목적이 아닌 것은?

① 생산성 향상 목적을 위한 종업원 통제 및 관리 수단
② 서비스 담당직원의 서비스 품질과 서비스 내용에 대한 객관적 평가
③ 고객만족과 고객 로열티 제고를 통한 수익성 향상을 위한 관리 수단
④ 종업원의 잠재능력 개발을 통한 전문적 서비스 응대 및 상담기술 향상
⑤ 고객 접점의 서비스 품질 수준 향상과 수익 증대를 위한 중요 정보 획득 수단

33 다음 중 미스터리 쇼퍼(Mystery Shopper)의 이용 목적이 아닌 것은?

① 고객이 쉽게 의견을 제시할 수 있는 경로 제공
② 조사 보고서를 바탕으로 마케팅 전략 수립
③ 서비스 불만사항 파악 및 개선점을 발견하여 서비스 개선
④ 고객응대 서비스의 개선과 고객만족도 제고
⑤ 고객에 대한 서비스 현황과 환경 평가

34 제조업에서는 ZD(Zero Defect), 서비스업에서는 ZC(Zero Complaint)라고 하여 고객 불만 및 불평을 제로화하자는 제도란?

① VOC
② CSI
③ Mystery Shopper
④ SERVQUAL
⑤ NPS

35 SWOT 분석과 관련하여 외부 위협 요인으로 보기에 가장 적절한 것은?

① 경제 호황
② 정부의 새로운 규제
③ 신규시장 발견
④ 자사의 높은 이직률
⑤ 낮은 연구 개발비

36 다음 중 소비재 시장에서 가능한 시장 세분화 방법으로 행동분석 변수에 해당하는 것은?

① 도시/농촌　　　　　　　　② 교육 수준
③ 제품구매빈도　　　　　　　④ 라이프스타일
⑤ 소 득

37 다음 중 4P 믹스의 유통을 대신하는 로터번(Lauterborn)의 4C 믹스 중에서 교환의 편리성, 무이자 할부 서비스의 편익, 동영상으로 된 설명서의 편리성에 대해 제시한 것은?

① Community

② Customer Wants and Needs

③ Cost

④ Convenience

⑤ Communication

제1회

38 마케팅믹스 4P에서 확장된 마케팅 3P 믹스를 모두 고른 것은?

가. Promotion	나. People
다. Product	라. Process
마. Program	바. Physical Evidence

① 가, 나, 다   ② 나, 다, 바

③ 나, 라, 바   ④ 가, 라, 바

⑤ 나, 마, 바

39 카노(Kano)의 품질 모형에 대한 설명으로 옳은 것은?

① 매력적 품질요소 – 충족이 되면 당연한 것이기 때문에 별다른 만족감을 주지 못하나, 충족되지 않을 경우 불만을 일으키는 불만족 요인이라고도 한다.

② 명품적 품질요소 – 고객이 미처 기대하지 못했던 것을 충족시켜 주거나, 고객이 기대했던 것이라도 고객의 기대를 훨씬 초과하는 만족을 주는 품질요소이다.

③ 일원적 품질요소 – 고객의 명시적 요구 사항으로 이들이 충족될수록 만족은 증대되고, 충족되지 않을수록 불만이 증대된다.

④ 역(逆) 품질요소 – 충족되건 충족되지 않건 만족도 불만도 일으키지 않는 품질요소를 말한다.

⑤ 일시적 품질요소 – 최소한 마땅히 있을 것으로 생각되는 기본적인 품질요소로 충족이 되면 당연한 것으로 생각되기 때문에 별다른 만족감을 주지 못하는 반면, 충족이 되지 않으면 불만을 일으키는 품질요소이다.

40 애플의 '아이튠스'는 메이저의 20%가 올리는 수익보다 비주류의 80%가 올리는 수익이 더 많고, 아마존 서점은 비주류 책들이 40%의 매출을 차지한다. 이 사례와 관련된 법칙을 처음으로 사용한 사람은?

① Chris Anderson   ② Adam Smith

③ Tom Peters   ④ Peter Ferdinand Drucker

⑤ Vilfredo Pareto

41 제품의 차별화 방법 중 독특한 취향, 개성, 이미지 브랜드를 이용하여 차별화하는 수단에 해당하는 것은?

① 기능요소 차별화   ② 감성요소 차별화

③ 상징요소 차별화   ④ 지성요소 차별화

⑤ 가격요소 차별화

42 기업이 고객에게 서비스를 전달하는 과정에서 고객이탈이나 고객전환이 되는 요인 중에서 가장 큰 영향을 미치는 행동은?

① 불친절한 고객응대   ② 제품가격

③ 경쟁사의 유인   ④ 비윤리적 기업행위

⑤ 핵심적인 가치 제공의 실패

43 서비스 실패와 관련해 다음과 같이 주장한 학자는?

> 서비스 실패란 책임이 분명한 과실로 인해 초래된 서비스 과정이나 결과이다.

① 윈(Weun)

② 베리(Berry), 레너드(Leonard), 파라수라만(Parasuraman)

③ 자이다믈(Zeithaml), 베리(Berry)

④ 헤스켓(Heskette), 새서(Sasser), 하트(Hart)

⑤ 벨(Bell), 젬케(Zemke)

44 다음 중 올리버(Oliver)가 제시한 소비자 충성도 4단계를 모두 고른 것은?

가. 인지적 충성	나. 감정적 충성
다. 행동적 충성	라. 행동 의욕적 충성
마. 충동적 충성	

① 가, 나, 다, 라　　　　　　　② 가, 나, 다, 마

③ 가, 나, 라, 마　　　　　　　④ 가, 다, 라, 마

⑤ 나, 다, 라, 마

45 서비스 전달 시스템은 제품이 고객에게 전달되는 장소, 시간, 방법을 개선하는 시스템이다. 이러한 서비스 전달 시스템의 장점이 아닌 것은?

① 고객의 쇼핑 시간 단축의 효과

② 고객의 공간적 이동의 불편함 해소

③ 고객과의 직접 대면으로 인한 비용의 증가

④ 운영 시스템의 가시적인 부분 감소

⑤ 표준화된 서비스 제공 가능

46 다음 중 고객인지프로그램의 효과에 해당하는 것은?

① 서비스 기업에서 표준화된 서비스를 제공하는 수단으로 활용할 수 있다.

② 서비스 제공자는 획일적인 서비스를 지원함으로써 공정성을 유지할 수 있다.

③ 고객의 입장에서는 개인정보의 노출에 대한 불안감이 생길 수 있다.

④ 신규 고객정보를 창출하여 CRM을 수행하는 기초로 사용할 수 있다.

⑤ 가장 중요한 고객을 파악하여 적절한 제품 및 서비스를 적시에 제공할 수 있다.

47 일반적인 제품 차원에 제품명, 스타일, 특성, 포장 등이 결합된 형태로 핵심적인 편익을 제공하는 제품차원에 해당하는 것은?

① 확장적 제품　　　　　　　　② 핵심적 제품

③ 실체적 제품　　　　　　　　④ 본질적 제품

⑤ 유형적 제품

48 이유재, 이준엽의 'KS-SQI' 모델의 품질 속성에서 특징이 나머지와 다른 하나는?

① 고객응대   ② 신뢰감
③ 접근 용이성   ④ 물리적 환경
⑤ 창의적 서비스

49 서비스를 제공할 때 차별화를 위해 서비스의 내용은 같아도 제공하는 과정과 서비스 접점에서 차별화하는 수단으로 적절한 것은?

① 틈새마켓
② 제품의 고급화
③ 기능요소 차별화
④ 종업원의 친절도 향상
⑤ 상징적 요소 차별화

50 다음 중 일반기업과 비교할 때 의료기관이 가지는 특징이 아닌 것은?

① 자본과 노동이 집약적이다.
② 이중적인 지휘체계를 가지고 있다.
③ 영리적 동기를 가진다.
④ 서비스의 품질관리와 업적평가가 어렵다.
⑤ 다양한 사업목적을 가진다.

51 다음 중 서비스 품질을 측정할 때의 어려움이 아닌 것은?

① 서비스 전달 이전에 테스트가 불가능하다.
② 고객은 프로세스의 일부이며 변화가능성의 요인이 된다.
③ 고객으로부터 서비스 품질에 대한 데이터 수집이 곤란하다.
④ 주관적인 개념이다.
⑤ 경쟁우위 확보가 어렵다.

52 SERVQUAL에서는 서비스 품질을 다섯 가지 차원으로 구분하는데, 이 중에서 결과에 해당하는 품질을 가지는 것은?

① 반응성   ② 공감성
③ 신뢰성   ④ 유형성
⑤ 확신성

53 서비스의 품질 평가에 해당하는 것은?

① 제품 크기   ② 무 게
③ 배송시간   ④ 평 판
⑤ 무늬와 색상

54 벤치마킹(Benchmarking) 유형 중 서로 관계가 없는 다른 업종 기업들에 대하여 벤치마킹이 수행되는 유형은?

① 포괄 벤치마킹   ② 기능 벤치마킹
③ 유통 벤치마킹   ④ 내부 벤치마킹
⑤ 경쟁 벤치마킹

55 다음 보기에서 'STP' 전략 단계를 순서대로 나열한 것은?

가. 잠재고객 선정	나. 시장 세분화
다. 포지셔닝	라. 표적 선정
마. 시장분석	

① 가 – 마 – 다   ② 나 – 라 – 다
③ 가 – 나 – 다   ④ 다 – 나 – 라
⑤ 가 – 나 – 마

56 다음 중 고객만족도 조사에서 고객의 요구에 대한 자료를 수집하는 방법으로 정량조사에 필요한 내용에 해당하는 것은?

① 소비자의 정보 획득
② 소비자를 깊이 이해하려는 시도
③ 양적조사의 사전단계와 가설의 발견
④ 가설의 질적 검증
⑤ 바람직한 콘셉트, 용기, 상표명 등의 선정

57 소비자 트렌드의 변화요인 중에서 소비자의 변화요인으로 볼 수 없는 것은?

① 개인 소득 수준의 변화
② 여가시간의 증가
③ 시장의 세계화
④ 개인 가치관의 변화
⑤ 새로운 소비계층의 진입

58 일반적인 서비스와는 차별화된 의료 서비스의 특징이 아닌 것은?

① 의료 서비스는 수요 예측이 불가능하다.
② 기대와 실제로 받는 과정에서 불일치가 크다.
③ 의료 서비스는 무형적인 상품이다.
④ 의료 서비스에서 의사결정자는 다양하다.
⑤ 의료 서비스 비용은 직접 지불 형태를 가진다.

59 AIO 분석 기법의 3가지 차원 중 '어떠한 사물과 사건 또는 화제에 대하여 특별하고 계속적인 주의를 부여하는 정도를 조사하는 것'을 의미하는 것은?

① 희 생
② 요 구
③ 활 동
④ 관 심
⑤ 의 견

60 다음 보기의 내용을 포함하는 서비스 기대 영향 요인의 명칭은?

• 구매 동기 　　　　　　　　• 소비자의 기분
• 날 씨 　　　　　　　　　　• 시간적 제약

① 외적 요인　　　　　　　　② 기업 요인

③ 내적 요인　　　　　　　　④ 소비자 요인

⑤ 상황적 요인

---

03 | 고객관리 실무론

61 전화응대의 기본자세와 관련이 없는 내용은?

① 서비스 창구이고 고객만족의 첫걸음임을 인식한다.

② 고객과 자리를 하고 있다는 생각을 가진다.

③ 회사를 대표하고 있다는 책임의식과 주인의식을 가진다.

④ 항상 비용을 소비한다는 생각으로 응대한다.

⑤ 전화응대가 회사전체의 이미지와 서비스의 좋고 나쁨을 좌우한다는 의식을 갖고 응대한다.

62 다음 보기의 내용에서 전화 응대자가 개선해야 할 요소는?

○○○ 대리는 일과 종료 전 사장에게 제출할 보고서의 마무리 작업을 하고 있다. 보고서 마지막 부분을 검토하고 있는 도중 전화벨이 울린다. ○○○ 대리는 전화를 받지 않고 애써 외면하지만 전화벨이 계속해서 울려 어쩔 수 없이 전화를 받으며, 아주 상냥한 목소리로 통화를 하였다.

① 정확성　　　　　　　　　　② 신속성

③ 신뢰성　　　　　　　　　　④ 친절성

⑤ 참을성

63 다음 보기의 '가관념(Pseudoldeals)'의 개념을 주장한 미국의 역사학자는?

> 이미지란 특정 사건에 대해 진실된 측면을 보여주기보다는 조작되고 단편적인 측면을 강조한다.

① 다니엘 부어스틴(Daniel Boorstin)
② 존 스타인벡(John Steinbeck)
③ 밥 파이크(Bob Pike)
④ 알렌 로젠버그(Alan Rosenberg)
⑤ 에머슨 하트(Emerson Hart)

64 다음 중 호칭을 사용하는 방법으로 적절한 경우가 아닌 것은?

① 상사에게 부하직원이 자신을 지칭할 때는 "기획부장 ○○○입니다."라고 한다.
② 거래처에 자신을 밝힐 때 "○○회사 경리부 ○○○입니다."라고 한다.
③ 전화를 끊을 때는 "이만 끊겠습니다."라고 한다.
④ 세미나에서 강사가 자신을 소개할 때 "○○기업 ○○○ 사장입니다."라고 한다.
⑤ 회사에서 퇴근할 때 "먼저 가겠습니다."라고 한다.

65 다음 중 인바운드형 콜센터의 특징에 해당하는 것은?

① 기업주도형이다.
② 많은 양의 고객데이터를 보유한다.
③ 목표달성과 성과 지향적이다.
④ 고객설득 능력이 우수하다.
⑤ 고객의 접근이 용이하다.

66 다음 보기의 내용으로 적절한 것은?

> • 텔레마케팅 실무에서 필수적이다.
> • 고객응대의 기초자료이다.
> • 기업 프로세스에 대한 핵심요약 및 설명이다.

① Script
② Database
③ Services Manual
④ Data Sheet
⑤ Corporate Report

제1회

67 오른쪽 무릎을 세워 앉지 않고, 양손을 가지런히 모아 옆에 놓으며 머리를 15도 정도 숙이는 절은?

① 남성의 큰절
② 남성의 작은절
③ 여성의 작은절
④ 여성의 큰절
⑤ 여성의 평절

68 고객의 상태를 파악하기 위한 질문기법의 설명으로 옳은 것은?

① 확인형 질문 – 고객에게 심적인 여유를 주어야 할 때
② 개방형 질문 – 고객의 요구사항에 초점을 주어야 할 때
③ 확인형 질문 – 고객이 자유로운 의견이나 정보를 제시할 수 있도록 할 때
④ 개방형 질문 – 처리해야 할 사항을 확인받고자 할 때
⑤ 선택형 질문 – 대화의 주제를 정리하고 정돈된 대화가 필요할 때

69 단호한 표현보다는 미안함을 먼저 표현하는 데 강조를 두는 효과적인 고객응대 화법은?

① 쿠션 화법
② 아론슨 화법
③ 부메랑 화법
④ 칭찬 화법
⑤ 레이어드 화법

70 일반적인 비즈니스 만남에서의 상대방을 소개하는 예절에 대한 설명으로 옳은 것은?

① 외부사람을 사내직원에게 먼저 소개한다.

② 여성을 남성에게 먼저 소개한다.

③ 연장자를 연소자에게 먼저 소개한다.

④ 여럿이 모인 자리에는 여러 사람을 먼저 소개한다.

⑤ 하급자를 상급자에게 먼저 소개한다.

71 에드워드 홀(Edward T. Hall)의 공간적 영역에서 일정한 거리를 유지하면서 고객과 허물없이 대화를 나눌 수 있는 거리로 고객에게 안정감과 편안함을 줄 수 있는 거리는?

① 0~45cm
② 40cm~1m

③ 3.5~6m
④ 6m

⑤ 10m

72 손님을 맞이하고 안내하는 방법에 대한 설명으로 옳지 않은 것은?

① 서서 맞이할 때 여성의 손 위치는 엄지가 배꼽의 약간 아래쪽에 위치한다.

② 방향 안내 시 사람을 가리킬 때에는 양손을 사용한다.

③ 앉을 때는 남녀 모두 양 무릎을 모으고 자세를 바로 한다.

④ 실내에서 걸을 때는 보폭을 좁게 하며 발자국 소리가 나지 않도록 주의한다.

⑤ 손님과 대화할 때는 시선을 강하게 하여 상대의 이야기에 관심을 가지고 경청한다.

73 칼 알브레히트(Karl Albrecht)의 서비스 칠거지악 중 서비스업에서 나타나는 종업원의 불량한 응대태도로서, 고객의 요구나 문제를 의도적으로 회피하는 행동은?

① 무관심
② 기계화

③ 로봇화
④ 건방떨기

⑤ 무 시

74 다음 중 불만고객의 처리 원칙으로 거리가 먼 것은?

① 공정성 유지
② 책임 공감
③ 효과적 대응
④ 고객 프라이버시 보장
⑤ 엄격한 보상 방침 적용

75 코칭(Coaching)의 효과가 아닌 것은?

① 스트레스 감소   ② 의사소통 향상
③ 업무 프로세스 향상   ④ 원만한 대인관계 형성
⑤ 마음의 상처 치료

76 다음 중 '사람들은 한번 판단을 내리면 상황이 변해도 그 판단을 지속하려는 욕구를 가진다'라는 심리학 이론은?

① 후광효과   ② 일관성 오류
③ 맥락효과   ④ 초두효과
⑤ 인지적 오류

77 다음 보기의 괄호 안에 들어갈 용어로 옳은 것은?

> 미국의 사회 심리학자 앨버트 메라비언(Albert Mehrabian)은 효과적인 소통에 있어서 정보량은 얼굴표정 등으로 전달되는 (A)가 55%, (B)가 38%, (C)가 7%로 나타난다고 하였다.

① A - 청각적 요소, B - 시각적 요소, C - 언어적 요소
② A - 언어적 요소, B - 청각적 요소, C - 시각적 요소
③ A - 시각적 요소, B - 청각적 요소, C - 언어적 요소
④ A - 시각적 요소, B - 언어적 요소, C - 청각적 요소
⑤ A - 언어적 요소, B - 시각적 요소, C - 청각적 요소

78 인터넷상의 e-mail 예절에 대한 설명으로 옳지 않은 것은?

① 발신자의 신분을 정확히 밝힌다.
② 메일 내용은 간결하게 작성한다.
③ 첨부파일은 가능한 최소화하고 압축하여 발송한다.
④ 영어 제목은 반드시 대문자를 사용하여 작성한다.
⑤ 단체 메일은 수신자의 효용 유무를 신중히 고려한 후 발송한다.

79 다음 중 명함에 대한 설명으로 옳지 않은 것은?

① 명함에는 본인의 이름과 직함, 직장과 주소, 전화번호, 팩스번호 등을 기입한다.
② 사교형 명함은 이름과 주소를 기입하며, 각종 선물이나 초청장에 사용한다.
③ 명함에 이메일 주소를 기입할 때는 영문으로 재미있거나 개성적인 표현을 사용한다.
④ 명함은 루이 14세 때 만들어져 루이 15세 때 현재와 같은 명함을 사교적으로 사용했다.
⑤ 업무용 명함은 회사의 주소, 직위, 전화번호 등을 고딕체와 명조체로 사용한다.

80 다음 중 'MICE'라는 용어의 의미에 포함되지 않는 것은?

① 포상 관광
② 언론 환경
③ 컨벤션
④ 전 시
⑤ 회 의

81 다음 중 소비자의 8대 권리에 해당사항이 아닌 것은?

① 소비자 스스로 권익을 위해 단체를 조직하고 이를 통해 활동할 수 있는 권리
② 물품 또는 용역으로 인한 생명과 신체 또는 재산에 대한 위해로부터 보호받을 권리
③ 물품 또는 용역을 선택함에 있어서 필요한 지식이나 정보를 제공받을 권리
④ 합리적인 소비를 위하여 필요한 교육을 받을 권리
⑤ 소비자의 선택에 책임지는 소비생활을 할 수 있도록 교육받고, 능력향상을 위한 프로그램에 참여할 권리

82 다음 중 소비자기본법에 명시된 소비자의 책무가 아닌 것은?

① 소비자는 자유시장경제를 구성하는 주체임을 인식하여 물품 등을 올바르게 선택한다.

② 규정에 따른 소비자의 기본적 권리를 정당하게 행사하여야 한다.

③ 스스로의 권익을 증진하기 위하여 필요한 지식과 정보를 습득하도록 노력하여야 한다.

④ 소비자의 개인정보가 분실, 도난, 누출, 변조 또는 훼손되지 아니하도록 노력하여야 한다.

⑤ 소비자는 소비생활의 향상과 국민경제의 발전에 적극적인 역할을 다하여야 한다.

83 다음 보기의 괄호 안에 들어갈 용어는?

> 소비자기본법 제2조에는 "소비자라 함은 사업자가 제공하는 물품 또는 용역을 소비생활을 위하여 사용하는 자 또는 생산 활동을 위하여 사용하는 자로서 (　　　)이 정하는 자를 말한다."고 규정되어 있다.

① 대통령령
② 국무총리령
③ 한국소비자원장
④ 기획재정부장관령
⑤ 산업통상자원부장관령

84 공수(拱手)에 대한 설명으로 옳지 않은 것은?

① 공수는 비례(절)의 기본동작이다.

② 공수는 남자와 여자의 손 위치가 같다.

③ 공수는 두 손을 앞으로 모아서 맞잡는 것을 말한다.

④ 공수는 평상시와 흉사시가 다르다.

⑤ 공수는 의식행사에 참석했을 때나 어른 앞에서 공손한 자세를 취하는 것이다.

85 다음 보기의 내용이 위반하고 있는 개인정보보호법 조항은?

> ○○학원의 홍보직원은 ○○초등학교에서 하교하는 학생들을 대상으로 학습 자료에 대해서 설명하고 설문에 동의하는 설문지를 작성하였다. 자료수집 항목으로 학생들의 이름과 학년, 전화번호, 주소, 형제 유무, 학부모가 집에 있는 시간대 등의 정보를 수집하고 지속적으로 학부모에게 우편을 통해 홍보하였다.

① 민감정보 처리제한 위반
② 개인정보 수집 시 법정대리인 동의 획득 위반
③ 고유식별정보 처리 동의 위반
④ 개인정보 안전조치의무 위반
⑤ 개인정보 취급자에 대한 감독 위반

86 개인정보의 파기에 관련된 내용에 대한 설명으로 옳지 않은 것은?

① 개인정보의 파기 및 절차에 필요한 사항은 대통령령에 따른다.
② 개인정보를 파기할 때는 복구 또는 재생되지 아니하도록 조치하여야 한다.
③ 개인정보처리자는 보유기간의 경과, 개인정보의 처리 목적이 달성되었을 때 지체 없이 그 개인정보를 파기하여야 한다.
④ 전자적 파일 형태의 개인정보 기록은 복원이 불가능한 방법으로 영구 삭제한다.
⑤ 온라인 사이트에서 탈퇴한 회원의 정보는 파기사유 예외사항에 해당한다.

87 다음 보기의 내용이 설명하는 것은?

> 기업에서 조직에 문제가 되는 상황을 설정하여 그 상황에 대한 이해를 목적으로 시연하는 방법으로 진행되는 집합교육이다. 자신과 타인 간의 이해관계를 촉진시키며, 기대되는 행동과 태도의 변화를 유도하는 목적으로 진행된다.

① 토의법　　　　　　　　　　　② 강의법
③ 워크샵　　　　　　　　　　　④ 브레인스토밍
⑤ 역할연기

88 다음 중 프레젠테이션 작성 시 결론부분에 들어갈 사항으로 적절한 것은?

① 동기부여
② 경험에 관련된 사항 제시
③ 강의 개요 설명
④ 요 약
⑤ 주의 환기

89 프레젠테이션 슬라이드 제작 시 유의사항을 적절하게 설명한 것은?

① 슬라이드 화면의 공백은 성의가 없이 보이기 때문에 가급적 채운다.
② 도해나 그래픽보다는 텍스트를 이용하여 이해하기 쉽도록 구성한다.
③ 전달내용은 자세히 입력하고 핵심내용은 유인물을 배포한다.
④ 집중력을 위해 다양한 동영상, 그림, 사운드를 반복적으로 작성한다.
⑤ 배경색상은 검정색 바탕에 흰색 글씨를 사용하는 것이 효과적이다.

90 인터넷 보안사고 유형으로 '어떤 프로그램이나 시스템을 통과하기 위해 미리 부정한 방법과 수단으로 접근할 수 있도록 조치를 취해두는 방식'의 해킹 유형은?

① 스푸핑(Spoofing)
② 피싱(Phishing)
③ 웜(Worm)
④ 백 도어(Back Door)
⑤ 트로이 목마(Trojan House)

제2회 | **적중모의고사**

🕐 정답 p.266

01 | CS 개론

01 다음 중 고객만족(CS)의 역사에 대한 설명으로 가장 옳지 않은 것은?

> 가. 1970년대 미국의 소비자주의가 성숙기에 접어들면서 고객만족 경영이 대두되었다.
> 나. 1980년대 스칸디나비아 항공사 MOT개념 도입으로 고객만족 경영이 성공적으로 대두되었다.
> 다. 1992년 삼성사에서 고객가치 창조의 도입으로 우리나라에 도입되었다.
> 라. 2000년대 이후 서비스 관련 업종에서 고객만족 경영이 도입되었다.

① 가
② 나
③ 가, 라
④ 나, 다
⑤ 다, 라

02 서비스 프로세스(Service Process)에 대한 설명으로 옳지 않은 것은?

① 서비스 프로세스는 성격에 따라 표준화 또는 개별화된 프로세스로 나눌 수 있다.
② 미국 사우스웨스트 항공사는 공항기점 간 시스템, 소규모 공항, 저렴한 요금으로 단거리 운행, 음료·식사제공 프로세스 생략 등으로 프로세스의 표준화 전략에 성공하였다.
③ 싱가포르 항공사는 고객의 취향에 맞는 서비스, 직원에게 권한부여, 다소 높은 가격으로 고품위 서비스 제공 등의 개별화 전략을 적용하여 성공하였다.
④ 프로세스는 '하나 이상의 입력(In-put)을 이용하여 고객에게 가치 있는 출력(Out-put)을 만들어 내는 부가가치 있는 행동의 총합'이다.
⑤ 서비스 프로세스 설계의 평가는 상대적인 것이 아니라 절대적이다.

03 다음 중 서비스 프로세스의 대기 열 관리 방안 중에서 단일 대기 열에 대한 설명에 해당하는 것은?

① 고객이 서비스 매장에 도착 즉시 서비스를 받을 수 있다.
② 고객에게 부가적인 편익이 부여된다.
③ 고객이 기다리는 데 소요되는 전체 시간을 줄일 수 있다.
④ 고객이 서비스 시설에 도착하여 대기 열의 상황에 따라 선택한다.
⑤ 고객 자신의 차례가 주어질 때까지 관심을 가져야 한다.

04 다음 중 피시본 다이어그램(Fishbone Diagram)에 대한 설명으로 옳지 않은 것은?

> 가. 일본의 카오루 이시카와에 의해서 개발된 것으로서 '특성요인분석 기법'이라고도 한다.
> 나. 물고기의 뼈모양과 같은 그림을 이용하여 문제의 원인이나 결과를 체계적으로 종합한 것이다.
> 다. 분석대상이 되는 명확한 문제의 정의를 생선뼈 모양의 사선으로써 표시한다.
> 라. 문제점에 대한 원인들을 식별하기 위하여 브레인스토밍을 사용한다.
> 마. 확인된 근본 원인을 피시본 다이어그램의 머리 쪽에 기술한다.

① 가, 나
② 나, 라
③ 다, 마
④ 라, 마
⑤ 다, 라, 마

05 품질기능전개(Quality Function Deployment)의 장점에 해당하지 않는 것은?

① 제품 및 서비스에 대한 품질목표와 사업목표 결정에 도움을 준다.
② 제품 및 서비스에 대해 공통된 의견을 도출할 수 있는 체계적인 시스템을 제공한다.
③ 제품의 개발기간을 단축시키는 역할을 한다.
④ 경영자의 요구와 고객속성 사이에 정확한 상관관계를 도출할 수 있다.
⑤ 고객의 요구를 지속적으로 파악하고 관리가 가능하다.

06 다음 중 '고객만족'에 대한 설명으로 옳지 않은 것은?

① 고객만족은 기대에 대한 실제 서비스가 만족을 느낄 만큼의 수준에 이르렀을 때 고객이 받는 감정상태를 말한다.

② 제품 또는 서비스가 고객의 기대보다 클 경우 '고객감동'이라고 한다.

③ 앤더슨(Anderson)은 고객만족은 결과에 초점을 두고 개념화하여 고객이 경험하는 호의적인 감정을 '고객만족', 비호의적인 감정을 '불만'이라고 하였다.

④ 고객만족이란 비즈니스와 기대에 부응한 결과로서 상품, 서비스의 재구입이 이루어지고 아울러 고객의 신뢰감이 연속되는 상태이다.

⑤ 불만족한 고객도 잘 활용하면 기업의 성장에 큰 도움이 된다.

07 고객을 확보하는 데 소요되는 비용이 판매나 서비스의 제공에서 얻을 수 있는 수익보다 큰 고객의 유형은?

① 충성고객　　　　　　　　② 잠재고객

③ 단골고객　　　　　　　　④ 로열티고객

⑤ 한계고객

08 노드스트롬(Nordstrom)의 경영정책에 대한 설명으로 옳지 않은 것은?

① 노드스트롬은 외부고객보다 내부고객을 먼저 섬긴다.

② 노드스트롬은 현장직원에게 개인의 주도권을 인정하고 아이디어를 기대한다.

③ 노드스트롬은 어떠한 경우에도 고객에게 NO라고 하지 않는다.

④ 노드스트롬은 서비스 경쟁을 통하여 폭리를 취할 수 있는 방안을 강구한다.

⑤ 노드스트롬은 타 백화점들에 비해 다양한 제품의 구색을 갖추어 놓는다.

09 감성 경영의 중요성에 대한 설명으로 적절하지 않은 것은?

① 인간은 이성 이전에 감성의 동물로서, 희로애락의 감성이 행동유발의 강력한 기본이 된다.

② 우리민족은 동방예의지국으로서 감성표현의 절제를 미덕으로 하였기에 감성 마케팅의 성공 가능성은 낮은 편이다.

③ 기술 수준의 평준화와 시장의 포화상태로 인하여 제품 간의 차별화가 거의 없게 된 현재에는 감성 마케팅의 중요성이 어느 때보다도 중요해졌다.

④ 지속적이고 꾸준한 감성 경영 전략으로 고객의 마음을 사로잡아야 한다.

⑤ 대내적인 감성 리더십과 대외적인 감성 마케팅은 각각 별개가 아니므로, 하나로 통합되어 운영될 때만 전체적인 감성 경영이 성공할 수 있다.

10 고객감동에 관련한 주요개념에 대한 설명으로 적절하지 않은 것은?

① 21세기는 기업 간의 치열한 경쟁 속에서 고객지상주의가 본격적으로 인식되는 시기이다.
② 고객만족은 정적이고 일시적인 개념이라 할 수 있다.
③ 제품의 이성적 측면, 예를 들어 가격이나 품질 등에 대해 고객의 불만을 해소시키는 것을 고객감동이라고 한다.
④ 고객테러란 기업이 불량제품이나 불량서비스로 고객에게 피해를 주는 것을 말한다.
⑤ 테러고객이란 고객테러를 받은 고객이 이에 대한 반발로 해당 기업에 대하여 비방을 퍼트리거나 직접 유형적·무형적인 공격을 하는 것을 말한다.

11 고객의 개념에 대한 설명으로 옳지 않은 것은?

① 좁은 의미의 고객은 단순히 우리의 상품과 서비스를 구매하거나 이용하는 손님을 지칭한다.
② 넓은 의미의 고객은 상품을 생산하고 이용하며 서비스를 제공하는 일련의 과정에 관계된 자기 이외의 모든 사람을 지칭한다.
③ 외부고객은 가치생산에 직접 참여하는 고객을 말한다.
④ 도매상, 중간상, 대리점 등은 모두 중간고객에 해당한다.
⑤ 중간고객은 기업과 최종고객이 되는 소비자 사이에서 그 가치를 전달하는 고객을 말한다.

12 다음 중 데이비드 마이스터(David Maister)의 '대기관리의 8원칙'이 아닌 것은?

① 근심은 대기시간을 더 길게 느껴지게 한다.
② 불공정한 대기시간이 더 길게 느껴진다.
③ 원인이 설명되지 않은 대기시간이 더 길게 느껴진다.
④ 프로세스 이전의 기다림이 프로세스 내의 기다림보다 길게 느껴진다.
⑤ 집단으로 기다리는 대기시간이 더 길게 느껴진다.

13 e-CRM 성공을 위한 고객 창출 전략에 해당하는 것은?

① 리마인드 서비스(Remind Service)
② 어드바이스 서비스(Advice Service)
③ 인센티브 서비스(Incentive Service)
④ 커뮤니티 서비스(Community Service)
⑤ 개인화 서비스(Personalize Service)

14 다음 중 인간관계에서 갈등의 본질적인 요소가 아닌 것은?

① 상호 독립성
② 서로 다른 목표 추구
③ 제한된 자원
④ 욕구를 좌절시키는 개입
⑤ 행동에 의한 충돌

15 MBTI에서 SP 기질과 관련이 없는 것은?

① 자유와 활동하는 것을 좋아하지만, 실질적이고 현실적이다.
② 낙천적이고 관대하고 열정적이고 자발적이며 융통성이 있다.
③ 자유로운 영혼을 지니고 있고 또 그렇게 보이기를 원하며, 제약이나 의무, 항상 똑같이 반복
되는 일을 싫어한다.
④ 현재보다 미래를 즐긴다.
⑤ 비행기 조종사나 소방관, 낙하산 부대원, 기업가, 분쟁 조정자나 운동선수 같은 다양성이
있고 도전적인 직업 또는 계약자, 장인, 교사, 연기자, 간호사, 보육교사와 같은 직업에 종사
한다.

16 커트 라이맨(Curt Reimann)이 제시한 우수한 리더십의 7가지 특성이 아닌 것은?

① 강력한 추진력
② 합리적 목표
③ 일에 대한 열정
④ 조직화
⑤ 고객에 대한 접근성

17 성공적인 CRM의 구축 및 실행에 대한 설명으로 적절하지 않은 것은?

① CRM의 토대를 구축하고 이를 바탕으로 CRM을 실행하는 전체 CRM 프로세스는 크게 전략
수립, 시스템 구축, 실행으로 요약할 수 있다.
② 전략 수립 단계 및 시스템 구축 단계를 CRM 구축 단계로 볼 수 있다.
③ CRM 구축 단계에서 가장 중요한 것은 CRM 전략이다.
④ CRM 전략은 CRM이라는 기법을 어떻게 활용해서 고객에게 경쟁사에 비해 더 많은 가치를
줄 것인지에 대한 해답을 찾는 일이다.
⑤ 기업 내부에서의 CRM에 대한 컨센서스는 항상 일치한다.

18 다음 중 교차판매(Cross-selling) 전략에 해당하는 것은?

① 고객과의 거래를 지속적으로 기록하고 구매량에 따라 인센티브나 샘플링, 쿠폰, 경품 등의 판매촉진 전략을 제공함으로써 자사 상품의 구매 빈도를 높이는 전략

② 고객이 다른 기업의 상품으로 전환하는 것을 막기 위한 전략

③ 기업이 여러 가지 상품을 취급하고 있는 경우 한 상품의 고객으로 하여금 다른 상품을 구매하도록 하는 전략

④ 자사의 상품을 전혀 구매해 본 경험이 없는 잠재 고객을 자사 상품의 구매자로 유도하는 전략

⑤ 과거 고객을 재활성화하기 위해 과거 고객에 대한 데이터베이스를 유지·관리하고, 과거 실적에 대한 면밀한 분석과 함께 거래를 중단하게 된 이유에 대해서 적절한 근거를 찾아내는 전략

19 대인지각의 오류화 경향 중 '중심화 경향'에 대한 설명으로 옳은 것은?

① 인간의 행복추구 본능 때문에 타인을 다소 긍정적으로 평가하는 경향

② 타인을 평가할 때 어느 극단에 치우쳐 오류를 발생시키는 대신 적당히 평가하여 오류를 줄이려는 경향

③ 판단을 함에 있어서 자신과 비교하여 남을 평가하려는 경향

④ 사람을 파악하는 데 있어 그 사람이 갖고 있는 어투, 생김새, 종교, 인종, 국적, 성별 등에 의해서 사람들을 분류하고(범주화), 같은 범주에 속해 있는 사람들은 비슷한 특성들을 공유하고 있을 것으로 여기는 경향

⑤ 한두 가지 사례를 보고 대상 집단 전체를 평가해버리는 경향

20 교류분석에서 원활한 대화가 이루어지지 않으며, 대화가 중단되고 부정적인 관계로 이어지게 되는 교류에 해당하는 것은?

① 상보교류 ② 교차교류

③ 이면교류 ④ 평형교류

⑤ 일반교류

21 서비스의 3단계에 대한 설명으로 옳지 않은 것은?

① 고객에게 제공하고자 하는 서비스의 내용을 소개하고 소비를 촉진시키기 위해 사전에 잠재 고객들과 상담 등을 통해 예약을 받는 등 의견조절을 하고, 방문고객을 위해 사전에 상품을 진열하는 등의 준비하는 단계의 서비스는 사전 서비스에 해당한다.

② 사전 서비스는 사전에 잠재고객과의 접촉을 통해 새로운 수요 창조가 가능하다.

③ 현장 서비스는 서비스가 고객과 제공자의 상호거래에 의해 진행되는 단계로 서비스의 본질 부분이라 할 수 있다.

④ 주차유도원 서비스, 상품게시판은 현장 서비스에 해당한다.

⑤ 서비스의 특성상 생산과 소비가 동시에 발생하므로 현장 서비스가 종료되면 그 후에는 아무 일도 없던 것처럼 보이지만, 실제로는 고객유지를 위해 사후 서비스도 매우 중요하다.

22 고객 서비스의 유형 중 서비스기업 주관 서비스에 대한 설명으로 적절하지 않은 것은?

① 기계적으로 회사에서 설정한 표준이나 매뉴얼에 의해 서비스가 제공된다.

② 기업이 효율성을 극단적으로 강조할 경우 고객에게 기업 위주의 서비스를 제공할 수 있다.

③ 신속성, 경제성이 보장된다는 인식을 심어주어야 한다.

④ 창고형 할인매장에서 물건 봉투를 제공하지 않거나 신용카드를 받지 않는 것이 이러한 서비스의 예이다.

⑤ 서비스기업 주관 서비스에서는 접점직원은 자율성이 많다.

23 고객이 여러 곳을 찾아 돌아다니며 서비스를 받는 대신, 단일의 곳에서 한 번에 원하는 모든 일을 처리할 수 있도록 하는 서비스는?

① 원스톱 서비스

② 고품위 서비스

③ 고객감동 서비스

④ 경영 서비스

⑤ 완벽 서비스

24 소비자가 지각하는 위험 요인 중 구매한 제품이 자아 이미지와 어울리지 않을 가능성에 대한 불안감으로 볼 수 있는 것은?

① 신체적 위험   ② 경제적 위험

③ 심리적 위험   ④ 사회적 위험

⑤ 성능 위험

25 관광 서비스의 특성으로 옳지 않은 것은?

① 관광 서비스는 분명히 존재하지만 형태가 없으므로 보이지는 않는다.

② 서비스가 제공된다는 것은 곧 서비스가 생산된다는 것이며 동시에 관광객에게 제공된다.

③ 관광 서비스는 타 관광 서비스 상품과 상호 배타적인 성격을 지니고 있다.

④ 대부분의 관광상품은 계절의 지배를 받는다.

⑤ 관광 서비스는 시간과 함께 자동 소멸되어 버린다.

26 C · M · S의 9가지 세부 구성요소 중 태도의 3요소가 올바르게 나열된 것은?

① 철학, 신뢰, 혁신

② 열정, 애정, 신뢰

③ 창조 능력, 운영 능력, 관계 능력

④ 창조 능력, 열정, 비전

⑤ 철학, 비전, 혁신

27 고객만족경영(CSM) 혁신을 위한 성공 요인 중 물질적 · 심리적 보상을 의미하는 것은?

① 리더십

② 고객과 시장

③ 조직 문화

④ 자원 지원

⑤ 프로세스 기법

28 다음 중 품질의 집(HOQ ; House Of Quality) 구성 요소가 아닌 것은?

① 상호작용
② 고객의 요구
③ 경쟁사 비교
④ 품질 특성
⑤ 자사 제품 분석

29 감성 리더십에 관한 다음 설명 중 적절하지 않은 것은?

① 감성지능(EQ)이란 자신의 한계와 가능성을 객관적으로 판단해 자신의 감정을 잘 다스리며, 상대방의 입장에서 그 사람을 진정으로 이해하고 타인과 좋은 관계를 유지할 수 있는 능력을 말한다.

② 감성 리더십이란 조직원들이 감성에 집중하고 이를 기반으로 감정적인 공감대를 형성하여 이를 시스템으로 체계화함으로써, 조직의 조직원들이 온전히 자신의 능력을 발휘하여 조직의 목표를 달성할 수 있도록 하는 리더십을 말한다.

③ 감성지수를 처음 창안한 다니엘 골먼(Daniel Goleman)은 그의 저서 '감성의 리더십'이란 책에서 위대한 리더를 '자신과 다른 사람들의 감정에 주파수를 맞출 수 있는 사람'이라고 설명하였다.

④ 진정한 리더를 만드는 것은 '감성'이며, 구성원들로부터 반응이 아닌 '공감'을 이끌어 낼 때 자신이 목적한 바를 달성할 수 있고, 함께하는 이들은 변화를 경험할 수 있다는 것이다.

⑤ 다니엘 골먼(Daniel Goleman)은 성공한 리더와 실패한 리더 간의 차이가 기술적 능력이나 지능지수(IQ)보다는 감성지능에 의해 좌우된다고 주장하면서, 감성지능과 지적능력이 50% 대 50%의 비율로 적절히 조화를 이룰 때 리더는 효과적으로 리더십을 발휘할 수 있다고 하였다.

30 감성지능 5대 요소에 대한 설명으로 적절하지 않은 것은?

① 자아인식력은 자신의 감정, 기분, 취향 등이 타인에게 미치는 영향을 인식하고 이해하는 능력이다.

② 자기조절력은 부정적 기분이나 행동을 통제 혹은 전환할 수 있는 능력을 말한다.

③ 동기부여능력은 돈, 명예와 같은 보상을 통해 과제를 수행하는 능력이다.

④ 감정이입능력은 다른 사람의 감정을 이해하고 헤아리는 능력이다.

⑤ 사교성(대인관계기술)은 인간관계를 형성하고 관리하는 능력이다.

31 서비스 청사진 작성의 5단계 중 2번째 단계는?

① 과정의 도식화   ② 경과 시간의 명확화

③ 청사진 수정   ④ 실패 가능점의 확인

⑤ 수익성 분석

32 서비스 청사진을 설계할 때의 장점이 아닌 것은?

① 서비스의 물리적 증거를 유형화한다.

② 서비스 청사진은 서비스 전달자의 경험과 서비스 전달자의 관점으로 이루어진다.

③ 새로운 서비스의 개발이나 기존 서비스의 재설계에 유익한 도구이다.

④ 혼란스럽게 만들어질 수 있는 서비스의 단계, 제공자, 프로세스를 시각적으로 표현한다.

⑤ 서비스 특성의 한계를 극복할 수 있게 해준다.

33 상담원 그룹을 우수상담원 그룹과 부진상담원 그룹으로 구분할 경우, 다음 중 부진상담원 그룹의 코칭에 관한 설명으로 타당한 것은?

① 강화된 행동을 지속할 수 있도록 동기를 부여해주는 코칭을 실시한다.

② 긍정적인 코칭문화의 형성을 기대할 수 있다.

③ 현 업무 수행에 대한 재점검을 기대할 수 있다.

④ 부진상담원에게도 우수상담원의 행동이 전파되는 효과를 기대할 수 있다.

⑤ 직원과 제대로 코칭자격을 갖춘 평가자 간의 유대감을 형성할 수 있다.

34 미스터리 쇼퍼(Mystery Shopper)의 자격요건으로 옳지 않은 것은?

① 매장을 방문하여 사실 그대로를 적는 객관성이 필요하다.

② 미스터리 쇼핑은 한 번에 한 매장만을 방문하는 계획성을 갖추어야 한다.

③ 상대적으로 짧은 시간 내에 조사함으로써 융통성이 필요하다.

④ 보고서를 쓸 때 내용을 왜곡하지 말아야 하는 정직성을 갖추어야 한다.

⑤ 미스터리 쇼퍼의 활동과 보고를 사업장이 의존하기 때문에 신뢰성을 갖추어야 한다.

35 MOT 사이클 차트 분석 과정에서 서비스 접점의 진단과 평가는 매우 중요하다. 이 과정에서 점검해야 할 요소를 찾아 모두 고른 것은?

> 가. 고객 관점에서의 만족
> 나. 서비스 지연에 따른 고객의 불만사항
> 다. 기대 수준에 미치지 못하는 서비스로 인해 발생하는 불만의 유형과 정도
> 라. 고객 관점에서의 서비스 품질 중요도

① 가, 나, 다　　　　　　　　　② 가, 나, 라
③ 나, 다, 라　　　　　　　　　④ 가, 다, 라
⑤ 가, 나, 다, 라

36 다음 중 틈새시장(Niche Market)의 특징이 아닌 것은?

① 다양한 기업이 동일한 틈새시장에 공존하기도 한다.
② 지속적으로 변화한다.
③ 규모가 큰 시장으로 발전하기도 한다.
④ 새로 형성되거나 없어지는 것이 반복된다.
⑤ 대기업에 유리하게 적용되는 마케팅 전략이다.

37 서비스 패러독스(Service Paradox)의 발생 원인으로 옳지 않은 것은?

① 서비스의 획일화　　　　　　② 기술의 복잡화
③ 서비스의 차별화　　　　　　④ 서비스의 인간성 상실
⑤ 종업원 확보의 악순환

38 다음 중 코틀러(Kotler)의 시장 세분화를 위한 다섯 가지 기준 중 '측정 가능성'에 대한 설명에 해당하는 것은?

① 세분 시장에 효과적으로 도달할 수 있는 정도이다.
② 세분 시장의 규모와 구매력 및 특성이 측정될 수 있다.
③ 세분 시장이 충분히 크거나 수익이 있는 정도이다.
④ 효과적인 마케팅 프로그램을 실행할 수 있는 정도이다.
⑤ 마케팅믹스 요소와 프로그램에 대해 서로 다르게 반응해야 한다.

39 고객경험관리(CEM)에 대한 설명으로 옳지 않은 것은?

① 설문, 관찰, 타깃고객 조사, VOC 등을 통해 모니터링을 실시한다.

② 기업으로부터 시작되어 고객으로 흘러들어가는 'Inside-out 전략'을 통해 접근한다.

③ 고객의 기대와 경험 간의 차이가 있는 곳에 제품이나 서비스를 위치시켜 판매를 유도한다.

④ 제품이나 서비스에 대한 고객의 경험을 체계적으로 관리하는 프로세스를 의미한다.

⑤ 기업에 대한 고객경험의 향상을 위해 시스템과 기술 및 단순화된 프로세스를 활용한다.

40 리츠칼튼 호텔의 황금표준의 내용으로 가장 적절하지 않은 것은?

① 사훈은 '우리는 신사숙녀에게 최상의 서비스를 제공하는 최고의 종업원이다'라고 규정되어 있다.

② 고객의 불편을 접수한 직원은 자신의 업무영역이 아니더라도 직접 책임지고 조치한다.

③ 손님이 찾고자 하는 장소를 문의하면 방향만 가리키지 말고 직접 안내한다.

④ 전화는 벨이 3번 울리기 전에 받아야 한다.

⑤ 고객의 전화는 가능한 한 다른 사람이나 다른 부서로 넘기지 말고, 처음 받은 사람이 고객의 용무가 끝날 때까지 직접 응대한다.

41 만족거울 이론에 대한 설명으로 적절하지 않은 것은?

① 벤자민 쉬나이더(Benjamin Schneider)와 데이빗 보우엔(David Bowen)의 논문에서 사용되었다.

② 은행, 보험회사, 병원 등에서 조사를 통하여 만들어진 이론이다.

③ 고객이 만족하면 매상도 증가하게 된다는 이론이다.

④ 종업원이 먼저 만족해야 한다.

⑤ 고객의 목소리에 귀를 기울여 원하는 제품이나 서비스를 개발해야 한다는 이론이다.

42 다음 보기의 제품 차별화 수단에 대한 설명으로 가장 적절한 것은?

> 어느 보일러 광고를 보면 서울에 상경하여 직장생활을 하고 가정을 이룬 세대들이 한겨울에 고향에 계신 부모님을 떠올린다. "여보, 아버님 댁에도 보일러를 놓아드려야겠어요."라는 말 한마디로 부모님을 생각하는 따뜻한 마음이 전해지는 광고문구를 사용하였다.

① 경쟁제품분석
② 기능성제품의 추가
③ 기능요소의 차별화
④ 상징요소의 차별화
⑤ 감성요소의 차별화

43 다음 중 의료기관의 경제적 특징에 해당하는 것을 모두 고른 것은?

가. 정보의 대칭성	나. 외부효과
다. 경쟁제한	라. 공공재적 성격
마. 질병의 예측 가능성	바. 치료의 불확실성

① 가, 나, 다
② 가, 다, 라, 바
③ 나, 라, 마
④ 나, 다, 라, 바
⑤ 나, 라, 마, 바

44 다음 괄호 안에 들어갈 용어로 옳은 것은?

> 휴대폰에 카메라 기능이 처음 도입이 되었을 때는 매력적 품질요소로 인식되었지만, 현재는 거의 모든 휴대폰에 그러한 기능이 있으므로 지금은 (   )가 되었다.

① 당연적 품질요소
② 매력적 품질요소
③ 무관심 품질요소
④ 일원적 품질요소
⑤ 역 품질요소

45 다음 보기의 서비스 마케팅 전략의 'SWOT 분석'에서 해당하는 것은?

> 조직 외부의 기회를 최대한 활용하여 조직 내부의 약점을 극복하려는 전략

① WT 전략   ② ST 전략
③ SW 전략   ④ WO 전략
⑤ SO 전략

46 VOC 관리에서 고객 피드백의 가치를 훼손하는 요소 중 '굿맨'이 제시한 내용으로 보기 어려운 것은?

① 비능률적이고 중복된 자료 수집
② 일관성 없는 자료 분류
③ 우선순위를 명시하지 않는 분석
④ 행동을 수반하지 않는 분석
⑤ 서로 동일한 결론으로 보고되는 일관된 분석

47 종업원 만족도 제고방안에 대한 설명으로 옳지 않은 것은?

① 종업원 만족을 위해서는 우선적으로 종업원 만족도 수준을 측정해야 한다.
② 종업원 만족도는 품질지향적인 기업전략에 있어서 핵심적인 요소이다.
③ 내부고객만족은 보상과 같은 경제적 요인에 의해 영향을 받는다.
④ 내부고객만족은 내부경영환경과 제도와 같은 내부 서비스 품질요인, 즉 내부 마케팅 요인에 의해 영향을 받는다.
⑤ 서비스 마케팅 또는 관계 마케팅과 같은 외부 마케팅을 활성화해야 한다.

48 고객만족(Customer Satisfaction)에 대한 내용으로 옳지 않은 것은?

① 고객만족을 '구매자가 치른 대가의 보상에 대한 소비자의 판단'으로 보는 관점은 인지적 상태의 관점이다.
② 정확한 조사와 정확한 해석을 실시한다.
③ 항목별로 정량적 비교가 가능하도록 조사하는 것이 중요하다.
④ 고객의 만족도는 과거, 현재, 미래를 비교할 수 없다.
⑤ 산업현장에서는 생산성에 대한 경제적 척도와 소비자들의 삶의 질에 대한 국가적 척도의 보완적인 지표로서 사용되고 있다.

49 다음 중 '서비스 실패가 일어났을 경우 그것이 효과적으로 회복되면 실패 발생 전보다 고객에게 더 큰 만족을 줄 수 있는 기회가 될 수 있다'는 이론은?

① 서비스 극복
② 서비스 회복 패러독스
③ 서비스 패러독스
④ 귀인이론
⑤ 서비스 컴플레인

50 다음 중 충성고객에 관한 설명으로 적절하지 않은 것은?

① 기업의 고객 유치 비용을 절감할 수 있다.
② 충성고객의 추천에 의한 신규고객의 확보로 수익이 발생한다.
③ 충성고객은 가격에 대하여 민감하게 반응한다.
④ 1명의 고객을 유치하는 데 100이라는 비용이 발생하지만, 고객의 충성도를 강화하면 큰 비용 없이 고객이 이탈하지 않고 지속적으로 거래할 수 있다.
⑤ 충성고객은 특정 회사의 상품과 서비스에 대하여 추가 구매를 하거나 다른 상품을 반드시 구매한다.

51 SERVQUAL의 구성차원 중에서 종업원의 지식이나 공손함, 신뢰성, 안정성을 유발시키는 능력에 해당하는 것은?

① 신뢰성
② 유형성
③ 공감성
④ 대응성
⑤ 확신성

52 제품에 관한 소비자의 관여 수준에 따른 유형 중 고관여도 관점에 대한 내용으로 가장 거리가 먼 것은?

① 소비자는 정보수용자이다.
② 소비자는 구매에 앞서서 상표들을 평가한다.
③ 소비자는 목표지향적인 정보처리자이다.
④ 집단의 규범과 가치는 제품 구매에 중요하다.
⑤ 제품이 소비자의 자아 이미지에 중요하며 라이프스타일이 소비자 행동에 많은 영향을 미친다.

53 다음 중 관계 마케팅에 대한 설명과 가장 거리가 먼 것은?

① 상거래 관계를 통한 고객과의 신뢰형성을 강조한다.

② 기존고객에 대한 만족도 향상 및 지속적인 관계형성에 대한 관리도 중요하지만, 성장을 위한 신규고객의 확보에 더욱 중요성을 둔다.

③ 단기적인 영업성과 향상보다 중·장기적인 마케팅 성과향상에 중점을 둔다.

④ 규모의 경제에서 범위의 경제(Economy of Scope)로 전환된다.

⑤ 시장점유율 향상을 목표로 하기보다 오히려 소위 '고객점유율' 향상을 위해 총력을 기울이고자 한다.

54 다음 보기의 원인에 해당하는 것은?

- 경영자가 고객의 기대를 파악하는 데 실패
- 상향 커뮤니케이션의 결여
- 지나치게 많은 관리 단계
- 마케팅조사 활용의 부족

① GAP 1   ② GAP 2

③ GAP 3   ④ GAP 4

⑤ GAP 5

55 서비스 기대의 영향 요인 중 내적 요인으로만 구성된 것은?

가. 관여도	나. 개인적 욕구
다. 과거의 경험	라. 구 전
마. 서비스 직원	

① 가, 나, 마   ② 가, 나, 다

③ 나, 다, 라   ④ 다, 라, 마

⑤ 가, 나, 다, 마

56 서비스 신상품 기획 시 고려사항이 아닌 것은?

① 고객이 추구하는 편익을 제공한다.
② 제품을 서비스로 전환한다.
③ 시장조사를 활용한다.
④ 보조 서비스로 새로운 상품을 만든다.
⑤ 기업의 기존 이미지를 파괴하는 신상품을 통해 시너지를 추구한다.

57 다음 중 '유인 효과(Attraction Effect)'에 대한 설명으로 옳은 것은?

① 소비자 의사결정 과정에 가장 큰 영향을 주는 요인이다.
② 여러 가격대의 제품을 출시할 경우 주력 브랜드를 중간 정도에 내놓는 것이 안전하다는 효과이다.
③ 업계 1위와 2위의 맞대결을 부각시킴으로써 구매 고려군을 줄일 수 있는 메시지를 전달한다.
④ 자신이 원하는 모든 것을 가질 수 없기 때문에 사람들은 더 큰 만족을 얻을 수 있는 재화나 서비스를 선택하게 되는 현상이다.
⑤ 기존 브랜드보다 상대적으로 열등한 신규 브랜드가 추가될 경우, 기존 브랜드의 선택 확률을 높이는 현상이다.

58 칼 알브레히트(Karl Albrecht)의 '서비스 삼각형' 요소 중 종업원과 고객 사이에서 이루어지는 마케팅은?

① 리얼타임 마케팅   ② 내부 마케팅
③ 외부 마케팅   ④ 복합 마케팅
⑤ 품질 마케팅

59 서비스 포지셔닝의 원칙으로 묶인 것은?

> 가. 목표고객의 마음속에 하나의 위치를 가져라.
> 나. 독특하고 단순하면서도 일관된 메시지를 제공하라.
> 다. 경쟁사들과 자사를 구별시켜라.
> 라. 자사의 노력을 집중하라.

① 가, 나   ② 가, 다
③ 나, 라   ④ 가, 나, 다
⑤ 가, 나, 다, 라

60 다음 보기의 괄호 안에 들어갈 용어로 옳은 것은?

> (   )은 '소비자가 두 개의 지각이 각각 옳다고 보는 반면 서로 조화되지 않게 지각될 때 나타나는 심리상태'라고 심리학자인 레온 페스팅거가 제시하였다. 그 고통을 줄이고 극복하려면 믿음과 현실 둘 중 하나를 바꿔야 하지만 현실을 바꾸기 어렵기 때문에 결국 자기 믿음에 맞춰 합리화한다.

① 불균형이론
② 귀인이론
③ 자기합리화이론
④ 인지일치이론
⑤ 인지부조화이론

---

03 | 고객관리 실무론

---

61 다음 중 전화응대 자세로 가장 적절한 태도는?

① 고객이 필요한 정보를 답변할 때는 전문용어를 사용하여 전달한다.
② 부정적인 말을 전달할 때는 간결하고 정확하게 전달하는 "안 됩니다."와 같이 단답형을 사용한다.
③ 경쾌한 억양으로 음량을 조절하여 고객의 목소리보다 높은 목소리로 통화한다.
④ 고객의 욕구를 충족하더라도 반드시 차선책이나 대책을 제시한다.
⑤ 고객이 말하는 속도에 맞추어 일치감을 갖도록 노력한다.

62 콜센터에서 사용하는 스크립트(Script)를 작성할 때, 본론 부분에 작성할 내용이 아닌 것은?

① 고객들의 반론에 대한 자료를 작성한다.
② 직접적인 상품설명보다는 고객에 대한 서비스를 강조하도록 작성한다.
③ 고객의 정보를 바탕으로 맞춤형 상품을 제안할 수 있도록 작성한다.
④ 고객에게 상품선택에 대한 자신감을 다시 한번 확신시킨다.
⑤ 상담의 목적에 대해 설명한다.

63 국제 비즈니스 에티켓과 관련해 테이블 매너 시 유의사항에 대한 설명으로 가장 옳지 않은 것은?

① 음식이 담긴 식기에 직접 입을 대고 먹지 않는다.
② 식사 중 테이블에서 화장을 고치는 것은 예의에 어긋나므로 주의한다.
③ 담배는 가급적 식사 후에 상대방의 양해를 구하고 피우는 것이 예의이다.
④ 상대방의 식사에 방해가 되지 않도록 식사 중에는 대화를 최대한 자제하는 것이 좋다.
⑤ 다른 손님들에게 방해가 될 수 있기 때문에 큰 소리로 웨이터를 부르지 않도록 주의한다.

64 다음 중 콜센터의 역할로서 가장 거리가 먼 것은?

① 신규고객의 확보
② 기존고객 활성화
③ 고객정보 획득 및 시장조사 기능 수행
④ 고객중심의 고객감동 실천의 장
⑤ 거래보조 수단

65 텔레마케팅 성과관리의 모니터링 방법 중에서 Side-by-Side 모니터링 방법의 장점을 바르게 설명한 것은?

① 서로 도움을 주는 위치에서 모니터링하기 때문에 신입 상담원에게 아주 좋은 방법이다.
② 고객과 상담원 사이에 자연스럽게 상호 관찰이 가능한 방식이다.
③ 모니터링되는지 모르는 상황이므로 상담원은 자연스럽게 콜 처리를 할 수 있다.
④ QAD는 특정 기간을 계획하여 상담원을 관찰하므로 유연성과 컨트롤 향상을 가질 수 있다.
⑤ 상담원이 직접 자신의 콜을 듣고 평가하므로 객관성을 가진다.

66 고객응대서비스의 7C가 아닌 것은?

① 사고(Consideration)
② 정확(Correctness)
③ 일관성(Coherence)
④ 자신감(Confidence)
⑤ 예절(Courtesy)

67 고객 특성에 따른 응대법으로 적절하지 않은 것은?

① 과장되게 말을 잘하는 사람은 콤플렉스를 감추고 있는 사람으로서, 어디까지가 진의인지 파악하고 말보다 객관적인 자료로 대응한다.

② 빈정거리기를 잘하는 사람은 열등감과 허영심이 강한 사람이므로 자존심을 존중해주면서 대한다.

③ 생각에 생각을 거듭하는 사람은 신중하나 판단력이 부족하므로 먼저 결론을 내는 화법이 좋다.

④ 우유부단한 사람은 자신의 생각을 솔직히 드러낼 수 있도록 도와준다.

⑤ 말의 허리를 자르는 사람은 이기적 성격의 소유자로서, 반론하지 말고 질문식 설득화법으로 대응한다.

68 고객 불평·불만을 처리함으로써 얻을 수 있는 효과로 옳지 않은 것은?

① 고객으로부터 신뢰를 얻음으로써 구전효과를 꾀할 수 있다.

② 마케팅 및 경영활동에 유용한 정보로 활용할 수 있다.

③ 법적 처리 등 사후 비용이 더욱 늘어나 장기적으로 회사의 손실을 초래할 수 있다.

④ 고객유지율 증가로 장기적·지속적인 이윤을 높일 수 있다.

⑤ 고객만족의 문제해결을 위한 시장조사도 손쉽게 할 수 있다.

69 올바른 명함 수수법에 대한 설명으로 옳은 것은?

① 명함은 만나자마자 교환하는 것이 원칙이다.

② 혹시 모르는 한자가 있을 경우 질문하는 것은 실례이다.

③ 앉아서 대화를 나눌 경우 명함을 교환할 때는 잠시 일어서서 건네는 것이 원칙이다.

④ 받은 명함을 앉아서 대화를 나누는 동안 테이블 위에 올려놓고 이야기하는 것은 실례이다.

⑤ 아랫사람이나 용건이 있는 사람이 자기를 소개하는 차원에서 먼저 건네는 것은 실례가 된다.

70 손님을 안내하는 안내자의 태도로 가장 적절하지 못한 것은?

① 복도에서는 방문객의 대각선 방향에서 방문객보다 두서너 걸음 앞에 서서 안내한다.

② 엘리베이터를 타기 전에 목적층을 상대방에게 말한다.

③ 엘리베이터 안내 요원이 없는 경우 손님이 먼저 타고 먼저 내리도록 한다.

④ 엘리베이터 내부에서는 조작버튼 쪽에 안내자가 서도록 한다.

⑤ 엘리베이터를 타고 내릴 때에는 문이 닫히지 않도록 문을 손으로 잡는다.

71 다음 중 에티켓의 속성으로 옳은 것을 모두 고른 것은?

가. 행동적 속성	나. 의무적 속성
다. 이질적 속성	라. 가변적 속성

① 가, 나, 다
② 가, 나, 라
③ 나, 다, 라
④ 가, 라
⑤ 가, 나, 다, 라

72 다음 중 이미지를 형성하는 데 영향을 주는 관념적인 요소에 해당하지 않는 것은?

① 개 념
② 연 상
③ 시각적 형상
④ 느 낌
⑤ 분위기

73 다음 중 경조사 업무를 처리하는 방식으로 가장 적절하지 않은 것은?

① 매일 주요 신문의 경조사란이나 각종 소식지의 회원 동정란을 살핀다.
② 상사와 회사의 대외 이미지를 고려하여 크고 값비싼 근조화환을 준비하여 보내도록 한다.
③ 경조사 업무 처리에서 가장 주의해야 할 사항 중 하나는 시기를 놓치지 않는 것이다.
④ 회사명과 로고가 새겨진 경조사 카드와 봉투를 제작하여 활용해 보도록 한다.
⑤ 가까운 사이인 경우는 연락을 받는 즉시 상가로 가서 조문을 하고 도울 일을 찾는다.

74 보통 인사의 방법으로 옳은 것은?

① 미소를 띠며 가볍게 5도 정도 머리만 숙여서 예를 표한다.
② 바로 선 자세에서 3m 정도 앞을 보고 상체를 15도 정도 앞으로 구부린다.
③ 바로 선 자세에서 1~2m 정도 앞을 보고 상체를 30도 정도 앞으로 구부린다.
④ 바로 선 자세에서 1.5m 정도 앞을 보고 상체를 45도 정도 숙인 후 천천히 상체를 일으킨다.
⑤ 바로 선 자세에서 3m 정도 앞을 보고 상체를 90도 정도 숙인 후 천천히 상체를 일으킨다.

75 다음 보기의 내용에 해당되는 콜센터 모니터링 방법은?

> 관리자가 상담원의 근처에서 상담내용 및 업무 처리과정, 행동을 직접 관찰하고 즉각적으로 피드백하는 형식이다.

① Self Monitoring
② Recording Monitoring
③ Real Time Monitoring
④ Silent Monitoring
⑤ Side-by-Side Monitoring

76 국제화 시대에 주의해야 할 생활 에티켓으로서 가장 부적절한 것은?

① 비행기 이용 시 상급자가 먼저 타고 나중에 내리도록 하는 것이 예의이다.
② 목소리를 높여서 언쟁을 하거나 금연 공간에서 담배를 피우는 행위 등은 주위 사람에게 피해를 주므로 삼간다.
③ 발을 밟았거나 옷깃을 스치더라도 "I am sorry(죄송합니다)."라고 이야기하는 것이 습관처럼 되어 있다.
④ 화장실 등에서 순서를 기다릴 때 문 쪽에서 조금 떨어진 곳에서 한 줄로 기다리다가 차례가 되면 어느 화장실이든지 빈 곳으로 들어간다.
⑤ 열차나 지하철 이용 시 장애자 및 노약자 표지가 있는 좌석은 앉지 않도록 한다.

77 국제적인 비즈니스 에티켓의 필요성이 아닌 것은?

① 기업 비즈니스 활동의 국제화
② 민족주의의 강화
③ 국가 및 개인 간의 활발한 국제교류
④ 국가 간 상호 의존도의 증가
⑤ 시간과 공간거리의 단축

78 다음 중 직장인인 남성이 갖추어야 할 기본적인 복장에 해당하지 않는 것은?

① 양말의 색깔은 구두나 정장의 색깔에 맞추고 목이 짧은 것을 착용하도록 한다.
② 구두의 색깔은 양복과 맞추는 것이 일반적이며 검정 또는 짙은 갈색이 적당하다.
③ 넥타이 폭은 상의 깃과 같은 것으로 선택하는 것이 일반적이다.
④ 조끼를 입을 때는 넥타이 끝부분이 조끼 밑으로 나오지 않도록 한다.
⑤ 정장은 목 부분과 손목 부분이 1~1.5cm 정도 보이도록 맞춘다.

79 다음 중 소비자기본법상 국가 및 지방자치단체의 책무가 아닌 것은?

① 관계 법령 및 조례의 제정 및 개정·폐지
② 필요한 행정조직의 정비 및 운영 개선
③ 필요한 시책의 수립 및 실시
④ 국민의 금융 편의의 도모
⑤ 소비자의 건전하고 자주적인 조직 활동의 지원·육성

80 나들러(Nadler)가 제시한 교육훈련 강사의 역할 중 다음 보기의 내용에 해당하는 것은?

> • 교육훈련 프로그램의 전달이 효율적일 수 있도록 매체를 선정하고 방법을 모색한다.
> • 학습효과를 높일 수 있는 학습보조도구와 시청각 자료를 만들고 활용한다.

① 교수전략 개발자   ② 학습 촉진자
③ 교수 프로그램 개발자   ④ 학습 성취자
⑤ 직무기술 지도자

81 소비자기본법상 한국소비자원의 원장은 합의권고가 이루어지지 않으면 피해구제의 신청을 받은 날부터 얼마 이내에 소비자분쟁조정위원회에 분쟁조정을 신청해야 하는가?

① 10일 이내   ② 15일 이내
③ 30일 이내   ④ 60일 이내
⑤ 90일 이내

82 개인정보 분쟁조정위원회의 위원구성으로 옳지 않은 설명은?

① 분쟁조정위원회는 위원장 1명을 포함한 30명 이내의 위원으로 구성한다.
② 위원장은 위원 중에서 공무원인 사람으로 대통령이 위촉한다.
③ 위원장과 위촉위원의 임기는 2년으로 하되, 1차에 한하여 연임할 수 있다.
④ 개인정보 보호와 관련된 시민사회단체 또는 소비자단체로부터 추천을 받은 사람은 위원이 될 수 있다.
⑤ 개인정보처리자로 구성된 사업자단체의 임원으로 재직하고 있거나 재직한 사람은 위원이 될 수 있다.

83 컨퍼런스(Conference)와 성격이 유사하며 참가 인원도 매우 다양하지만 유럽에서 국제 회의를 지칭할 경우 일반적으로 사용하는 회의 명칭은?

① 컨그레스(Congress)
② 클리닉(Clinic)
③ 박람회(Trade Fair)
④ 심포지엄(Symposium)
⑤ 세미나(Seminar)

84 개인정보보호법상 벌칙이 다른 하나는?

① 정보주체의 동의를 받지 아니하고 개인정보를 제3자에게 제공한 자
② 업무상 알게 된 개인정보를 누설하거나 권한 없이 다른 사람이 이용하도록 제공한 자
③ 다른 사람의 개인정보를 훼손, 멸실, 변경, 위조 또는 유출한 자
④ 부정한 목적으로 개인정보를 제공받은 자
⑤ 출입·검사 시 자료의 은닉·폐기, 접근 거부 또는 위조·변조 등을 통하여 조사를 거부·방해 또는 기피한 자

85 클레임(Claim)과 컴플레인(Complain)의 발생 원인으로 거리가 먼 것은?

① 일처리의 미숙
② 약속 불이행
③ 제품지식의 결여
④ 장기간의 이해 집착
⑤ 무성의한 고객대응 태도

86 스피치 훈련기법에 대한 설명으로 옳지 않은 것은?

① 풍부한 음량은 스피치의 절대적인 원동력이 된다.
② 음성표현의 여러 가지 요소가 작용하여 음색이 결정된다.
③ 발성의 10단계는 아주 중요한 기본발성으로서 자신의 음성을 정확히 알게 한다.
④ 음폭은 목소리가 맑으냐, 탁하냐를 말하는 것이다.
⑤ 스피치에서의 호흡법은 숨을 들이 마시면 배가 자연스럽게 나오고, 말을 할 때에는 배에 힘이 들어가는 복식 호흡이 바람직하다.

87 콜센터 운영 시 고려해야 할 사항이 아닌 것은?

① 주요 대상고객의 데이터 확보와 관리방안이 필요하다.
② 콜센터 운영에 따른 지속적인 비용관리가 필요하다.
③ 직원 채용 방법과 관리방안 마련이 필요하다.
④ 초기 운영은 전화채널만을 이용하는 것이 바람직하다.
⑤ 고객의 구매행태를 자동으로 분석할 수 있는 데이터베이스 마케팅 분석시스템을 구축한다.

88 프레젠테이션 제작 시 슬라이드의 디자인 원리 중 전하려는 필수적인 정보만 제공하고, 너무 많은 그림이나 글씨를 제시하지 않도록 해야 하는 것은?

① 강조성
② 단순성
③ 심미성
④ 조직성
⑤ 명료성

89 전통적인 상거래와 비교할 때 기업과 소비자 간(Business-to-Consumer) 전자상거래가 갖는 특성과 거리가 먼 것은?

① 유통 채널이 짧다.
② 시간과 공간의 벽이 사라진다.
③ 판매 거점이 불필요하여 소자본으로 사업이 가능하다.
④ 고객에 대한 정보 획득이 용이하다.
⑤ 사업 성공 가능성이 매우 높다.

90 기업 내부의 조직원들이 고객정보 보호, 지속적인 업무 진행, 고객 관리의 질을 지속적으로 향상시키기 위해 직접 운영하는 방식의 콜센터 유형은?

① 직할 콜센터
② 제휴형 콜센터
③ 디지털 콜센터
④ 클라우딩 콜센터
⑤ 아웃소싱형 콜센터

제3회 | 적중모의고사

정답 p.278

01 | CS 개론

01 다음 중 '도출한 결과를 생산하거나 달성하기 위한 방식이나 공정으로, 도출 결과에 영향을 주는 영향력과 정보의 공유 정도'에 해당하는 것은?

① 절차상의 공정성
② 도출 결과의 공정성
③ 상호적 공정성
④ 배분적 공정성
⑤ 통제상의 공정성

02 다음 보기의 내용과 같이 고객만족에 대하여 정의한 학자의 이름은?

> 고객만족은 고객의 욕구와 기대에 부응하여 그 결과로서 상품, 서비스의 재구입이 이루어지고, 아울러 고객의 신뢰감이 연속되는 상태를 말한다.

① 올리버(Oliver)
② 굿맨(Goodman)
③ 피터스(Peters)
④ 앤더슨(Anderson)
⑤ 웨스트브룩(Westbrook)

03 다음 중 고객만족(CS) 관리의 역사와 유래에 대한 설명으로 옳지 않은 것은?

① 1970년대 미국의 소비자주의가 성숙기에 접어들면서 고객만족경영이 대두되었다.
② 1977년 미국 리서치 회사인 JD파워(J. D. POWER)가 고객만족을 평가 기준으로 자동차 부분 기업 순위를 발표한 것이 시초가 되었다.
③ 1981년 세계적인 스칸디나비아 항공의 젊은 사장 얀 칼슨(Jan Carlson)이 진실의 순간(MOT ; Moment Of Truth) 개념을 도입하면서 전 세계로 널리 확산되었다.
④ 고객만족에 있어 MOT의 중요성이 더욱 커지고 있으며 Zero MOT, First MOT, Second MOT 등으로 세분하여 구분할 수 있다.
⑤ 우리나라에서의 고객만족에 대한 연구는 2000년대에 집중적으로 연구되었다.

04 매슬로우(Maslow)의 욕구 5단계 유형이 순서대로 옳게 나열된 것은?

가. 안전 욕구	나. 자아실현 욕구
다. 소속과 사랑의 욕구	라. 생리적 욕구
마. 존경 욕구	

① 가 - 라 - 다 - 나 - 마
② 나 - 마 - 라 - 가 - 다
③ 라 - 가 - 다 - 마 - 나
④ 가 - 라 - 마 - 다 - 나
⑤ 다 - 가 - 라 - 나 - 마

05 다음 중 고객만족경영이 대두된 배경이 아닌 것은?

① 고객 범위의 확대
② 기업패러다임의 변화
③ 판매지향적인 마케팅의 확산
④ 소비자 주권시대로 전환
⑤ 총제적인 품질관리의 의식 변화

06 슈메너(Schmenner)의 서비스 프로세스 매트릭스에 대한 설명으로 옳지 않은 것은?

① 서비스 프로세스는 노동집약도, 고객과의 상호작용, 개별화를 기준으로 구분할 수 있다.
② 서비스 프로세스 매트릭스는 '전문 서비스', '대중 서비스', '서비스 샵', '서비스 팩토리'의 4가지로 분류한다.
③ 노동집약도란 서비스 전달에 필요한 장치나 설비 등 자본에 대한 의존도와 사람에 의존하는 정도인 노동에 대한 의존도의 상대적인 비율을 말한다.
④ 노동집약도가 낮고, 고객과의 상호작용 및 개별화가 낮은 업종은 '서비스 팩토리'이며, 항공사, 운송업, 호텔, 리조트 등이 여기에 속한다.
⑤ 노동집약도가 높고, 고객과의 상호작용 및 개별화가 낮은 업종은 '전문 서비스'이며, 변호사, 의사, 컨설턴트, 건축가 등이 여기에 속한다.

07 다음 중 경제학자 마이클 포터(Michael Porter)가 제시한 5가지 경쟁세력이 아닌 것은?

① 신규 진입자
② 대체재
③ 공급자
④ 관리자
⑤ 경쟁자

08 서비스의 4대 특징 중 비분리성에 대한 내용으로 가장 적절한 것은?

① 서비스는 가격 책정이 어렵다.
② 서비스는 변동적인 특성을 보이기 때문에 규격화, 표준화하기 어렵다.
③ 서비스는 대부분 사람의 행위에 의해 생산되는 과정이기 때문에 정확하게 똑같은 서비스란 존재하기 어렵다.
④ 서비스는 즉시 사용되지 않으면 사라지고 원래 상태로 환원되기 어렵다.
⑤ 서비스는 생산과 소비가 동시에 일어난다.

09 고객으로부터 전해지는 구전이 기업에 미치는 영향력으로 보기 어려운 것은?

① 구전은 고객으로부터 나온 정보가 아니라 기업으로부터 나온 정보이기 때문에 신뢰성 있는 정보로 이해한다.
② 구전은 고객의 경험에 바탕을 두고 있으므로 확실한 정보를 가진다.
③ 구전은 고객의 재방문으로 확산되는 과정에 중요한 요인으로 작용한다.
④ 구전은 대화를 통해 질문과 충고 등으로 구매행동이나 태도에 대한 확신을 가지기 때문에 매스커뮤니케이션보다 효과가 크다.
⑤ 구전은 빠른 속도로 전파가 되므로 기업매출의 증감에 큰 영향을 준다.

10 서비스의 성과는 고객이 참여하여 그 역할을 효과적으로 수행하면서 결과로 나타나게 되는데, 다음 내용에서 서비스 성과 결과에 기여하는 공헌자 역할을 하는 고객은?

① 영화관에서 직접 자리를 찾아 앉는 고객
② 차량정비센터에 수리를 받으러 온 고객
③ 레스토랑에서 직접 음식을 가져오는 고객
④ 병원에 치료를 받으러 온 고객
⑤ 헤어숍에서 서비스를 받는 고객

11 다음 보기의 괄호 안에 들어갈 적절한 용어는?

> 고객의 의사결정과정 단계 중에서 (   )은(는) 위험을 줄이는 방법으로 구매의사 결정에 영향을
> 준다. 정보의 유형으로는 제품에 대한 정보와 점포에 대한 정보가 있고, 정보의 원천으로 인적 및
> 비인적 정보요소로 서비스나 제품을 구입할 때 고객들은 인적 정보요소에 많이 의존한다.

① 문제의식　　　　　　　　　　　② 대안의 평가
③ 구매결정　　　　　　　　　　　④ 정보의 탐색
⑤ 구매 후 평가

12 다른 사람들이 어떠한 구매결정을 하였는지 관심을 가지고 질문하거나, 의사결정과정에서 무엇
을 고려하는지에 대해서 나타나는 고객의 성격유형은?

① 사고형　　　　　　　　　　　　② 감정형
③ 직관형　　　　　　　　　　　　④ 감각형
⑤ 인식형

13 고객의 행동에 영향을 미치는 요인들 중 사회적 요인의 준거집단은 개인의 태도와 행동을 형성
하는 데 영향을 준다. 여기서 준거집단의 2차적 집단에 해당하는 것은?

① 친 구　　　　　　　　　　　　② 이 웃
③ 직장동료　　　　　　　　　　　④ 친목회
⑤ 가 족

14 패런(Caela Farren)과 케이(Beverly Kaye)가 제시한 현대 조직에서 필요한 서비스 리더의 역
할에 해당하지 않는 것은?

① 선구자　　　　　　　　　　　　② 조언자
③ 격려자　　　　　　　　　　　　④ 평가자
⑤ 예측자

15 다음 중 기업이 다양한 제품을 취급하고 있을 때 고객의 정보를 활용하여 추가적으로 제품을 구매하도록 유도하여 고객의 가치를 증가시키는 데 활용되는 마케팅 전략은?

① 교차 판매 전략

② 선착순 판매 전략

③ 격상 판매 전략

④ 사전 판매 전략

⑤ 상향 판매 전략

16 데이비드 마이스터(David Maister)가 분류한 대기시간에 영향을 미치는 통제 요인 중 '기업의 부분 통제요인'에 해당하는 것은?

① 설 명

② 공정성

③ 고객의 태도

④ 점 유

⑤ 대기단위

17 넬슨 존스(R. Nelson Jones)의 3R 중 인간관계에서 보상이 서로 균형 있게 교류됨을 의미하는 것으로, 긍정적 보상이 넓어질수록 인간관계가 심화되는 요인에 해당하는 것은?

① 보상성

② 상호성

③ 감수성

④ 규 칙

⑤ 보장성

18 다음 중 노드스트롬(Nordstrom)의 4대 경영이념은?

① 구색, 품질, 가치, 친환경

② 서비스, 구색, 품질, 가치

③ 친환경, 서비스, 구색, 품질

④ 품질, 가치, 제품, 서비스

⑤ 가치, 친환경, 서비스, 구색

19 다음 중 CRM을 도입할 때 성공요인이 아닌 것은?

① 고객 정보의 신뢰성 확보가 중요하다.
② 조직 구성원과 지속적으로 커뮤니케이션한다.
③ 비즈니스 모델을 고객중심으로 전환한다.
④ 충분한 노하우와 역량을 갖춘 전문 인력을 확보한다.
⑤ 복잡한 시스템을 단순화하고 고객의 데이터를 분리한다.

20 코틀러(Kotler)의 서비스 분류에서 재화와 서비스의 결합 수준에 의하여 서비스와 유형재가 동등하게 구성되는 분류에 해당하는 것은?

① 식 당
② 항공 서비스
③ 비 누
④ 자동차 회사
⑤ 심리치료사

21 OECD 서비스 산업 분류 중 사회 서비스와 가장 거리가 먼 것은?

① 통신업
② 공공 행정
③ 국제 외국기관
④ 교육 서비스업
⑤ 보건사회복지 사업

22 다음 중 서비스 이질성에 의해 가장 많이 나타나는 마케팅의 문제점에 해당하는 경우는?

① 출발시각에 도착하지 못해 놓쳐버린 기차표
② 예약시간에 도착했지만 그 시각에 진료를 받지 못하는 환자의 경험
③ 청결하고 편안한 대기실 공간을 경험한 고객
④ 서비스 생산과정에서 참여하여 형성되는 고객의 분위기
⑤ 현금지급기를 사용할 때 화면의 지시사항을 이해하지 못하는 고객의 경험

23 서비스를 제공받는 대상이 사람인가 또는 사물인가, 유형적인가 또는 무형적인가에 따라 분류 기준을 제시한 러브록의 서비스 유형에 해당하는 것은?

① 서비스 행위의 성격
② 수요와 공급의 관계
③ 서비스 제공 방식
④ 서비스 상품의 특성
⑤ 고객과의 관계 유형

제3회

24 다음 보기의 괄호 안에 들어갈 용어는?

> 관광을 즐기는 관광객의 만족에 있어서 가장 중요한 요인은 (   )이다. 관광객의 만족은 서비스 산업의 특성상 종업원과 시간적으로 접촉이 많으므로 서비스의 질은 안내원의 태도에서 나타난다. 안내원의 태도와 행동에 영향을 주는 것으로 지식, 기술, 능력, 인성, 신체적 특성 등의 요인이 있다.

① 관광자본   ② 관광시설
③ 인적자원   ④ 주변환경
⑤ 관광상품

25 다음 중 변화하고 있는 서비스 경영의 패러다임을 찾아 모두 고른 것은?

> 가. 규모의 경제화   나. 가치중심 경영
> 다. 성과중심 경영   라. 고객중심 경영
> 마. 혁신 경영   바. 인터넷중심 경영

① 가, 나, 다, 라   ② 나, 다, 마, 바
③ 나, 다, 라, 마   ④ 나, 라, 마, 바
⑤ 가, 라, 마, 바

26 고객만족을 위해서는 조직 구성원 개개인을 내부고객으로 인식하고 만족을 제공하기 위해서 봉사하는 것으로 마지막까지 고객에게 서비스를 제공하고 고객만족을 실현하는 것이 리더의 역할이라고 보는 리더십 유형은?

① 감성형 리더십
② 참여형 리더십
③ 서번트 리더십
④ 민주주의형 리더십
⑤ 카리스마형 리더십

27 '서비스의 지속적 경쟁우위(SCA)'에 대한 설명으로 옳지 않은 것은?

① 방어전략 중 보복전략은 '서비스 보증, 집중광고, 입지·유통 통제, 전환비용' 등의 방안이 강구될 수 있다.
② 방어전략 중 저지전략은 경쟁사의 진입비용 증가 및 예상수입량 감소를 목적으로 추진된다.
③ 방어전략 중 적응전략은 경쟁사가 이미 시장에 안착했을 경우, 서비스 추가 또는 서비스 패키지 확장 등으로 대응할 수 있다.
④ 경쟁 우위의 원천은 우수한 자원이나 독특한 기술을 가진 기업에 의해 구축된다.
⑤ 서비스 기업이 경쟁자들과는 다른 독특하고 차별화된 우수한 서비스를 제공하는 것을 뜻하는 개념이다.

28 기업이 자본절약을 위해 공업화 절차를 강조하며, 가격에 민감한 고객을 대상으로 표준화된 제품과 서비스를 제공하는 전략은?

① 원가우위 전략
② 경쟁우위 전략
③ 집중화 전략
④ 차별화 전략
⑤ 상황대응 전략

29 총체적 고객만족경영(TCS) 혁신 요소 중 '내부 핵심역량 강화' 측면과 관련 있는 요소를 모두 고른 것은?

가. 이미지	나. 정보기술
다. 고객관리	라. 지 식
마. 가격경쟁력	바. 브랜드
사. 프로세스	아. 상품력
자. 인사조직	

① 가, 나, 라, 자   ② 가, 다, 라, 사, 자

③ 나, 라, 사, 자   ④ 나, 다, 바, 아, 자

⑤ 다, 마, 바, 아

30 메타그룹에서 제시한 고객관계관리(CRM)의 분류 중 분석 CRM에서 사용되는 대표적인 분석도구로 보기 어려운 것은?

① Data Mining

② FOD(Fax On Demand)

③ Data Warehouse

④ ODS(Operation Data Store)

⑤ OLAP(On-line Analytical Processing)

02 | CS 전략론

31 둘 이상의 상품이나 서비스를 패키지로만 구매할 수 있도록 하는 마케팅 전략의 명칭은?

① 순수 묶음가격 전략

② 선택 묶음가격 전략

③ 보증 묶음가격 전략

④ 혼합 묶음가격 전략

⑤ 비(非) 묶음가격 전략

32 고객중심의 마케팅 활동의 한 방법으로 고객접점에서 접근성, 반응, 친절 등을 제고하기 위해 수집된 정보를 바탕으로 다시 고객에게 피드백해 줌으로써 고객 니즈를 충족시키는 마케팅 활동은?

① VOC
② CRM
③ CSR
④ CVI
⑤ CSI

33 다음 중 보고서의 내용을 왜곡하지 않고 보고, 듣고, 확인한 사항만을 기록해야 하는 미스터리 쇼퍼(Mystery Shopper)의 자격요건에 해당하는 것은?

① 정직성
② 관찰력
③ 작문능력
④ 융통성
⑤ 신뢰성

34 고객 서비스의 표준안 운영에 대한 설명으로 적절하지 않은 것은?

① 종사자들은 표준안대로 훈련하고 교육받은 대로 행동한다.
② 서비스 표준안 작성은 고객접점에서 단순한 업무 대응 위주로 작성한다.
③ 서비스 표준안은 새로운 표준의 도입에 따라 융통성을 가져야 한다.
④ 작성된 표준안의 세부적이고 필요한 사항을 고객에게 제공한다.
⑤ 표준안은 구체적이고 평가 가능해야 한다.

35 다음 보기에 해당하는 적절한 용어는?

> 기업의 내부 환경을 분석하여 강점과 약점을 발견하고, 외부환경을 분석해서 기회와 위협을 찾아내어 이를 바탕으로 강점은 살리고 약점은 보완하며, 기회는 활용하고 위협은 방지하는 마케팅 전략을 일컫는다.

① 4C 전략
② STP 전략
③ SWOT 전략
④ CRM 전략
⑤ 4P 전략

36 종전의 마케팅 개념의 핵심요소인 4P 이외에, 현대에 와서 새롭게 추가된 4C에 해당하지 않는 것은?

① Customer Needs　　　　　② Confidence

③ Cost　　　　　　　　　　④ Convenience

⑤ Communication

37 다음 중 마케팅 변화의 순서가 옳게 나열된 것은?

A. 세분화 마케팅	B. 틈새 마케팅
C. 데이터베이스 마케팅	D. 매스 마케팅

① C – D – A – B　　　　　② A – D – C – B

③ A – C – D – B　　　　　④ B – C – D – A

⑤ D – A – B – C

38 다음 중 롱테일(The Long Tail)의 법칙에 대한 설명으로 옳은 것은?

① 미국의 IT전문지 「레드헤링」의 편집장이 처음으로 사용한 용어이다.

② 2080의 법칙이라 불리기도 한다.

③ 기업경영에서 '선택과 집중'이란 용어로 이슈화되었다.

④ 중요한 소수의 고객이 더 많은 매출을 가져온다는 법칙이다.

⑤ 무한한 진열공간을 확보하고 유통비용이 거의 들지 않는 온라인에서 관찰되고 있다.

39 콜로라도 경영대학원의 수잔 키비니(Susan Keaveney) 교수의 'Customer Switching Behavior in Service Industries(1995년)' 보고서에서 고객이 공급자를 전환하는 가장 큰 요인에 해당하는 것은?

① 불친절한 고객응대　　　　② 이용의 불편

③ 핵심가치 제공의 실패　　　④ 가 격

⑤ 경쟁사의 유인

40 다음 중 서비스가 실패하는 불가피한 원인이 아닌 것은?

① 동일한 서비스를 제공받은 고객의 평가는 똑같이 나타난다.
② 서비스의 이질성으로 서비스의 결과는 다른 특성을 가진다.
③ 동일한 서비스는 고객에 따라 심각하거나 사소한 문제로 번질 수 있다.
④ 서비스는 노동집약적인 특성을 가진다.
⑤ 서비스를 제공하는 종업원이 동일한 교육을 받았더라도 서비스는 다르게 수행된다.

41 다음 중 A/S의 장점이 아닌 것은?

① 사후 서비스 관리를 통해서 얻는 고객의 정보는 제품 품질 향상에 도움을 준다.
② 애프터서비스의 제공은 고객의 재주문과 재이용으로 이어진다.
③ A/S로 고객의 불편사항이나 불만에 대해 고객의 니즈와 경향을 파악할 수 있다.
④ 신제품 개발에 필요한 경제적 효과와 시간비용 절감을 준다.
⑤ 기업의 입장에서 추가적인 수익창출비용과 시간적인 노력을 증가시킨다.

42 다음 중 표적 마케팅 전략에 해당하는 것을 모두 고른 것은?

가. 핵심화 전략	나. 차별화 전략
다. 집중화 전략	라. 특성화 전략
마. 비차별화 전략	

① 가, 나, 다
② 가, 나, 마
③ 나, 다, 마
④ 나, 다, 라
⑤ 가, 나, 라

43 사람들이 약자라고 믿는 주체의 성공을 기원하게 되는 현상에 가까운 용어는?

① 스놉 효과
② 베블런 효과
③ 언더독 효과
④ 스티그마 효과
⑤ 플라시보 효과

44 고객 개개인의 신상에 대한 특성을 기록하고 상황별로 분류하여 해당 고객이 다시 방문할 경우에 분류된 자료에 의해 고객의 행동을 예측할 수 있도록 하는 전략적 프로그램으로 고객 차별화에 사용하는 이것은?

① 고객관계관리 프로그램
② 고객관리 코디네이터
③ 고객경험관리 프로그램
④ 고객 인지 프로그램
⑤ 불편사항 처리 카드

45 다음 중 서비스 품질 개선 방안이 아닌 것은?

① 유형적 요소 관리
② 고객의 자료 관리
③ 기업 내 품질문화 정착
④ 고객에게 서비스 내용 제공
⑤ 서비스 품질 결정요소 파악

46 번트 슈미트(Bernd Schmitt)의 고객경험관리(고객체험마케팅) 5단계에서 3번째에 해당하는 내용은?

① 지속적으로 혁신하라.
② 고객 인터페이스를 구조화하라.
③ 상표 경험을 디자인하라.
④ 고객의 경험을 분석하라.
⑤ 고객의 경험적 기반을 확립하라.

47 테어도르 레빗(Theodore Levitt)이 '구매자가 실물적 차원에서 인식하는 수준의 제품으로 핵심제품에 포장, 상표 등이 보태어진 형태의 제품'이라고 제시한 내용에 해당하는 제품차원은?

① 실체 제품
② 핵심 제품
③ 확장 제품
④ 잠재 제품
⑤ 기대 제품

48 '이유재 · 이준엽'의 KS-SQI 모델에서 제시한 품질의 속성 중 그 특징이 서로 다른 것은?

① 고객응대
② 신뢰감
③ 접근 용이성
④ 창의적 서비스
⑤ 물리적 환경

49 다음 보기에서 설명하는 개념은?

> 카노(Kano)의 품질요소 중 하나로 경쟁기업을 따돌리고 고객을 확보할 수 있는 주문획득인자로 작용하며, 고객은 이러한 존재를 모르거나 기대하지 못했기 때문에 서비스에 충족되지 않더라도 불만이나 불평을 하지 않는다.

① 당연적 품질요소
② 매력적 품질요소
③ 무관심 품질요소
④ 일원적 품질요소
⑤ 역 품질요소

50 기업의 모든 구성원이 제품, 서비스, 비즈니스 프로세스의 품질을 끊임없이 향상시켜 고객만족을 달성하는 경영 방식은?

① 전사적 품질관리(TQM)
② 성능품질(PQ)
③ 사회적 책임(SR)
④ 고객관계관리(CRM)
⑤ 품질보증(QA)

51 서비스를 위한 기업 활동에서 직원에 대한 서비스 교육과 기술습득은 내부 마케팅에 해당되는데 이러한 내부 마케팅의 역할이 아닌 것은?

① 직원에 대한 동기부여
② 기업의 비용 절감
③ 기업 내의 서비스 문화의 창조와 유지
④ 서비스의 품질향상과 유지
⑤ 조직의 통합

52 가빈(Garvin)이 제시한 품질 모형 중 고객의 세분화된 요구를 충족시킬 수 있는 능력을 의미하는 것은?

① 성 과

② 신뢰성

③ 지속성

④ 심미성

⑤ 적합성

53 다음 중 서비스 종사원의 역할 모호성의 발생 원인이 되는 것은?

① 하향적 의사소통

② 종사원의 역할을 정확히 확립

③ 우선순위가 없는 서비스의 표준

④ 성과에 대한 기대를 분명히 알고 있는 경우

⑤ 종사원의 교육훈련

54 고객만족조사에서 설문조사는 목적에 맞게 답변이 나오도록 설계해야 하고, 해석에 있어서 주관적인 생각은 배제되어야 한다는 원칙에 해당하는 것은?

① 정량성의 원칙

② 정확성의 원칙

③ 계속성의 원칙

④ 공감성의 원칙

⑤ 신속성의 원칙

55 다음 보기에서 설명하는 용어는?

> 한 기업의 사람, 제품 및 서비스에 대한 애착 또는 애정의 감정 상태를 정의하고 있으며, 이러한 감정들은 고객으로 하여금 장기간에 걸쳐 그 기업의 제품과 서비스를 재구매하는 행동으로 나타난다.

① 고객평생가치

② 고객만족도

③ 고객충성도

④ 직원충성도

⑤ 상표애호도

56 다음 보기의 설명에 해당하는 용어로 알맞은 것은?

- 고객과 서비스 시스템과의 상호작용을 구체적으로 표현하며 실패 가능점을 미리 식별하여 미연에 방지책이나 복구 대안을 마련하도록 서비스 제공자가 제공하는 무형의 서비스 프로세스를 설계하여 묘사한 것이다.
- 고객이 경험하게 되는 서비스 과정이고, 업무수행의 지침이며, 서비스 제공 프로세스의 단계를 나누는 방법이다.

① Service Blueprinting   ② MOT Cycle Chart
③ Voice of Customer   ④ Service Flow Chart
⑤ Customer Lifetime Value

57 다음 중 의료 서비스의 특징이 아닌 것은?

① 무형적인 제품이다.
② 기대와 실제 성과와의 불일치가 크다.
③ 수요예측이 불가능하다.
④ 의료 서비스에 있어서 의사결정자는 다양하다.
⑤ 의료 서비스 비용은 직접 지불 형태를 갖는다.

58 기업이 과잉생산에 처할 경우 수행하는 개념으로 목적시장이 원하는 것을 제조하기보다는 기업에서 만든 것을 판매하는 것에 목적을 두는 마케팅 개념은?

① 생산개념   ② 기술개념
③ 제품개념   ④ 추천개념
⑤ 판매개념

59 다음 중 고객가치의 특성이 아닌 것은?

① 상황성   ② 주관성
③ 연속성   ④ 동적성
⑤ 다차원성

60 다음 괄호 안에 들어갈 용어는?

> 소비자 트렌드 분석에서 소비자의 욕구의 형태는 실용적, 기능적, 사회적, 상징적, 경험적 욕구 등으로 나타나는데, 미디어 광고 사례 중 맥도널드의 Food, Folks, and Fun이라는 슬로건에서 Folks에 해당하는 것은 (   )를 충족시킬 수 있다는 내용을 담고 있다.

① 사회적 욕구   ② 실용적 욕구
③ 상징적 욕구   ④ 기능적 욕구
⑤ 경험적 욕구

03 | 고객관리 실무론

61 전화응대에 대한 내용 중 어조와 관련이 없는 내용은?

① 음성이 너무 낮거나 단조로우면 듣는 사람이 지루해할 수 있다.
② 너무 크게 또는 작게 말하면 통화 내용을 제대로 이해할 수 없다.
③ 간단한 메시지는 천천히 또박또박 말한다.
④ 평소 습관이 입안에서 웅얼거리거나 발음이 명확하지 않은 사람은 분명하게 말하는 훈련을 해야 한다.
⑤ 어조란 '말하는 투'로 전화상으로 메시지가 전달되는 데 중요한 영향력이 있다.

62 수명(受命)과 보고(報告)에 대한 설명으로 옳지 않은 것은?

① 상사로부터 불가능한 명령을 받을 경우, 불가능한 이유를 말하고 재지시를 받도록 한다.
② 이중으로 명령을 받을 때에는 무조건 더 고위직급의 상사 명령을 따른다.
③ 직속상사 이외의 명령은 먼저 직속상사에게 보고하고 그 지시에 따른다.
④ 상사의 명령이 잘못되었다고 생각되는 경우, 잘못된 원인규명을 하거나 자신의 의견을 제시한다.
⑤ 업무가 완료되기까지 상당한 시간이 걸릴 경우, 명령이나 지시받은 업무에 대한 중간 경과 보고를 한다.

63 다음 중 콜센터에서 목표 설정과 달성을 위한 세부행동지침, 평가, 그에 따른 보상체계 등을 마련하는 부분에 해당하는 것은?

① 전략수립
② 스크립트 작성
③ 운영 프로세서
④ 상담원 교육
⑤ 작업 인프라 구축

64 프레젠테이션을 목적에 따라 분류할 경우 '정보적 프레젠테이션'의 유형에 가장 부합하는 것은?

① 서술적 프레젠테이션
② 의례적 프레젠테이션
③ 경향적 프레젠테이션
④ 작용적 프레젠테이션
⑤ 동기부여적 프레젠테이션

65 콜센터의 모니터링 방법 중에서 정해진 동료의 상담내용을 듣고 장단점을 피드백하고 벤치마킹 할 수 있도록 하는 모니터링 방법은?

① Recording Monitoring
② Peer Monitoring
③ Remote Monitoring
④ Side-by-Side Monitoring
⑤ Self Monitoring

66 다음 중 콜센터의 운영 핵심 요소로 적절하지 않은 것은?

① 콜센터의 핵심 상담원
② 전략수립
③ 체계적인 운영
④ 서비스의 전략적인 측면
⑤ 효율적인 작업 인프라 구축

67 다음 중 불만고객에 대한 대응 원칙이 아닌 것은?

① 고객의 개인정보 보호
② 체계적 관리유지
③ 공정성 유지
④ 불평에 대한 효과적인 대응
⑤ 엄격한 보상규정 적용

68 다음 중 보기의 내용에서 알 수 있는 잘못된 전화응대 자세는?

> ○○○는 규모가 큰 대형 마트에서 육류제품의 유통 업무를 담당하고 있다. 전화벨이 울리고 신속하게 인사와 함께 전화를 받는데 채소류에 관련된 업무 문의로 ○○○은 고객에게 자신은 채소류에 관련된 담당자가 아니라고 설명하고 "지금 거신 전화는 육류에 관련된 부서로 연결되어 있습니다. 채소류 관련 부서로 전화를 돌려드릴 테니 잠시만 기다려 주십시오."라고 말하고 타 부서로 돌렸다.

① 신속하게 전화를 받지 않았다.
② 기다려 주신 데 대한 인사를 하지 않았다.
③ 고객의 기다림에 대해 양해를 구하지 않았다.
④ 전화를 다른 부서로 돌려도 괜찮은지 묻지 않았다.
⑤ 고객에게 인사하는 것을 망각했다.

69 다음 중 한 걸음 뒤로 물러서서 장기적인 관점에서 학습자의 지식과 기능의 발전을 도모하기 위해 조언과 상담을 실시하는 것은?

① 코 칭
② 멘토링
③ 컨설팅
④ 카운슬링
⑤ 교육훈련

70 다음 중 소비자에 대하여 보기의 내용과 같이 정의한 학자는?

> 소비자란 개인적 용도로 사용하기 위해 상품이나 서비스를 제공받는 사람이다.

① 제프리 삭스(Jeffrey Sachs)
② 가토 이치로(加藤一郎)
③ 이마무라 세이와(今村成和)
④ 타케우치 쇼우미(竹內昭夫)
⑤ 폰 히펠(Von Hippel)

71 사람들의 주관적인 관점에서 형성되는 이미지 분류 중 외적 이미지에 해당하는 것은?

① 욕 구   ② 심 성
③ 제스처   ④ 습 관
⑤ 생 각

72 다음 괄호 안에 각각 들어갈 용어로 옳은 것은?

> • (가) - 첫 이미지 정보의 전달효과를 말한다. 상대방에게 전달되는 이미지 중에서 처음에 강하게 들어온 정보는 전체적인 이미지의 판단에 결정적으로 역할을 한다는 것이다.
> • (나) - 처음에 내린 판단에 따라 나중에 입력되는 정보들에 대한 판단도 동일한 맥을 잇게 된다는 것이다.

① 가 - 초두효과, 나 - 후광효과
② 가 - 최신성효과, 나 - 초두효과
③ 가 - 초두효과, 나 - 맥락효과
④ 가 - 후광효과, 나 - 초두효과
⑤ 가 - 최신성효과, 나 - 맥락효과

73 다음 중 자동차나 열차를 이용할 때의 매너로 적절하지 않은 것은?

① 자동차를 이용할 때 운전사가 있는 경우 상석은 운전석 대각선 뒷자리이다.
② 열차의 경우 말석은 진행방향으로 통로 측의 자리이다.
③ 열차의 경우 상석은 진행방향의 창가자리이다.
④ 직접 운전을 할 경우 운전석 옆자리에 앉는 것이 예의이다.
⑤ 직접 운전을 할 경우 배우자는 운전석 옆자리에 앉는다.

74 다음 중 악수하는 방법이 바르지 않은 것은?

① 악수를 할 때 손은 두세 번 흔들고 약 2초 정도 상대의 손을 잡는다.
② 악수를 할 때는 상대방의 눈을 보면서 인사와 병행한다.
③ 악수를 할 때 잡는 손은 스치듯 느슨하게 잡지 않는다.
④ 악수를 할 때는 적당하게 힘을 주어 상대방의 손을 잡는다.
⑤ 악수를 할 때 팔꿈치가 자연스럽게 굽혀지는 정도의 거리가 적당하다.

75 명함을 교환할 때의 예절로 바람직하지 않은 것은?

① 메모가 필요할 경우라면 명함에 날짜와 해당사항을 기록한다.
② 명함을 받았을 때 모르는 한자일 경우 바로 질문하여 알아둔다.
③ 명함을 받을 사람이 여럿일 경우 아랫사람에게 먼저 건넨다.
④ 명함은 상대방이 바로 볼 수 있도록 건넨다.
⑤ 본인의 이름이 상대방에게 바로 보이도록 건넨다.

76 다음 중 코칭의 장점이 아닌 것은?

① 코치와 학습자의 동시 성장이 가능하다.
② 일대일로 지도하므로 교육 효과가 높다.
③ 상하 간에 커뮤니케이션 능력을 향상시킬 수 있다.
④ 업무 수행성과에 직접적으로 관련되어 있다.
⑤ 당면한 문제를 시급히 해결할 때 적절한 방법이다.

77 와이블(Weible)이 분류한 개인정보의 14가지 유형 중 훈련기록, 출석기록, 상벌기록, 성격테스트 결과, 직무태도에 해당하는 것은?

① 일반정보　　　　　　　　② 교육 및 훈련정보
③ 조직정보　　　　　　　　④ 고용정보
⑤ 병역정보

78 국가 · 지방자치단체의 책무 중에서 소비자의 기본적인 권리가 실현될 수 있도록 소비자의 권익과 관련된 주요시책 및 주요 결정사항을 소비자에게 알려야 하는 내용은?

① 소비자에의 정보제공　　　② 소비자의 능력향상
③ 개인의 정보보호　　　　　④ 소비자의 분쟁해결
⑤ 시험 · 검사시설의 설치

79 소비자가 물품 등을 선택함에 있어서 품질, 내용, 성능, 가격, 거래에 필요한 지식 및 정보를 제공받을 권리에 해당하는 것은?

① 선택할 권리
② 알 권리
③ 교육받을 권리
④ 의견을 반영할 권리
⑤ 안전할 권리

80 사업자는 물품 등의 하자로 인한 소비자의 불만이나 피해를 해결하거나 보상하여야 하며, 채무 불이행 등으로 인한 소비자의 손해를 배상하여야 하는데, 그 기준이 아닌 것은?

① 제품의 수리는 지체 없이 하되, 지체되는 사유가 있을 때는 소비자에게 알린다.
② 환급금액은 거래 시 교부된 영수증 등에 적힌 물품 등의 가격을 기준으로 한다.
③ 품질보증기간 동안의 수리와 교환, 환급에 드는 비용은 사업자가 부담한다.
④ 할인 판매되는 물품 등을 교환할 때 제품의 정상가격과 할인가격의 차액을 환불한다.
⑤ 교환은 같은 종류의 물품으로 하되 같은 종류가 없을 때는 유사물품 등으로 교환한다.

81 개인정보 보호에서 '개인정보는 그 목적에 부합된 것이어야 하고, 이용목적에 필요한 범위에서 정확하고 완전하며 최신의 것으로 보존되어야 한다'는 내용에 해당하는 OECD 원칙은?

① 목적 명확화의 원칙
② 정보내용 정확성의 원칙
③ 안정성 확보의 원칙
④ 이용제한의 원칙
⑤ 공개의 원칙

82 개인정보처리자가 개인정보보호법을 위반할 경우 정보주체가 손해배상을 청구할 수 있는 경우에 해당하지 않는 것은?

① 법정대리인의 동의만으로 아동의 개인정보를 수집할 경우
② 직무상 알게 된 개인정보를 침해, 누설하거나 제공받았을 경우
③ 영업 양수에 따른 개인정보 이전을 미통보할 경우
④ 민감한 사항의 개인정보를 수집할 경우
⑤ 웹사이트 회원 등록 시 주민등록번호 대신 가입할 방법을 미제공할 경우

83 개인정보처리자는 정보주체가 웹사이트를 통해서 회원으로 가입하는 경우 주민등록번호를 사용하지 않고 회원으로 가입할 수 있는 방법을 제공하여야 한다는 조항에 해당하는 것은?

① 민감정보의 처리제한
② 고유식별번호의 처리제한
③ 업무위탁에 따른 개인정보의 처리제한
④ 고정형 영상정보처리기기 설치·운영의 제한
⑤ 영업양도 등에 따른 개인정보 이전 제한

84 다음 중 개인정보의 국외로 제공할 수 있는 경우가 아닌 것은?

① 법률, 대한민국을 당사자로 하는 조약 또는 그 밖의 국제협정에 개인정보의 국외 이전에 관한 특별한 규정이 있는 경우
② 정보주체와의 계약의 체결 및 이행을 위하여 개인정보의 처리위탁·보관이 필요한 경우로서 전자우편 등 대통령령으로 정하는 방법에 따라 이전되는 개인정보 항목을 정보주체에게 알린 경우
③ 정보주체로부터 국외 이전에 관한 별도의 동의를 받은 경우
④ 개인정보를 이전받는 자가 법에 따른 개인정보 보호 인증 등 보호위원회가 정하여 고시하는 인증을 받은 경우로서 개인정보 보호에 필요한 안전조치 및 정보주체 권리보장에 필요한 조치
⑤ 개인정보가 이전되는 국가의 개인정보 보호체계, 피해구제 절차 등이 이 법에 따른 개인정보보호보다 현격한 우위의 수준을 갖추었다고 보호위원회가 인정하는 경우

85 올바른 소개 예절에 대한 설명으로 옳지 않은 것은?

① 선배에게 후배를 먼저 소개한다.
② 남자를 여자에게 먼저 소개한다.
③ 지위가 낮은 사람을 높은 사람에게 먼저 소개한다.
④ 소개 후 남성 간에는 악수를 교환하고 이성 간일 경우 여성은 목례로 대신한다.
⑤ 여러 사람과 한 사람이 있을 경우 먼저 여러 사람을 소개한 후 한 사람을 소개한다.

86 다음 중 연기를 통해 경험함으로써 타인의 관계와 이해를 촉진시키며, 기대되는 행동과 태도의 변화를 유도하는 방법으로 위험부담 없이 실제상황을 경험하는 장점을 가진 강의기법은?

① 브레인스토밍
② 토의법
③ 역할연기법
④ 강의법
⑤ 사례연구법

87 칼 알브레히트(Karl Albrecht)의 '서비스 7거지악'에 포함되지 않는 것은?

① 무관심(Apathy)
② 무시(Brush-off)
③ 냉담(Coldness)
④ 규정핑계(Rule Book)
⑤ 허위광고(Deceptive Advertising)

88 프레젠테이션의 슬라이드 디자인 제작 시 필수적인 정보는 제공하고, 많은 그림이나 글씨를 제시하지 않도록 하는 원리에 해당하는 것은?

① 강조성
② 단순성
③ 명료성
④ 통일성
⑤ 균형성

89 MS 파워포인트에서 파일 확장자를 다른 이름으로 저장을 할 때 저장이 되지 않는 확장자는?

① *.ppt
② *.pdf
③ *.gif
④ *.pptx
⑤ *.psd

90 코치의 역할과 관련해 직원들이 자신의 업무를 효과적으로 수행할 수 있도록 업무상 비전, 가치, 전략, 서비스 및 제품, 고객 등에 관한 정보를 제공하는 중요한 역할을 하는 사람은?

① 후원자
② 멘 토
③ 평가자
④ 교 사
⑤ 역할모델

제4회 | 적중모의고사

정답 p.290

01 | CS 개론

01 1981년 '진실의 순간(MOT ; Moment Of Truth)'이라는 개념을 회사경영에 도입하여 성공한 무관심 단계의 항공사는?

① 이스타 항공
② 사우스웨스트 항공
③ 싱가포르 항공
④ 스칸디나비아 항공
⑤ 아시아나 항공

02 다음 중 참여적 리더십의 특징으로 거리가 먼 것은?

① 조직 목표에 대한 참여 동기를 증대시킨다.
② 조직 활동에 더욱 헌신하게 한다.
③ 조직의 가치, 신념 등을 고취한다.
④ 구성원들의 의견을 의사결정에 많이 반영한다.
⑤ 참여를 통해 경영에 대한 사고와 기술을 익힌다.

03 휴스턴(Huston)과 레빙거(Levinger)가 제시한 인간관계 형성 단계 중 두 사람이 직접적인 접촉 없이 관찰을 통해 서로를 아는 단계에 해당하는 것은?

① 표면 행동 단계
② 잠재 결정 단계
③ 친밀한 사적 단계
④ 인상 형성 단계
⑤ 피상적 역할 단계

04 다음 괄호 안에 들어갈 용어로 적절한 것은?

> 고객의 요구조건이 무엇이며, 고객 요구조건에 대한 자사와 경쟁사의 기술 능력과 수준은 어떠하며, 경쟁우위를 확보하기 위한 목표 수준은 어느 정도이며, 이러한 요구 조건을 만족시키기 위해 서비스 평가자들이 서로 얽히도록 구성된 품질기능전개의 전 과정을 (   )(이)라 한다.

① 품질의 집
② 6시그마
③ 서비스 청사진
④ 서비스 매트릭스
⑤ 피시본 다이어그램

05 서비스 프로세스 재설계의 5가지 노력방안에 대한 설명으로 적절하지 않은 것은?

① 가치 창출에 기여하지 않는 단계의 활성화
② 셀프 서비스로의 전환
③ 서비스를 고객에게 직접 전달
④ 일괄 서비스
⑤ 서비스 프로세스의 물리적 측면의 재설계

06 고객만족경영에 관한 주요용어에 대한 설명으로 옳지 않은 것은?

① 6시그마 – 기업에서 생산하는 모든 제품이나 서비스, 거래 및 공정과정 등의 전 분야에서 품질을 측정 · 분석하여 모든 불량을 제거하는 품질향상 운동이다.
② 감성경영 – 고객이나 직원의 감성에 그들이 좋아하는 자극이나 정보를 전달함으로써 기업 및 제품에 대한 호의적인 반응을 일으키는 경영방식이다.
③ 고객테러 – 피해를 받은 고객이 이에 대한 반발로 해당기업에 대하여 비방을 퍼트리거나 직접 유형적 · 무형적인 공격을 하는 것이다.
④ 고객만족 – 제품의 이성적 측면, 예를 들어 가격이나 품질 등에 대한 고객의 불만을 해소시켜 고객만족을 유도하는 것이다.
⑤ 고객감동 – 제품의 이성적 측면뿐만 아니라 감성적 측면, 즉 서비스, 고객관계 및 제품이미지에 이르기까지 모든 측면에서 고객을 열광시켜 장기적 · 지속적 감동을 유도하는 것이다.

07 다음 보기 중 고객만족의 3대 핵심요소가 바르게 묶인 것은?

> ㉠ 제품 요소 ㉡ 서비스 요소
> ㉢ 경쟁 요소 ㉣ 기업이미지 요소
> ㉤ 인간관계 요소

① ㉠, ㉡, ㉢

② ㉠, ㉡, ㉣

③ ㉠, ㉡, ㉤

④ ㉠, ㉢, ㉣

⑤ ㉠, ㉢, ㉤

08 솔로몬(Solomon)과 구트만(Gutman)의 서비스 접점의 특징에 대한 설명으로 옳지 않은 것은?

① 제공 서비스의 내용과 특징에 따라 서비스 접점의 범위가 제한된다.

② 서비스 공급자와 고객 사이의 커뮤니케이션은 상호작용이 되어야 한다.

③ 서비스 공급자와 고객 중 한쪽이라도 참여하면 성립된다.

④ 접점에서는 목표지향적 역할이 수행되어야 한다.

⑤ 서비스 공급자와 고객 간 서비스 정보를 교환하는 것이 서비스 접점의 목적이다.

09 고객 행동의 영향요인 중 문화의 특성과 가장 거리가 먼 것은?

① 공유성

② 학습성

③ 동태성

④ 분리성

⑤ 규범성

10 다음 중 업무상 요구되는 감성지능의 5가지 요소에 해당하는 것을 모두 고른 것은?

> 가. 자기조절(Self Regulation)
> 나. 동기부여(Motivation)
> 다. 감정이입(Empathy)
> 라. 자아인식(Self Awareness)
> 마. 자기집중(Self Concentration)

① 가, 나, 다, 라

② 가, 나, 라, 마

③ 가, 나, 다, 마

④ 가, 다, 라, 마

⑤ 나, 다, 라, 마

11 총체적 고객만족경영혁신(TCS) 요소 중 '시장경쟁력 강화'의 측면과 관계없는 것은?

① 영업력 향상

② 고객관리

③ 브랜드 관리

④ 신상품 개발

⑤ 프로세스 혁신

12 고객 DNA를 인구통계적 DNA, 고객가치 DNA, 고객니즈성향 DNA로 구분할 경우 고객니즈성향 DNA에 해당하는 것은?

① 전화번호

② 가입커뮤니티

③ 가족관계

④ 고객평생가치

⑤ 취 미

13 MBTI(고객성격유형)에서 나타나는 선호성 지표 중 자신의 직감에 의존하며 미래지향적이고 통찰을 통해 가능성, 의미, 관계를 인식하고 신속하고 비약적인 경향을 가진 유형은?

① 직관형

② 외향형

③ 감정형

④ 사고형

⑤ 판단형

14 쇼스택(Shostack)이 제시한 유형성 스펙트럼에서 무형성의 지배가 가장 강한 업종은?

① 교 육

② 항공사

③ 투자관리

④ 광고대행사

⑤ 패스트푸드점

15 차별화된 서비스에 대한 다음 설명 중 옳지 않은 것은?

① 차별화된 서비스란 한 기업의 서비스가 다른 기업의 서비스에 비해서 구매자에게 독특하다고 인식될 수 있는 그 무엇을 창조하는 것을 말한다.

② 기업 간의 기술 수준에 따른 제품 간 차별성이 뚜렷해졌다.

③ 기업이 제공하는 서비스 안에서도 고객의 니즈는 다양하므로 각각의 고객에 맞는 서비스의 제공이 필요하다.

④ 고객접점별 다양한 고객의 요구에 대한, 고객의 니즈에 맞는 실제 서비스를 제공하여 서로 다른 고객의 니즈를 충족시켜 편안한 서비스와 신속한 서비스로 고객의 차별화된 서비스를 제공해 줄 수 있다.

⑤ 고객의 기호가 다양해지고 고객 간의 이질성이 커지면서 각각의 고객에 맞는 서비스의 제공이 필요하게 되었다.

16 CRM(Customer Relationship Management)에 대한 설명으로 적절하지 않은 것은?

① 다양해지는 고객의 욕구에 유연하게 대처함으로써 수익의 극대화를 추구하는 것이다.

② 지속적인 피드백을 통한 고객니즈 및 개별특성의 파악과 이에 맞는 상품, 서비스의 개발, 판매촉진활동을 의미한다.

③ 신규고객의 확보를 위한 전략은 CRM의 대상이 아니다.

④ 기존고객을 유지하기 위한 대표적인 전략으로 고객활성화 전략, 애호도 제고전략 그리고 교차 판매전략을 들 수 있다.

⑤ 고객들의 행동패턴, 소비패턴 등을 통해 고객이 무엇이 원하는지를 알아내야 하는 일이 많으므로 고도의 정보분석기술을 필요로 한다.

17 CRM 전략 수립 6단계 중 고객에게 어떻게 제공할 것인지 하는 전달방법을 설계하는 단계는?

① 커뮤니케이션 설계 단계

② 고객분석 단계

③ CRM 전략방향설정 단계

④ 고객에 대한 오퍼(Offer)결정 단계

⑤ 개인화 설계 단계

18 러브록(Lovelock)이 제시한 다차원적 서비스 분류 중 아래 도표에서 '은행, 전화가입, 보험' 등의 서비스가 위치하는 곳은?

서비스 제공의 성격		서비스 조직과 고객과의 관계 유형	
		회원 관계	공식적 관계없음
서비스 제공의 성격	계속적 제공	A	B
	단속적 거래	C	D

① A
② B
③ C
④ D
⑤ B 또는 D

19 '조하리(Johari)의 창'의 분류 중 인간관계에서 고립형, 음성증상을 나타내며 소극적이고 고민이 많은 유형으로, 좀 더 적극적이고 긍정적인 태도를 요구하는 영역은?

① 맹목적 영역
② 공개적 영역
③ 타인의 영역
④ 미지 영역
⑤ 숨겨진 영역

20 상대방에 대하여 부정적 감정을 표현하지 않았을 때의 문제점과 그 해결방안으로 옳지 않은 것은?

① 표현되지 않고 억제된 부정감정은 마음에 남아 기분을 저조하게 한다.
② 불쾌감을 유발한 사람에 대한 분노감정이 우회적으로 다른 영역에서 표출되어 비효율적인 인간관계로 발전될 수 있다.
③ 사소한 불쾌감정이 그때그때 해소되지 못하고 누적되어 참을 수 없는 상태가 되면 과격한 방법으로 표출되어 인간관계를 악화시키거나 와해시킬 수 있다.
④ 상대방의 잘못을 비난하는 방식보다는 상대방의 행동으로 인한 나의 불편함과 불쾌감을 전달하는 표현이 좋다.
⑤ 우회적으로 표현하기보다는 단호하게 상대방의 행동을 금하거나 통제하는 방식으로 표현하는 것이 바람직하다.

21 고객가치 분석을 위해 'RFM 기법'을 사용할 경우, 해당 분석에 필요한 요소로 옳은 것은?

① 구매위험, 구매빈도, 구매금액
② 구매요인, 구매빈도, 구매금액
③ 구매시점, 구매빈도, 구매태도
④ 구매시점, 구매사유, 구매금액
⑤ 구매시점, 구매빈도, 구매금액

22 다음 중 고품위 서비스에 대한 설명으로 옳은 것은?

① 고객의 불만이 전혀 없도록 하는 서비스
② 고객이 표현한 욕구를 완벽하게 제공하는 서비스
③ 최고급 시설과 최고급 제품을 제공하는 서비스
④ 고객이 아직 표현하지 못하는 잠재적 욕구까지 헤아려 충족시켜주는 서비스
⑤ 고객의 품위에 맞는 서비스

23 고객만족 관련 이론 중 '기대-불일치 이론'에 대한 설명으로 옳지 않은 것은?

① 올리버(Oliver)에 의해 제시된 이론이다.
② 성과가 기대보다 높아 긍정적 불일치가 형성되면 만족이 발생된다.
③ 성과가 기대보다 낮아 부정적 불일치가 형성되면 불만족이 발생된다.
④ 기대-불일치 이론에 근거한 연구로는 인지적 불협화 이론, 대조 이론 등이 있다.
⑤ 사람들이 왜 특정한 행동을 했는지에 대해 이해하고 설명하는 데 적절한 이론이다.

24 고객관계관리(CRM)의 순환 과정 중 빈칸에 들어갈 내용으로 옳은 것은?

신규고객 획득 → 우수고객 유지 → (   ) → 잠재고객 활성 → 평생고객

① 고객 이탈 방지   ② 고객가치 증진
③ 기업의 수익증대   ④ 매출 향상
⑤ 생활패턴 관리

25 관광 서비스의 개념으로 옳지 않은 것은?

① 고객들은 물리적인 서비스보다는 완벽한 만족과 감동을 주는 서비스를 선호한다.
② 관광 서비스는 고급 서비스의 이미지가 있기 때문에 항상 최고급의 숙련되고 전문화된 서비스를 요구한다.
③ 항상 다른 기업과 특화되고 차별화된 고품위 서비스가 요구된다.
④ 고객은 관광을 통하여 자아실현욕구를 충족하고자 하므로, 욕구를 충족시킬 수 있는 철저한 준비가 요구되는 서비스이다.
⑤ 관광 서비스는 무형의 서비스로서 모방이 쉽다.

26 리더십의 유형 중에서 서번트 리더십(Servant Leadership)의 특성에 해당하지 않는 것은?

① 공 감   ② 통 찰
③ 개인의 성장   ④ 비전제시
⑤ 공동체 형성

27 구전(Word of Mouth)에 대한 설명으로 옳은 것은?

① 구전은 구매자에 대해서만 이루어진다.
② 구전은 경험을 기초로 한 상상력에 의해 발현된다.
③ 구전은 많은 사람에게 빠른 속도로 전파되는 특성을 가지고 있다.
④ 구전은 기업에 의해 창출된 것이 아니기 때문에 신뢰할 수 없는 정보이다.
⑤ 구전은 일대일 커뮤니케이션으로 타 매체에 비해서 적은 효과를 가지고 있다.

28 아랫사람에게 정보를 요구하고 아이디어를 공유하며, 의사결정과정에서 그들의 정보자료를 활용하여 그 의견을 의사결정에 반영시키는 형태의 리더십은?

① 창조형 리더십   ② 참여형 리더십
③ 방임형 리더십   ④ 감성형 리더십
⑤ 지시형 리더십

29 서비스 경쟁 전략 중 개별화 전략에 대한 설명으로 적절하지 않은 것은?

① 고객접촉지점은 고객지향이어야 한다.
② 고객과의 커뮤니케이션이 중요함을 인식하여야 한다.
③ 고객별 DB를 구축하고, 전문화 서비스를 제공하여야 한다.
④ 분업보다는 전문지식의 통합이 요구된다.
⑤ 지원지점보다 고객접촉지점에 중점을 두어야 한다.

30 고객의 육체적인 경험과 라이프스타일, 상호작용에 영향을 주는 것을 목표하여 고객의 삶을 풍요롭게 할 수 있는 체험 마케팅 유형 중에 하나인 마케팅 기법은?

① 인지 마케팅
② 감각 마케팅
③ 행동 마케팅
④ 관계 마케팅
⑤ 감성 마케팅

31 고객과 서비스 시스템과의 상호작용을 구체적으로 표현하며 실패 가능점을 미리 식별하여 미연에 방지책이나 복구 대안을 강구하도록 서비스 제공자가 제공하는 무형의 서비스 프로세스를 설계하여 묘사한 것은?

① 서비스 흐름도(Flow Chart)
② 인간 기계 도표(Man-machine Chart)
③ 피시본 다이어그램(Fishbone Diagram)
④ 서비스 청사진(Service Blueprinting)
⑤ 프로세스 도표(Process Chart)

32 아커(Aaker)와 산비(Shanby)가 제시한 포지셔닝 전략 수행절차 4단계에 해당하는 것은?

① 포지셔닝 결정
② 고객에 대한 분석 수행
③ 모니터링으로 감시 단계 설정
④ 경쟁자의 실체 파악 및 확인
⑤ 경쟁 기업익 포지셔닝 파악

33 가빈(Garvin)이 제시한 5가지 품질 차원 중 사용자 중심적 접근과 대조되는 접근으로 기업이 제품의 속성을 리스트대로 만들면 제품의 신뢰도가 높아져 품질이 좋다고 가정하는 것은?

① 선험적 접근
② 제조 중심적 접근
③ 사용자 중심적 접근
④ 제품 중심적 접근
⑤ 가치 중심적 접근

34 MOT 사이클 차트에 대한 설명으로 옳지 않은 것은?

① 서비스 프로세스상에 나타나는 일련의 MOT들을 보여주는 시계모양의 도표로 서비스 사이클 차트라고도 한다.
② 서비스 담당자는 새처럼 높은 데서 숲 전체를 바라보지만, 고객은 근처의 나무만 보는 격이다.
③ 수많은 진실의 순간들을 거치면서 고객이 경험하는 서비스 품질이나 만족도는 '곱셈의 법칙'에 지배받게 된다.
④ 고객은 접점에서 경험한 여러 가지 서비스 가운데 가장 나빴던 서비스를 유난히 잘 기억하고 그 기업을 평가하는 데 중요한 잣대로 삼는 경향이 있다.
⑤ 100 − 1 = 0의 법칙은 100가지 서비스 접점 중 어느 한 접점에서 불만족을 느끼면 그 서비스의 전체에 대하여 불만족을 느낀다는 법칙이다.

35 다음 중 서비스 보증이 필요한 상황으로 볼 수 없는 경우는?

① 고객의 자아 이미지가 관계된 경우
② 문제 발생 시 그 피해가 심각한 경우
③ 해당 산업에 전반적으로 품질에 대한 좋은 이미지가 형성되어 있는 경우
④ 상품구매에 대해 고객의 전문지식이나 자신감이 적을 경우
⑤ 구매자의 저항이 큰 경우

36 롱테일(The Long Tail) 법칙에 대한 설명으로 옳은 것은?

① 파레토 법칙이라고도 한다.
② 목표고객의 니즈에 따른 서비스를 공급해야 수익을 올릴 수 있다는 법칙이다.
③ 20%의 핵심고객으로부터 80%의 매출이 나온다는 법칙이다.
④ 80%의 '사소한 다수'가 20%의 '핵심 소수'보다 뛰어난 가치를 창출한다는 법칙이다.
⑤ 사소한 다수의 상품이나 핵심 소수의 상품이나 창출하는 가치는 동일하다는 법칙이다.

37 서비스 청사진의 구성요소 중 현장에서 일어나는 접점직원의 활동과 후방에서 이루어지는 지원 활동을 구분하는 기준은?

① 가시선
② 상호작용선
③ 정보흐름선
④ 행동반경선
⑤ 내부 상호작용선

38 다음 보기의 내용은 '서비스 공업화의 약점'을 보여주는 광고이다. 예시에서 보여주고자 하는 서비스의 현상으로 옳은 것은?

> 교보생명의 '고령자 직접 상담 전화 서비스' 광고를 보면, 광고에서 식사 중인 시아버지가 며느리를 부른다. 그런데 며느리는 뒤도 돌아보지 않고 마치 자동 응답기처럼 "원하시는 메뉴를 눌러 주세요. 밑반찬은 1번, 밥은 2번, 잘못 누르셨습니다. 다시 들으시려면..."이라고 대답한다. 이런 며느리를 보고 시아버지는 언짢은 표정을 짓는다. 시아버지의 이런 반응은 소비자들이 기업의 획일적이고 무미건조한 서비스를 만났을 때 보이는 반응과 매우 흡사하다.

① Service Paradox
② Service Industrialization
③ Service Terror
④ Service Paradigm
⑤ Service Complain

39 모든 품질차원의 요인들이 고객 불만해소에 영향을 주고 있으며, 그 영향도가 서로 다름을 알 수 있다. 애프터 서비스 품질차원의 요인들 중 영향도가 가장 높은 것은?

① 태도 및 행동
② 서비스 처리시간
③ 전문성/기술
④ 편의성
⑤ 정 책

40 제품 차별화 요소 중 정상적인 조건 또는 긴박한 조건에서 제품에 기대되는 작동 수명의 측정치를 의미하는 것은?

① 특 성
② 내구성
③ 안전성
④ 적합성 품질
⑤ 성능 품질

41 고객위주의 제품 차별화 전략에 대한 다음 설명 중 적절하지 않은 것은?

① 차별화 전략이란 경쟁제품과 구별되는 특성을 강조함으로써 경쟁상의 우위를 확보하는 전략이다.

② 차별화에 성공하는 경우 시장의 특정한 부분에서 국지적인 독점을 창출할 수 있고, 이로 인하여 소비자들에게 가격을 높이 받을 수 있는 힘도 생길 수 있다.

③ 제품의 기술적인 품질 수준을 차별화하는 것이 가장 중요하다.

④ 현대 소비자의 니즈는 매우 다양화되어 제품 간의 작은 차이에 가치를 두는 사람들이 점점 증가하고 있다.

⑤ 고객위주의 제품 차별화 전략의 중요성도 점점 커지고 있다.

42 다음 중 권한위임의 부정적인 측면에 대한 설명으로 옳은 것은?

① 고객의 요구에 대한 신속한 대응이 가능하다.

② 역할 분담과 역할 모호성을 감소시킬 수 있다.

③ 충성고객을 창출할 수 있다.

④ 혁신적인 아이디어를 개발할 수 있다.

⑤ 일선 부서 간 고객 서비스의 격차가 발생할 수 있다.

43 다음 보기의 괄호 안에 들어갈 용어는?

> 고객 세분화 전략은 고객을 비슷한 (   )을(를) 가진 집단으로 구분하여 각 집단별로 마케팅 전략을 수립하는 것이다.

① 성 별
② 연 령
③ 욕 구
④ 지 역
⑤ 소 득

44 서비스 품질의 측정 모형에 관한 설명으로 옳지 않은 것은?

① SERVQUAL은 미국의 파라수라만(Parasuraman), 자이다믈(Zeithaml), 베리(Berry) 세 학자에 의해 개발되었다.

② 서비스 품질 측정도구로서 서비스 기업이 고객의 기대와 평가를 이해하는 데 사용할 수 있는 단문항 척도이다.

③ 고객이 지각하는 서비스 품질이란 고객의 기대나 욕구 수준과 그들이 지각한 것 사이의 차이의 정도로 정의된다.

④ 고객의 기대를 형성하는 데 기여하는 핵심요인은 구전, 고객들의 개인적 욕구, 서비스를 이용해 본 과거의 경험, 서비스 제공자의 외적 커뮤니케이션 등이다.

⑤ 광범위한 문헌연구와 다양한 고객집단에 대한 표적집단 면접을 통해 고객이 서비스 품질을 어떻게 평가하고 정의하는가에 관해 결론을 도출하였다.

45 서비스의 품질을 측정하는 방법으로 SERVQUAL 모형에서 사용하고 있는 서비스 품질 결정변수가 아닌 것은?

① 신뢰성 – 믿을 수 있고 정확한 임무수행

② 대응성 – 고객을 돕고 신속한 서비스를 제공하려는 태세

③ 공감성 – 회사가 고객에게 제공하는 개별적 배려와 관심

④ 무형성 – 서비스 재화의 무형적 특성

⑤ 확신성 – 직원의 지식과 예절, 신뢰와 자신감을 전달하는 능력

46 서비스 품질의 개선방법에 대한 설명으로 적절하지 않은 것은?

① 서비스에 대한 지식이 있는 고객은 더 좋은 의사결정을 할 수 있으며, 이는 고객만족 증대를 가져온다.

② 지속적으로 높은 서비스 품질을 유지시키기 위해서는 기업문화 내에 품질 개념이 구현되도록 하여야 한다.

③ 유형요소의 관리는 서비스 제공 중 또는 그 이후의 평가와 관계가 있다.

④ 서비스에 대한 고객의 기대는 변함이 없으므로 서비스 기업은 항상 높은 서비스 수준을 유지해야 한다.

⑤ 고객에게 가시적인 평가 기준을 기업 스스로 제공해 주는 것이 무엇보다 중요하다.

47 서비스 마케팅에서 외부 마케팅의 특징으로 옳은 것은?

① 기업과 종업원 간에 이루어지는 마케팅이다.
② 서비스의 품질 관리를 위해 직원을 교육·훈련하는 활동이다.
③ 기업의 CEO는 직원에게 적절한 수준의 재량권을 부여한다.
④ CEO는 고객을 조사하고 고객에게 제공할 서비스를 설계하여 제공하는 서비스 품질을 약속한다.
⑤ 동기를 부여하는 내부 직원을 대상으로 하는 마케팅 활동이다.

48 고객만족을 결정짓는 3요소 중에서 의료 고객만족 측면에서 하드웨어적 요소에 해당하는 것은?

① 진료실의 분위기
② 진료절차 예약
③ 예의바른 의사소통
④ 신속한 업무처리
⑤ 대기실 운영

49 다음 보기의 내용에 해당하는 고객만족의 효과는?

> 성과가 기대에 미치지 못하는 경우 분노를 느껴 성과를 실제보다 더 낮게, 그리고 성과가 기대를 초과하는 경우에는 실제보다 더 높게 평가하는 것

① 동화효과
② 대조효과
③ 기대효과
④ 초두효과
⑤ 맥락효과

50 틈새시장의 공통 요소에 대한 설명으로 옳지 않은 것은?

① 틈새시장이 대형시장이 되기도 한다.
② 없어지거나 새로 생성되기도 한다.
③ 끊임없이 변화한다.
④ 틈새시장은 대기업에게 무조건 유리하다.
⑤ 여러 기업이 똑같은 틈새시장에 공존하기도 한다.

51 고객의 소리(VOC)를 통해 기대되는 고객관리 효과로 묶인 것은?

> ㉠ 여러 고객의 집합체인 시장의 욕구와 기대의 변화를 알 수 있다.
> ㉡ 예상 밖의 아이디어를 얻을 수 있다.
> ㉢ 고객과의 관계유지를 더욱 돈독하게 할 수 있다.
> ㉣ 고객접점에서 고객의 욕구에 근거하여 표준화된 대응 서비스가 가능하다.

① ㉠, ㉡, ㉢
② ㉠, ㉡, ㉣
③ ㉠, ㉢, ㉣
④ ㉡, ㉢, ㉣
⑤ ㉠, ㉡, ㉢, ㉣

52 다음 보기의 내용에 해당하는 조사 기법은?

> • 조사의 목적을 숨기고 조사하는 간접적인 방법으로서 응답자의 내면의 세계에 숨겨진 어떤 관심사에 대한 동기, 신념, 태도, 감정 등을 나타내도록 질문하는 비체계적이고 간접적인 방법이다.
> • 응답자들은 자신의 행동이 아니라 다른 사람의 행동에 대해 해석하도록 요구받고, 그 과정에서 응답자 자신의 동기, 신념, 태도, 감정 등을 표현하게 된다.

① 심층면접법(Depth Interview)
② 투사법(Projective Techniques)
③ 표적집단면접법(Focus Group Interview)
④ 다이어리 패널법(Diary Panels)
⑤ 온라인 서베이(On-line Survey)

53 주란(Juran)의 서비스 품질 구분과 관련하여 레스토랑의 음식 맛, 철도, 항공기 등의 좌석 크기와 안락함, 조명의 밝기 등에 해당하는 것은?

① 서비스 시간성과 신속성
② 사용자의 눈에 보이지 않는 내부적 품질
③ 사용자의 눈에 보이는 소프트웨어적 품질
④ 사용자의 눈에 보이는 하드웨어적 품질
⑤ 사용자의 눈에 보이지 않는 소프트웨어적 품질

54 구전 커뮤니케이션과 관련된 내용으로 옳지 않은 것은?

① 구전은 고객 서비스 기대 형성의 강력한 정보원천이다.
② 구전의 3원칙으로는 개인적 원천, 전문가 원천, 파생적 원천이 있다.
③ 구전은 언어적 커뮤니케이션으로 제한되는 것이다.
④ 구전은 일대일 커뮤니케이션이다.
⑤ 구전은 개인의 경험에 기초하는 커뮤니케이션이다.

55 다음 중 소비단계(서비스 접점단계)에서 이루어지는 고객기대관리 활동으로 옳은 것은?

① 고객의 기대파악
② Call Center 운영
③ 제공할 서비스에 대한 홍보
④ 고객과의 지속적 커뮤니케이션
⑤ 사후관리 프로그램(Follow-up Program) 개발

56 다음 중 '토털 서비스 시스템(Total Service System)'에 대한 설명으로 거리가 먼 것은?

① 서비스의 창조와 전달을 개념화하기 위한 것이다.
② 총체적 관점에서 고객에게 차별화된 서비스를 제공하기 위한 마케팅 전략이다.
③ 서비스 전달 시스템은 서비스 생산품이 고객에게 전달되는 장소, 시간, 방법을 의미한다.
④ 크게 서비스 운영 시스템, 서비스 전달 시스템, 서비스 마케팅 시스템으로 나눌 수 있다.
⑤ 토털 서비스는 고객의 구매심리를 개발 및 창조하는 것보다는 기업의 이미지 마케팅이나
   CI(Corporate Identity)를 확립하는 데 목적이 있다.

57 다음 중 시장 세분화에 대한 장점에 해당하지 않는 것은?

① 미래 시장의 변동에 대비하여 계획을 수립하고 대책마련이 가능하다.
② 제품 및 마케팅 활동을 목표시장의 요구에 적합하도록 조정할 수 있다.
③ 마케팅 프로그램과 이에 소요되는 적절한 예산을 수립할 수 있다.
④ 세분화된 시장의 요구에 맞게 제품선정을 결정할 수 있다.
⑤ 고객들이 제품에 대한 다양한 불편사항이나 불만을 통해 고객 니즈와 트렌드 분석을 할 수
   있게 해준다.

58 이상적인 틈새시장이 존재하기 위해 필요한 전제조건에 대한 내용으로 가장 거리가 먼 것은?

① 틈새시장은 장기적인 시장 잠재력이 있어야 한다.

② 시장의 욕구를 충족시켜줄 수 있는 능력과 충분한 자원을 보유해야 한다.

③ 기업은 소비자로부터 확립해놓은 신뢰관계를 통해 주요 경쟁자들의 공격을 방어할 수 있어야 한다.

④ 대기업에 비해 중소기업이 더욱 높은 매출액을 실현할 수 있도록 중소기업 친화적인 시장 규모와 구매력이 있어야 한다.

⑤ 이상적인 틈새시장은 중요 경쟁자들의 관심 밖에 있어야 한다.

59 다음 보기의 설명에 해당하는 서비스 모니터링 요소는?

> 고객이 실제로 어떻게 대우를 받았는지에 대한 고객의 평가와 모니터링 점수가 일치해야 하고 이를 반영해야 한다.

① 객관성   ② 타당성

③ 유용성   ④ 차별성

⑤ 신뢰성

60 다음 중 CEM(Customer Experience Management)에 대한 설명이 아닌 것은?

① 고객에 대한 설문, 관찰, 조사, VOC 등을 통해 모니터링한다.

② 고객의 기대와 경험의 차이를 분석하고 제품이나 서비스를 마케팅한다.

③ 고객이 회사에 대해 느끼는 감정을 파악한다.

④ 내부 지향적이며 운영 지향적인 전략이다.

⑤ 상호작용이 시작되는 접점(Contact Point)에서 시작된다.

61 기업 교육 방법 중 OJT의 종류가 아닌 것은?

① 코 칭   ② 멘토링
③ 직무순환   ④ 자기학습
⑤ 직무교육훈련

62 전화상담 시 상황에 맞게 호감을 주는 말이 아닌 것은?

① 긍정적일 때 – 잘 알겠습니다.
② 정보를 제공할 때 – 메모 가능하십니까?
③ 사과할 때 – 무어라고 사과를 드려야 할지 모르겠습니다.
④ 부탁할 때 – 어떻게 하면 좋을까요?
⑤ 통화가 길어질 때 – 약간 더 시간을 주실 수 있겠습니까?

63 프레젠테이션을 실시하기 전에 준비해야 할 '4가지 요소(4P)'가 아닌 것은?

① 장소(Place)   ② 사람(People)
③ 목적(Purpose)   ④ 발표자(Presenter)
⑤ 사전준비(Preparation)

64 콜센터를 기획하고 구성할 때 고려해야 할 사항이 아닌 것은?

① 전문 상담능력의 확보 및 자문 컨설팅 요청 등의 방법을 고려한다.
② 주로 상대하는 고객의 정보 및 데이터 확보와 관리방안이 필요하다.
③ 콜센터 구축에 따른 단기적, 한시적 운용비용 관리가 필요하다.
④ 초기 운영은 다양한 채널을 이용하는 것이 필요하다.
⑤ 상담직원의 채용방법과 관리방안이 필요하다.

65 아웃바운드 텔레마케팅의 상담 흐름을 바르게 나열한 것은?

> ㉠ 고객에게 상품을 소개하고 이점을 제안한다.
> ㉡ 자신과 회사소개 및 전화를 건 이유를 말한다.
> ㉢ 적극적인 종결을 통하여 판매를 성사시킨다.
> ㉣ 고객의 욕구를 탐색한다.
> ㉤ 끝인사 및 추후의 거래 등을 약속한다.

① ㉠ → ㉡ → ㉢ → ㉣ → ㉤   ② ㉡ → ㉣ → ㉠ → ㉢ → ㉤
③ ㉡ → ㉠ → ㉣ → ㉢ → ㉤   ④ ㉡ → ㉢ → ㉣ → ㉠ → ㉤
⑤ ㉣ → ㉡ → ㉠ → ㉢ → ㉤

66 고객응대 시 질문 상황에서 개방형 질문(Open Question)이 필요한 경우에 해당하는 것은?

① 고객의 니즈를 정확하게 파악해야 할 경우
② 화제를 정리하고 정돈된 대화가 필요한 경우
③ 질문을 통해 고객의 의도나 니즈를 확인받아야 할 경우
④ 고객의 답변에 초점을 맞추어 고객의 욕구를 파악해야 할 경우
⑤ 정보를 많이 얻고자 고객이 자유롭게 말할 수 있도록 분위기를 조성하는 경우

67 다음 중 어떤 대화(상담)를 나눌 때 부정과 긍정의 내용을 혼합해야 하는 경우, 기왕이면 부정적 내용을 먼저 말하고 끝날 때는 긍정적 의미(언어)로 마감하는 화법은?

① 부메랑 화법   ② 아론슨 화법
③ Yes, But 화법   ④ 산울림 화법
⑤ 경청화법

68 고객과의 대화나 전화 시의 화법에 관한 내용으로 가장 적절하지 않은 것은?

① 면담 약속이 없는 고객을 맞이할 때 "무슨 일로 오셨습니까?"라고 말한다.
② 용건을 받아 적은 후 "네, 말씀대로 처리하겠습니다."라고 말한다.
③ 상대방을 기다리게 할 때 "죄송합니다만, 잠시만 기다려주시겠습니까?"라고 말한다.
④ 전화건 상대방을 확인할 때 "실례지만, 어디시라고 전해드릴까요?"라고 말한다.
⑤ 찾는 사람이 부재중인 경우 "대단히 죄송합니다."라고 말한다.

69 첫인상이 좋지 않게 형성되었다고 할지라도, 반복해서 제시되는 행동이나 태도가 첫인상과는 달리 진지하고 솔직하게 되면 점차 좋은 인상으로 바뀌는 현상은?

① 맥락효과　　　　　　　　　② 빈발효과

③ 후광효과　　　　　　　　　④ 최근효과

⑤ 초두효과

70 다음 중 방문객 응대 태도로 가장 바람직하지 않은 것은?

① 복장이나 외모로 방문객을 차별하지 않는다.

② 손님이 방문하면 일단 자리에서 일어서도록 한다.

③ 손님을 기다리게 할 때는 이유를 설명하고 양해를 구한다.

④ 통화 중 방문객이 오면, 먼저 걸려온 전화를 마친 후에 인사한다.

⑤ 손님이 기다리지 않도록 먼저 적극적인 태도를 보인다.

71 이미지 메이킹 5단계에 대한 설명으로 옳지 않은 것은?

① 이미지를 창출하기 위해서는 먼저 자신을 파악해야 한다.

② 자신이 모델을 선정하는 것은 자신의 목표를 수립하는 것이다.

③ 이미지는 전체를 대신하는 일부분을 보여주는 것이다.

④ 이미지 연출은 분명 허상이고 부분적인 것이므로 최소화해야 한다.

⑤ 자신의 가치를 상대에게 인식시키고 높은 평가를 받아서 자신을 찾도록 하는 것이다.

72 다음 중 올바른 인사 예절에 대한 설명으로 적절하지 않은 것은?

① 상대에게 맞는 인사를 전한다.

② 인사는 내가 먼저 한다.

③ 상대의 입을 바라보고 하는 것이 원칙이다.

④ 인사말을 크게 소리 내어 전한다.

⑤ 인사는 상대의 눈을 바라보고 한다.

73 다음 중 전통예절에서 공수예절이 잘못된 것은?

① 공수는 절의 기본동작이다.
② 공수는 여자와 남자의 손위치가 동일하다.
③ 공수는 평상시와 흉사시가 다르다.
④ 공수는 의식행사와 웃어른을 뵐 때 반드시 한다.
⑤ 공수는 두 손을 앞으로 모아서 잡는 것을 말한다.

74 앤톤(Anton)이 제시한 콜센터 아웃바운드 성과지표와 가장 거리가 먼 것은?

① 평균 포기율 　　　　　　② 평균 판매가치
③ 시간당 접촉횟수 　　　　④ 시간당 판매량
⑤ 콜당 비용

75 다음 중 방문객을 소개하는 예절로서 옳지 않은 것은?

① 지위가 낮은 사람을 윗사람에게 먼저 소개한다.
② 여러 사람과 한 사람이 있을 경우 먼저 여러 사람을 소개한 후 한 사람을 소개한다.
③ 연령 차이가 있을 경우 보통 젊은 사람을 먼저 소개한다.
④ 소개 후 남성 간에는 악수를 교환하고 이성 간일 경우 여성은 목례로 대신한다.
⑤ 여러 사람을 그룹별로 소개할 때는 어느 한 편의 사람들을 다른 편에다 소개하고 난 후 다른 그룹을 소개한다.

76 다음 중 악수하는 순서에 대한 설명으로 가장 적절하지 않은 것은?

① 미혼자가 기혼자에게 청한다.
② 윗사람이 아랫사람에게 청한다.
③ 선배가 후배에게 청한다.
④ 여성이 남성에게 청한다.
⑤ 상급자가 하급자에게 청한다.

77 다음 중 직장 내에서 인간관계를 원만하게 유지하기 위한 방법과 거리가 먼 것은?

① 직장 동료의 개인적인 이야기는 상대가 먼저 말하기 전에 친절하게 화제로 삼는다.
② 직장 동료와는 협조하는 마음으로 행동해야 한다.
③ 직장 동료에게 성실감과 신뢰감을 주어야 한다.
④ 직장 동료의 감정을 존중해야 한다.
⑤ 직장 동료와의 약속은 반드시 지켜야 한다.

78 테이블 매너의 유의사항에 대한 설명으로 옳지 않은 것은?

① 음식을 먹는 도중 냅킨이나 포크가 바닥에 떨어진 경우에는 본인이 줍지 않고 웨이터를 불러 새것을 가져다주도록 요청한다.
② 중앙의 접시를 중심으로 나이프와 포크는 각각 왼쪽과 오른쪽에 놓는다.
③ 나이프는 사용 후 반드시 칼날이 자기 쪽을 향하도록 놓으며 포크는 접시 위에 엎어 놓는다.
④ 나이프와 포크는 하나만을 계속 사용하는 것이 아니라 코스에 따라 각각 다른 것을 사용하는데, 바깥쪽에 있는 것부터 순서대로 사용한다.
⑤ 식사를 마친 후에는 냅킨을 적절히 접어 탁상 위에 올려놓는다.

79 다음 중 소비자기본법에 포함되어 있는 소비자의 기본적 권리가 아닌 것은?

① 합리적인 소비생활을 위하여 필요한 교육을 받을 권리
② 소비자 스스로의 권익을 증진하기 위하여 단체를 조직할 수 있는 권리
③ 물품의 가격이 경쟁사업자보다 높을 경우 차액에 대하여 보상을 받을 수 있는 권리
④ 소비생활에 영향을 주는 국가의 정책과 사업자의 사업활동에 대하여 의견을 반영시킬 권리
⑤ 물품 등을 사용함에 있어서 거래상대방·구입장소·가격 및 거래조건 등을 자유로이 선택할 권리

80 다음 중 '적극적 경청'에 대한 설명으로 옳지 않은 것은?

① 안 되는 일은 안 된다고 단호하게 이야기한다.
② 전체의 내용을 정리하여 말한다.
③ 상대방의 이야기를 끝까지 듣는다.
④ 개인적 선입견을 버리고 주의를 집중해서 듣는다.
⑤ 상대방에게 공감을 표시하고 이해했다는 것을 표현한다.

81 다음 중 물품결함의 내용을 보고하여야 할 사업자가 아닌 자는?

① 물품 등을 제조·수입 또는 제공하는 자

② 편의점을 설치하여 운영하는 자

③ 쇼핑센터를 설치하여 운영하는 자

④ 백화점을 설치하여 운영하는 자

⑤ 물품에 성명·상호 그 밖에 식별 가능한 기호 등을 부착함으로써 자신을 제조자로 표시한 자

82 소비자기본법상의 '소비자의 책무'에 해당되는 사항을 모두 고른 것은?

> 가. 소비자는 상품에 대한 올바른 이해를 바탕으로 사업자와의 갈등을 최소화하도록 노력하여야 한다.
>
> 나. 소비자는 스스로의 권익을 증진하기 위하여 필요한 지식과 정보를 습득하도록 노력하여야 한다.
>
> 다. 소비자는 자주적이고 합리적인 행동과 자원 절약적·환경 친화적인 소비생활을 함으로써 소비생활의 향상과 국민경제의 발전에 적극적인 역할을 다하여야 한다.
>
> 라. 소비자는 사업자 등과 더불어 자유 시장경제를 구성하는 주체임을 인식하여 물품 등을 올바르게 선택하고, 소비자기본법상의 소비자의 기본적 권리를 정당하게 행사하여야 한다.

① 가, 나, 다   ② 가, 나, 라

③ 가, 다, 라   ④ 나, 다, 라

⑤ 가, 나, 다, 라

83 개인정보 보호위원회의 기본계획에 포함되지 않는 사항은?

① 개인정보 보호의 기본목표와 추진방향

② 개인정보 보호와 관련된 제도 및 법령의 개선

③ 개인정보 침해에 대한 보상 대책

④ 개인정보 보호 자율규제의 활성화

⑤ 개인정보 보호를 위한 전문인력의 양성

84 공공기관의 개인정보 처리업무를 방해할 목적으로 공공기관에서 처리하고 있는 개인정보를 변경하거나 말소하여 공공기관의 업무 수행의 중단·마비 등 심각한 지장을 초래한 자에 대한 벌칙은?

① 10년 이하의 징역 또는 1억원 이하의 벌금
② 5년 이하의 징역 또는 5천만원 이하의 벌금
③ 3년 이하의 징역 또는 3천만원 이하의 벌금
④ 2년 이하의 징역 또는 1천만원 이하의 벌금
⑤ 1년 이하의 징역 또는 1천만원 이하의 벌금

85 출판사에서 근무하는 정 대리는 IR에서 프레젠테이션을 할 자료를 작성하고 있다. 이 중 가장 적절하지 못한 것은?

① 한 슬라이드에 내용이 너무 많지 않도록 안배했다.
② 고딕체보다는 명조체를 주로 사용했다.
③ 한 슬라이드에는 하나의 주제만 들어가도록 했다.
④ 숫자나 도표보다는 그래프화했다.
⑤ 사물이나 정보를 새로운 관점에서 재구축했다.

86 패널 형식의 회의에 대해 가장 잘 설명한 것은?

① 토의 주제를 놓고 5~8명 정도의 대표자가 청중 앞에서 사회자의 진행으로 상호 토의를 한 후 청중으로부터 질문을 받아 답을 제시하는 형식
② 토의 참가자가 자유스럽게 정보나 의견을 내고 제공하고 사회자는 제기된 아이디어를 전원이 볼 수 있도록 적어가면서 진행하는 회의 형식
③ 다수의 인원을 소그룹으로 나누어 정해진 짧은 시간에 토의된 내용을 그룹 대표가 전체 앞에서 발표하여 전체의 의견을 통합해 나가는 형식
④ 형식에 구애 없이 문제를 제기하고 자유롭게 이야기하는 방식
⑤ 동일한 주제에 대해 전문가 2~5명이 자신의 의견을 발표한 후 청중에게 공개 토론하는 형식

87 우리 회사 제품의 2024년과 2025년 판매구성비율을 동시에 비교하려고 한다. 이때 가장 적합한 그래프의 형태는?

① 원그래프   ② 선그래프
③ 꺾은선 그래프   ④ 점그래프
⑤ 도넛형 그래프

88 인터넷에 관련된 설명으로 가장 적절하지 않은 것은?

① http는 하이퍼텍스트 방식의 정보를 교환하기 위한 프로토콜(통신규약)이다.
② www.kaap.or.kr이라는 인터넷 주소체계를 IP주소라고 한다.
③ 컴퓨터는 TCP/IP라는 통신 프로토콜을 사용해야만 인터넷 사용이 가능해진다.
④ FTP는 파일을 안전하고 빠르게 업로드 또는 다운로드할 수 있는 파일전송 프로토콜이다.
⑤ 인터넷 ISP(Internet Service Provider)에 의해 전세계 서브 네트워크들이 연결되는 구조를 가지고 있다.

89 다음 중 전자상거래의 성공 전략으로 가장 거리가 먼 것은?

① 고객 데이터베이스를 구축하고 적극적으로 관리한다.
② 인터넷의 장점을 이용할 방법에 대한 명확한 비즈니스 모델을 개발한다.
③ 배너광고를 관련 웹사이트에 게재한다.
④ 고객의 질의에 빠르게 대응해야 한다.
⑤ 가능한 한 웹페이지의 내용을 변경하지 말아야 한다.

90 '언제 어디서나', '동시에 존재한다'라는 라틴어에서 유래한 용어로서, 사용자가 네트워크나 컴퓨터를 의식하지 않고 장소에 상관없이 자유롭게 네트워크에 접속할 수 있는 정보통신 환경을 의미하는 용어로 가장 적절한 것은?

① Wireless Internet   ② DMB
③ Roaming   ④ Ubiquitous
⑤ RFID

제5회 | **적중모의고사**

정답 p.302

01 | CS 개론

01 다음 중 고객만족에 대한 정의로 보기 어려운 것은?

① 고객이 느끼는 어떤 가치에 대해서 적절한 보상 또는 부적절한 보상을 받았다는 느낌을 가지는 심리 상태를 말한다.

② 고객의 경험과정과 결과에 따라 만족감이 달라지는 현상이다.

③ 소비자의 성취반응으로 소비자의 판단이다.

④ 고객에게 주어진 서비스 또는 제품의 수준이 고객의 기대와 얼마만큼 일치하는지의 척도이다.

⑤ 고객의 기대와 그 제품에 대해 알고 있는 성능과 비교해서 나타나는 즐거움이나 실망감을 말한다.

02 소비자와 기업 간의 상호관계에서 긍정적인 성과를 이끌어내어 신뢰를 구축하는 역할을 하는 것이 공정성이다. 이러한 상호작용의 공정성에 해당하는 요소는?

① 기 여

② 영향력

③ 예 의

④ 평등성

⑤ 정보의 공유 정도

03 다음 보기에 해당하는 이론으로 옳은 것은?

> 행동의 원인을 추론하는 것으로 자신이 경험한 사건이나 과거의 행동을 묘사하는 과정에서 쉽게 관찰가능한 인과적 묘사 또는 정당화가 개인의 주관적인 지각이지만 이러한 지각이 이후의 행동에 영향을 준다.

① 인지부조화 이론

② 기대-불일치 이론

③ 귀인이론

④ 공정성 이론

⑤ 가치-지각 불균형 이론

04 고객이 기업과 접촉하여 제공된 서비스에 대해 느낌을 가지는 순간으로 해당 기업의 선택이 현명한 선택임을 고객에게 증명하는 소중한 순간을 일컫는 개념을 최초로 제시한 경제학자는?

① 얀 칼슨(Jan Carlson)
② 파라수라만(Parasuraman)
③ 마이클 포터(Michael Porter)
④ 리처드 노먼(Richard Norman)
⑤ 존 아담스(John Adams)

05 다음 고객만족(CS) 관리 역사에 대한 내용 중 1980년대에 해당하는 것은?

① LG 및 삼성의 신경영 도입
② KT, 철도청 등 CS 도입 본격화
③ 스칸디나비아 항공사의 MOT 개념 도입
④ 미국 리서치 회사 최초로 'J. D. Power사(社)'의 기업 순위 발표
⑤ 미국 농산부에서 농산품에 대한 소비자만족지수(CSI)를 측정하여 발표

06 '결정적 순간(MOT)'의 사례 중에서 고객이 종업원과 직접 접촉하는 순간은?

① 고객이 광고를 볼 때
② 우편으로 받은 대금 청구서나 문서를 접할 때
③ 계산대에서 요금을 지불할 때
④ 고객이 로비에 들어섰을 때
⑤ 고객이 주차장에 차를 세울 때

07 MBTI의 4가지 선호경향 중 '판단형(Judging)'의 특징이 아닌 것은?

① 상황에 맞추는 개방성
② 정리정돈과 계획
③ 의지적 추진
④ 뚜렷한 기준과 자기의사
⑤ 통제와 조정

08 대기관리의 방법 중 고객인식관리와 거리가 먼 것은?

① 대안의 제시
② 예상 대기시간의 안내
③ 고객의 유형에 따른 대응
④ 이용되지 않는 자원 숨기기
⑤ 서비스가 시작되었다는 느낌 제시

09 다음 중 기업이 고객만족경영을 도입하는 이유에 해당하지 않는 것은?

① 다원적 경쟁시장으로 시장구조가 바뀌면서 글로벌 경쟁시대가 형성되었다.
② 고객의 욕구가 다양해지고 빠르게 변화하고 있다.
③ 소비행동의 패턴이 변하면서 소프트웨어적인 요소보다 하드웨어적인 요소가 중요시된다.
④ 소비자의 문제에 적극적으로 참여하고 대응하려는 소비자의 주권의식이 확산되었다.
⑤ 공급이 과잉상태가 되면서 생산자보다 소비자가 더 중요한 요소로 부각되었다.

10 다음 중 '경영자와 현장직원의 원활한 의사소통을 가능하게 하여 기업의 문제가 열린 지식 위에서 해결된다.'라는 경영학 개념에 해당하는 것은?

① CSR(Corporate Social Responsibility)
② CSM(Corporate Sustainability Management)
③ CSM(Customer Satisfaction Management)
④ MBWA(Management by Wandering Around)
⑤ MBO(Management by Objective)

11 구전은 일반적으로 신뢰성이 높은 정보의 원천으로 사용되는데, 소비자가 얻은 개인적인 정보의 원천이 아닌 것은?

① 배우자
② 친 척
③ 뉴 스
④ 동호회
⑤ 이 웃

12 다음 중 고객만족서비스에 대한 긍정적인 고객의 행동이라고 보기 어려운 것은?

① 상품 재구매
② 구전활동
③ 비용절감
④ 고정고객
⑤ 상표애호도

13 서비스 프로세스에 생산자원으로 보는 고객의 역할로서, 고객이 참여했을 때 발생하는 부정적인 효과에 해당하는 것은?

① 서비스의 질과 양을 낮춰 생산성 약화
② 서비스 제공의 효율성 감소
③ 인건비의 상승
④ 고객의 서비스 관련활동 소홀
⑤ 고객 불만의 원천

14 그레고리 스톤(Gregory Stone)의 고객유형 중에서 기대와 태도를 관점으로 분류한 편의적 고객에 해당하는 것은?

① 투자한 시간, 비용, 노력에 대해 최대의 효과를 얻으려는 고객
② 형식적인 서비스보다 자기를 인정하는 서비스를 원하는 고객
③ 추가로 드는 비용에 상관없이 맞춤 서비스를 중시하는 고객
④ 기업의 사회적 이미지에 큰 비중을 두는 고객
⑤ 개인 간의 교류를 선호하는 고객

15 '제품이나 서비스를 구매하기보다는 제품의 평판, 심사, 모니터링 등으로 소비자정보를 걸러내고 해석하여 비공식적인 커뮤니케이션으로 제공하는 집단'에 포함하는 고객은?

① 종교단체
② 경쟁자
③ 평론가
④ 내부고객
⑤ 체리피커

16 다음 중 준거집단, 가족, 사회적 역할과 지위에 영향을 받는 요인에 해당하는 고객행동 영향요인은?

① 개인적 요인
② 사회적 요인
③ 문화적 요인
④ 심리적 요인
⑤ 구매 기준의 변경요인

17 e-CRM의 구성 요소 중 인터넷상에서 상품이나 서비스를 온라인으로 판매하기 위한 활동이나 여기에 필요한 수단을 의미하는 것은?

① e-Service
② e-Sales
③ e-Marketing
④ e-Community
⑤ e-Security

18 고객관계관리(Customer Relationship Management)의 특징이 아닌 것은?

① 기본적으로 개별 고객의 생애에 걸쳐 관계를 유지하고 관리하는 것이다.
② 다양한 고객의 요구(Needs)의 파악이 용이하다.
③ 정보기술의 기초로 고객관리를 위한 프로세스가 자동화된다.
④ 고객과의 직접적인 접촉을 통해 일관성 있는 메시지와 양방향 커뮤니케이션을 지속한다.
⑤ 순수하게 마케팅에만 역점을 두고 있어서 기업의 내부 프로세스 분산을 요구한다.

19 '고객만족관리'의 필요성에 대한 설명으로 옳지 않은 것은?

① 고객만족은 기업의 단골고객 증대로 이어지며 공생의 개념과 관계가 있다.
② 경제성장으로 인해 고객의 욕구는 더욱 진화하였으며, 기대 수준 또한 높아졌다.
③ 기업의 제품이나 서비스에 대해 만족한 고객의 구전이 신규고객의 창출로 이어진다.
④ 불만이나 고충에 대해 신속하게 응답을 받은 고객의 90% 이상은 고정고객이 되는 것으로 나타난다.
⑤ 기업의 제품이나 서비스의 불만족은 고객이탈로 이어지지 않으나, 기업 이미지에 커다란 영향을 미친다.

20 인간관계 속에서 발생되는 갈등의 본질적 요소 중 다음 보기에 해당하는 것은?

> 갈등은 서로에게 영향을 주고받는 관계가 동시적·역동적으로 이루어질 때 성립한다.

① 한정된 자원
② 상반되는 목표
③ 상호의존성
④ 표출된 대립관계
⑤ 개입에 의한 좌절

21 다음 중 대인지각과정에서 강도가 지나치게 강하거나 약할 경우에 스테레오 타입의 왜곡유형이 나타나는 경향에 해당하는 것은?

① 단순화
② 일관화
③ 자기중심적 판단
④ 객관화
⑤ 일반화

22 다음 중 전달자와 수신자의 인식과정에서 나타나는 커뮤니케이션의 대표적인 장애요소가 아닌 것은?

① 선택적 청취
② 정보원의 신뢰도
③ 여 과
④ 가치판단의 차이
⑤ 수신자의 기억력

23 다음 중 CRM의 성공 여부를 측정하고자 하는 기업에서 고려해야 할 측정 기준이 아닌 것은?

① 채널의 단일화로 인한 유통비용의 증가
② 가격 개선을 통한 수익의 증대
③ 고객 요구 사항에 대한 가시성 확보로 재고율 감소
④ 시장변화에 따른 조직의 유연성 확보
⑤ 전사적인 정보 공유를 통한 효과적인 고객 서비스

24 다음 의사소통 채널의 종류 중 의사소통의 충실성이 가장 낮은 것은?

① 편 지
② 게시판
③ 전 화
④ 면대면 회의
⑤ e-mail

25 고객평생가치(CLV) 제고를 위한 핵심 활동 중 고객이 기존에 구매하던 상품과 같은 종류의 업그레이드된 상품을 권유하여 판매하는 유형은?

① Retention
② Repeating
③ Up-selling
④ Cross-selling
⑤ Advice Selling

26 다음 중 관광 서비스의 자원 중에서 가장 중요한 것은?

① 관광상품
② 관광시설
③ 인적자원
④ 주변환경
⑤ 관광자본

27 다음 중 '동기요인은 개인의 동기를 자극하는 데 관련된 요인으로 만족 여부에 영향을 주고, 위생요인은 불만족 여부에 영향을 주는 요인이다'라고 제시한 이론은?

① 매슬로우(Maslow)의 욕구이론
② 메이요(Mayo)의 호손실험
③ 허츠버그(Herzberg)의 동기위생이론
④ 아담스(Adams)의 공정성이론
⑤ 에릭 번(Eric Berne)의 교류이론

28 다음 중 카리스마적 리더의 특징에 해당하는 것은?

① 목표와 동기 유발에 대한 약한 수사적 표현을 한다.
② 급격한 변화에 찬성하도록 조직원을 변화시킨다.
③ 현 상태에 집착하고 유지하려는 성격이 강하다.
④ 보수적이고 기존의 규칙에 동조적이다.
⑤ 설득과정에서 부하들의 지지에 무관심하다.

29 서비스 기업의 지속적 경쟁우위를 위한 방어전략 중에서 '적응전략'에 해당하는 요소는?

① 서비스 보증
② 장기고객 요금할인
③ 집중광고
④ 판매촉진
⑤ 서비스 패키지 강화

30 다음 중 다니엘 골먼(Daniel Goleman)이 제시한 감성지능을 가진 사람이 갖추어야 할 능력이
아닌 것은?

① 지나치게 비판적이거나 비현실적인 희망을 추구하지 않고 다른 사람을 있는 그대로 솔직하
게 판단할 수 있는 능력
② 충동을 표현하고 불안이나 분노와 같은 스트레스의 원인이 되는 감정을 표현할 수 있는 능력
③ 목표 추구에 실패했을 경우에도 좌절하지 않고 자신을 격려할 수 있는 능력
④ 타인들의 감정을 사려 깊게 이해해 줄 수 있는 능력
⑤ 타인과의 관계에 있어서 자신이 원하는 방향으로 움직일 수 있는 사교적인 기술

31 다음 중 서비스 청사진에 관한 설명으로 옳은 것은?

① 서비스 프로세스 설계에 도움을 주는 기법으로 잠재고객을 대상으로 하는 설문조사 근간의 분석도구이다.

② 서비스 설계를 위해 필요한 서비스 시설 및 주변환경 개발을 위한 청사진을 의미한다.

③ 고객만족을 위해 필요한 서비스 시설 및 주변환경 개발을 위한 청사진을 의미한다.

④ 종업원, 고객, 서비스 기업이 서비스 전달 과정에서 해야 하는 각자의 역할을 묘사한 것으로 전체적인 서비스 프로세스 이해에 도움을 준다.

⑤ 고객만족을 위해 서비스 제공자가 취하는 다양한 서비스 마케팅 요소들을 서비스 프로세스 단계별로 보여주는 도구이다.

32 다음 중 미스터리 쇼퍼(Mystery Shopper)의 자격으로 적절하지 않은 것은?

① 관찰력　　　　　　　　　　② 융통성
③ 정직성　　　　　　　　　　④ 감성적
⑤ 객관성

33 산업재 시장에서 가능한 시장 세분화 방법 중 구매기준, 권한구조, 구매기능 조직 등에 해당하는 것은?

① 인구통계적 변수　　　　　　② 운영적 변수
③ 상황적 변수　　　　　　　　④ 개인적 특성
⑤ 구매 습관적 변수

34 STP 전략의 절차를 바르게 나열한 것은?

① 시장 세분화 → 표적시장 선정 → 포지셔닝
② 표적시장 선정 → 시장 세분화 → 포지셔닝
③ 포지셔닝 → 표적시장 선정 → 시장 세분화
④ 시장 세분화 → 포지셔닝 → 표적시장 선정
⑤ 표적시장 선정 → 포지셔닝 → 시장 세분화

35 확장된 마케팅 믹스 중 서비스가 제공되는 접점에서 서비스의 소통을 촉진시키는 부가적인 유형적 증거를 확인시키는 요소에 해당하는 것은?

① Physical Evidence   ② People

③ Place   ④ Process

⑤ Price

36 다음 중 크리스 앤더슨의 롱테일(The Long Tail) 법칙에 대한 설명으로 부적절한 것은?

① 수익에 있어서 80%의 사소한 다수의 총 수익을 무시할 수 없다는 내용이다.

② 주로 온라인에서 활용되어 유통비용이 절감된다.

③ 대량 생산과 대량 소비의 시대로 매스 마케팅의 한 형태이다.

④ 인기상품이나 핵심상품에 집중하는 전략에서 벗어나 다양성을 강조한다.

⑤ 무한대의 진열이 가능한 공간을 확보할 수 있다.

37 다음 중 고객의 기대와 욕구를 수집하고 이해하는 방법을 모두 고른 것은?

> ㉠ 고객의 소리(Voice of Customer) 청취
> ㉡ 고객 패널(Customer Panel) 이용
> ㉢ 미스터리 쇼퍼(Mystery Shopper) 이용
> ㉣ 피시본 다이어그램(Fishbone Diagram) 이용

① ㉠, ㉡, ㉢   ② ㉠, ㉡, ㉣

③ ㉠, ㉢, ㉣   ④ ㉡, ㉢, ㉣

⑤ ㉠, ㉡, ㉢, ㉣

38 다음 중 서비스 실패 처리의 공정성 유형으로 고객이 기대하는 절차상의 공정성에 해당하는 것은?

① 응답성   ② 적절한 보상

③ 공감과 상호만족   ④ 적시성

⑤ 정 직

39 서비스 품질에 대한 설명으로 옳지 않은 것은?

① 서비스 품질은 제공된 서비스의 품질을 경험한 고객에 의해 결정된다.

② 서비스 속성의 집합이 사용자를 만족시키는 정도가 서비스의 품질이라고 말할 수 있다.

③ 사용자가 요구하는 서비스의 속성이 특정 서비스에 정의되어 있고 또 그것에 부합되는 정도이다.

④ 서비스 품질을 정의하는 데 고객필요 관점은 서비스 품질을 기대불일치 패러다임에 근거한다.

⑤ 서비스의 품질은 인도된 서비스 수준이 고객의 기대와 얼마나 일치하는지에 대한 척도이다.

40 서비스 내용은 같더라도 제공하는 과정과 서비스 접점에서의 차별화를 통해 고객의 심리적, 사회적 만족도를 높이는 것으로 서비스 내용에서 차별화하기 어려운 경우에 사용하는 수단은?

① 상징적 요소 차별화

② 마켓니치

③ 기능요소 차별화

④ 매력적인 서비스 제공자

⑤ 제품 고급화

41 다음 중 의료 서비스의 제도적 환경요인에 해당하는 것은?

① 질병구조의 변화 ② 의료기관 서비스 평가

③ 치료기법 개발 ④ 인구의 고령화

⑤ 진단장비 개발

42 현장 비교체험, 모니터링, 설문조사, 시장 조사 등의 활동을 통해 수집된 정보를 기반으로 서비스 혁신을 도모하는 기법은?

① 서비스 청사진 ② 고객패널 제도

③ 고객의 소리 ④ 서비스 시장 조사

⑤ 6시그마 경영

43 다음 보기의 사례들과 가장 밀접하게 관련이 있는 내용은?

> • '루이비통'의 파리 본점에서 여행객이 제품을 구입하게 되면 여권번호를 컴퓨터에 입력하고 1년에 한 품목만 구입하도록 제한하는 판매방식
> • 은행의 자동화 코너는 객장 바깥에, 입출금 등 단순업무 창구는 출입문과 가까운 쪽에 대출과 프라이빗 뱅킹 등 우대고객용 창구는 객장 안쪽에 각각 배치하는 방식
> • 서울시로 진입하는 도시고속도로의 심각한 교통정체를 해소하기 위해 서울시는 통근자들이 대중교통을 이용하도록 독려하는 웹사이트를 설치, 운영
> • 비우량고객에 대한 마케팅 투자를 최소화함으로써 우량고객집단의 고객만족을 증대시킬 수 있는 기회로 활용하는 것 즉, 고객차별화로 우량고객 중심의 사업구조를 유지하고자 하는 마케팅 활동

① 디마케팅(De-marketing)
② 럭셔리마케팅(Luxury-marketing)
③ 프로슈머(Prosumer-marketing)
④ 프레스티지(Prestige-marketing)
⑤ 소셜 마케팅(Social-marketing)

44 다음 보기의 내부 마케팅 영향요인 중 투입통제에 해당하는 것만을 고른 것은?

> 가. 교육훈련
> 다. 서비스 품질
> 나. 조직구조
> 라. 자원할당

① 가, 나
② 가, 라
③ 나, 다
④ 나, 라
⑤ 다, 라

45 다음 보기에서 제시된 문제점에 해당하는 서비스 측정모형은?

> 가. 기대의 측정문제
> 다. 기대의 해석과 조직화 문제
> 나. 차원성의 문제
> 라. 신뢰성 및 타당성 문제

① PZB의 SERVQUAL 모형
② Kano의 품질모형
③ GAP 모델
④ Grönroos의 모형
⑤ KS-SQI 모형

46 고객의 기대를 형성하는 데 기여하는 핵심요인이 아닌 것은?

① 구 전
② 고객들의 개인적 욕구
③ 서비스를 이용해 본 과거의 경험
④ 고객의 이해
⑤ 서비스 제공자의 외적 커뮤니케이션

47 제품에 대한 기대 심리가 높아짐에 따라 매력적 품질요소가 일원적 요소 또는 당연적 요소로 옮겨갈 수 있는데 이 현상을 무엇이라 하는가?

① 가속화 현상
② 미시적 환경 요인
③ 자기중심화 편향
④ 주도적 조정화 현상
⑤ 진부화 현상

48 다음 중 올리버(Oliver)가 분류한 소비자의 충성도 4단계에 해당하지 않는 것은?

① 행동 의욕적 충성   ② 인지적 충성
③ 맹목적 충성   ④ 감정적 충성
⑤ 행동적 충성

49 소비자 시장조사에서 정량적인 조사기법을 사용하는 경우로 옳은 것은?

① 예비 정보의 수집이나 지식이 부족한 경우
② 소비자 언어의 발견 및 확인
③ 다량의 샘플링이 어려운 경우
④ 소비자 특성별 니즈의 구조와 차이
⑤ 조사대상 및 내용에 대한 이해가 필요할 경우

50 다음 보기의 괄호 안에 들어갈 적절한 용어는?

> 서비스 기대의 영향요인으로 내적요인의 관여도는 고객이 해당 서비스에 자신이 어느 정도 관련되어 있다는 느낌에 영향을 받는 것으로 관여도가 증가할수록 이상적 서비스 수준과 희망서비스 수준 사이의 간격이 좁아지고, 관여도가 높아질수록 (   )이 좁아진다.

① 희망영역　　　　　　　　　② 가치영역
③ 기대영역　　　　　　　　　④ 허용영역
⑤ 기여영역

51 고객의 기대 서비스와 지각 서비스의 차이에서 발생하는 Gap의 원인으로 고객기대에 영향을 주는 요소가 아닌 것은?

① 시장상황　　　　　　　　　② 광 고
③ 판매촉진　　　　　　　　　④ 개인적 요구
⑤ 가 격

52 다음 중 우리나라의 소비자 트렌드 형성에 영향을 주는 요인으로 적절하지 않은 것은?

① 금융환경의 변화
② 기업경영방식의 변화
③ IT기술의 발달
④ 직원의 업무자세의 변화로 충성고객 창출
⑤ 국제시장의 개방화

53 다음 중 계획수립의 절차에서 기업목표 및 사명을 설정하는 단계에 해당하는 것은?

① 목표달성의 전략수립
② 전략수립의 프로그램 작성
③ 기업목표의 기술
④ 마케팅 목표의 설정
⑤ 기업환경 분석

54 기업이 생산시설의 구조를 변경하여 마케팅의 실적의 효과를 나타내는 1~2년 정도의 계획에 해당하는 것은?

① 전략적 계획
② 단기계획
③ 장기계획
④ 중·장기계획
⑤ 중기계획

55 다음 중 기업들이 벤치마킹(Bench Marking)을 하는 목적으로 적절하지 않은 것은?

① 새로운 아이디어로 개방적이고 혁신적 문화를 창출한다.
② 강력한 경쟁 분석도구로 활용한다.
③ 시장의 변화를 예측할 수 있다.
④ 조직 구성원의 행동지침이 된다.
⑤ 현실적 타깃과 목표를 설정할 수 있다.

56 다음 중 SWOT 분석의 역할을 바르게 설명한 것은?

① 기업의 이미지나 상품을 고객의 마음속에 인식시키는 것이다.
② 상품과 시장 사이의 관계를 정의하는 데 필요한 진단적 도구로 활용한다.
③ 시장진입의 기회를 확인해 준다.
④ 경쟁사의 시장진입과 모방으로부터 보호하는 역할을 한다.
⑤ 외부환경에서 유리한 기회, 불리한 요인을 발견하여 기업 마케팅에 적용한다.

57 다음 중 내부 마케팅 전략에서 권한위임 제도의 장점이 아닌 것은?

① 종사원의 태도와 행동의 변화를 유도하여 역할 모호성을 감소시킨다.
② 종사자를 유인하고 동기를 부여하여 경쟁을 유발하는 효과가 있다.
③ 종사원이 문제에 직면했을 때 자신감을 가지고 본인의 역할을 다할 수 있는 제도이다.
④ 고객의 요구에 신속하게 응대하여 고객만족의 효과를 얻는다.
⑤ 내부고객과 외부고객에게 제공되는 서비스 수준에 영향을 준다.

58 다음 중 성과관리의 기획단계에서 이루어져야 할 내용은?

① 성과관리의 결과 평가

② 기획에 따른 코칭과 피드백 제공

③ 성과목표를 측정할 수 있는 지표 작성

④ 지속적인 전문가의 조언과 지도

⑤ 적용방안 실행

59 서비스 표준안을 작성할 때 고려해야 할 기준을 모두 고른 것은?

> 가. 관찰 가능하고 객관적으로 측정 가능해야 한다.
> 나. 서비스 제공자에게 필요한 명백하고 정확한 지침을 제공해야 하므로, 누가, 언제, 무엇을 해야
> 하는지 간단하고 정확하게 지적되어야 한다.
> 다. 고객의 요구를 바탕으로 작성되어야 하며, 업무 명세와 수행 개요가 명문화되어야 한다.
> 라. 경영진과 직원들이 고객의 요구에 대해 상호이해를 바탕으로 함께 만들어져야 하며, 최상층을
> 포함해 조직 내 모든 구성원들이 받아들일 수 있어야 한다.

① 가, 나, 다   ② 가, 나, 라

③ 가, 다, 라   ④ 나, 다, 라

⑤ 가, 나, 다, 라

60 번트 슈미트(Bernd Schmitt)가 제시한 고객 경험을 제공하는 수단에서 가장 큰 영향력을 가진
경험을 제공하는 것은?

① 커뮤니케이션의 경험제공

② 제품의 외형을 이용한 경험제공

③ 인적요소

④ 공동브랜딩 경험제공

⑤ Web 사이트의 상호작용

61 다음 중 전화를 끊을 때의 예절이 아닌 것은?

① 상대방의 중요한 정보는 끊자마자 메모로 남긴다.

② 전화를 주어서 반갑다는 인사와 고객의 문의에 대해 감사의 표시를 한다.

③ 정확한 전화번호를 받아 적은 후 고객에게 전화번호를 불러 틀림없는지 확인한다.

④ 더 도와줄 사항이 없는지 분명히 확인하고 전화를 끊는다.

⑤ 고객과 업무처리의 사항에 대한 행동단계의 내용을 되풀이하여 확인한다.

62 다음 보기의 설명에 해당하는 이미지 유형은?

> 특정 사회에서만 성립되고, 사회 내부 구성원이 의심 없이 수용하고 있는 이미지를 말한다. 예를 들어, '어린이들은 햄버거를 좋아한다.'와 같은 이미지는 동양권에서는 인정되지만, 햄버거가 일반 식사메뉴로 자리 잡은 서양에서는 인정되지 않는 경우라고 볼 수 있다.

① 개인적 이미지　　　　　　　② 외적 이미지

③ 내적 이미지　　　　　　　　④ 사회적 이미지

⑤ 준거집단 이미지

63 다음 중 전화응대의 3원칙에서 신속한 응대를 위한 방법이 아닌 것은?

① 필요한 농담을 사용할 때 지나치지 않도록 한다.

② 5W1H를 사용하여 말하는 순서와 요점을 정리한다.

③ 불필요한 용어를 반복하여 사용하지 않는다.

④ 고객이 이해하기 어려운 전문용어나 틀리기 쉬운 단어는 사용하지 않는다.

⑤ 고객의 입장에서 시간을 존중하여 아껴주려는 노력이 필요하다.

64 다음 중 고객과의 통화에서 바른 경어법을 사용하고 있는 것은?

① 고객님 주문하신 상품의 결제는 할부가 가능하십니다.

② 고객님 수리비가 만원 나오셨습니다.

③ 고객님 조금만 기다리시면 저렴한 제품이 나옵니다.

④ 고객님 말씀하신 매장은 4층에 있으십니다.

⑤ 고객님 ○○아파트 ○○○호로 곧 제품이 도착하십니다.

65 올바른 호칭 사용법에 대한 설명으로 가장 적절한 것은?

① 문서상이라도 상사의 지시사항을 전달할 때는 존칭을 사용한다.

② 자신을 소개할 경우에 정확한 전달을 위해 '성, ○자, ○자'로 소개한다.

③ 사내에서는 직급과 직책 중에서 부르기 편안한 호칭을 사용한다.

④ 자신의 상사보다 윗사람 앞에서 자신의 상사를 호칭할 경우에는 '님'을 빼고 직책을 사용한다.

⑤ 상사에 대한 존칭은 호칭과 사물에도 동일하게 사용한다.

66 다음 중 스크립트(Script)의 필요성이 아닌 것은?

① 고객 중심을 위한 상담

② 정확한 효과의 측정

③ 전화 상담사의 능력 차별화

④ 상담내용의 일관성

⑤ 반복훈련을 통한 자연스러운 대화유도

67 텔레마케팅 성과관리의 모니터링 방법 중에서 상담원이 모르는 상태에서 무작위로 추출한 상담 내용을 평가자가 녹취하여 결과를 상담원과 공유하도록 하는 방법은?

① Silent Monitoring

② Side-by-Side Monitoring

③ Recording Monitoring

④ Self Monitoring

⑤ Peer Monitoring

68 대화를 나눌 때 부정(-)과 긍정(+)의 내용을 혼합해야 하는 경우, 동일한 조건이면 부정적 내용을 먼저 말하고 끝날 때 긍정적인 의미로 마무리하는 화법은?

① 쿠션 화법   ② 아론슨 화법

③ 칭찬 화법   ④ 신뢰 화법

⑤ 레이어드 화법

69 다음 그림에서 상석을 순서대로 나열한 것은?

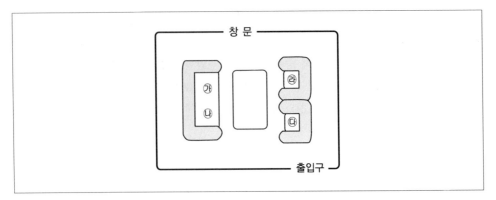

① 가 – 나 – 다 – 라
② 가 – 라 – 나 – 다
③ 라 – 가 – 나 – 다
④ 가 – 나 – 라 – 다
⑤ 라 – 다 – 나 – 가

70 다음 중 이미지를 형성하는 첫인상의 특징과 거리가 먼 것은?

① 신속성　　　　　　　　② 일회성
③ 일방적　　　　　　　　④ 최근성
⑤ 초두효과

71 다음 중 바꾸어 말하는 화법의 효과로 옳은 것은?

① 고객의 불만의 원인을 제공한다.
② 오해의 문제를 해결한다.
③ 말하기 장애 해결에 도움이 된다.
④ 상대방에게 지루함을 느끼게 한다.
⑤ 대화 내용을 정확하게 하는 데 도움이 된다.

72 다음 중 미국의 대통령 케네디(Kennedy)가 선언한 소비자의 4대권리가 아닌 것은?

① 알 권리
② 안전할 권리
③ 정보를 제공받을 권리
④ 의사를 반영할 권리
⑤ 보상을 받을 권리

73 판매자 측의 잘못으로 발생되는 고객 불만의 원인과 가장 거리가 먼 것은?

① 무성의한 접객 행위
② 잘못된 애프터 서비스
③ 고객에 대한 직원의 인식 부족
④ 상품 지식의 결여로 인한 정보 제공의 미흡
⑤ 할인, 교환, 거래중단 등의 핑계로 제기되는 악의적인 불만

74 다음 중 코칭(Coaching)의 장점이 아닌 것은?

① 전문가의 조언과 답변을 제공받는다.
② One to One 지도로 교육효과가 높다.
③ 직무 수행성과에 직접적인 영향을 준다.
④ 임직원의 커뮤니케이션 능력을 향상시킨다.
⑤ 코치와 학습자의 동시 성장이 가능하다.

75 불만족 고객의 심리상태에 대한 설명으로 옳지 않은 것은?

① 자신의 말을 들어주길 원한다.
② 감정적이고 분노하고 있다.
③ 모든 것에 대해 수용적이다.
④ 심리적으로 보상받기를 원한다.
⑤ 자신의 구매행위 실수에 대한 자책감이 있다.

76 다음 중 다니엘 부어스틴(Daniel Boorstin)의 이미지 속성의 종류에 해당하지 않는 것은?

① 인위적　　　　　　　　　　② 수동적
③ 모호한 것　　　　　　　　　④ 명쾌함
⑤ 단순화

77 다음 중 가장 정중하게 인사해야 하는 상황에 해당하는 경우는?

① 지시받거나 보고가 끝날 때
② 처음 보는 거래처 직원을 만나게 될 때
③ 복도나 계단에서 상사를 만났을 때
④ 전화 중일 때
⑤ 공식석상에서 자신을 소개해야 할 경우

78 다음 중 올바른 '공수(拱手)' 예절에 대한 설명으로 옳은 것은?

① 공수는 악수에 대한 기본동작이다.
② 공수는 의식 행사에 참석했을 때만 한다.
③ 공수는 남자와 여자의 손위치가 다르다.
④ 공수는 평상시(平常時)와 흉사시(凶事時)가 같다.
⑤ 공수는 두 손을 뒤로 모아 마주 잡는 것을 말한다.

79 구성원의 성과관리를 위한 목표설정 원칙과 거리가 먼 것은?

① 목표는 주기적으로 검토되어야 한다.
② 목표에는 그의 달성을 위한 행동계획이 포함되어야 한다.
③ 목표는 명백해야 한다.
④ 결과는 정량적이고 주관성이 있어야 한다.
⑤ 목표는 측정 가능해야 한다.

80 비즈니스 매너에서 악수하는 요령에 대한 설명으로 옳은 것은?

① 악수를 할 때 상대방의 눈을 보면서 한다.
② 가방을 오른손에 쥐고 있으면 왼손으로 악수하는 것이 원칙이다.
③ 악수할 때 손은 두세 번 정도 흔들고 약 30초 정도 상대의 손을 꼭 잡았다가 놓는다.
④ 손을 어깨 높이만큼 올려서 팔꿈치가 자연스럽게 굽혀지는 정도의 거리가 적당하다.
⑤ 악수할 때 반가움의 표시로 상대방의 손을 힘껏 쥐면서 꽉 잡는다.

81 '씽(Singh)'이 제시한 불평 고객 유형 중 어떤 조치를 취할 가능성이 가장 적고 제품이나 서비스 제공자에게 어떤 것도 말하려 하지 않는 유형에 해당하는 것은?

① 행동 불평자
② 수동적 불평자
③ 표현 불평자
④ 타성적 불평자
⑤ 화내는 불평자

82 사이버상에서 지켜야할 e-mail의 비즈니스 매너로 가장 바람직한 것은?

① 영어로 제목을 작성할 때는 대문자를 사용한다.
② 첨부파일은 내려 받기가 번거로우므로 가능한 본문내용에 모두 작성한다.
③ 유행으로 사용하는 약어와 속어를 적절하게 사용한다.
④ 일반적으로 발송자의 닉네임을 사용해도 무방하다.
⑤ 메일은 시간준수에 있어서 신속한 답변을 요구한다.

83 인사를 나누어야 할 시기와 그 방법에 대한 설명으로 옳은 것은?

① 인사 대상과 방향이 다를 경우 5보 이내에서 인사할 준비를 한다.
② 인사 대상과 방향이 마주칠 때에는 3보 정도에서 인사를 한다.
③ 측방에서 갑자기 만났을 때에는 인사를 하지 않고 가던 방향으로 간다.
④ 상사를 사외 인사와 함께 마주칠 경우, 멈추어 서서 정중하게 인사한다.
⑤ 복도에서 상사와 마주칠 경우 정중례를 한다.

84 다음 보기에서 설명하는 것은?

주로 교수자와 학습자 간, 학습자와 학습자 간의 상호작용을 통하여 정보와 의견을 교환하고 결론을 도출하는 공동의 학습형태로 파커(Parker)가 '문답법'을 개선하여 '회화법'이라고 사용하였다.

① 브레인스토밍   ② 토의법
③ 워크샵   ④ 강의법
⑤ 역할연기

85 다음 중 프레젠테이션의 구성요소를 모두 고른 것은?

가. Personality   나. Presenter
다. Contents   라. Audience
마. Device   바. Message

① 가, 다, 마   ② 나, 라, 마
③ 다, 마, 바   ④ 나, 마, 바
⑤ 나, 라, 바

86 다음 중 프레젠테이션을 할 때 청중을 참여시키는 방법이 아닌 것은?

① 청중에게 견해를 물어본다.
② 요점을 설명하기 위해 비디오클립을 사용한다.
③ 재동기를 부여한다.
④ 윤곽(Out Line)을 제공하고 빈칸을 채우게 한다.
⑤ 청중을 이야기 또는 예시에 포함한다.

87 파워포인트를 활용하여 보고서를 제작할 때의 유의사항이 아닌 것은?

① 여백을 잘 활용한다.   ② 가급적 도해를 이용한다.
③ 배경의 색상에 주의한다.   ④ 본문의 내용은 되도록 적게 넣는다.
⑤ 멀티미디어 자료를 주로 사용한다.

88 다음 중 소비자단체소송 제기가 가능한 비영리민간단체가 갖추어야 할 요건에 해당하는 것을 모두 고른 것은?

> 가. 법률상 또는 사실상 동일한 침해를 입은 50명 이상의 소비자로부터 단체소송의 제기를 요청받을 것
> 나. 정관에 소비자의 권익증진을 단체의 목적으로 명시한 후 최근 3년 이상 이를 위한 활동실적이 있을 것
> 다. 단체의 상시 구성원 수가 5천명 이상일 것
> 라. 중앙행정기관에 등록되어 있을 것

① 가, 나
② 가, 라
③ 가, 나, 다
④ 가, 나, 라
⑤ 가, 나, 다, 라

89 다음 포토샵 도구에서 이미지를 밝게 할 때 사용하는 것은?

① 📷
② 🔲
③ 💧
④ 🖊
⑤ 🔍

90 인터넷 보안사고 유형으로 '네트워크에 연결되어 있는 많은 호스트들의 패킷을 범람시킬 수 있는 DOS 공격용 프로그램을 분산 설치하여, 공격대상의 시스템에 대해 성능 저하와 시스템의 마비를 일으키는 것'에 해당하는 유형은?

① DDos
② Spyware
③ Worm
④ Back Door
⑤ Trojan House

제6회 | 적중모의고사

정답 p.313

01 | CS 개론

01 고객을 사로잡는 서비스방법으로 옳지 않은 것은?

① 고객을 만나기 전부터 준비하라.
② 고객의 보이지 않는 마음까지 읽어라.
③ 고객을 머리로 이해하려 들지 말고 가슴으로 이해하라.
④ 고객이 행복하면 당신도 행복해야 한다.
⑤ 서비스라는 쇼에서 주인공은 당연히 서비스제공자이다.

02 고객의 행동에 영향을 미치는 요인에서 '개인적 요인'이라 할 수 없는 것은?

① 연 령
② 개 성
③ 라이프스타일
④ 준거집단
⑤ 직 업

03 Edwards & Peppard 교수의 비즈니스 프로세스에 대한 설명으로 옳지 않은 것은?

① 경쟁 프로세스에서 경쟁자와 가격에 의한 경쟁이라면 조직의 경쟁 프로세스는 경쟁자보다 낮은 가격으로 생산하는 프로세스가 된다.
② 변혁 프로세스는 사람, 기술 그리고 프로세스를 결합해 조직의 미래의 경쟁력을 구축해 나가는 과정이다.
③ 기반 프로세스는 핵심 프로세스는 아니지만 프로세스의 결과물이 고객에게 가치있다고 파악되는 프로세스이다.
④ 품질이 평준화되어 품질은 기본적인 요소가 되고, 디자인, 가격 등이 주요 경쟁요소가 된다면 이때 디자인, 가격 등은 기반 프로세스로 분류된다.
⑤ 지원 프로세스는 고객에게 직접적으로 가치를 전달하는 프로세스가 아니다.

04 고객만족의 3대 핵심요소 중 직접 요소에 해당하는 것을 모두 고른 것은?

① 제품 요소
② 제품 요소, 서비스 요소
③ 제품 요소, 서비스 요소, 기업이미지 요소
④ 서비스 요소
⑤ 서비스 요소, 기업이미지 요소

05 마이클 해머(Michael Hammer) 교수는 고객만족경영의 새로운 패러다임으로 '3C의 시대'를 이야기하였다. 다음 중 3C에 해당하지 않는 것을 모두 고른 것은?

가. Challenge	나. Change
다. Competition	라. Computer
마. Customer	

① 가, 라   ② 가, 마
③ 나, 다   ④ 나, 라
⑤ 다, 마

제6회

06 우리나라에서 고객만족경영의 완성기의 특징에 해당하지 않는 것은?

① TQM체제를 통하여 고객관리시스템 경영기법이 활성화되었다.
② 고정고객의 이탈을 방지하기 위한 DB를 구축하여 관리하였으며, 인터넷의 발달과 함께 사이버고객에 대하여도 관심을 갖기 시작하였다.
③ 리콜제도의 강화, 제조물책임법과 집단소송제 도입 등으로 기업의 책임과 고객만족을 동시에 강화하였다.
④ 글로벌시대를 맞아 내부고객, 외부고객 이외에 글로벌고객에까지 고객만족경영을 확대하고 있다.
⑤ 기존의 고정고객관리도 고객생애가치까지 고려한 고객만족경영을 시행하고 있다.

07 국내에 고객만족경영이 본격 도입된 90년대 초만 하더라도 고객접점 중심의 친절 서비스가 고객만족의 주를 이루었다. 일반화된 시점에서 한 차원 높은 고객만족경영 추진을 통한 경영효율성 제고와 차별화된 경쟁우위를 창출하고자 제시된 혁신은?

① 수직적 고객만족   ② 차별화된 고객만족
③ 고품위 고객만족   ④ 수평적 고객만족
⑤ 총체적 고객만족

08 다음은 감성 경영 도입 효과를 설명한 것이다. 이 효과는 감성 경영에서 '긍정적인 감정이 긍정적인 결과를 가져다준다.'라는 의미이다. 괄호 안에 들어갈 말로 가장 적절한 것은?

> 대외적으로 '감성 마케팅'을 통해 기업의 매출액 증가 브랜드 가치의 상승의 효과를 대내적으로는 '감성 리더십'을 통해 (　　　) 효과를 극대화시킴으로써 임직원들의 기업 충성도 강화와 핵심인재 양성 촉진 효과를 가져다준다.

① 호손 효과(Hawthorne Effect)
② 피그말리온 효과(Pygmalion Effect)
③ 자이가르닉 효과(Zeigarnik Effect)
④ 낙인 효과(Stigma Effect)
⑤ 잔물결 효과(Ripple Effect)

09 노드스트롬(Nordstrom)의 경영활동과 일치하지 않는 것은?

① 고객이 직원들로부터 윗사람과 상의해 봐야 한다는 말은 노드스트롬 매장에서는 들을 수 없다.
② 모든 유통업체들이 귀찮아하고 꺼리기 마련인 무조건적인 반품도 노드스트롬은 골치로 여기기는커녕 매장 홍보쯤으로 생각한다.
③ 내부고객보다 외부고객을 먼저 섬긴다.
④ 현장배회경영을 통해 종업원들이나 고객 그리고 기타 조직과 관련된 사람들과 얘기를 나눔으로써 필요한 정보를 얻고 경영에 반영할 수 있다.
⑤ 사기향상을 위하여 내부승진을 원칙으로 하고 있다.

10 기업 및 제품 선택에 있어 위험을 줄이기 위한 소비자의 행동으로 가장 거리가 먼 것은?

① 더 많은 정보를 탐색한다.

② 과거에 만족했거나 수용할 만한 것으로 기억하고 있는 브랜드는 가급적 제외한다.

③ 소량 구매 후 대량 구매를 한다.

④ 유명한 브랜드를 찾거나 자신이 신뢰할 수 있는 사람에게 정보를 구한다.

⑤ 강한 상품 보증이나 보증 기간이 긴 브랜드를 구매한다.

11 자본주의 시대의 변혁을 3단계로 구분한 후, 현재를 경영혁명 단계로 명명한 학자는?

① 마이클 해머(Michael Hammer)

② 피터 드러커(Peter Drucker)

③ 마빈 촘스키(Marvin Chomsky)

④ 엘빈 토플러(Alvin Toffler)

⑤ 톰 피터스(Tom Peters)

제6회

12 다음 중 고객의 다양한 정의에 대한 설명으로 옳지 않은 것은?

① 자사의 상품을 구매하거나 서비스를 이용하는 사람이다.

② 넓은 의미의 고객은 상품을 생산하고 이용하며 서비스를 제공하는 일련의 과정에 관계된 자기 이외의 모든 사람이다.

③ 잠재고객, 가망고객 등은 중요하지 않지만, 단골고객과 로열티고객은 높은 친밀감과 애용가치를 가지고 있기에 고객관리가 중요하다.

④ 기업이나 조직에 고객생애가치의 실현으로 수익을 창출해 줄 수 있는 사람을 일컫는다.

⑤ 여러 번의 구매와 상호 작용을 통해 형성된다.

13 1인당 GNP가 1만 1,000달러가 넘으면 기능보다는 꿈과 감성을 추구하는 꿈의 사회(Dream Society)가 된다고 주장한 학자는?

① 마이클 해머(Michael Hammer)

② 피터 드러커(Peter Drucker)

③ 롤프 옌센(Rolf Jensen)

④ 엘빈 토플러(Alvin Toffler)

⑤ 톰 피터스(Tom Peters)

14 다음 중 기업이 생산한 가치를 사용하는 고객은?

① 내부고객

② 중간고객

③ 외부고객

④ 기업과 최종고객이 되는 소비자 사이에서 그 가치를 전달하는 고객

⑤ 가치생산에 직접 참여하는 고객

15 대인지각 왜곡유형에 대한 설명으로 옳지 않은 것은?

① 관대화 경향 – 다른 사람을 매우 좋게 평가하고자 하는 경향

② 투영효과 – 판단을 함에 있어 자신과 비교하여 남을 평가하는 경향

③ 후광효과 – 개인이 가진 지능, 사교성, 용모 등과 같은 특성들 중 하나에 기초하여 인상을 형상화하는 것

④ 최근효과 – 판단을 함에 있어 최근에 주어진 정보와 비교하여 판단하는 경향

⑤ 스테레오 타입 – 집단 특성에 근거하여 판단하는 경향

16 다음 중 직관형의 특징에 대한 설명으로 옳은 것은?

① 폭넓은 대인관계를 유지하고 사교적이며 정열적이고 활동적이다.

② 깊이 있는 대인관계를 유지하며 조용하고 신중하며 이해한 다음에 경험한다.

③ 진실과 사실에 큰 관심을 갖고 논리적이고 분석적이며 객관적으로 판단한다.

④ 사람과 관계에 큰 관심을 갖고 상황적이며 정상을 참작한 설명을 한다.

⑤ 육감 내지 영감에 의존하며, 미래지향적이고 가능성과 의미를 추구하며 신속, 비약적으로 일을 처리한다.

17 고객관계관리(CRM)의 실패 요인 중 의미 없는 데이터베이스 자료로 보기 어려운 것은?

① 단위당 판매가 작은 경우

② 상표에 대하여 충성심을 보이는 제품

③ 장기적 타산이 맞지 않는 경우

④ 정보 수집에 많은 비용이 드는 경우

⑤ 평생 단 한 번 구입하는 제품

18 다음 중 CS 효과에 대한 설명으로 옳지 않은 것은?

① 구매 과정이나 구매를 통하여 만족한 고객들은 기업 및 제품에 대한 좋은 이미지를 가지게 되어, 같은 종류의 제품을 다시 구매해야 할 경우 전에 구매할 때 만족했던 제품을 다시 구매할 수 있게 한다.

② 신규고객보다 기존고객의 재구매가 매출에 더 큰 영향을 미치는 반면에, 신규고객을 갖는 것보다 기존고객을 관리하는 비용이 훨씬 적게 들어 비용을 절감할 수 있다.

③ 만족한 고객은 구전을 통하여 여러 명의 신규고객을 창출함으로써 기업은 광고비를 들이지 않고도 최대의 광고효과를 얻을 수 있다.

④ 고객이 만족하는 경우 그 기업은 가격우위효과를 지니고 다른 경쟁사의 진입을 어렵게 하는 효과도 가져온다.

⑤ 말 많은 불평고객보다 말 없는 불평고객이 기업의 성장에 도움을 준다.

19 고객관계관리(CRM)에 대한 설명으로 옳지 않은 것은?

① 고객상담 애플리케이션, 고객 데이터베이스, 콘택트관리시스템 등의 고객지원시스템을 기반으로 신규고객을 획득하고 기존고객을 유지하기 위해 고객요구와 행동을 분석하여 개별고객의 특성에 맞춘 마케팅을 기획하고 실행하는 경영관리기법으로 정의된다.

② 고객이 원하는 것이 무엇인지를 발견하고 원하는 것을 원하는 시간에 원하는 방법으로 제공하는 경영툴이다.

③ 고객유지보다는 고객획득에 비중을 더 둔다.

④ 고객과 친밀해질 수 있는 관계 향상을 강조한다.

⑤ 고객의 생활패턴을 관리한다.

20 타인의 어떤 반응을 기대하기 시작한 교류에 대해 예상 외의 반응이 되돌아오는 교류는?

① 교차교류
② 상보교류
③ 평행교류
④ 인지교류
⑤ 이면교류

21 조하리(Johari)의 '마음의 창'에서 공개된 영역에 대한 설명으로 옳지 않은 것은?

① 타인이 알고 있는 정보이고 내가 알고 있는 정보의 영역이다.

② 공개적 영역이 가장 넓은 사람으로 개방형이다.

③ 다른 사람의 말에 좀 더 진지하게 귀를 기울이는 노력이 필요하다.

④ 대체로 인간관계가 원만한 사람들이다.

⑤ 말이 많고 주책맞은 경박한 사람으로 비쳐질 수도 있다.

22 머튼(Merton)의 아노미 이론에 의할 경우, 공무원의 복지부동과 관련이 있는 유형은?

① 문화적 목표와 제도적 수단을 모두 수용하는 유형

② 문화적 목표는 수용하지만, 제도적 수단은 거부하는 유형

③ 문화적 목표는 거부하지만, 제도적 수단은 수용하는 유형

④ 문화적 목표와 제도적 수단을 모두 거부하는 유형

⑤ 문화적 목표와 제도적 수단을 모두 거부하고 기존의 것을 변혁시키려는 유형

23 사람을 파악하는 데 있어 그 사람이 갖고 있는 어투, 생김새, 종교, 인종, 국적, 성별 등에 의해서 사람들을 분류하고, 같은 범주에 속해 있는 사람들은 비슷한 특성들을 공유하고 있을 것으로 여기는 경향은?

① 관대화 경향

② 중심화 경향

③ 투영효과

④ 범주화의 경향

⑤ 현저성의 경향

24 참여 관점에 따른 고객의 분류 중 '의견선도고객'에 대한 설명으로 옳은 것은?

① 제품이나 서비스를 직접 구매하기보단 평판, 심사, 모니터링 등에 영향을 미치는 집단으로 소비자 보호단체, 기자, 평론가, 전문가 등이 있다.

② 고객(1차고객)의 선택에 커다란 영향을 미치는 개인 또는 집단으로, 직접적으로 구입을 하거나 돈을 지불하지 않는 고객이다.

③ 소비자 보호나 관련 조직의 운영에 적용되는 법률을 만드는 의회나 정부를 말한다.

④ 기업의 제품이나 서비스를 반복적·지속적으로 애용하는 고객으로 사람을 추천하는 로열티는 가지고 있지 않다.

⑤ 단골고객이면서 고객을 추천할 정도의 로열티가 있는 고객이다.

25 교류분석 과정에서 기본적 인생태도를 4가지로 분류할 경우, 그 내용과 일치하지 않은 것은?

① 자기부정-타인부정(I'm not OK-You're not OK)은 성장하면서 스트로크가 심각하게 결핍되었거나 극도로 부정적일 때 나타난다.

② 자기부정-타인긍정(I'm not OK-You're OK)은 자신은 무능하여 타인의 도움 없이는 살아갈 수 없다는 좌절감을 경험한다.

③ 자기부정-타인긍정(I'm not OK-You're OK)은 우울증적 자세라고 할 수 있으며 죄의식, 부적절감, 공포를 경험한다.

④ 자기긍정-타인부정(I'm OK-You're not OK)은 부모에게 가졌던 부정적 생각이 긍정적 생각으로 바뀌었을 때 생긴다.

⑤ 자기긍정-타인긍정(I'm OK-You're OK)은 대체로 자신이나 타인에게 만족하며 모든 느낌을 인식하고 표현하는 데 문제가 없다.

26 다음 중 괄호 안에 들어갈 말로 가장 적절한 것은?

> 서비스 프로세스는 조직 내 원재료, 정보, 사람 등 같은 Input을 (   ) 등의 Output으로 변화시키는 과업이나 활동들의 집합을 의미한다.

① 상품, 서비스   ② 신제품, 경쟁우위

③ 제품, 서비스   ④ 제품, 충성고객

⑤ 기업성과, 고객의 니즈

27 다음은 고객의 특성을 이해하여 기업경영의 성공을 거둔 예시이다. 이 기업에서 경영에 적용한 고객의 특성은?

> 미국 홈디포의 경우 타깃 고객층이었던 DIY(Do-It-Yourself)족이 나이가 들어가자 이들의 욕구도 변할 것이라고 생각하였다. 매장에서 무료상담과 낮은 가격으로 직접 카펫이나 문난방 시스템 등을 설치해 주는 서비스를 시작하여 대성공을 거두었다.

① 고객의 변화 중시   ② 고객의 감성 중시

③ 고객의 접촉 중시   ④ 고객의 신뢰 중시

⑤ 고객의 가치 중시

28 다음 그림에서 빈칸에 들어갈 가장 적절한 것은?

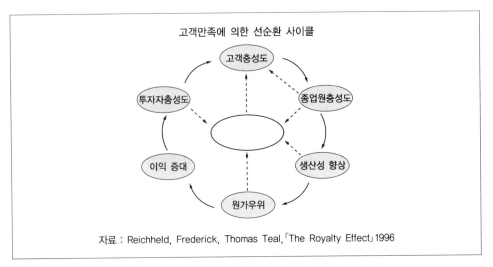

고객만족에 의한 선순환 사이클

자료 : Reichheld, Frederick, Thomas Teal, 「The Royalty Effect」 1996

① 고객의 욕구
② 브랜드 충성도
③ 우월한 고객 가치와 고객만족
④ 로열티 고객
⑤ 고객의 기대 충족

29 다음 중 고객의 충성도를 측정하기 위해 사용하는 지수는?

① RFM
② CIP
③ NPS
④ AIDA 모델
⑤ CPM

30 카프만(Karpman)의 드라마 삼각형에 대한 설명으로 옳지 않은 것은?

① 게임을 이해하는 데 중요한 단서를 제공한다.
② 박해자, 희생자, 구원자의 세 역할로 구성된다.
③ 역할은 게임이 끝날 때까지 바뀌지 않는다.
④ 박해자는 지배적인 힘을 갖고 상대를 억압하거나 지시하는 역할을 한다.
⑤ 희생자는 이용당하거나 인내를 강요당하는 역할을 한다.

31 서비스업계에서 시각적인 기법을 사용하여 서비스 설계를 좀 더 철저하게 수행하려는 목표로 고안된 것은?

① 서비스 흐름도(Flow Chart)

② 서비스 청사진(Service Blueprinting)

③ 피시본 다이어그램(Fishbone Diagram)

④ 인간 기계 도표(Man-machine Chart)

⑤ 프로세스 도표(Process Chart)

32 서비스 청사진의 작성 5단계에서 제일 먼저 해야 하는 것은?

① 서비스가 고객에게 전달되는 과정을 염두에 두고 이를 도식화된 그림 형태로 나타낸다.

② 전체 단계 중에서 서비스 실패가 일어날 확률이 큰 지점을 짚어내어 표시해 둔다.

③ 각 단계별 표준 작업 시간과 허용 작업 시간을 명확히 적어 넣는다.

④ 실수가 발생하거나 작업이 지연될 경우를 상정한 시뮬레이션을 통해 수익성을 분석하고, 그 결과를 토대로 표준 서비스 청사진을 확정한다.

⑤ 사용 목적별로 서비스 청사진을 해석하고 대안을 도출한 후, 청사진을 새로 수정하여 서비스 실패의 가능성을 줄일 수 있다.

33 다음 보기의 내용이 설명하는 서비스 모니터링 제도의 속성은?

> 서비스 품질 모니터링 제도의 활용이 의도한 효과를 내기 위해서는 모니터링 제도가 제대로 정립되어 있어야 한다. 특히, 모니터링은 표본추출 테크닉이기 때문에 모니터링 대상 접점을 통하여 전체 접점 서비스의 특성과 수준을 추정할 수 있어야 한다.

① 객관성   ② 신뢰성

③ 차별성   ④ 대표성

⑤ 타당성

34 SWOT 분석과 관련해 외부 위협 요인으로 보기에 가장 적절한 것은?

① 원활한 자금 조달
② 높은 고객충성도
③ 뛰어난 대체재의 등장
④ 경쟁력이 약해진 경쟁사
⑤ 탄탄한 마케팅 조직

35 평가자 간의 공유 회의를 통해 평가 항목에 따른 차이를 파악하고 최소화하기 위한 과정은?

① Silent 모니터링
② 콜 리코딩(Call Recording)
③ 콜 탭핑(Call Taping)
④ Side-by-Side 모니터링
⑤ 합동 모니터링

36 다음 중 '카노(Kano) 품질모형'의 품질 요소에 대한 설명으로 옳은 것은?

① 매력적 품질요소 – 고객이 미처 기대하지 못한 것을 충족시켜주거나 고객이 기대했던 것 이상으로 만족을 초과하여 주는 품질요소이다.
② 일원적 품질요소 – 충족 여부에 상관없이 만족도 불만도 일으키지 않는 품질요소이다.
③ 당연적 품질요소 – 충족이 되지 않으면 만족을 일으키고 오히려 충족이 되면 불만을 일으키는 품질요소이다.
④ 무관심 품질요소 – 고객의 명시적 요구사항이며 이 요소가 충족될수록 만족은 증대되고, 충족되지 않을수록 불만이 증대되는 것으로 만족요인이라고도 한다.
⑤ 역(逆) 품질요소 – 충족이 되면 당연한 것이기 때문에 별다른 만족감을 주지 못하나, 충족되지 않을 경우 불만을 일으키는 불만족 요인이라고도 한다.

37 MOT 사이클 차트에 대한 설명으로 옳지 않은 것은?

① 서비스 프로세스상에 나타나는 일련의 MOT들을 보여주는 시계모양의 도표이다.
② 서비스 사이클 차트라고도 한다.
③ 서비스 전달시스템을 종업원의 입장에서 이해하기 위한 방법이다.
④ 고객이 경험하는 MOT들을 원형차트의 1시 방향에서 시작하여 순서대로 기입한다.
⑤ 일반적으로 종업원들은 자신이 맡고 있는 업무에만 관심을 두고 일하는 경향이 있다.

38 '크리스토퍼(Christopher)'가 제시한 고객 서비스의 3단계 중 '거래 전 서비스(Before Service)'에 해당하는 것은?

① 제품 포장   ② 설치와 수리
③ 제품 대체성   ④ 명시된 회사의 정책
⑤ 재고 품질 수준

39 전체 상품의 20%에 해당하는 히트상품이 전체 매출의 80%를 불러일으킨다는 법칙과 관련이 있는 것은?

① 깨진 유리창의 법칙   ② 파레토 법칙
③ 롱테일 법칙   ④ 코즈의 법칙
⑤ 경영의 황금률

40 7대 서비스 포인트에 대한 설명 중 옳지 않은 것은?

① 기능, 성능, 제품의 수명보다 서비스를 디자인한다.
② 서비스를 통한 고객감동은 전혀 새로운 서비스 방법을 고안하는 것이다.
③ 고객만족은 곧 고객의 투자요인이 된다.
④ 미소는 서비스와 동일하다.
⑤ 고객을 만족시키는 힘은 종업원의 만족스러운 상태에서만 가능하다.

41 한 번이라도 방문한 고객이 전 세계의 어느 곳에 있는 리츠칼튼에 묵게 되더라도, 이미 데이터베이스에 저장된 정보에 의해 자신이 좋아하는 것, 즐기는 것, 관심 있는 것을 호텔이 파악하고 있어 고객의 취향에 맞게 제공하기 위한 고객정보관리시스템은?

① 고객만족경영   ② 고객인지프로그램
③ 고객접점프로그램   ④ 피시본 다이어그램
⑤ 서비스 청사진

42 리츠칼튼 호텔의 모든 직원이 지니고 다니는 작은 카드에 적혀있는 사훈, 신조, 3단계 서비스, 20가지 기본 지침에 대한 용어는?

① 서비스 청사진   ② 황금표준

③ 고객수첩   ④ 프로세스 카드

⑤ 피시본 다이어그램

43 다음 중 서비스 품질에 대한 설명으로 옳지 않은 것은?

① 서비스의 품질은 인도된 서비스 수준이 고객의 기대와 얼마나 일치하는지의 척도이다.

② 소비자의 지각된 서비스와 기대 서비스의 비교평가의 결과이다.

③ 소비자들이 인식한 서비스 품질은 서비스 기업이 제공해야만 한다고 느끼는 소비자의 기대와 제공한 서비스 기업의 성과에 대한 소비자들의 인식을 비교하는 것이다.

④ 소비자들이 서비스 품질을 기대와 성과의 비교를 통해서 지각한다.

⑤ 서비스 품질은 서비스를 제공하는 사람에 의해 결정된다.

44 다음 중 서비스 품질의 결정요인과 가장 거리가 먼 것은?

① 반응성   ② 유연성

③ 신뢰성   ④ 유형성

⑤ 감정이입

45 SERVQUAL의 5개 차원 중 공감성과 관련된 서비스 품질의 10개 차원에 해당하는 속성은?

㉠ 접근성	㉡ 커뮤니케이션
㉢ 고객이해	㉣ 신뢰성

① ㉠, ㉡, ㉢   ② ㉠, ㉢, ㉣

③ ㉡, ㉢, ㉣   ④ ㉠, ㉣

⑤ ㉠, ㉡, ㉢, ㉣

46 러브록(Lovelock)의 서비스의 품질관리 구현 시 유의할 사항으로 적절하지 않은 것은?

① 어려운 시기일수록 품질관리에 소요되는 비용의 증대를 회피하지 말아야 한다.

② 종업원의 품질관리를 잘못 해석하지 않도록 해야 한다.

③ 조급한 권력이양을 피해야 한다.

④ 결과 위주보다는 과정 위주에 초점을 맞추어야 한다.

⑤ 품질관리에서 중요한 목적은 측정되어야 한다.

47 서비스 품질이 기업성과에 미치는 방어적 영향으로 가장 적절한 것은?

① 시장점유율 증가

② 기업이미지 상승

③ 고객충성도 상승

④ 서비스 프리미엄

⑤ 가입고객 증가

48 다음 보기의 사례와 같이 리츠칼튼 호텔의 독특한 서비스를 가능하게 하는 고객 정보관리 시스템 용어는?

> 모 기업 임원이 미국 출장길에 샌프란시스코의 리츠칼튼 호텔에서 하루를 묵은 적이 있다. 그는 서양식의 푹신한 베개가 싫어 프런트에 전화를 걸어 좀 딱딱한 베개를 갖다 달라고 요청했다. 어디서 구해 왔는지 호텔 측은 딱딱한 베개를 구해 왔고, 덕분에 그날 밤은 기분 좋게 잠자리에 들 수 있었다. 다음 날 현지 업무를 마치고 다음 목적지인 뉴욕으로 가서 우연히 다시 리츠칼튼 호텔에 묵게 되었다. 아무 생각 없이 방 안에 들어간 그는 깜짝 놀랐다. 침대 위에는 전날 밤 베던 것과 같은 딱딱한 베개가 놓여 있었던 것이다.

① Database Marketing System

② Customer Relationship Management

③ Customer Contact System

④ Customer Recognition Program

⑤ Customer Service Representative

49 다음 중 고객만족의 정의에 대한 네 가지 관점으로 적합하지 않은 것은?

① 만족에 대한 고객의 판단으로 보는 관점

② 고객의 평가로 보는 관점

③ 인지적 상태의 관점

④ 이성적 반응으로 보는 관점

⑤ 정서적 반응으로 보는 관점

50 다음 중 고객만족도 향상을 위한 요소에서 소프트웨어적인 요소에 해당하는 것은?

① 기업의 상품, 서비스 프로그램

② 기업의 이미지, 브랜드 파워

③ 서비스 마인드, 접객 서비스 행동

④ 매너, 조직문화

⑤ 매장의 편의시설, 고객지원센터, 인테리어, 분위기 연출

51 다음 보기의 내용에 해당하는 고객만족도 측정의 원칙은?

> 보통 만족도 조사가 설문을 통해 이루어지는 경우 설문지의 설계와 설문내용의 해석은 설문조사에
> 서뿐만 아니라 인터뷰 조사 또는 데이터 조사 등 모든 분석 프로세스에 있어서 매우 중요한 요소이
> 다. 설문조사의 경우 조사 목적에 맞게 답변이 나올 수 있도록 설계해야 하며, 해석에 있어서도 주
> 관적인 생각은 배제하여야 한다.

① 계속성의 원칙   ② 정확성의 원칙

③ 공감성의 원칙   ④ 독립성의 원칙

⑤ 정량성의 원칙

52 다음 중 고객만족 경영을 실천하는 차원에서 고객의 소리를 접수, 처리한 뒤 해당 소비자에게
결과를 사후 통보해 관리하는 고객 서비스 제도에 해당하는 것은?

① 해피 콜(Happy Call) 제도   ② 의존효과

③ 컬트마케팅   ④ 틈새효과

⑤ 고객관계관리

53 마이어스(Mayers)의 양질의 의료 서비스 조건 중 다음 보기의 설명에 해당하는 것은?

> 개인에게 제공되는 의료는 시간·지리적으로 상관성을 갖고 적절하게 연결되어야 한다.

① 지속성　　　　　　　　　② 조정성
③ 접근성　　　　　　　　　④ 적정성
⑤ 효율성

54 기업 경쟁력에서 벤치마킹을 하는 이유에 대한 설명이 아닌 것은?

① 벤치마킹은 시장 변화를 예측할 수 있게 한다.
② 벤치마킹은 신규 진입자를 제어하는 역할을 한다.
③ 벤치마킹은 새로운 아이디어를 만들어낼 수 있다.
④ 벤치마킹은 여러 분야의 정보를 수집하는 데 아주 유용한 도구로 사용할 수 있다.
⑤ 벤치마킹을 통해 경쟁 업체 제품과 경영 프로세스를 비교함으로써 자사의 경쟁력 또는 서비스의 향상 방법 등을 파악할 수 있게 된다.

55 SERVQUAL 모형에서 고객이 소매업체가 제공하는 서비스 품질을 인식하는 기준은?

① 서비스의 과정품질과 결과품질 간의 차이에 의해 인식된다.
② 서비스의 객관적 품질과 인식된 품질 간의 차이에 의해 인식된다.
③ 서비스에 대한 고객의 기대와 실제 성과 간의 차이에 의해 인식된다.
④ 서비스의 기술적 품질과 기능적 품질 간의 차이에 의해 인식된다.
⑤ 서비스의 고객 필요(Requirement)와 요구(Need) 간의 차이로 인식된다.

56 다음 중 고객 서비스 품질평가 모형 중의 하나인 GAP 분석 모형 중 '갭(GAP) 1'에 맞는 내용은?

① 고객기대를 반영하지 못하는 서비스 품질 기준을 명기할 때
② 기업에서 고객이 기대하는 바를 알지 못할 때
③ 약속한 서비스 수준을 서비스 성과가 따르지 못할 때
④ 고객이 기대한 서비스와 인식된 서비스가 일치하지 않을 때
⑤ 경영층이 무관심할 때

57 서비스 전략 중 수요 측을 고려한 설명으로 적절한 것은?

① 소비자에게 가격 차별화로 우대 서비스를 한다.
② 직접 상담을 한다.
③ 서비스 요원을 배치한다.
④ 소비자와 함께 서비스에 동참하게 한다.
⑤ 고객을 차별화·세분화한다.

58 품질경영 모델은 지금까지 전 세계적으로 개발된 혁신을 추구하는 경영방식, 제도·기법 중에서 가장 종합적이고, 탁월한 경영혁신 모델이다. 다음 중 품질경영 모델의 핵심가치에 포함되지 않는 것은?

① 고객주도형 품질
② 최고경영자의 리더십
③ 설계 품질의 향상과 예방
④ 사실에 입각한 경영
⑤ 단기적 관점 중시

59 다음 중 서비스 수익모델에서 외부 표적시장 측면에 해당하는 것은?

① 내적 품질은 종업원의 만족을 가져온다.
② 직원 이직의 실질적 비용은 생산성 저하와 고객만족을 하락시킨다.
③ 직원 만족도는 생산성과 연관되어 있다.
④ 종업원 안정과 생산성은 서비스 가치를 창출한다.
⑤ 고객충성도가 높을수록 수익성과 성장률이 높아진다.

60 종업원의 권한부여를 위한 조직통제시스템에 대한 설명으로 옳지 않은 것은?

① 상호작용시스템은 조직통제시스템 중 지식산업에 가장 적합하다.
② 신뢰시스템은 잘 구현된 조직문화에 적합하다.
③ 한계시스템은 종업원의 재량권에 대한 한계를 규정한다.
④ 진단시스템은 측정 가능한 달성 목표를 정의한다.
⑤ 상호작용시스템에서 종업원의 과제는 목표에 대한 불확실성이다.

61 전화응대는 얼굴을 맞대지 않고 행해지는 비대면 커뮤니케이션이다. 다음 중 면대면과 비대면의 구성요소로 바르게 연결된 것은?

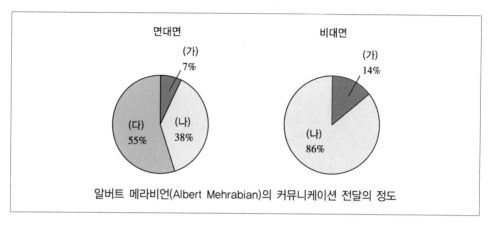

알버트 메라비언(Albert Mehrabian)의 커뮤니케이션 전달의 정도

① (가) - 언어적 요소, (나) - 청각적 요소, (다) - 시각적 요소
② (가) - 청각적 요소, (나) - 언어적 요소, (다) - 시각적 요소
③ (가) - 시각적 요소, (나) - 청각적 요소, (다) - 언어적 요소
④ (가) - 언어적 요소, (나) - 시각적 요소, (다) - 청각적 요소
⑤ (가) - 청각적 요소, (나) - 시각적 요소, (다) - 언어적 요소

62 방문객 접객 매너에 대한 설명으로 적절한 것은?

① 복도에서 안내 시 방문객보다 약간 뒤에서 한쪽으로 비켜서서 안내한다.
② 엘리베이터를 탈 때는 방문객보다 먼저 타고, 내릴 때에도 먼저 내린다.
③ 상급자를 수행할 때는 수행하는 사람이 두세 걸음 뒤에 서서 안내한다.
④ 계단 안내 시 고객이 여성일 경우 여성보다 남성이 먼저 올라간다.
⑤ 손으로 방향을 가리킬 때는 손바닥 전체가 비스듬히 아래로 향하게 안내한다.

63 다음 중 국제매너에 대한 설명으로 옳지 않은 것은?

① 인도와 같은 힌두교 국가에서 온 외국인에게는 가급적 소고기 음식은 접대하지 않는다.

② 외국 손님에게 선물을 준비할 때는 상대기업이나 국가에서 선물을 주고받는 것을 규제하는지 알아보고 부피나 가격에서 부담되지 않는 회사 기념품을 준비하는 것이 좋다.

③ 외국 손님과의 악수는 손을 꽉 쥐고 상하로 흔들며 눈을 서로 마주보고 한다.

④ 이슬람 국가에서 온 손님에게는 식사장소를 정하기 전에 금하는 음식이 있는지 확인해본다.

⑤ 인도로 출장 가는 상사에게 식사 중 오른손만을 사용할 것을 권한다.

64 다음 보기의 내용이 설명하고 있는 것은?

> • 다른 사람과 싸웠을 때보다 둘도 없이 절친했던 친구와 싸우면 불구대천의 원수가 된다.
> • 서로 열렬히 사랑했던 부부일수록 이혼할 때는 서로를 더욱 증오하게 된다.

① 호감득실 이론   ② 기대 이론
③ 강화 이론   ④ 사회교환 이론
⑤ 인지부조화 이론

65 브레인스토밍(Brainstorming)의 장점을 모두 고른 것은?

> 가. 자기 아이디어의 제안 및 발표능력이 향상된다.
> 나. 새로운 아이디어가 창출된다.
> 다. 장소와 시간 제약이 없으므로 자주 실시할 수 있다.
> 라. 대규모 집단에 적용할 수 있다.

① 가, 나   ② 가, 나, 다
③ 가, 나, 라   ④ 나, 다, 라
⑤ 가, 나, 다, 라

66 다음 중 소개 요령으로 적절하지 않은 것은?

① 소개 시에는 모두 일어나는 것이 원칙이다.

② 소개 후 남성 간에는 악수를 교환하고 이성 간일 경우 여성은 목례로 대신한다.

③ 초면인 경우 정치와 종교, 금전 관련 화제는 상식적인 금기사항이다.

④ 대형파티에서는 소개받은 모든 사람들에게 작별 인사를 한다.

⑤ 소개할 때는 자신의 이름을 정확하게 전달하고 상대의 이름을 주의해서 듣도록 한다.

67 다음 중 명함을 건네는 방법에 대한 설명으로 가장 적절한 것은?

① 명함은 상황에 따라 한 손으로 건네도 예의에 어긋나지 않는다.

② 명함은 고객이 바로 볼 수 있도록 건넨다.

③ 한자 이름을 물어보는 것은 실례이다.

④ 명함을 동시에 주고받을 때에는 왼손으로 주고 오른손으로 받는다.

⑤ 목례를 하고, 되도록 고객의 목과 가슴 선에서 주고받는다.

68 개인정보의 파기에 관한 설명으로 옳지 않은 것은?

① 개인정보의 파기방법 및 절차는 대통령령으로 정한다.

② 개인정보의 파기를 해야 하는 경우에는 지체 없이 실시해야 한다.

③ 개인정보를 파기할 때에는 복구 또는 재생되지 아니하도록 조치하여야 한다.

④ 사업을 폐하는 경우는 개인정보를 파기하지 않아도 된다.

⑤ 개인정보는 이용자에게 고지하거나, 동의받은 보유 및 이용 기간이 종료된 경우 파기하여야 한다.

69 다음 중 동료와의 원만한 인간관계를 형성하기 위한 행동과 가장 거리가 먼 것은?

① 같은 신입사원 사이라도 학교 선배라면 이에 대한 예우를 해주는 것이 좋다.

② 자신보다 나이가 어린 직장 선배에게는 직함보다 '~씨'라고 호칭하는 것이 무난하다.

③ 나이 차이가 많이 나는 후배라도 실수를 했을 경우 타인 앞에서 야단치지 않는다.

④ 동료의 업무가 많을 경우, 먼저 도와주겠다는 의사를 표현해도 좋다.

⑤ 직장 내 모임이나 취미 활동 등을 통해서 폭넓은 인간관계를 형성하는 것이 좋다.

70 전화를 거는 예절 및 요령에 대한 설명으로 가장 적절한 것은?

① 전화 통화 중 상대방의 질문에 대답하기 위하여 관련 자료를 서랍에서 찾으며 응대했다.

② 손에 들고 있던 연필을 이용하여 통화하기 위한 전화번호를 눌렀다.

③ 전화 받는 쪽의 내용 복창이 없어서 다시 한번 동일 질문을 던져 내용을 재확인했다.

④ 상대방이 이름 및 소속을 묻지 않아서 용건만 간단히 남기고 전화를 끊었다.

⑤ 통화 희망자가 부재중일 때 자신의 이름을 밝히고 전화를 끊었다.

71 다음 보기의 설명에 해당되는 콜센터 모니터링 방법은?

> 관리자가 상담원의 근처에서 상담내용 및 업무 처리과정, 행동을 직접 관찰하고 즉각적으로 피드백하는 형식이다.

① Real Time Monitoring

② Silent Monitoring

③ Self Monitoring

④ Recording Monitoring

⑤ Side-by-Side Monitoring

72 콜센터 매니저의 역할로 적합하지 않은 것은?

① 고객리스트 수집 및 평가

② 마케팅 목표 일정, 예산수립 및 관리

③ 텔레마케터의 사생활 관리

④ 실적관리 및 근무환경 개선

⑤ 업무절차의 개발 및 마케팅 캠페인

73 다음 중 용어에 대한 설명으로 옳지 않은 것은?

① Call Accounting – 콜기록 기능을 말하며, 수·발신 날짜, 시간, 다이얼 번호, 통화시간 등에 의해 통화내역을 분석하는 데 사용되는 장비

② Call Back – 고객이 상담원과 통화를 못한 경우, 고객이 전화번호를 예약해 놓으면 예약된 시간에 전화를 걸어 고객의 업무를 처리하는 것

③ Call Data – 컴퓨터시스템에 연결된 교환대를 거쳐 간 전화통화에 관한 정보

④ Call Log – 자동화 분배시스템(ACD) 내에서 걸려온 전화를 어디로 보내야 할 것인지에 관해 사용자가 정할 수 있는 선택목록

⑤ Call Blending – 인바운드와 아웃바운드로 나뉘어 있던 텔레마케터 그룹을 양쪽 고객을 다 취급할 수 있도록 한 그룹으로 연결시키는 것

74 인바운드 고객상담의 개념에 대한 설명으로 옳지 않은 것은?

① 인바운드 고객상담은 고객이 주도하는 것이다.
② 인바운드 고객상담에는 수신자 부담 서비스나 ARS 등 다양한 전화받기 방법이 있다.
③ 인바운드 고객상담에서 텔레마케터는 주로 질문하기형 문의상담을 많이 하게 된다.
④ 인바운드 고객상담은 고객들의 질문에 응답하기 위한 Q&A시트를 많이 활용한다.
⑤ 인바운드 고객상담은 상품의 판매나 수주에 연결시키는 것이 비교적 용이하다.

75 아웃바운드 텔레마케팅의 특성과 거리가 먼 것은?

① 고객에게 전화를 거는 능동적·공격적·성과지향적 마케팅이다.
② 대상고객의 명단이나 데이터가 있어야 한다.
③ 데이터베이스 마케팅기법을 활용하면 더욱 효과적이다.
④ 기존고객관리에는 매우 효율적인 반면 신규고객관리는 잘 안 된다.
⑤ 기업이 필요한 시장정보를 수집하는 데에 효과적인 방법이다.

76 CTI(Computer Telephony Integration)에 대한 설명으로 옳지 않은 것은?

① 컴퓨터와 텔레포니(교환기, IVR/FAX, 전화기 및 관련 소프트웨어)가 서로 연결·통합되도록 하는 정보기술과 이를 통해 업무에서 활용할 수 있는 솔루션을 의미한다.

② CTI는 모뎀과 통신 소프트웨어에서 이미 적용되고 있는 기술이다.

③ 전화국선과 내선을 연결 처리한다.

④ 통신 소프트웨어는 모뎀 드라이브를 통해 모뎀과 상호 동작하여 데이터 커뮤니케이션 작업을 수행할 수 있도록 해 주는 CTI 솔루션이다.

⑤ CTI 기능이 도입되면서 ARS를 통하여 고객문의에 대한 자동처리율이 높아졌다.

77 다음 중 스크립트(Script)의 필요성 및 목적으로 적절하지 않은 것은?

① 표준화된 언어표현과 상담방법으로 상담원 중심 응대가 쉽다.

② 고객에게 전화목적에 대한 효율적인 전달이 쉽다.

③ 콜 센터의 생산성 관리를 도와준다.

④ 상담원들의 평균 통화시간을 조절할 수 있다.

⑤ 상담원들의 생산성 관리 및 통화 관리가 쉽다.

78 다음 중 동기부여와 활력을 주는 코칭 방법에 대한 설명으로 적절하지 않은 것은?

① 칭찬은 훌륭한 일을 처리했을 때는 잘한 행동에 대해 조목조목 칭찬해 주는 것이 좋다.

② 사람들 앞에서 칭찬하고 보이지 않는 곳에서 충고하도록 한다.

③ 칭찬은 타이밍이 적절할수록 좋다.

④ 스킬향상과 행동변화를 위한 코칭은 말하기보다 질문스킬을 이용한다.

⑤ 코칭할 내용을 미리 준비하여 한꺼번에 여러 가지를 피드백한다.

79 고객응대에 대한 설명으로 옳지 않은 것은?

① 고객과 커뮤니케이션을 하는 활동이다.

② 고객이 필요로 하는 정보를 제공하고 문제를 해결하는 데 필요한 상담과 조언을 하는 활동이다.

③ 고객과 커뮤니케이션 또는 협상을 전개할 상황이 반드시 필요하지는 않다.

④ 고객응대를 위해서는 대화예절이 뒷받침되어야 한다.

⑤ 단순히 커뮤니케이션이라기보다는 신뢰성과 전문성이 요구된다.

80 다음 중 고객 유형이 우유부단한 고객일 경우의 응대 기법으로 가장 적절한 것은?

① 대화 중에 반론을 제기하거나 자존심을 건드리는 행위를 금지한다.

② 시기적절히 질문을 해 상대가 자신의 생각을 솔직히 드러낼 수 있도록 도와준다.

③ 정중함을 잃지 않고 냉정하고 의연하게 대처한다.

④ 우회화법을 사용하여 고객으로 하여금 사실을 말하도록 유도한다.

⑤ 합의를 지연하고자 하는 고객의 의도를 경계한다.

81 고객응대 시 선택형 질문(Closed Question)이 필요한 경우는?

① 고객이 적극적으로 이야기하게 함으로써 고객의 니즈를 파악할 경우

② 고객들의 마음에 여유를 가지게 해야 할 경우

③ 고객의 니즈에 초점을 맞추어야 할 경우

④ 고객의 답변에 초점을 맞추어야 할 경우

⑤ 처리해야 할 사항을 확인받아야 할 경우

82 다음 중 보고의 일반원칙에 해당하는 것을 모두 고른 것은?

가. 완전성의 원칙	나. 정확성의 원칙
다. 필요성의 원칙	라. 간결성의 원칙
마. 유효성의 원칙	

① 가, 나, 다, 라, 마   ② 가, 나, 라, 마

③ 가, 나, 다, 마   ④ 가, 나, 마

⑤ 가, 나

83 때와 장소에 따른 상석에 대한 설명으로 가장 적절하지 못한 것은?

① 손님 접대 시 응접실 내의 상석은 입구에서 먼 쪽, 의자의 순서는 소파 등받이가 있는 것이 우선이다.

② 양식에는 항상 호스트(호스티스)의 우측이 최상석이고, 호스트(호스티스)로부터 가장 먼 쪽이 말석이다.

③ 자동차의 좌석은 운전기사의 유무에 관계없이 뒷좌석의 운전석 대각선 방향 좌석이 가장 상석이다.

④ 열차좌석에 있어서는 차 진행방향의 창가 쪽이 일반적으로 상석이다.

⑤ 자가운전인 경우에는 운전석 옆 좌석이 상석, 뒷줄의 가운데 좌석이 말석이다.

84 고객 불만해소 방법의 단계와 그에 대한 설명으로 가장 적절한 것은?

① 1단계 – 사과와 양해 구하기(반전효과)

② 2단계 – 고객관점에서 바라보기(회상효과)

③ 3단계 – 건설적인 협상(양해효과)

④ 4단계 – 불만원인 찾기(탐색효과)

⑤ 5단계 – 경청(집중효과)

85 다음 중 소비자기본법에서 규정하고 있는 소비자의 책무에 해당하지 않는 것은?

① 소비자는 사업자 등과 더불어 자유시장경제를 구성하는 주체임을 인식하여 물품 등을 올바르게 선택하여야 한다.

② 소비자의 기본적 권리를 정당하게 행사하여야 한다.

③ 소비자는 스스로의 권익을 증진하기 위하여 필요한 지식과 정보를 습득하도록 노력하여야 한다.

④ 소비생활에 영향을 주는 국가 및 지방자치단체의 정책과 사업자의 사업활동 등에 대하여 의견을 반영하여야 한다.

⑤ 소비자는 자주적이고 합리적인 행동과 자원절약적이고 환경친화적인 소비생활을 함으로써 소비생활의 향상과 국민경제의 발전에 적극적인 역할을 다하여야 한다.

86 개인정보보호법의 내용과 일치하는 것은?

① "개인정보보호책임자"란 업무를 목적으로 개인정보파일을 운용하기 위하여 스스로 또는 다른 사람을 통하여 개인정보를 처리하는 공공기관, 법인, 단체 및 개인 등을 말한다.

② 누구든지 불특정 다수가 이용하는 목욕실, 화장실, 발한실, 탈의실 등 개인의 사생활을 현저히 침해할 우려가 있는 장소의 내부를 볼 수 있도록 고정형 영상정보처리기기를 설치·운영하여서는 아니 된다.

③ 개인정보 보호에 관한 사항을 심의·의결하기 위하여 행정안전부 장관 소속으로 개인정보 보호위원회를 둔다.

④ 개인정보의 보호와 정보주체의 권익 보장을 위하여 행정안전부 장관은 5년마다 개인정보 보호 기본계획을 관계 중앙행정기관의 장과 협의하에 작성하여 보호위원회에 제출하고, 보호위원회의 심의·의결을 거쳐 시행하여야 한다.

⑤ 개인정보처리자는 보유기간의 경과, 개인정보의 처리 목적 달성 등 그 개인정보가 불필요하게 되었을 때에는 7일 이내에 그 개인정보를 파기하여야 한다.

87 다음 중에서 고객의 불만을 경청하고 이를 고객만족경영을 위해 피드백시킬 때 사용할 수 있는 도구로 옳은 것을 모두 고른 것은?

> ㉠ Customer Satisfaction Index
> ㉡ Voice of Customer Line
> ㉢ Voice of Employee Line
> ㉣ Quality Function Deployment

① ㉠, ㉡　　　　　　　　　　　　② ㉠, ㉢
③ ㉡, ㉣　　　　　　　　　　　　④ ㉠, ㉡, ㉢
⑤ ㉠, ㉡, ㉢, ㉣

88 코칭(Coaching)의 단점에 대한 설명으로 옳은 것은?

① 양방향적인 관계로 함께 성장할 수 있다.
② 일대일로 지도하므로 교육 효과가 높다.
③ 업무수행 성과에 직접적으로 관련되어 있다.
④ 교육의 성패가 코치의 능력에 지나치게 좌우된다.
⑤ 상하 간에 커뮤니케이션 능력을 향상시킬 수 있다.

89 다음 중 프레젠테이션의 구성 중 전개단계(본론)에 해당하지 않는 것은?

① 보조자료를 적절히 사용한다.

② 강사는 자기소개를 정확하고 자세하게 설명해주어야 한다.

③ 전개의 마무리 단계에서 질문을 받는다.

④ 내용조직은 논리적으로 체계화되어 설명할 수 있어야 한다.

⑤ 동기부여가 중간마다 이루어져야 한다.

90 다음 중 I-Message의 대화표현을 사용할 때의 주의할 점이 아닌 것은?

① I-Message를 사용한 다음에는 다시 적극적 경청의 자세를 취하도록 한다.

② 상대방의 행동이 자신에게 미친 영향을 반복해서 구체적으로 이야기한다.

③ 상대방의 행동으로 인해 일어나는 표면적 감정을 표현하기보다 본원적인 마음을 표현하도록 한다.

④ 상대방의 습관적 행동이 문제가 되는 경우에는 구체적인 문제해결 방안을 함께 모색한다.

⑤ 상대방의 행동으로 인해 생긴 부정적인 감정만 강조하지 않는다.

제7회 | 적중모의고사

🕐 정답 p.326

01 | CS 개론

01 다음 중 고객행동에 영향을 주는 문화적 요인에 해당하는 것은?

① 가치관   ② 준거집단

③ 가 족   ④ 라이프스타일

⑤ 전문가

02 다음 보기의 괄호 안에 들어갈 용어는?

> 고객만족의 역사는 1972년 미국 농산부에서 농산품에 대한 소비자만족지수(CSI ; Customer Satisfaction Index)를 기초로 만들어진 (   )에서 고객들의 정서적인 불만요소를 정량적으로 지수화해 발표하면서 시작되었다.

① 고객충성도   ② 소비자 불만이론

③ 굿맨이론   ④ 기대−불일치이론

⑤ 호손이론

03 슈메너(Schmenner)의 '서비스 프로세스 매트릭스'에서 노동 집중도가 낮고, 상호작용 및 개별화도가 높은 업종은?

① 항공사   ② 도매업

③ 변호사   ④ 수리센터

⑤ 건축가

04 1970년대의 고객만족경영의 발전과정에 해당하는 내용은?

① 미국 J. D. 파워(J. D. Power and Associates)의 CSI 조사
② 한국의 CS경영의 관심과 도입 시기
③ 일본의 CS경영의 도입
④ 미국의 고객만족경영의 탄생
⑤ 유럽시장에서 SM(Sevice Management) 탄생

05 다음 중 서비스 프로세스 설계에서 대량의 고객을 상대하고 참여 수준이 낮은 서비스 전략이 적용 가능한 업종에 해당하지 않는 것은?

① 항공업   ② 학교 및 학원
③ 의료기관   ④ 금융기관
⑤ 숙박업

06 다음 중 서비스 프로세스의 중요성에 대한 설명에 해당하지 않는 것은?

① 고객이 체험하는 서비스 전달 시스템은 고객이 서비스를 판단하는 증거가 된다.
② 고객에게 복잡하고 포괄적인 행동을 요구하는 서비스 프로세스는 불만의 원인이 되기도 한다.
③ 서비스 상품 자체이면서 동시에 서비스 전달 시스템 유통의 성격을 갖는다.
④ 서비스 프로세스의 단계 및 서비스 전달자의 처리 능력은 고객에게 가시적으로 보인다.
⑤ 서비스의 품질은 서비스의 세 가지 특성인 무형성, 소멸성, 비분리성에 영향을 받는다.

07 서비스의 제공에 있어서 대기관리는 수요와 공급의 예측이 어려운 특성으로, 수요와 공급이 일정한 경우에 적절한 대기관리 전략에 해당하는 것은?

① 예약 시스템
② 고객이 선택 가능한 정보 제공
③ 커뮤니케이션의 활용
④ 공정한 대기관리 시스템 구축
⑤ 고객 유형별로 대응

08 다음 중 고객 행동에 영향을 미치는 요인들을 모두 고른 것은?

가. 문화적 요인	나. 환경적 요인
다. 사회적 요인	라. 개인적 요인
마. 경제적 요인	

① 가, 나, 다
② 가, 나, 다, 라
③ 가, 다, 라
④ 가, 다, 라, 마
⑤ 나, 다, 라, 마

09 다음 중 성격유형지표(MBTI)에 대한 설명으로 옳지 않은 것은?

① MBTI의 바탕이 되는 이론은 '칼 융(C. G. Jung)'의 심리유형론이다.
② '마이어브릭스(Myers-Briggs)' 모녀에 의해 개발된 이론이다.
③ 성격이 좋고 나쁨을 판단하여 고객관리를 위한 정책 자료로 활용한다.
④ 성격유형은 모두 16가지로 구분되며, 외향형/내향형, 감각형/직관형, 사고형/감정형, 판단형/인식형 등이 있다.
⑤ 자신이 선호하는 특성을 통해 인간관계와 일 처리 방식에 대한 이해를 돕고자 하는 것이다.

제7회

10 다음 중 고객만족경영(Customer Satisfaction Management)의 중요성이 아닌 것은?

① 고객의 욕구가 다양해지고 빠르게 변화하고 있다.
② 고객이 만족한 제품이나 서비스에 대한 구전효과로 광고효과가 높아진다.
③ 고객만족경영은 가격우위효과를 가져와서 장기적인 관점에서 높은 이윤을 창출한다.
④ 고객의 기호변화를 예측하여 마케팅 효율을 높인다.
⑤ 고객만족은 제품가격, 후방활동, 전문성에 의해 결정되고 고객의 경험을 요구한다.

11 우리나라에서 고객만족경영의 성장기의 특징에 해당하지 않는 것은?

① 공공기관을 비롯한 국내의 대부분의 기업에서 도입하기 시작하였다.

② 경쟁이 치열해지면서 각 기업은 전사적 고객만족경영 프로그램을 개발하고, 적극 활용하기 시작하였다.

③ 고객만족경영팀을 신설하였다.

④ 제조물책임법과 집단소송제 도입 등으로 기업의 책임과 고객만족을 동시에 강화하였다.

⑤ 전사적 고객만족경영체제 개념이 도입되었다.

12 다음 보기의 괄호 안에 들어갈 용어는?

(가)은(는) 미국의 경영이론가 (나)에 의해 제시되었다. 기업의 경영자가 직접 현장을 방문하여 업무수행의 진척도, Neck 과제해결을 위한 의사결정을 현장에서 직접 보고, 현상을 파악하여 신속하게 처리하는 경영기법이다.

① (가) – MOT, (나) – 얀 칼슨(Jan Carlson)

② (가) – CSM, (나) – 피터 드러커(Peter Drucker)

③ (가) – BPR, (나) – 마이클 해머(Michael Hammer)

④ (가) – MBWA, (나) – 톰 피터스(Tom Peters)

⑤ (가) – TQM, (나) – 마이클 해머(Michael Hammer)

13 다음 중 내부고객의 만족도를 높이기 위해 실시한 **노드스트롬(Nordstrom)의 경영방식에 해당하는 정책은?**

① 매력적인 환경을 제공하는 정책

② 종업원 개개인의 고객관리 수첩활용 정책

③ 다양한 제품의 진열

④ 기업가적인 종업원

⑤ 조건 없는 반품수용 정책

14 다음 〈보기〉의 고객 특성 파악을 위한 인구 통계적 정보 중 고객 프로필 정보에 해당하는 내용을 찾아 모두 고른 것은?

가. 이 름 나. 직장명
다. 전화번호 라. 소득 수준
마. 고객평생가치

① 가 ② 나, 다, 마
③ 가, 나, 라 ④ 다, 마, 라
⑤ 가, 나, 다

15 다음 보기의 내용이 설명하는 용어는?

서비스에서 고객을 부분직원으로 보는 관점으로 고객에게 중요한 서비스에 스스로 참여하게 하여 기업의 생산성을 높이는 결과를 가져왔다. 경영전문가들은 이러한 고객의 역할에 대해 '서비스 생성 프로세스의 한 부분으로 고객이 노력, 시간 및 기타자원으로 기여하므로 조직의 일부로 포함해야 한다.'라고 하였다.

① 생산자원 ② 전문가
③ 경쟁자 ④ 공헌자
⑤ 참여자

16 다음 중 그레고리 스톤(Gregory Stone)의 고객 분류와 고객의 마케팅 유형이 바르게 연결된 것은?

① 경제적 고객 – 고객가치를 극대화시키는 마케팅
② 전문적 고객 – 개인적 인식을 통한 차별화된 마케팅
③ 편의적 고객 – 기업의 사회적 이미지에 마케팅
④ 윤리적 고객 – CRM을 통한 고객 활성화 마케팅
⑤ 사회적 고객 – 부가적인 서비스로 고객에 맞는 제품설명서 제공

17 다음 중 고객이 제품이나 서비스를 선택, 결정, 구매함에 있어서 위험을 줄이는 것으로 고객의 사결정 과정에서 구매의사에 영향을 주는 단계에 해당하는 것은?

① 문제의 인식
② 정보의 탐색
③ 구매 후 행동
④ 제품의 대안 평가
⑤ 제품 또는 서비스의 구매

18 타인에 의해 사회에서 높은 지위에 있는 것처럼 인식을 얻기 위해 고가의 의류나 명품을 소유하려고 하는 욕구에 해당하는 매슬로우(Maslow)의 위계단계는?

① 안전의 욕구
② 생리적 욕구
③ 자아실현의 욕구
④ 존경의 욕구
⑤ 소속 및 애정의 욕구

19 다음 중 소비자의 행동 유형별 연구에서 나타난 MBTI에서 감각형의 행동요소에 해당하는 것은?

① 표현을 할 때는 과거형을 사용한다.
② '무엇'과 '어떻게'로 시작하는 질문을 많이 한다.
③ 미래가능성에 초점을 둔다.
④ 표현을 할 때 현재진행형을 사용한다.
⑤ 객관적인 증거를 중요시한다.

20 다음 중 고객관계관리(CRM)의 기본원리에 해당하지 않는 내용은?

① 고객에 대해 제품이나 서비스, 메시지를 고객별로 구분화한다.
② 모든 고객을 추구하고 모든 채널과 고객접촉점을 기본으로 고객 DB를 구축한다.
③ 고객의 평생가치를 계산하고 가치 있는 고객에게 집중한다.
④ 고객들의 개별욕구에 대한 지식을 향상시키고 고객과 상호작용한다.
⑤ 기업의 예상 잠재고객을 확인하고 규명할 수 있다.

21 조하리(Johari)의 '마음의 창'에서 인간관계를 진단하는 데 사용하는 요소는?

① 자기공개와 타인공개
② 자기공개와 피드백
③ 환경분석과 자기공개
④ 환경분석과 피드백
⑤ 환경분석과 커뮤니케이션

22 Data Warehouse(DW)에 저장되어 있는 데이터를 분석하여 경영자들의 전략적 의사결정을 원하기 위한 새로운 정보와 지식을 추출하는 과정은?

① 데이터 마이닝
② 데이터 정제
③ 데이터의 수집
④ 데이터의 통합
⑤ 데이터 입력

23 경쟁사로부터 시장을 방어하기 위한 '저지전략(Blocking)'이 아닌 것은?

① 전환비용
② 집중광고
③ 서비스 보증
④ 입지, 유통 통제
⑤ 장기고객 요금 할인

24 다음 중 상대방의 하나 이상의 자아 상태를 향해서 사회적 차원의 교류와 심리적 차원의 교류의 양쪽이 동시에 작용하는 것으로, 당연해 보이는 메시지를 보내고 있는 것 같으나 그 이면에는 다른 의미를 가지는 교류 형태는?

① 상보교류
② 교차교류
③ 대인교류
④ 이면교류
⑤ 상호교류

25 다음 중 서비스를 3단계로 분류할 때 거래 후 서비스(A/S)의 고객 서비스 요소에 해당하는 것은?

① 고객접점부터 시작
② 제안 업무
③ 주문의 편리성
④ 보증 및 변경
⑤ 제품의 대체성

26 러브록(Lovelock)의 분류 중 직원의 재량범위는 좁고 주문에 대한 대응범위는 넓은 경우의 서비스는?

① 법률 서비스·건강관리
② 교육(대형학급)
③ 호텔 서비스
④ 패스트푸드점
⑤ 질병예방프로그램

27 서비스의 특징 중 소멸성을 극복하기 위해 필요한 것은?

① 물질적 증거와 심상을 제시해 주는 것이 필요하다.
② 수요와 공급을 조절하는 것이 필요하다.
③ 서비스를 표준화하는 것이 중요하다.
④ 다양한 각도에서 각 고객층에 맞는 개별화 전략을 구축하는 게 필요하다.
⑤ 서비스 제공자의 교육훈련과 자질을 개발하는 게 필요하다.

28 다음 보기에서 설명하는 용어는?

> 기업의 각 사업부문에서 수집된 자료를 바탕으로 축적된 데이터를 추출하여 고객이나 시장을 분석하고, 언제든지 조사활동에 쉽게 활용할 수 있도록 체계적으로 자료를 보관하는 것이다.

① 빅 데이터
② 데이터마이닝
③ 데이터 웨어하우스
④ 커스텀 데이터
⑤ 마케팅 채널과 연계

29 다음 중 관광 서비스에서 중요시되는 인적자원을 선발할 때 기준이 되는 요인이 아닌 것은?

① 연 령　　　　　　　　　　② 지 식
③ 인 성　　　　　　　　　　④ 능 력
⑤ 기 술

30 리더십은 후천적으로 훈련과 개발을 통해 얼마든지 육성될 수 있다는 견해를 가지는 인적자원을 중요시하는 리더십 이론에 해당하는 것은?

① 변혁론　　　　　　　　　　② 특성론
③ 상황적합론　　　　　　　　④ 행위론
⑤ 비전론

31 다음 중 서비스 프로세스 개념 개발의 선구자이며, 그림과 단지 몇 마디의 말로 묘사하는 서비스 프로세스 설계의 위험한 부분으로 지나친 단순화, 주관성, 편향된 해석 등을 지적한 사람은?

① 마이클 해머(Michael Hammer)
② 톰 피터스(Tom Peters)
③ 린 쇼스택(Lynn Shostack)
④ 얀 칼슨(Jan Carlson)
⑤ 피터 드러커(Peter Drucker)

32 다음 중 미스터리 쇼퍼(Mystery Shopper)의 도입 목적에 대한 설명으로 옳지 않은 것은?

① 고객이 쉽게 의견을 제시할 수 있는 채널을 제공한다.
② 고객 서비스 환경과 현황에 대한 진단과 평가를 한다.
③ 조사 보고서를 바탕으로 마케팅 전략을 수립한다.
④ 고객 서비스의 개선을 통해 만족도를 높인다.
⑤ 서비스를 개선할 부분과 보완할 부분을 확인하고 표준안을 도출한다.

33 다음 보기의 설명에 해당하는 내용으로 적절한 것은?

> 서비스 표준안을 작성할 때 친절과 공손에 대한 서비스 표준은, 친절하기 위해서 '고객에게 미소를 지어라.' 또는 '안녕하십니까?' 등으로 친절하기 위한 세부 행동지침으로 작성되어야 한다.

① 측정 가능하고 구체적으로 작성되어야 한다.
② 누가, 언제, 무엇을 해야 하는지 간단하고 정확하게 지적되어야 한다.
③ 고객의 요구사항을 바탕으로 작성되어야 한다.
④ 업무 명세와 수행개요를 명문화한다.
⑤ 경영진과 직원들의 상호이해를 바탕으로 함께 만들어져야 한다.

34 다음 중 서비스 청사진의 장점을 모두 고른 것은?

> 가. 새로운 서비스의 개발 및 서비스 재설계에 필요한 도구이다.
> 나. 서비스의 물리적인 증거를 무형화시킬 수 있다.
> 다. 시스템으로 잠재된 실패의 요인들을 분석할 수 있다.
> 라. 서비스의 생산성과 수익성을 분석할 수 있다.
> 마. 새로운 시장과 제품 및 서비스를 개발할 수 있다.
> 바. 서비스 전달자의 체험과 관점으로 이루어진다.

① 가, 나, 다, 라
② 나, 다, 라, 마
③ 가, 다, 라, 마
④ 나, 라, 마, 바
⑤ 가, 라, 마, 바

35 다음 중 소비자가 받아들이는 가치라는 의미의 비용, 기회비용, 교환비용 또는 브랜드의 교환에 해당하는 4C의 요소는?

① Convenience
② Contents
③ Cost
④ Capital
⑤ Concept

36 기업에서 가장 가치가 있는 제품이나 시장을 세분화하여 가장 적합한 특정의 하나 또는 소수의 표적시장을 선정하여 마케팅 활동을 집중하는 전략은?

① 세분화 전략
② 원가우위 전략
③ 집중화 전략
④ 차별화 전략
⑤ 분업화 전략

37 슈미트(Schmitt)가 제안한 경험적 마케팅의 전략적 모듈(SEMs ; Strategic Experience Modules) 기반이 되는 5가지 경험으로 볼 수 없는 것은?

① 감성적 경험
② 감각적 경험
③ 인지적 경험
④ 관계적 경험
⑤ 이성적 경험

38 다음 중 80%의 비주류 제품도 20%의 핵심 주류 제품보다 뛰어난 가치를 창출할 수 있다는 관점에서 본 마케팅 이론은?

① 롱테일의 법칙
② 파레토 법칙
③ 2080 법칙
④ 황금비율의 법칙
⑤ 250의 법칙

39 다음 중 서비스 실패를 회복하는 과정에서 지나치게 서둘러 고객이 한 번 더 불만족을 느낌으로써 서비스 실패를 가져오는 상황에 해당하는 용어는?

① 후광효과
② 연쇄효과
③ 순응현상
④ 이중 일탈효과
⑤ 서비스 패러독스

40 다음 중 수잔 키비니(Susan Keaveney) 교수의 'Customer Switching Behavior in Service Industries(1995년)' 보고서에서 고객이 공급자를 전환하는 데에 가장 적은 영향을 주는 요인에 해당하는 것은?

① 불친절한 고객응대
② 불가피한 상황
③ 핵심가치 제공의 실패
④ 불만처리 미흡
⑤ 가 격

41 다음 보기에 해당하는 마케팅 전략은?

> 필립 코틀러(Philip Kotler) 교수는 '시장의 고객을 동질적인 하위그룹으로 세분하는 것은 마케팅 믹스에 적합한 표적시장으로 선정하기 위한 것이다.'라고 정의하였다.

① Market Positioning
② Niche Marketing
③ Segmentation Marketing
④ Target Marketing
⑤ Customer Segmentation

42 SERVQUAL의 5개 차원에서 '능력, 예의, 신뢰성, 안전성' 등에 해당하는 구성 요소는?

① 공감성
② 유형성
③ 응답성
④ 신뢰성
⑤ 확신성

43 다음 고객가치의 특성 중에서 시간의 특성에 따라 변하는 평가 기준과 소유과정에서 일어나는 변화로 똑같은 고객이라도 시간대에 따라 가치 인식에 차이가 난다는 특성에 해당하는 것은?

① 동적성
② 주관성
③ 다차원성
④ 복잡성
⑤ 개인성

44 다음 중 소비행동에서 제품의 소비를 자극하는 새로움, 호기심 등과 관련된 가치에 해당하는 것은?

① 사회적 가치 ② 상황적 가치
③ 기능적 가치 ④ 인식적 가치
⑤ 정서적 가치

45 다음 보기에서 설명하는 이론은?

'소비자가 두 개의 지각이 각각 옳다고 보는 반면, 서로 조화되지 않게 지각될 때 나타나는 심리상태'라고 심리학자인 레온 페스팅거(Leon Festinger)가 제시하였다. 기업은 두 요소 간의 조화를 이루어 심리적 긴장을 감소시키는 노력이 필요하다.

① 불균형 이론 ② 귀인 이론
③ 자기합리화 이론 ④ 균형 이론
⑤ 인지부조화 이론

46 다음 중 리츠칼튼 호텔의 고객인지프로그램에 대한 내용이 아닌 것은?

① 최고의 고객을 식별하는 전략으로 신규고객을 창출시키는 것이 기본이다.
② 고객에게 알맞은 제품과 서비스를 적시에 제공한다.
③ 고객의 입장에서는 개인정보의 노출에 대한 불안감이 생길 수 있다.
④ 고객 데이터베이스를 통해 맞춤형 서비스를 제공할 수 있다.
⑤ 고객의 재방문에 따른 고객행동을 예측할 수 있다.

47 다음 중 '기업이 제공하는 것을 경쟁자가 제공하는 것과 구별되게 하는 추가적인 서비스와 이점을 포함하는 제품'에 해당하는 것으로 필립 코틀러(Philip Kotler)가 제시한 제품차원은?

① 핵심 제품 ② 기본적 제품
③ 확장 제품 ④ 기대 제품
⑤ 잠재적 제품

48 서비스 품질의 결정에 영향을 미치는 요인 중 '기대된 서비스'의 영향 요인과 가장 거리가 먼 것은?

① 구 전
② 과거의 경험
③ 전통과 사상
④ 기업 측의 약속
⑤ 기업의 물질적, 기술적 자원

49 서비스 실패를 경험한 기업이 추구할 수 있는 일반적인 서비스 회복 방안이 아닌 것은?

① 서비스 수정
② 제품 수리
③ 고객과의 신속한 타협
④ 고객 불만을 기업에 표현할 수 있는 기회 제공
⑤ 발생한 사건에 대한 기업의 설명

50 레빗(Levitt)의 제품 차원 중 '사용으로 욕구 충족을 얻을 수 있는 제품으로 제품이 주는 근본적 혜택, 즉 기본적 욕구를 충족시킬 수 있는 특성으로서 제품 개념'이 뜻하는 유형은?

① 실체 제품
② 핵심 제품
③ 확장 제품
④ 잠재 제품
⑤ 기대 제품

51 다음 괄호 안에 들어갈 용어로 적절한 것은?

> (   )은 고객이 기업과의 상호작용에서 무엇을(What) 받는지를 나타내는 것으로서, 고객이 서비스 제공자인 기업으로부터 서비스의 상호 작용을 받는 또는 전달되는 핵심이다.

① 결과품질
② 기능품질
③ 객관적 품질
④ 주관적 품질
⑤ 과정품질

52 다음 중 SERVQUAL 모형을 기업에 적용할 때 제기되는 문제점으로 적절하지 않은 것은?

① 기대치의 측정이 어려움

② 기대에 대한 개념정의와 타당도 문제

③ 차원성의 문제

④ 일관성이 부족하고 분류체계상의 문제

⑤ 관련 집단의 성숙도 및 경험의 정도

53 다음 중 서비스 품질 문제에 영향을 미치는 요인을 모두 고른 것은?

> 가. 생산과 소비의 비분리성 및 노동집약성
> 나. 기업의 단기적 견해
> 다. 직원에 대한 부적절한 서비스
> 라. 고객을 수치로 보는 견해

① 가, 나, 다　　　　　　　　② 가, 나, 라

③ 가, 다, 라　　　　　　　　④ 나, 다, 라

⑤ 가, 나, 다, 라

54 다음 보기의 내용이 설명하는 것은?

> 내부고객인 종업원을 대상으로 기본적으로 사기를 진작시키고 근무 만족도를 향상시키며 종업원이
> 서비스 상품의 생산과정에서 중요한 인적자원으로 인식하도록 자격을 갖춘 종업원을 선발, 개발,
> 교육훈련 등을 통해 동기부여시키는 과정을 말한다.

① 직무교육　　　　　　　　② 내부 마케팅

③ 멘토링　　　　　　　　　④ 인재경영

⑤ 브랜드 마케팅

55 다른 기업에서 손대지 않은 잠재성 있는 시장이라는 의미로 '남이 모르는 좋은 낚시터'라는 은유적인 마케팅 용어는?

① WOM
② 버즈 마케팅
③ 니치 마케팅
④ 바이럴 마케팅
⑤ 앰부시 마케팅

56 고객만족도 조사를 위해서 설문지를 개발하는 절차에서 질문의 순서를 결정할 때 주의해야 할 내용이 아닌 것은?

① 중요한 질문의 내용은 설문지 앞쪽에 위치시킨다.
② 논리적이고 자연스러운 흐름에 따라서 질문을 반영한다.
③ 보다 구체적인 질문을 먼저하고 포괄적인 질문을 한다.
④ 어렵고 민감한 사항의 내용은 뒷부분에 위치시킨다.
⑤ 간단하고 흥미로운 질문부터 작성한다.

57 다음 중 고객충성도에 따라 분류한 '특정 제품이나 서비스에 대해 관심을 가지고 적어도 한 번 정도 가게를 방문하는 계층'으로 라파엘(Raphael)과 레이피(Raphe)가 분류한 고객은?

① 고 객
② 단순고객
③ 충성고객
④ 예비고객
⑤ 단골고객

58 중산층 소득이 증대하면서 명품 브랜드 상품과 서비스를 원하는 새로운 소비층이 생겨나자 명품에 비해 저렴하면서도 명품이 주는 감성적 만족을 제공하는 경향으로 명품의 대중화에 따른 현상에 해당하는 신조어는?

① 매스티지
② 체리피커
③ 매트로섹슈얼
④ 머츄리얼리즘
⑤ 매스클루시버티

59 다음 중 마케팅 계획수립의 절차를 바르게 나열한 것은?

> 가. 마케팅 목표 설정
> 나. 목표달성을 위한 전략수립
> 다. 기업의 목표 기술
> 라. 기업 환경분석
> 마. 전략수립을 위한 Program 작성
> 바. 실행 및 검토

① 가 – 라 – 다 – 나 – 마 – 바
② 나 – 다 – 라 – 마 – 가 – 바
③ 다 – 라 – 가 – 나 – 마 – 바
④ 나 – 라 – 가 – 마 – 다 – 바
⑤ 다 – 가 – 나 – 라 – 마 – 바

60 다음 고객충성도(로열티)에 대한 설명 중 가장 옳은 것은?

① 관계 형성 후 생기는 심리적·물질적 전환 장벽으로 기존의 관계에 머물러 있는 상태
② 전환 시 금전적·심리적 비용이 발생하여 쉽게 경쟁기업으로 이동하지 못하는 상태
③ 구매행태가 고착되어 습관적으로 한 브랜드만을 지속적으로 구매하는 상태
④ 한 기업의 사람, 제품 또는 서비스에 대한 애착 또는 애정의 감정상태
⑤ 구매자가 치른 대가의 보상에 대한 소비자의 판단 상태

03 | 고객관리 실무론

61 다음 중 콜센터의 효율적 운영방안으로 옳지 않은 것은?

① 고객 상담을 종합적으로 처리할 수 있는 전문 인력의 배치
② 고객이 요구하는 사항은 무엇이든지 원스톱으로 처리하며 부득이하게 전문성을 요하는 것만 해당 부서로 연결
③ 고객 위주의 상담화면을 개발하고 고객의 의견 등을 데이터베이스화하여 경영활동에 반영
④ 지속적인 정보관리를 할 수 있도록 화면과 각종 리포트를 개발하여 현업에 활용
⑤ 고객상담활동의 우수직원과 부서에 대한 보상을 비밀적으로 제공

62 다음 중 고객의 이야기에 보조를 맞추어 통화하면서 서로의 간극을 줄이고 일치감을 갖도록 하는 것으로 전화응대 구성요소로서 최상의 도구에 해당하는 것은?

① 정확한 발음
② 음 성
③ 음 량
④ 속 도
⑤ 억 양

63 다음 보기에서 전화 응대자가 교정해야 할 내용은?

> ○○물산에서 부사장의 비서인 △△△는 처음 대하는 목소리의 고객으로부터 부사장을 바꿔 달라는 전화를 받고 "실례합니다. 누구시라고 전해 드릴까요?"라고 물어본다. 상대방 고객이 이름과 신분을 밝히자 비서는 "죄송합니다. 지금 부사장님이 부재중이오니, 전하실 말씀을 남겨주시겠습니까?"라고 하였다.

① 고객을 배려하는 공손한 표현을 사용하지 않았다.
② 고객의 신분을 묻기 전에 부사장이 현재 어떤 상황인지 먼저 밝히지 않았다.
③ 메시지를 남기면 전하겠다는 적극적인 의사를 보이지 않았다.
④ 부사장이 현재 자리에 없다고 알려주지 않았다.
⑤ 중요한 정보를 기록하려는 자세가 없었다.

64 다음 중 경어 및 존경어 사용법에 대한 설명으로 부적절한 것은?

① 과잉 경어는 오히려 존경의 의미가 반감이 되기 때문에 주의한다.
② 경어와 존경어는 상대방의 동작, 상태와 상대방의 사물 등을 높여서 표현하는 말이다.
③ 경어는 상대에 대한 존경의 마음을 언어로 표현하는 것이다.
④ 고객이 처해 있는 상황에 적절하게 대처하고 관심을 가지고 바람직하게 경어를 사용한다.
⑤ 존경어는 자신의 동작, 태도에 대해 낮추어 표현하여 상대적으로 상대방을 높일 수 있다.

65 다음 중 스크립트(Script)를 작성하는 요령으로 가장 적절한 것은?

① 간결하면서도 쉬운 문어체로 작성한다.

② 상담자가 주어가 되도록 회사의 입장에서 작성하도록 한다.

③ 부정형보다는 긍정으로, 의뢰형보다는 지시형으로 작성한다.

④ 최근 시사나 활용 가능한 스토리는 되도록 작성하지 않도록 한다.

⑤ 자신이 제안하는 내용이 고객에게 이익을 주고 있다는 확신을 가질 수 있도록 작성한다.

66 인바운드 텔레마케터의 자세로서 옳지 않은 것은?

① 텔레마케터는 고객의 말에 귀를 기울여 대화의 내용과 핵심을 간파해야 한다.

② 텔레마케터는 고객과 직접 대면하는 것이 아니므로 밝고 부드러운 표정은 그리 중요하지 않다.

③ 상담예절을 지키면서 고객의 말을 들으면 공감대도 높고 화제의 집중력도 높아진다.

④ 편안한 말하기 속도를 유지하면서 표준 발음을 구사해야 한다.

⑤ 회사를 대표하고 있다는 책임의식과 주인의식을 갖는다.

67 다음 중 상담원이 모르는 상태에서 무작위로 추출한 상담내용을 평가자가 녹취하여 결과를 상담원과 공유하도록 하는 모니터링 방법은?

① Side-by-Side Monitoring

② Recording Monitoring

③ Real Time Monitoring

④ Self Monitering

⑤ Call Taping

68 고객상담 시 피해야 할 것은?

① 적절한 경어의 사용   ② 표준말

③ 긍정적인 말   ④ 단정적인 말

⑤ 음성의 크기와 고저 조절

69 다음 그림에서 첫 번째 상석에 해당하는 것은?

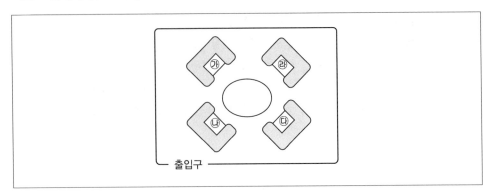

① 가

② 나

③ 다

④ 라

⑤ 가, 라

70 다음 중 일정한 거리를 유지하면서 고객과 허물없이 대화를 나눌 수 있는 거리로 고객에게 안정 감과 편안함을 줄 수 있는 공간적 영역의 거리는?

① 친밀한 거리

② 개인적 거리 근접영역

③ 사회적 거리 원접영역

④ 대중적 거리 근접영역

⑤ 대중적 거리 원접영역

71 다음 중 효과적인 코칭(Coaching)의 방법으로 좋은 질문이 가지는 특성이 아닌 것은?

① 긍정형 질문

② 중립적 질문

③ 간단한 질문

④ 폐쇄형 질문

⑤ 명료한 질문

72 다음 교육훈련 기법 중 'Off-JT'에 해당하는 것은?

① 실천학습

② 자기학습

③ 직무교육훈련

④ 사례연구법

⑤ 독 서

73 고객이 기업에게 가지는 불만 원인에 가장 큰 영향을 주는 요인에 해당하는 것은?

① 기업문화　　　　　　　　② 제품의 문제
③ 고객 자신의 문제　　　　　④ 직원의 고객응대 과정의 문제
⑤ 기업의 제도적 문제

74 다음 중 이미지를 형성하는 데 영향을 주는 가시적인 요소는?

① 개 념　　　　　　　　　　② 연 상
③ 느 낌　　　　　　　　　　④ 시각적 형상
⑤ 분위기

75 다음 중 중간보고가 필요하지 않은 경우는?

① 업무 완료가 임박할 경우
② 지시한 방침이나 방법으로 해결이 불가능해 보일 경우
③ 업무 진행에 있어 곤란한 문제가 발생하였을 경우
④ 업무 진행 이전과 상황이 바뀌었을 경우
⑤ 업무에 대한 결과나 전망이 보일 경우

76 다음 보기에서 설명하고 있는 화법은?

> 어떤 대화를 나눌 때 부정(-)과 긍정(+)의 내용을 혼합해야 하는 경우, 기왕이면 부정적 내용을 먼저 말하고 끝날 때는 긍정적 의미로 마감하는 화법이다.

① 쿠션 화법　　　　　　　　② Yes, but 화법
③ 아론슨 화법　　　　　　　④ 플러스 화법
⑤ 맞장구 표현법

77 다음 중 악수를 할 때 주의해야 하는 내용으로 옳은 것은?

① 악수를 할 때 손은 최소 7회 이상 흔들고 약 2초 정도 상대의 손을 잡는다.

② 악수를 할 때는 신뢰감을 주기 위해 강한 힘을 주어 상대방의 손을 잡는다.

③ 악수를 할 때는 예의상 상대방의 눈을 응시하지 않고 가슴을 응시하면서 한다.

④ 악수를 할 때 팔꿈치가 자연스럽게 굽혀지는 정도의 거리가 적당하다.

⑤ 악수를 할 때 잡는 손은 스치듯 느슨하게 잡는다.

78 소비자의 알 권리를 침해하는 것으로 부당한 표시나 광고행위로 사실을 은폐하거나 축소하는 경우에 해당하는 것은?

① 주관적인 표시나 광고　　　　　② 기만적인 표시나 광고

③ 허위나 과장광고　　　　　　　　④ 부당한 표시나 광고

⑤ 객관적인 표시나 광고

79 다음 중 한국소비자원의 피해구제에 대한 내용으로 옳지 않은 것은?

① 소비자는 물품 등의 사용으로 인한 피해의 구제를 소비자보호단체에 신청한다.

② 소비자단체는 소비자로부터 피해구제의 신청을 받은 때에는 한국소비자원에 그 처리를 의뢰할 수 있다.

③ 소비자로부터 피해구제의 신청을 받은 날부터 30일이 경과하여도 합의에 이르지 못하는 경우에는 한국소비자원에 처리를 의뢰할 수 있다.

④ 한국소비자원은 당사자의 소제기 사실을 알게 된 때에는 지체 없이 피해구제절차를 중지하고, 당사자에게 이를 통지하여야 한다.

⑤ 원장은 피해구제신청의 당사자에 대하여 피해보상에 관한 합의를 권고할 수 있다.

80 다음 중 개인정보보호법에서 규정하고 있는 개인정보에 해당하는 것은?

① 개인과 관련이 있는 영상

② 사망으로 간주되는 자

③ 회사의 정보

④ 실종신고가 되어있는 개인의 정보

⑤ 법인대표의 성명

81 다음 중 개인정보처리자가 정보주체의 정보를 유출하였을 때 알려야 할 사항이 아닌 것은?

① 유출된 개인정보의 항목
② 유출로 인하여 발생할 수 있는 피해를 최소화할 방법
③ 유출된 시점과 그 경위
④ 조사대상 침해행위의 중지
⑤ 개인정보처리자의 대응조치 및 구제절차

82 다음 보기의 내용을 읽고 개인정보처리자가 지켜야 할 규정은?

> 개인정보처리자는 사상·신념, 노동조합·정당의 가입·탈퇴, 정치적 견해, 건강, 성생활 등에 관한 정보, 그 밖에 정보주체의 사생활을 현저히 침해할 우려가 있는 개인정보로서 대통령령으로 정하는 정보를 처리하여서는 아니 된다(개인정보보호법 제23조).

① 민감정보의 처리 제한
② 개인정보의 목적 외 이용제공 제한
③ 고유식별정보의 처리 제한
④ 개인정보의 수집 제한
⑤ 개인정보 처리방침의 수립 및 공개

제7회

83 다음 중 기업에서 실시하는 직원의 서비스 교육훈련에서 고려해야 할 내용이 아닌 것은?

① 교육훈련 프로그램은 서비스를 지원하는 기업의 업무 및 문화에 맞도록 작성한다.
② 접점 서비스와 마케팅의 중요성을 접목하여 실시한다.
③ 구체적인 교육목표를 설정하여 실행하도록 한다.
④ 직무에 영향을 주지 않도록 단기교육을 실시하도록 한다.
⑤ 내부고객의 요구에 맞는 교육훈련을 실시한다.

84 사회 문화에 따른 구성원의 가치관과 이에 대한 행동의 연관성을 설명하기 위해 '홉스테드 (Hofstede)'가 제시한 '문화차원 이론'의 5가지 범주에 포함되지 않는 것은?

① 남성성 대 여성성
② 불확실성 회피 지수
③ 개인주의 대 집단주의
④ 장기지향성 대 단기지향성
⑤ 언론 공정 지수

85 다음 중 기업에서 실시하는 교육훈련에 참여하는 성인학습자의 특징으로 보기 어려운 것은?

① 자기주도적인 학습을 요구한다.
② 참여동기가 강제적이다.
③ 다양한 경험과 현실 적용이 가능한 학습을 원한다.
④ 학습에 대한 기대감을 가지고 있다.
⑤ 신체적 요건으로 인해 학습시간이 많이 소요된다.

86 다음 중 프레젠테이션의 4P가 아닌 것은?

① Preparation
② Place
③ Preview
④ Purpose
⑤ People

87 다음 보기의 내용이 설명하는 것은?

> 처음 제시된 정보가 이후에 들어온 정보를 처리함에 있어 그 준거가 되어, 추후 제시되는 정보를 해석함에 영향을 미치는 현상이다. 즉, 처음에 부정적인 정보를 얻은 대상이라면 이후에도 부정적으로 생각하려는 현상을 가리킨다.

① 맥락 효과
② 부정성 효과
③ 빈발 효과
④ 유지 효과
⑤ 최신 효과

88 이미지의 형성 과정과 관련해 다음 보기의 내용에 해당하는 것은?

> 인간이 환경에 대해 의미를 부여하는 과정으로 주관적이며 선택적으로 이루어지기 때문에 동일한 대상에 대하여 다른 이미지를 부여하게 된다.

① 지속 과정　　　　　　　　　② 사고 과정
③ 지각 과정　　　　　　　　　④ 감정 과정
⑤ 표현 과정

89 다음 중 세미나를 할 때 프레젠터(Presenter)의 자세로 옳지 않은 것은?

① 정확한 발표를 위해 리허설을 실시한다.
② 제스처는 과도하게 사용하지 않고 자연스럽게 한다.
③ 발표의 신뢰성을 위해서 한자, 외래어 등 전문적인 용어를 사용한다.
④ 발표는 자신감 있고 당당한 자세로 진행한다.
⑤ 음성의 높낮이와 속도를 조절하고 단조롭지 않게 강약을 조절한다.

90 프레젠테이션 자료 제작 시 다음 〈보기〉의 다이어그램을 사용해야 할 경우로 가장 적합한 것은?

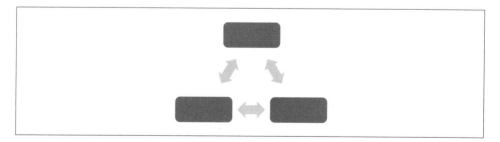

① 위치, 단계를 나타내고자 할 때
② 순환, 주기를 표현하고자 할 때
③ 공통, 특성을 표현하고자 할 때
④ 성장, 상승을 나타내고자 할 때
⑤ 확산, 하위분류를 나타내고자 할 때

제8회 | 적중모의고사

⏱ 정답 p.337

01 | CS 개론

01 일반적으로 나타나는 대인지각의 왜곡유형이 아닌 것은?

① 관대화 경향
② 후광 효과
③ 투영 효과
④ 베블런 효과
⑤ 중심화 경향

02 고객만족경영에 따른 패러다임의 변화로 옳지 않은 것은?

① 기업이 왕 → 고객이 왕
② 시장점유율 → 고객점유율
③ 기업의 현재가치 → 고객의 평생가치
④ 데이터베이스 마케팅 → 비차별적 마케팅
⑤ 100% 마켓, 10% 고객 → 100% 고객, 10% 마켓

03 일본능률협회의 5가지 고객만족경영의 원리에 해당하지 않는 것은?

① 기업의 최종상품은 '이윤의 극대화'라고 정의하는 것
② 고객만족을 조직적으로 창조할 수 있는 경영의 실현이 필요하다는 것을 인식하는 것
③ 고객만족도를 정기적, 정량적으로 측정해서 경영의 지표로 삼는 시스템을 구축하는 것
④ 이 만족의 측정 결과를 경영자가 직접 선두에 서서 검토하고 제품과 서비스, 그리고 사내풍토와 기업활동 전체를 조직적, 계속적으로 쇄신하고 개혁하는 것
⑤ 고객만족의 향상을 새로운 시대에 어울리는 경영 구심점으로 삼는 것

04 가치 체계를 기준으로 한 고객의 분류에서 최종 고객에 해당하는 것은?

① 상사와 부하 직원　　　　　　② 기업과 협력업체
③ 기업과 대리점　　　　　　　　④ 공정과 공정
⑤ End User

05 다음 중 고객만족의 필요성으로 기업의 측면으로 적절하지 않은 것은?

① 기존고객 유지의 비용
② 고객불만의 구전효과
③ 신규고객 창출
④ 믿고 사는 신용사회의 밑거름
⑤ 고객만족된 제품을 생산함으로써 궁극적으로 사회에 공헌

06 우수고객에 대한 그룹핑을 실시해서 고객의 구매시기, 최근 구매한 시기와 구매횟수, 얼마만큼을 이용했는지가 관건이다. 이를 의미하는 것은?

① RFM　　　　　　　　　　　② CIP
③ Blackbox Model　　　　　　　④ AIDA 모델
⑤ CPM

07 노드스트롬(Nordstrom)의 기업문화의 특징에 해당하지 않는 것은?

① 현장에 모든 결정 권한을 위임하고 판매에 따른 커미션을 제공하고 있다.
② 동종업계와 비교하여 최저가 정책을 시행하고 있다.
③ 종업원 지주제도를 일찍부터 도입하여 장기근속하고 퇴직한 자는 매우 큰 금액의 연금을 받을 수 있다.
④ 어떤 경우에도 고객에게 'NO'라고 하지 않는다.
⑤ 100% 반품정책으로 고객에게 신뢰를 준다.

08 부탁의 기술 중 자신이 원하는 것보다 훨씬 큰 것을 상대에게 요청하고 이를 거절하면 요구의 규모를 조금씩 축소하여 결국 자신이 원하는 것을 얻어내는 방법은?

① 최후통첩 기법
② 높은 공 기법
③ 얼굴 부딪히기 기법
④ 한발 들여놓기 기법
⑤ 면전에서 문 닫기 기법

09 21세기를 3C의 시대로 표현하고, 여기서 3C란 Customer(고객), Change(변화), Competition(경쟁)을 가리킨다고 말한 학자는?

① 마이클 해머(Michael Hammer)
② 피터 드러커(Peter Drucker)
③ 마빈 촘스키(Marvin Chomsky)
④ 엘빈 토플러(Alvin Toffler)
⑤ 톰 피터스(Tom Peters)

10 사업장에서의 업무효율과 서비스 품질 제고를 위한 현장중심의 고객만족경영혁신 활동을 할 때 활용할 수 있는 컨버전스 이노베이션은?

① 6시그마 경영혁신과 CS 활동의 통합
② 서비스 개선·워크아웃(Work Out)·퀵윈(Quick Win)의 활용
③ CS 활동과 CRM(Customer Relation Management)의 통합
④ 서비스 개선과 영업경쟁력 강화 프로그램 활용
⑤ BI(Brand Identity)전략·서비스 개선·마케팅을 통합

11 다음 중 서비스 프로세스에서 구매 전 대기관리의 한 방법인 서비스 고객인식관리에 해당하는 것은?

① 예상 대기시간을 알려준다(대기 정보제공으로 고객이 선택할 수 있는 기회 제공).
② 공정한 대기 시스템을 구축한다(번호표, 단일 VS 복수 대기선 활용).
③ 커뮤니케이션을 활용한다(혼잡시간 안내, SMS 활동 등).
④ 예약 시스템을 활용한다(병원, 기차, 극장 등).
⑤ 대안을 제시한다(은행을 예로 들면 ARS, ATM, 인터넷 활용 등).

12 다음 중 차별화된 서비스를 제공하려는 기업경영의 자세로 적절하지 않은 것은?

① 모든 고객을 만족시키기 위해서 모든 직원들이 모든 포지션에서 업무를 수행할 수 있도록 교육해야 한다.

② 고객의 니즈가 다양화되는 근본적인 원인, 즉 '고객 니즈의 원동력(Driver)'을 찾아야 한다.

③ 모든 고객의 모든 니즈를 만족하겠다는 생각은 버려야 한다.

④ 발상의 전환이 필요하다.

⑤ 직원의 업무 분장이 보다 명확해져야만 그 미션에 따라 맞춤화된 고객 서비스 제공이 가능해진다.

13 다음 중 '고객관계관리(CRM)'의 등장 배경에 해당하지 않는 것은?

① 경쟁사의 증가

② 기업의 패러다임의 변화

③ 고객의 기대와 요구의 다양화 및 개성화

④ 인터넷의 등장으로 인한 판매 채널의 다양화

⑤ 다수의 고객을 대상으로 한 매스마케팅 방식의 다양화

14 서번트 리더십(Servant Leadership)에 대한 설명으로 옳은 것은?

① 이 유형의 리더는 특히 부하들이 규범, 신념, 환상 등을 공유하고 있을 때 발생한다.

② 이 유형의 리더는 부하들을 사로잡기 위하여 눈 접촉, 자세, 제스처, 억양, 표정 등의 비언어적 표현을 통하여 다양한 정서적인 표현을 할 필요가 있다.

③ 추종자들이 영웅적이거나 비범한 리더십 능력으로 간주하는 행동을 한다.

④ 구성원들에 대한 신뢰와 존중을 기본으로 하며, 부하들이 조직의 목적달성에서 가장 중요한 자원이라고 여겨, 부하들을 격려하고 코칭하며 지원을 통해 부하를 리드한다.

⑤ 이 유형의 리더는 극단적으로 높은 수준의 자기신뢰성, 지배성에 대한 강한 욕구를 가진다.

15 MBTI의 각 선호지표에 대한 설명으로 옳지 않은 것은?

① 감각형은 오감에 의존하여 실제의 경험을 중시하며 지금, 현재에 초점을 맞추고 정확, 철저히 일을 처리한다.

② 사고형은 진실과 사실에 큰 관심을 갖고 논리적이고 분석적이며 객관적으로 판단한다.

③ 감정형은 사람과 관계에 큰 관심을 갖고 상황적이며 정상을 참작한 설명을 한다.

④ 내향형은 깊이 있는 대인관계를 유지하며 조용하고 신중하며 이해한 다음에 경험한다.

⑤ 인식형은 분명한 목적과 방향이 있으며 기한을 엄수하고 철저히 사전계획하고 체계적이다.

16 CRM의 중요성을 강조하는 연구결과와 일치하지 않는 것은?

① 회사수익의 65%는 만족을 얻는 고객을 통해서 이루어진다.

② 신규고객획득 소요비용은 기존고객에게 베푸는 서비스 비용의 약 5배가 든다.

③ 상위 20%에 해당되는 고객 1인의 매출이 나머지 80%에 해당되는 고객 16명의 매출과 비슷하다.

④ 대개의 회사들은 매년 약 15~20%의 고객을 잃는다.

⑤ 고객유지율이 10% 증가하면 이윤도 10% 증가된다.

17 다음 중 데이(Day)와 랜던(Landon)이 제시한 불만족에 대한 소비자 반응 중 사적행동에 해당하는 것은?

① 소 송   ② 교 환

③ 소비자단체 고발   ④ 환불조치 요구

⑤ 부정적 구전

18 미국의 사회학자 로버트 머튼(Robert K. Merton) 교수가 제시한 인간의 부적응 유형에 대한 설명으로 옳지 않은 것은?

① 동조형 – 문화적 목표와 제도적 수단을 모두 수용하려는 유형으로 부적응 유형에서 제외대상

② 혁신형 – 문화적 목표는 수용하지만 제도적 수단은 거부하는 유형

③ 패배형 – 문화적 목표와 제도적 수단 모두를 거부하는 유형

④ 의례형 – 문화적 목표나 제도적 수단 중 상황에 따라 임의로 수용하는 유형

⑤ 반역형 – 문화적 목표와 수단 모두를 거부하고, 기존의 것을 변혁시키려는 유형

19 조하리(Johari)의 '마음의 창'에서 신중형의 특징에 해당하지 않는 것은?

① 숨겨진 영역이 가장 넓은 사람이다.

② 현대인에게는 드문 형이다.

③ 다른 사람에 대해서 수용적이며 속이 깊고 신중한 사람들이다.

④ 다른 사람의 이야기를 잘 경청한다.

⑤ 자신의 속마음을 잘 드러내지 않는 크레믈린형의 사람이 많으며, 계산적이고 실리적인 경향이 있다.

20 시간의 구조화에 대한 설명으로 옳지 않은 것은?

① 공상의 나래를 펴는 폐쇄조차도 종종 적당한 시간의 구조화가 될 수 있다.

② 게임을 하는 사람은 어릴 때 부모와 자식 간의 교류에서 원활했기 때문에 순순히 스트로크를 얻을 수 있었던 사람이 많다.

③ '친밀이란 두 사람이 서로 신뢰하며 상대방에 대하여 순수한 배려를 하는 진실한 교류'라고 말할 수 있다.

④ 친밀에서는 사회적 수준과 심리적 수준이 일치를 이루는 것이다.

⑤ TA에서 말하는 '친밀'은 일상생활에서 말하는 친밀과 다른 전문적 용어로서, 게임이나 상호 이용하려는 의도가 없는 솔직한 관계를 말한다.

21 쇼펜하우어(Schopenhauer)의 '고슴도치 딜레마'가 직장에서의 인간관계에 주는 교훈은?

① 엄숙한 자세로 일을 해야 한다.

② 다른 사람이 접근하는 것을 금지해야 한다.

③ 적당한 거리를 유지해야 한다.

④ 개인은 전체의 한 부분이다.

⑤ 타인의 삶에 지나치게 간섭해야 한다.

22 교류패턴분석(대화분석)에 대한 설명으로 옳지 않은 것은?

① 교류패턴분석은 두 사람 또는 그 이상의 사람들의 관계상황에서 일어나는 단위이다.

② 두 사람의 특정 자아상태가 자극과 반응이 되어 주고받는 상호교환의 과정을 말한다.

③ 상보교류, 교차교류, 이면교류 등의 패턴을 가지고 있다.

④ 상보교류는 갈등교류라고도 한다.

⑤ 교차교류 시에는 의사소통이 즉시 중단될 수 있다.

23 리더십에 영향을 미치는 6C에 대한 설명으로 적절하지 않은 것은?

① 신념 - 개인이 자신의 비전에 대한 정열과 성실성

② 성품 - 지속적으로 보이는 성실성, 정직성, 존경심, 신뢰

③ 관심 - 다른 사람의 개인적·직업적 안정과 발전을 위한 관심

④ 용기 - 힘든 위기상황에서 당황하지 않고 적절한 감정적 반응을 유지할 수 있는 능력

⑤ 역량 - 기술적·기능적·전문적 기술과 같은 업무관련 능력과 대인관계, 커뮤니케이션, 팀, 조직화 능력

24 다음 보기에서 고객행동의 주요한 영향요인을 모두 고른 것은?

가. 문화적 요인　　　　　　　나. 사회적 요인
다. 개인적 요인　　　　　　　라. 국가적 요인
마. 기업적 요인

① 가, 나, 다　　　　　　　　② 가, 라, 마
③ 나, 다, 마　　　　　　　　④ 나, 다, 라
⑤ 가, 다, 마

25 감성역량의 4가지 요소 중 구성원의 감정이나 상태를 깊이 이해하는 능력은?

① 자기인식능력　　　　　　　② 자기관리능력
③ 사회적 인식능력　　　　　　④ 관계관리능력
⑤ 자기절제능력

26 기업문화 창달의 주된 방법에 대한 설명으로 옳지 않은 것은?

① 기업문화창달의 주된 방법으로는 CI(Corporate Identity)를 많이 이용하고 있다.
② CI에는 MI(Mind Identity), BI(Behavior Identity), VI(Visual Identity)가 있다.
③ MI는 조직의 구성원들이 한마음을 어떻게 가질 것인가 하는 데 초점을 두고 비전과 이념을 구성원들에게 이해·전파를 시키는 것이다.
④ VI에는 비전과 이념에 입각한 전략경영, 인사 및 교육제도의 개선, 조직구조와 관리의 혁신 등이 포함된다.
⑤ BI는 비전과 이념의 실천이 생활화되어 한 행동을 나타내는 것을 의미한다.

27 경영이론의 대가인 피터 드러커(Peter Ferdinand Drucker)의 경영에 대한 견해가 아닌 것은?

① 경영은 서비스에 관한 것이다.
② 경영은 사람들에게 공동의 목표와 가치관을 요구한다.
③ 경영은 그 공동의 목표를 달성하기 위해 사람들을 통합하는 것이다.
④ 조직의 성과는 생산수량보다는 시장의 위상, 혁신, 생산성, 인력개발, 품질, 재무결과 등이 중요하다.
⑤ 경영은 결국 고객을 만족시키는 것이다.

28 변혁적 리더와 거래적 리더로 구분할 경우, 변혁적 리더의 요소에 해당하지 않는 것은?

① 카리스마
② 고취능력
③ 지적인 자극
④ 성과와 보상
⑤ 개인별 배려

29 프로세스 조직에 대한 설명으로 옳지 않은 것은?

① 경영의 임무는 고객의 가치창출에 있다.
② 모든 고객은 동일한 가치를 가지고 있다.
③ 경영의 성공은 탁월한 프로세스 성과에 의해 결정된다.
④ 고객가치는 프로세스를 통하여 창출된다.
⑤ 고객가치가 달라지면 프로세스도 달라진다.

30 다음 중 괄호 안에 들어갈 용어는?

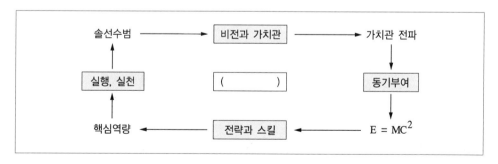

① 서비스 청사진
② 서비스 프로세스
③ 접점의 순간(MOT)
④ 서비스 리더십
⑤ 고객만족

31 서비스 청사진의 구성요소에 대한 설명으로 옳지 않은 것은?

① 고객의 행동은 서비스구매, 소비, 평가단계에서 고객이 직접 수행하는 활동을 의미한다.

② 일선 종업원의 행동은 고객의 눈에 가시적으로 보이는 종업원의 활동을 의미한다.

③ 후방 종업원의 행동은 고객에게 직접 보이지는 않지만 무대 위의 종업원의 행동을 지원하는 행동을 말한다.

④ 지원 프로세스는 서비스를 이용하는 고객을 지원하기 위한 서비스이다.

⑤ 상품배송, 주문 등은 후방 종업원의 행동에 해당한다.

32 다음 중 서비스 청사진 5단계가 순서대로 나열된 것은?

A. 수익성 분석	B. 청사진 수정
C. 과정의 도식화	D. 실패 가능점의 확인
E. 경과 시간의 명확화	

① C − D − A − B − E ② D − E − A − C − B

③ C − D − E − A − B ④ C − D − E − B − A

⑤ D − E − A − B − C

33 서비스 제공 과정에서의 역할 모호성에 대한 설명으로 옳지 않은 것은?

① 개인이 역할과 관련된 충분한 정보를 가지고 있지 못할 때 발생한다.

② 성과에 대한 기대를 분명히 모를 때 발생한다.

③ 서비스 표준이 없을 때 발생할 수 있다.

④ 우선순위가 적은 서비스 표준이 존재할 때 발생한다.

⑤ 서비스 표준이 성과측정, 평가, 보상 시스템과 연결되어 있지 않을 때 발생한다.

34 성공적인 모니터링을 위한 6가지 요소에 해당하지 않는 것은?

① 대표성
② 평등성
③ 객관성
④ 유용성
⑤ 신뢰성

35 콜 리코딩(Call Recording) 또는 콜 탭핑(Call Taping)에 대한 특징으로 옳지 않은 것은?

① 상담사들은 그들이 고객을 어떻게 다루었는지 알기 위해 그들 자신의 콜을 경청할 수 있다.
② 자동화된 시스템은 사전에 준비된 프로그램에 따라 시행될 수 있으므로, 더 많은 유연성과 통제권을 제공한다.
③ Silent Monitoring에서 경험할 수 있었던 비생산적 시간을 제거할 수 있다.
④ 상담사와 평가자는 필요한 만큼 콜의 대화 내용을 반복해서 검토할 수 있다.
⑤ 즉각적인 피드백이 가능하다.

36 카노(Kano)의 품질 모형을 구성하는 요소 중 스마트폰에서 카메라 기능, 음성녹음 및 동영상 촬영기능 등의 서비스 품질이 해당되는 것은?

① 당연적 품질요소
② 상호작용 품질요소
③ 무관심 품질요소
④ 매력적 품질요소
⑤ 일원적 품질요소

37 모니터링 데이터의 활용방법에 해당하지 않는 것은?

① 서비스 품질 측정
② 개별적인 코칭과 후속조치
③ 통제와 보상
④ 교육 Needs 파악
⑤ 인력 선발 과정 수정

38 다음 중 이유재, 이준엽의 'KS-SQI 모델'의 품질 속성 중 성과 측면은?

① 창의적 서비스
② 물리적 환경
③ 접근 용이성
④ 고객응대
⑤ 신뢰감

39 서비스 패러독스(Service Paradox)에 대한 설명으로 옳은 것은?

① 20%의 핵심고객으로부터 80%의 매출이 나온다는 법칙

② 80%의 '사소한 다수'가 20%의 '핵심 소수'보다 뛰어난 가치를 창출한다는 법칙

③ 과거에 비해 경제적으로 윤택해지고 다양한 서비스들을 누릴 수 있게 되었지만, 서비스에 대한 만족도는 오히려 낮아지는 현상

④ 서비스 품질은 낮아지는데도 소비자의 만족도는 오히려 상승하는 현상

⑤ 틈새시장을 공략할수록 주력시장은 상실되므로 결국 손해가 발생하는 현상

40 고객만족 측정 방법 중 '직접측정'에 해당하지 않는 것은?

① 단일문항이나 복수의 문항을 통해 전반적 만족도를 측정하는 것이다.

② NCSI는 민간부문뿐만 아니라 공기업 만족도 조사에서도 활용된다.

③ 직접측정으로 종합만족도를 구하고 있는 조사는 ACSI, NCSI가 있다.

④ 다양한 서비스 품질 차원을 고려하여 만족도를 개선하기 위한 다양한 정보를 제공해준다.

⑤ 복수의 설문항목을 통해 만족이라는 이론적 개념을 측정할 때 발생할 수 있는 오차를 줄일 수 있다.

41 리츠칼튼 호텔의 3단계 서비스의 내용에 해당하지 않는 것은?

① 따뜻하고 진실하게 맞이한다.

② 가능한 한 고객의 이름을 부른다.

③ 고객이 원하는 바를 미리 예측하고 이에 부응한다.

④ 따뜻한 작별인사로 감사드린다.

⑤ 고객의 전화는 신속하게 관련 담당부서로 넘긴다.

42 토털 서비스(Total Service)란?

① 고객 서비스가 수익의 원천이 되는 논리적 구조를 말한다.

② 고객과 종업원 만족 수준 사이에는 밀접한 관계가 있다는 이론을 말한다.

③ 프로세스 설계의 문제점을 만족시키기 위해 고안된 방법이다.

④ 기업이 다른 경쟁기업과 차별되게 제공하는 서비스로서, 이를 통하여 고객과 사회로부터 긍정적인 평가를 받아 이익을 극대화하려는 전략이다.

⑤ 한 사람의 능력의 활용 정도는 여러 가지 능력 중에서 가장 작은 요소에 의해 결정되는 것처럼, 기업의 서비스도 전 분야에서 고르게 발전시켜야 한다는 이론을 말한다.

43 고객 욕구의 파악과정을 바르게 나열한 것은?

① 경청 → 질문 → 동감 → 응답
② 질문 → 경청 → 응답 → 동감
③ 질문 → 경청 → 동감 → 응답
④ 질문 → 동감 → 경청 → 응답
⑤ 경청 → 동감 → 질문 → 응답

44 서비스 품질의 개념에 대한 설명으로 옳지 않은 것은?

① 서비스의 품질은 사용자의 인식에 의해 결정된다.
② 서비스 속성의 집합이 사용자를 만족시키는 정도가 서비스의 품질이라고 말할 수 있다.
③ 소비자들이 서비스 품질을 기대와 성과의 비교를 통해서 지각한다.
④ 서비스품질을 정의하는 데는 크게 고객필요 관점과 고객지각 관점으로 나누어 볼 수 있다.
⑤ 최근 학계에서는 기대불일치 패러다임에 근거한 고객필요 관점이 많은 호응을 얻고 있다.

45 서비스의 품질을 평가하기 위한 다양한 기준이 있다. 다음 중 '고객의 개인적인 요구에 대한 배려와 보살핌을 보이는 판매원 또는 종업원의 의지와 능력'을 가장 잘 표현해 주고 있는 기준은?

① 보장성   ② 공감성
③ 신뢰성   ④ 반응성
⑤ 유형성

46 다음 중 서비스 품질 문제의 원천으로 볼 수 없는 내용은?

① 생산과 소비의 비분리성 및 노동집약성
② 서비스 직원에 대한 부적절한 서비스
③ 고객을 수치로 보는 견해
④ 커뮤니케이션의 차이
⑤ 기업의 장기적 견해

47 다음 중 고객의 10계명 내용으로 옳지 않은 것은?

① 고객이 우리에게 혜택을 줄 뿐, 우리 서비스가 고객에게 혜택을 주는 것은 아니다.
② 고객은 우리 사업의 가장 중요한 존재이다.
③ 고객에게 우리가 의지하고, 고객도 우리에게 의지한다.
④ 고객은 논쟁의 대상도, 평가의 대상도 아니다.
⑤ 고객은 우리에게 월급을 지불하는 사람이다.

48 다음 중 고객만족에 대한 설명으로 옳지 않은 것은?

① 고객만족은 기대가치(E)와 인식가치(P)의 차이분석을 통해 측정이 가능하다.
② 기대가치(E)보다 인식가치(P)가 더 높을 경우 '매우 만족'이라 한다.
③ 기대가치(E)보다 인식가치(P)가 더 낮을 경우 '불만족'이라 한다.
④ 기대가치(E)와 인식가치(P)가 같을 경우 '불만족'이라 한다.
⑤ 고객만족은 고객이 기대하는 바와 고객이 지각한 것의 차이를 반영한다.

49 일반적으로 제품 및 서비스 마케팅이 추구하는 목표는 다양하다. 우선적으로 경제적인 목표와
비경제적인 목표로 구분할 수 있는데, 마케팅 목표를 이러한 기준에 따라 분류할 경우 다음 중
그 성격이 다른 하나는?

① 이 익
② 시장점유율
③ 매출수량
④ 매출액
⑤ 고객만족도

50 다음 중 고객만족도 측정의 3원칙을 바르게 나열한 것은?

㉠ 계속성	㉡ 정확성
㉢ 전 문	㉣ 독립성
㉤ 정량성	㉥ 신뢰성

① ㉠ - ㉡ - ㉤
② ㉠ - ㉢ - ㉣
③ ㉡ - ㉢ - ㉤
④ ㉡ - ㉢ - ㉥
⑤ ㉡ - ㉢ - ㉣

51 회사입장에서 고객만족도를 향상시키는 방법으로, 우수고객 사은 초청행사, 거래처 문화접대, 저소득층과 불우 청소년을 위한 공연 등 문화를 서비스하는 마케팅은?

① 고객 창조 마케팅
② 고객 가치 마케팅
③ 컬비스 마케팅
④ 고객 커뮤니티
⑤ 지역 마케팅

52 고객만족도 조사방법 중 정성조사 기법의 특징에 해당하는 것은?

① 많은 표본을 사용하고 소비자를 하나의 대량시장의 일부분으로 해석한다.
② 구조화된 질문지를 사용하여 구조적이며 한번 확정되면 고정적이다.
③ 반응 중심적이다.
④ 통계 검증이 가능하므로 조사결과의 객관화와 일반화가 가능하다.
⑤ 조사의 장시간이 소요되며 비용이 많이 발생된다는 단점을 가지고 있다.

53 벤자민 쉬나이더(Benjamin Schneider)와 데이빗 보우엔(David Bowen)이 고객과 종업원 만족 수준 사이에 밀접한 관계를 은행 지점들의 예로 1985년 보고에서 발표한 효과는?

① 만족거울 효과
② 깨진 유리창의 효과
③ 호손효과
④ 피그말리온 효과
⑤ 로젠탈 효과

54 다음 중 고객관계관리(CRM)에 관한 설명으로 거리가 먼 것은?

① 고객관계관리는 고객중심적인 사고방식에서 출발한다.
② 고객생애에 걸쳐 관계를 구축하여 장기적인 이윤을 추구한다.
③ 기업과 고객 간에 다양한 접촉채널을 형성하고, 접촉채널들을 독립적이고 차별적으로 운영할 필요가 있다.
④ 고객과 기업 간에 상호작용적 관계를 형성하여 양자에게 가치를 높이는 경영활동의 일부이다.
⑤ 고객관계관리는 고객유지, 고객확보, 고객개발 영역으로 구분된다.

55 불량 서비스 회복은 기업에서 전사적, 조직적으로 수행해야 할 과제이다. 다음 중 서비스 회복을 위한 서비스 담당자에게 필요한 전략으로 적절하지 않은 것은?

① 고객에게 불만을 토로할 수 있게 장려한다.

② 고객과의 논쟁을 피한다.

③ 빠른 행동을 취하면서 고객에게 향후의 정보를 제공한다.

④ 고객의 호의를 유지할 수 있는 추후 행동을 시도한다.

⑤ 수신자 부담 전화와 같은 창구를 통하여 고객의 불만표현을 유도한다.

56 서비스 품질관리를 위한 전략으로 볼 수 없는 것은?

① 기대 서비스에 영향을 미치는 요인 파악

② 고객의 정확한 기대 수준 파악

③ 마케팅 조사

④ 하향 커뮤니케이션의 활성화

⑤ 서비스의 정확한 전달

57 다음 보기와 같이 페스팅거(Festinger)가 주장한 이론은?

> "사람들이 자신의 태도와 행동이 일치하지 않을 때 인간은 불편한 긴장을 경험한다."

① 지각불협화 이론(Perception Dissonance Theory)

② 태도불협화 이론(Attitude Dissonance Theory)

③ 인지불협화 이론(Cognitive Dissonance Theory)

④ 인격불협화 이론(Personality Dissonance Theory)

⑤ 신념불협화 이론(Belief Dissonance Theory)

58 다음 중 리츠칼튼 호텔의 고객 절대 만족의 개선 방안으로 적절하지 않은 것은?

① 유형적 요소를 관리하라.

② 변화하는 고객 기대에 대응하라.

③ 서비스 품질의 결정요소 파악하라.

④ 고객에게 서비스 내용을 알려주라.

⑤ 서비스 제공을 인적 활동 측면에서 수동화를 실천하라.

59 다음 중 제품의 기능적 차별화 요소를 발견하기 어렵거나 실현하는 데 어려움이 있는 경우 효과적인 차별화 수단은?

① 기능요소 차별화
② 상징요소 차별화
③ 감성요소 차별화
④ 유형적 제품 차별화
⑤ 이성요소 차별화

60 마케팅 믹스(4P's) 구성 요소 중 '촉진활동(Promotion)'과 거리가 먼 것은?

① 광 고
② 홍 보
③ 재고관리
④ 공중관계
⑤ 인적판매

61 다음 중 인사예절에 대한 설명으로 가장 적절하지 않은 것은?

① 먼저 퇴근을 할 때에는 다른 동료들에게 방해가 되지 않도록 살며시 회사를 나온다.
② 아침에 출근해서 밝고 명랑하게 인사한다.
③ 근무시간 중 자주 마주치게 되는 상사나 동료에게는 밝은 표정으로 가볍게 목례를 하는 것이 좋다.
④ 업무 중에 상사나 손님을 대면하게 될 때는 상황에 맞게 가볍게 목례를 하거나 도저히 인사를 할 수 없는 경우에는 하지 않아도 좋다.
⑤ 아랫사람이 잘 모르고 지나칠 때는 윗사람이 먼저 정답게 인사하는 것이 좋다.

62 전통 예절에서 절의 종류 중 관례, 혼례, 상례, 제례, 수연, 고희 시에 주로 사용하는 것은?

① 배 례
② 초 례
③ 행 례
④ 진 례
⑤ 봄 례

63 감정노동 직무 스트레스 대처법과 관련해 심호흡, 자극 피하기, 관심 바꾸기, 용서, 소리 지르기 등을 이용하는 것에 해당하는 것은?

① 분노조절 훈련
② 적응하기
③ 일과 나와의 분리
④ 생각 멈추기
⑤ 혼잣말 등 인지적 기법

64 고객 기본응대 화법으로 고객이 한 말을 반복하여 이해와 공감을 얻으며, 고객이 거절하는 말을 그대로 솔직하게 받아주는 데 포인트가 있는 화법은?

① 간접부정법
② 직접부정법
③ 산울림법
④ 보상법
⑤ 자료전환제시법

65 직장여성의 옷 연출에 대한 설명으로 적절하지 않은 것은?

① 재킷은 전통적인 테일러드 재킷이 무난하다.
② 화려한 프릴이나 레이스가 많은 스타일은 섹시함을 강조하여 효과적이다.
③ 여성의 스커트는 무릎 위로 5cm부터 무릎 아래 10cm 정도가 가장 적당하다.
④ 정장에는 살색이나 커피색 스타킹이 점잖아 보이고, 구두와 스타킹 색을 맞춰 신으면 단정한 느낌을 줄 수 있다.
⑤ 구두는 그 사람의 이미지를 완성시키는 역할이기에 항상 정돈되고 청결하게 유지하도록 해야 한다.

66 주로 직장 동료나 후배에게 행해지며, 장기적인 관점에서 상대방의 지식과 기능의 발전을 위해 조언과 지도를 실시하는 것은?

① 코 칭
② 컨설팅
③ 강 의
④ 멘토링
⑤ 카운슬링

67 다음 중 소개방법이 잘못된 것은?

① 선배에게 후배를 먼저 소개한다.

② 연령의 차이가 있을 때에는 보통 젊은 사람을 먼저 소개한다.

③ 여러 사람들을 그룹별로 소개할 때에는 그룹별로 각각 한 사람씩 번갈아가며 소개한다.

④ 초면인 경우 정치와 종교, 금전 관련 화제는 상식적인 금기사항이다.

⑤ 한 사람을 여러 사람에게 소개할 때에는 그 사람을 먼저 여러 사람에게 소개하고 그 후에 각각 소개를 한다.

68 다음 중 고객을 안내하는 방법으로 적절하지 않은 것은?

① 인사를 하고 목적지를 알려준다.

② 고객보다 두세 걸음 앞에서 안내한다.

③ 엘리베이터로 안내할 때는 고객을 먼저 태우고 필요한 층의 버튼을 누른다.

④ 목적지에 도착하면 노크를 하고 문을 연 다음 고객보다 먼저 입실하여 고객에게 상석을 권한다.

⑤ 방문객 안내 중 복도에서 마주치는 고객에게 가볍게 인사한다.

69 다음은 글로벌 에티켓으로서 파티와 테이블 매너에 대한 내용이다. 올바른 매너로 가장 적절하지 못한 것은?

① 리셉션에서 리시빙 라인(Receiving Line)의 위치는 문 밖에서 보아 왼쪽이며 순서는 호스트, 주빈, 호스티스, 주빈의 부인 순이다.

② 칵테일 파티는 도착은 개최 시작 시간에 정확히 맞추되 참석자의 사정에 따라 자유롭게 파티장을 떠날 수도 있다.

③ 레스토랑에서 식사 중 타인과 악수를 해야 하는 경우 입 안의 음식을 다 삼킨 후, 냅킨으로 입을 닦고, 냅킨은 왼손에 들고 천천히 일어나 악수한다.

④ 레스토랑에서 식사 중 잠시 자리를 뜰 때에는 냅킨을 접어 식탁 위에 올려 놓고 의자 오른쪽으로 일어선 후 조용히 나간다.

⑤ 식사 중 기침을 하는 경우에는 손으로 또는 손수건을 사용하여 입을 가리며 냅킨을 사용하지 않는다.

70 회사에 입사한 신입 사원이 한 행동에 대한 설명으로 가장 바람직한 행동은?

① 외부 근무를 나간 김에 개인적인 은행 업무를 보고 왔다.
② 회사에서 휴대폰 소리가 울리면 안 되므로 휴대폰을 끈 후, 회사 전화로 친구에게 전화를 걸었다.
③ 지하철에서 오랜만에 만난 친구와 사내 동료에 관한 이야기를 했다.
④ 거래처 회사 분이 식사대접을 하겠다고 했으나 완곡하게 거절했다.
⑤ 상사가 시키는 일은 무조건 해야 하는 것을 철칙으로 생각한다.

71 로젠버그(Rosenberg)가 제시한 이미지의 분류와 관련해 '자신의 신체, 행동, 능력을 판단하는 자신에 대한 지각의 본질이며, 동시에 행동해야 할 방향을 결정하는 주체이다.'라는 설명과 어울리는 것은?

① 내적 이미지
② 식별 이미지
③ 외적 이미지
④ 사회적 이미지
⑤ 원칙적 이미지

72 다음 중 바른 호칭 사용법으로 적절하지 않은 것은?

① 친구나 동료처럼 대등한 위치에 있는 사람이라면 자연스럽게 이름을 부른다.
② 본인 입석하에 지시를 전달할 때는 직위나 직명으로 호칭한다.
③ 상급자의 경우 상사의 성과 직위 다음에 '님'의 존칭을 붙인다.
④ 하급자 또는 동급자의 경우 성과 직위 또는 직명으로 호칭한다.
⑤ 사내에서는 직급과 직책 중에서 더 상위개념을 칭하는 것이 통상적인 예의이다.

73 다음 중 전화 응대 시의 행동으로 적절하지 않은 것은?

① 메모를 위해 펜과 종이를 준비한다.
② 전화 받는 사람의 음성이 그 회사에 대한 첫인상이라고 해도 과언이 아니다.
③ 용건은 간단하고 명료하게 메모한다.
④ 전화가 들리지 않더라도 다시 한번 말해 달라는 것은 예의가 아니다.
⑤ 상대방이 전화를 끊은 뒤 수화기를 내려놓는 것이 예의이다.

74 코칭대화 프로세스 모형 중 'GROW 모델'을 구성하는 절차적 단계와 가장 거리가 먼 것은?

① 대안 탐색　　　　　　　　　② 목표 설정
③ 현실 확인　　　　　　　　　④ 성취결과 인정
⑤ 실행의지 확인

75 콜센터의 역할로 옳지 않은 것은?

① 고객접점 센터이다.
② 고객중심의 마케팅을 전개한다.
③ 전화, 우편, 이메일 등 다양한 매체중심의 마케팅을 전개한다.
④ 마케팅의 전초기지 역할을 한다.
⑤ 이익센터가 아닌 고객봉사센터라고 할 수 있다.

76 고객 콜센터의 효율적인 운영을 위한 방안으로 적절하지 않은 것은?

① 다양한 고객활동 정보를 활용하여 보다 나은 고객 서비스 기법을 지속적으로 개발하여 고객에게도 서비스 범위와 혜택을 홍보한다.
② 고객만족도 평가항목을 정하고 기간별로 데이터를 분석하여 집계·발표하는 기회를 갖는다.
③ 고객이 요구하는 사항은 무엇이든지 원스톱으로 처리하되 가능하면 해당 부서로 연결한다.
④ 지속적인 정보관리를 할 수 있도록 화면과 각종 리포트를 개발하여 현업에 활용한다.
⑤ 고객상담활동의 우수직원과 부서에 대해서 적절한 보상을 제공함으로써 조직원 전체의 관심도를 유발한다.

77 다음 중 'OJT(On the Job Training)'의 특징이 아닌 것은?

① 경비가 많이 든다.
② 평가가 용이하다.
③ 계속적이고 반복적으로 할 수 있다.
④ 구체적이고 실제적인 교육을 할 수 있다.
⑤ 상사와 부하, 선·후배 간의 인간관계가 두터워지며, 상사와 선배의 자기계발의 기회가 많다.

78 다음 중 아웃바운드 콜센터 상담기법의 특징이 아닌 것은?

① 기업체 주관으로 조사하여 마케팅 전략에 활용하는 역할을 수행한다.
② 콜센터에서 소비자에게 전화를 걸어서 제품, 서비스 사용상의 애로사항이나 문제점을 서비스 차원에서 확인한다.
③ 기업의 입장에서도 적은 비용으로 제품판매가 가능하다.
④ 교통체증시대에 바람직한 판매방법으로 많이 활용하고 있다.
⑤ 고객에게 일률적인 정보를 제공한다.

79 다음 보기의 내용이 설명하고 있는 경청태도에 해당하는 고객은?

> • 상대방의 이야기를 끝까지 모두 들어준다.
> • 사실관계나 내용, 기분상태를 듣는다.
> • 공감하면서 경청한다.
> • 상대방이 이야기한 것을 정리하고 되풀이한다.

① 성격이 급한 고객
② 불만 있는 고객
③ 수다쟁이형 고객
④ 우유부단한 고객
⑤ 만족하는 고객

80 회사에 찾아온 손님을 안내할 때의 요령에 대한 설명으로 옳지 않은 것은?

① 안내 시에는 손가락으로 가는 방향을 가리키면서 유도한다.
② 손님과 동행하며 안내할 때에는 손님의 오른쪽 2~3보 앞에서 비스듬히 걸어가며 안내한다.
③ 바깥쪽으로 잡아당겨 여는 문일 때에는 문을 열고 서서 손님을 먼저 통과시키며, 안쪽으로 미는 문일 때에는 먼저 통과한 후 문을 잡고 서서 손님이 들어오도록 한다.
④ 정지해 있는 회전문을 통과할 때는 먼저 들어가 문의 회전속도를 조절하여 손님을 안내한다.
⑤ 가끔 뒤돌아보면서 손님을 확인하며 안내한다.

81 미니 코칭보다는 코칭 시간이 길고 코칭의 내용이 구체적으로 이루어지며, 일반적으로 모니터링 평가표에 따라 업무 및 2~3개의 통화품질 기준에 관한 내용을 가지고 진행하는 것은?

① 피드백
② 프로세스 코칭
③ 시스템 코칭
④ 풀 코칭
⑤ 서포팅 코칭

82 다음 중 스크립트(Script) 작성 원칙에 대한 설명으로 옳지 않은 것은?

① 논리적으로 작성되어야 한다.

② 이해하기 쉽게 작성되어야 한다.

③ 상담원 중심으로 작성되어야 한다.

④ 문어체가 아닌 구어체로 작성되어야 한다.

⑤ 고객, 기업, 상담원의 입장을 고려하여 작성되어야 한다.

83 다음 중 불평을 표현하는 고객에 대한 응대(해결 또는 처리) 결과에 관한 설명으로 가장 적절하지 않은 것은?

① 불평접수 및 처리과정이 손쉽고 편리하면 불평은 발생하지 않는다.

② 소비자 불평에 대해 빠르고 적극적으로 반응한 기업은 불평 소비자를 충성고객으로 만들 수 있다.

③ 불평에 대한 반응으로서 기업으로부터 고객이 얻을 수 있는 실질적 이익이 있도록 하는 것이 필요하다.

④ 불평한 고객에게 사과를 하는 것은 기업이 문제를 인식하고 주의를 기울이고 있다는 의사표시를 의미하기도 한다.

⑤ 고객은 나에게 개인적인 감정이 있어서 화를 내는 것이 아니라 일처리에 대한 불만으로 복잡한 규정과 제도에 대해 항의하는 것이라는 관점을 가져야 한다.

84 다음 중 소비자기본법에 포함되어 있는 소비자의 기본적 권리가 아닌 것은?

① 합리적인 소비생활을 영위하기 위하여 필요한 교육을 받을 권리

② 소비자 스스로의 권익을 옹호하기 위하여 단체를 조직할 수 있는 권리

③ 물품의 가격이 경쟁사업자보다 높을 경우 차액에 대하여 보상을 받을 수 있는 권리

④ 물품 및 용역을 선택함에 있어서 필요한 지식 및 정보를 제공받을 권리

⑤ 소비생활에 영향을 주는 국가의 정책과 사업자의 사업 활동에 대하여 의견을 반영시킬 권리

85 개인정보보호법에 관한 설명으로 옳지 않은 것은?

① 정보주체가 자신의 개인정보에 대한 열람을 요구하더라도 개인정보처리자는 다른 사람의 생명·신체를 해할 우려가 있거나 다른 사람의 재산과 그 밖의 이익을 부당하게 침해할 우려가 있는 경우에는 정보주체에게 그 사유를 알리고 열람을 제한하거나 거절할 수 있다.

② 개인정보처리자는 개인정보를 익명에 의하여 처리해서는 안 된다.

③ 정보주체는 개인정보처리자가 처리하는 자신의 개인정보에 대한 열람을 해당 개인정보처리자에게 요구할 수 있다.

④ 개인정보처리자는 개인정보 열람을 요구받았을 때에는 10일 내에 정보주체가 해당 개인정보를 열람할 수 있도록 하여야 한다.

⑤ 정보주체가 자신의 개인정보에 대한 열람을 공공기관에 요구하고자 할 때에는 공공기관에 직접 열람을 요구하거나 대통령령으로 정하는 바에 따라 보호위원회를 통하여 열람을 요구할 수 있다.

86 다음 중 코칭(Coaching) 스킬에 해당하지 않는 것은?

① 경청스킬   ② 직관스킬
③ 자기관리 스킬   ④ 질문스킬
⑤ 그룹스킬

87 프레젠테이션 발표 시 적절한 대응방법으로 부적절한 것은?

① 일찍 끝날 경우에 대비해 유머나 재미있는 이야기를 몇 가지 준비해 두었다가 필요할 때 사용하여 시간을 조절한다.

② 중간에 예상치 못한 질문으로 시간이 지연되는 것을 막기 위해 시작할 때 질문 시간은 따로 갖겠다고 청중들에게 알린다.

③ 늦게 끝나는 것보다 차라리 일찍 끝나는 것이 좋다.

④ 프레젠테이션을 진행할 때 발표 중간에 청중에게 질문을 던지고 대화를 유도하는 것은 산만하고 집중력을 떨어뜨리므로 가급적 금한다.

⑤ 긍정적으로 경청하는 자를 선택하여 발표 중간중간 질문을 한다.

88 프레젠테이션 자료를 만들려고 할 때 적절한 방법만 모아 놓은 것은?

> ㉠ 자료를 파워포인트로 작성하여 Beam Projector를 이용하려고 한다.
> ㉡ 도표를 이용하면 문제점을 찾기 어렵기 때문에 숫자로 나열하였다.
> ㉢ 자료는 가능한 그래프를 이용하여 작성하였다.
> ㉣ 자료의 특성상 시계열적 추세나 경향을 파악하는 데 도움이 되는 꺾은선 그래프를 사용하였다.

① ㉠, ㉡
② ㉠, ㉡, ㉢
③ ㉠, ㉢, ㉣
④ ㉡, ㉢, ㉣
⑤ ㉠, ㉡, ㉢, ㉣

89 효율적인 회의 진행을 위한 방법으로 다음 내용에서 설명하고 있는 회의의 형태는?

> 여러 명이 한 가지 문제를 놓고 무작위로 아이디어를 교환하며 해결책을 찾아내는 방식이다. 즉, 복잡한 사안을 놓고 논리적으로 해결하려면 한계가 있으니까 가능한 아이디어를 모두 쏟아 내면서 상대방의 아이디어에 자신의 의견을 첨가하고 또 다른 사람이 더 좋은 아이디어를 도출하는 방식으로 진행한다.

① 캔미팅
② 델파이법
③ 브레인스토밍
④ 변증법적 토론
⑤ 명목집단법

90 공개된 장소에 고정형 영상정보처리기기의 설치·운영할 수 있는 경우가 아닌 것은?

① 법령에서 구체적으로 허용하고 있는 경우
② 범죄의 예방 및 수사를 위하여 필요한 경우
③ 시설안전을 위하여 필요한 경우
④ 목욕실, 화장실, 탈의실 등 대통령령으로 정하는 시설의 경우
⑤ 교통정보의 수집·분석 및 제공을 위하여 필요한 경우

제9회 | 적중모의고사

정답 p.349

01 | CS 개론

01 고객만족의 요소에서 일반적으로 제품이나 서비스에 대해 가지는 간접적인 요소에 해당하는 것은?

① 종사원의 서비스 행위
② 기업의 환경보호활동
③ 기업의 사후 서비스(A/S)
④ 제품이나 서비스의 성능
⑤ 제공되는 시설의 분위기

02 고객만족경영의 변화와 흐름에서 성장기(1990년대)에 해당하지 않는 것은?

① 사이버 고객의 만족도에 대한 관심이 고조된 시기
② 고객생애가치(LTV)의 중시
③ 전사적 고객만족경영 체제 개념 도입
④ 고객관계관리(CRM) 시스템의 도입
⑤ 기업의 CS 경영팀 신설

03 서비스 프로세스 매트릭스에 대한 설명으로 옳지 않은 것은?

① 고객과의 상호작용, 개별화, 노동집약도를 기준으로 4가지로 구분한다.
② 노동집약도란 서비스 전달에 필요한 장치나 설비 등 자본에 대한 의존도와 사람에 의존하는 정도인 노동에 대한 의존도의 상대적인 비율을 말한다.
③ 고객과의 상호작용이란 고객이 서비스 프로세스와 상호작용하는 정도를 말한다.
④ 개별화는 서비스가 고객에 의해 개별화되는 정도를 말한다.
⑤ 서비스 팩토리는 노동집약도, 고객과의 상호작용, 개별화 등이 모두 높은 경우이다.

04 Edward & Peppard 교수의 비즈니스 프로세스 중 보기에서 설명하고 있는 프로세스는?

> • 핵심 프로세스는 아니지만 프로세스의 결과물이 고객에게 가치 있다고 파악되는 프로세스이다.
> • 경쟁자와 경쟁 여부를 떠나 고객에게 필요한 가치만 제공하면 된다.
> • 초기에는 제품의 품질이 주요 경쟁요소였다가 나중에 디자인, 가격 등이 주요 경쟁요소가 되었을 때, 기존의 품질에 알맞은 프로세스이다.

① 경쟁 프로세스   ② 변혁 프로세스
③ 기반 프로세스   ④ 감성 프로세스
⑤ 지원 프로세스

05 다음 중 전화접점의 상호작용에 의해 발생하는 잠재적 가변성에 영향을 주는 요인이 아닌 것은?

① 친절한 고객 응대   ② 목소리의 톤이나 음성
③ 고객의 문제 처리 능력   ④ 기술적 프로세스
⑤ 종업원이 가지고 있는 지식

06 품질기능전개(QFD ; Quality Function Deployment)에 대한 설명으로 적절하지 않은 것은?

① 서비스 프로세스 개선을 위한 기법의 하나이다.
② 처음부터 끝까지 소비자의 만족과 가치를 보장하는 제품을 디자인하는 것을 추구한다.
③ 품질기능전개가 가능하기 위해서는 고객이 미처 생각하지 못한 제품을 창조하는 기업의 창조적 아이디어가 우선되어야 한다.
④ 품질기능전개의 목적은 신제품의 개발기간을 단축하고 동시에 제품의 품질을 향상시키는 것이다.
⑤ 이러한 목적을 달성하기 위하여 신상품 개발의 초기단계부터 마케팅부서, 기술부서 및 생산부서가 서로 밀접하게 협력하는 것을 말한다.

07 다음 중 조직의 구성원에게 의미를 부여하고 행동규범을 창출하는 공유된 가치관과 신념의 체계를 의미하는 것은?

① 리더십   ② 동기부여
③ 기업목표   ④ 코 칭
⑤ 기업문화

08 다음 중 개인은 교환관계에 있어서 투입한 노력에 비교해서 자신의 성과를 보상받으려고 한다는 요인을 가지고 있는 이론에 해당하는 것은?

① 기대이론　　　　　　　　　　② 성취욕구이론
③ 2요인이론　　　　　　　　　　④ 공정성이론
⑤ 기대-불일치이론

09 서비스 전달의 노동에 대한 의존도를 나타내는 용어로서, 서비스를 제공하기 위한 시설이나 장치, 장비의 사용에 대한 상대적인 비율을 의미하는 것은?

① 노동집중도　　　　　　　　　② 고객과의 상호작용
③ 표준화　　　　　　　　　　　④ 자본집약도
⑤ 개별화

10 서비스 성과의 결과가 고객이 참여하여 나타나는 것으로서, 고객이 해당 역할을 효과적으로 수행하지 않는다면 성과도 미흡하게 나타나는 특징을 가지는 고객의 역할에 해당하는 것은?

① 투입자　　　　　　　　　　　② 공헌자
③ 지원자　　　　　　　　　　　④ 생산자원
⑤ 경쟁자

11 다음 중 고객감동을 불러일으키는 때는?

① 고객의 기대보다 제품 또는 서비스의 수준이 낮을 때
② 고객이 기대가 낮을 때
③ 고객의 기대가 높을 때
④ 고객의 기대가 제품 또는 서비스의 수준과 같을 때
⑤ 고객의 기대보다 제품 또는 서비스의 수준이 높을 때

12 다음 보기에서 제시된 내용에 적합한 대기관리방법을 모두 고른 것은?

> 수진이는 정기적금에 가입하기 위해 A은행에 갔다. A은행에 가서 번호표를 뽑아 5명을 기다린 후에 정기적금에 가입할 수 있었다. 은행에서 볼일을 본 후 사흘 전, 3시에 예약한 치과에 가서 치과 치료를 받고 집으로 돌아왔다.

① 커뮤니케이션의 활용, 공정한 대기시스템의 구축
② 공정한 대기시스템의 구축, 대안의 제시
③ 서비스 시작의 느낌 제공, 대안의 제시
④ 공정한 대기시스템의 구축, 예약의 활용
⑤ 예상 대기시간의 안내, 예약의 활용

13 다음 중 서비스의 구매 단계에서 소비자의 구매의사결정을 방해하는 요인이 아닌 것은?

① 인터넷에서 다른 구매자의 후기의 내용
② 가족, 친구 등 친근한 사람들의 부정적 태도
③ 무료쿠폰이나 포인트 사용
④ 평론가나 전문가의 의견
⑤ 서비스 제공자의 불친절

14 다음 보기의 내용에 해당하는 고객 유형은?

> 그레고리 스톤(Gregory Stone)의 고객 분류 중 서비스를 제공받을 때 천편일률적이고 형식적인 서비스보다 자기를 인정해주는 서비스를 원하는 고객

① 경제적 고객
② 개인적 고객
③ 윤리적 고객
④ 가치적 고객
⑤ 편의적 고객

15 고객관계관리(CRM)의 기대효과에 대한 설명으로 옳지 않은 것은?

① 고객유지 비용의 감소
② 수익 및 고객생애가치(LTV)의 증대
③ 고객충성도 향상
④ 고객과의 장기적인 관계유지 및 고객 이탈률 감소
⑤ 불특정 다수의 고객 유치

16 고객관계관리(CRM)의 등장 배경이 아닌 것은?

① 고객 개인의 생활변화에 맞는 마케팅이 필요하게 되었다.
② 기업경영은 매출중심에서 수익중심의 가치경영으로 변화하였다.
③ 인터넷의 등장으로 고객관리와 유지방법이 변화하였다.
④ 정보통신의 발전으로 대량의 고객자료를 자동적으로 저장하고 관리가 가능하게 되었다.
⑤ 불특정 다수의 고객에게 반복적으로 광고하는 매스마케팅 방식이 선호되었다.

17 다음 중 업무상 요구되는 감성지능의 5가지 요소에 해당하는 것을 모두 고른 것은?

가. 타인인식	나. 감정이입
다. 동기부여	라. 감정표출
마. 대인관계 기술	

① 가, 다
② 나, 마
③ 가, 라, 마
④ 나, 다, 마
⑤ 가, 나, 라, 마

18 생산성을 향상하기 위한 운동 중 하나인 '3S'에 해당하는 것을 모두 고른 것은?

가. Specification	나. Standardization
다. Specialization	라. Satisfaction
마. Simplification	

① 가, 나
② 가, 나, 다
③ 나, 마
④ 나, 다, 마
⑤ 나, 다, 라

19 다음 보기의 상황에서 고려해야 할 전략에 해당하는 내용은?

> CRM(Customer Relationship Management)을 구축할 때 기업에서 '고객은 항상 옳다'라는 내용을 가지고 접근하지만 서비스를 전달하는 종업원 모두가 고객지향적일 수는 없다. 다양한 서비스 접점 상황에서 실패하는 경우로 '역기능 고객'이 서비스 기능을 방해할 수 있다.

① 전반적인 서비스의 개선이 선행되도록 한다.
② 모든 고객을 상대로 CRM을 구축하는 것은 무모한 일이며, 기업과 고객의 편익에 따라 구축하도록 한다.
③ 정보시스템 담당 부서와 마케팅부서 간의 협업을 추구한다.
④ 고객접점 부서에만 적용하도록 한다.
⑤ 차별화하는 과정에서 역차별로 인한 소외를 갖지 않도록 채널을 구분해서 구축한다.

20 다음 중 교류분석에서 해야 할 일, 하지 말아야 할 일, 예의나 가치 등을 배우게 하는 자아 상태에 해당하는 것은?

① 초자아 상태
② 부모 자아 상태
③ 성인 자아 상태
④ 아동 자아 상태
⑤ 순응적 아동 자아 상태

21 교류분석의 욕구이론에서 스트로크에 의해 나타나는 경향으로서, 긍정적인 스트로크를 많이 받게 되면 나타나는 태도에 해당하는 것은?

① I'm OK-You're OK
② I'm not OK-You're OK
③ I'm not OK-You're not OK
④ I'm OK-You're not OK
⑤ I'm OK

22 쇼스택(Shostack)의 서비스 분류에서 유형성 스펙트럼(Tangibility Spectrum)에 나타나는 무형성의 지배가 가장 높은 업종에 해당하는 것은?

① 광고 대행사
② 컨설팅 회사
③ 자동차
④ 세 제
⑤ 패스트푸드점

23 다음 중 매슬로우(Maslow)의 욕구 5단계 유형을 순서대로 바르게 나열한 것은?

> 가. 안전 욕구　　　　　　　　　　나. 자아실현 욕구
> 다. 소속감과 애정 욕구　　　　　　라. 생리적 욕구
> 마. 존경 욕구

① 가 - 라 - 다 - 나 - 마　　　　② 나 - 마 - 라 - 가 - 다
③ 라 - 가 - 다 - 마 - 나　　　　④ 가 - 라 - 마 - 다 - 나
⑤ 다 - 가 - 라 - 나 - 마

24 코틀러(Philip Kotler)의 서비스 분류에서 재화와 서비스의 결합 수준에 따른 서비스 분류의 유형재와 요소가 바르게 연결된 것은?

① 순수서비스 - 설탕
② 서비스가 주어지는 유형재화 - 항공서비스
③ 서비스와 유형재가 혼합 - 레스토랑, 음식점
④ 순수 유형재화 - 심리치료
⑤ 서비스가 주이고, 유형재와 서비스가 추가로 수반 - 컴퓨터 업종

25 다음 중 관광 서비스의 특징이 아닌 것은?

① 관광 서비스는 다양한 사업목적을 가지는 조직체이다.
② 유형적인 물적 서비스와 무형적인 인적 서비스의 동시성을 갖는다.
③ 소유권 이전이 없이 제공하는 상품적 의미를 지닌 무형의 행위를 말한다.
④ 고객인 관광객이 호감과 만족감을 느끼게 하는 지식과 행위이다.
⑤ 정보화 의존영역에 한계적인 특성을 가진다.

26 서비스 리더십에서 가장 선행되는 리더십은?

① 내부직원을 통제하는 리더십
② 내부직원에게 지시하는 리더십
③ 내부직원을 섬기는 리더십
④ 내부직원이 외부직원에게 감동을 주는 리더십
⑤ 외부직원이 리더에게 감동을 받는 리더십

27 다음 중 인물을 골랐던 네 가지 조건을 이르는 '신언서판'을 기본으로 사람의 재능을 보고 채용하는 리더십 이론에 해당하는 것은?

① 변혁론
② 비전론
③ 특성론
④ 상황적합론
⑤ 행위론

28 다음 중 시장방어 전략의 하나로 경쟁사의 진입비용 증가와 예상수익을 감소시킬 목적으로 고객이 만족할 수 있도록 서비스를 제공하는 전략은?

① 저지전략
② 보복전략
③ 적응전략
④ 대응전략
⑤ 공격전략

29 다음 중 일반적으로 서비스 기업이 제조 기업과 다른 경쟁 환경으로 옳은 내용은?

① 규모의 경제를 실현하기 쉽다.
② 내부고객의 만족에는 무관심하다.
③ 경쟁사의 모방이 어렵다.
④ 기업 수익성의 핵심은 고객충성도이다.
⑤ 진입장벽이 상대적으로 높다.

30 다음 보기의 내용에 해당하는 대인지각 왜곡 유형은?

> 사람을 파악하는 데 있어서 그 사람이 가지고 있는 어투, 생김새, 종교, 인종, 국적, 성(性) 등에 의해서 사람들을 분류하고, 같은 범주에 있는 사람들은 비슷한 특성을 공유하고 있는 것으로 여기는 것을 말한다.

① 고정관념
② 스테레오 타입
③ 일반화의 오류
④ 관대화 경향
⑤ 중심화의 성향

31 MOT 사이클 차트 분석 5단계 중 3단계에 해당하는 것은?

① 서비스 표준안으로 행동하기
② 서비스 접점 설계
③ 고객접점 사이클 세분화
④ 고객접점 시나리오 만들기
⑤ 서비스 접점 진단

32 서비스 청사진을 작성하는 목적으로 적절하지 않은 것은?

① 서비스의 물리적 증거를 유형화한다.
② 서비스 청사진은 서비스 전달자의 경험과 서비스 전달자의 관점으로 이루어진다.
③ 서비스 프로세스에서 고객의 역할과 책임을 규정하기 위함이다.
④ 혼란스럽게 만들어질 수 있는 서비스의 단계, 제공자, 프로세스를 시각적으로 표현한다.
⑤ 서비스 특성의 한계를 극복할 수 있게 해준다.

33 다음 보기에서 설명하는 용어는?

> 고객과의 커뮤니케이션을 통하여 특정 주제를 대상으로 현장체험, 인터뷰, 정보탐색 등의 적극적인 소비자 시각에서 문제점과 개선점을 발굴하고 제안하는 것으로, 기업의 모든 채널에서 수집이 가능하며 가공된 것이 아닌 고객의 요구사항에 대한 원시 자료로서 기업에서는 고객의 반응 정도에 대한 트렌드를 분석할 수 있다.

① 컨슈머리포트
② 온라인 리서치
③ 고객의 소리
④ 고객패널
⑤ 미스터리 쇼퍼

34 다음 중 미스터리 쇼핑 시 조사의 유효성을 위해 고려해야 하는 사항이 아닌 항목은?

① 적절성
② 안정성
③ 윤리성
④ 독립성
⑤ 객관성

35 다음 중 실효성 있는 서비스 표준화를 위한 기준으로 보기 어려운 것은?

① 표준화는 구체적으로 한다.
② 고객과 함께하여 만들어 낸다.
③ 측정이 가능하도록 만든다.
④ 업무 개요와 수행개요를 명문화하도록 한다.
⑤ 고객의 요구사항을 기초로 하여 작성한다.

36 다음 보기에서 설명하는 전략은?

> 세분 시장을 평가한 후 진출할 세분 시장을 선정하는 방법으로 특정 고객집단의 다양한 욕구를 충족시키기 위해 다양한 제품을 판매하기 위한 전략으로 구매가 급격히 줄어드는 경우 위험분산이 되지 않는다는 단점이 발생한다.

① 단일 시장 집중화 전략
② 제품 전문화 전략
③ 시장 전문화 전략
④ 선택적 전문화 전략
⑤ 전체시장 도달 전략

37 e-서비스 품질(SQ)의 4가지 핵심 차원 중 서비스 이행의 정확성과 상품의 보장과 관련된 것은?

① 신뢰성
② 성취이행성
③ 보상성
④ 효율성
⑤ 보안성

38 다음 중 Service Positioning의 역할로 볼 수 없는 것은?

① 경쟁기업의 제품이 고객들에게 어떻게 인식되는지 파악할 수 있다.

② 고객분석을 통한 욕구와 제품에 대한 불만족 원인을 찾을 수 있다.

③ 경쟁기업에 대응할 수 있는 다른 마케팅 믹스를 결정하게 한다.

④ 상품과 시장 사이의 관계를 정의하는 데 요구되는 진단적 도구를 제공한다.

⑤ 외부환경에서 기회와 위협을 찾아내어 요인 분석을 통해 마케팅에 활용한다.

39 혈액형별 성격에 따른 마케팅 전략으로 활용하는 '보편적인 특성을 자신만이 가지고 있는 특성으로 받아들이는 심리적 성향'에 해당하는 현상은?

① 대조 효과   ② 바넘 효과

③ 피그말리온 효과   ④ 노시보 효과

⑤ 플라시보 효과

40 레이나르츠(Reinartz)와 쿠머(Kumar)의 충성도 전략 중 다음 보기의 설명에 해당하는 것은?

> • 회사의 제공 서비스와 소비자의 욕구 간 적합도가 높고 높은 잠재이익을 보유하고 있다.
> • 거래의 만족을 달성하도록 노력해야 한다.

① True Friends   ② Barnacles

③ Strangers   ④ Butterflies

⑤ Birds

41 다음 중 기업에서 제공하는 서비스에 대해 안전성의 문제, 강압적 판매, 이해관계의 대립으로 소비자가 서비스를 전환하는 요인에 해당하는 것은?

① 서비스 접점의 실패   ② 윤리적 문제

③ 핵심 서비스 실패   ④ 불만족

⑤ 불 편

42 오늘날의 휴대폰의 mp3 기능처럼 충족이 되면 별다른 만족감을 주지 못하는 반면, 충족이 되지 않으면 불만을 일으키는 요소는?

① 일원적 품질요소

② 매력적 품질요소

③ 당연적 품질요소

④ 무관심 품질요소

⑤ 반대적 품질요소

43 고객만족경영의 중요성에 대한 내용으로 적절하지 않은 것은?

① 고객만족을 기업의 최고 경영철학으로 인식하고 고객 서비스를 최고의 자산으로 인식하는 것이 중요하다.

② 고객을 대면하는 부서의 근무자를 중시하고 문제해결의 권한을 위임하여 신속한 보상을 제도화한다.

③ 소비자만족지수의 개발을 통해 정기적 측정 및 평가와 결과를 활용한다.

④ 고객에게 최고의 가치를 제공하고 궁극적으로는 조직의 가치를 극대화한다.

⑤ 고객은 외부고객과 내부고객으로 구분되는데 과거에는 내부고객을 더 중요시하였지만 현대에는 외부고객 중시의 정책이 더욱 강화된다.

44 다음 중 고객인지프로그램의 효과로 볼 수 없는 것은?

① VIP 고객을 파악하여 적절한 제품 및 서비스를 적시에 제공할 수 있다.

② 서비스 제공자는 획일적인 서비스를 지원함으로써 공정성을 유지할 수 있다.

③ 차별화된 서비스를 제공하는 수단으로 활용할 수 있다.

④ 고객정보는 CRM을 수행하는 기초로 사용할 수 있다.

⑤ 서비스기업에서는 고객을 식별하는 최고의 수단으로 활용할 수 있다.

45 고객행동의 가치 중에서 제품의 품질, 기능, 가격, 서비스 등과 같이 실용적이거나 물리적 기능과 관련되는 가치에 해당하는 것은?

① 기능적 가치

② 상황적 가치

③ 사회적 가치

④ 정서적 가치

⑤ 인식적 가치

46 다음 괄호 안에 들어갈 용어는?

> 서비스 수익 체인에서 (   )는(은) 종업원의 생산성을 유발하고 종업원의 만족은 (   )을(를) 유발한다.

① 내부고객만족　　　　　　　　② 고객만족
③ 종업원 충성도　　　　　　　　④ 고객충성도
⑤ 서비스 품질

47 소비재 제품 분류에서 고객이 알지 못하거나, 알고 있더라도 일반적으로 구매하지 않는 보험, 묘지, 백과사전 등에 해당하는 것은?

① 선매품　　　　　　　　　　　② 전문품
③ 편의품　　　　　　　　　　　④ 비탐색품
⑤ 탐색품

48 '도나베디언'이 제시한 의료 서비스 품질요소로 보기 어려운 것은?

① 형평성　　　　　　　　　　　② 통합성
③ 효 험　　　　　　　　　　　④ 적정성
⑤ 유효성

49 다음 중 내부 마케팅에서 선행되어야 할 대표적인 영향 요인을 찾아 모두 고른 것은?

> 가. 보상 시스템　　　　　　　나. 내부 커뮤니케이션
> 다. 권한위임　　　　　　　　　라. 독립채산제

① 가, 나, 다　　　　　　　　　② 가, 나, 라
③ 가, 다, 라　　　　　　　　　④ 나, 다, 라
⑤ 가, 나, 다, 라

50 다음 중 서비스 품질 2차원 접근법에서 고객이 기업과의 상호작용에서 무엇을(What) 받느냐에 해당하는 품질은?

① 기능적 품질　　　　　　　　② 인식적 품질
③ 기술적 품질　　　　　　　　④ 주관적 품질
⑤ 과정적 품질

51 다음 중 SERVQUAL 모형을 기업에 적용할 때 제기되는 문제점으로 적절하지 않은 것은?

① 기대치의 측정이 어려움
② 기대의 해석과 조작화 문제
③ 차원성의 문제
④ 일관성이 부족하고 분류체계상의 문제
⑤ 요구와 기대의 일치문제

52 고객 서비스가 수익의 원천이 되는 논리적 구조에서 '내부적 서비스의 품질'과 관련된 내용이 아닌 것은?

① 종업원 보상과 인정　　　　　② 근무 장소 설계
③ 종업원 선발과 교육　　　　　④ 업무 설계
⑤ 종업원의 만족도

53 다음 중 그렌루스(Grönroos)의 품질 구성요소에 해당하지 않는 것은?

① 전문성과 기술　　　　　　　② 서비스 회복
③ 접근성과 융통성　　　　　　④ 문제해결
⑤ 태도와 행동

54 자이다믈(Zeithaml)이 주장한 지각된 서비스 품질의 성격으로 가장 거리가 먼 것은?

① 서비스 품질은 객관적 또는 실제적 품질과 다르다.
② 서비스 품질의 평가는 대개 비교 개념으로 이루어진다.
③ 서비스 품질은 서비스의 추상적 속성이라기보다는 매우 구체적인 개념이다.
④ 서비스 품질은 태도와 유사한 개념으로서 전반적인 평가이다.
⑤ 서비스 품질은 고객이 여러 서비스들 간의 상대적 우월성 또는 우수성을 비교함에 따라 고·저로 평가된다.

55 다음 중 마케팅 조사에서 고객의 요구에 대한 자료를 수집하는 방법에서 정량조사의 기법에 필요한 내용에 해당하는 것은?

① 소비자의 정보 획득
② 소비자를 깊이 이해하려는 시도
③ 소비자 언어의 발견 및 확인
④ 가설의 질적 검증 및 의미 확인
⑤ 시장 경쟁상황과 소비자 태도 및 행동 파악

56 올리버(Oliver)가 분류한 소비자의 충성도 단계에서 긍정적인 감정을 갖게 되는 반복적인 경험에 의해 영향을 받는 단계는?

① 능동적 충성
② 인지적 충성
③ 행동 의욕적 충성
④ 감정적 충성
⑤ 행동적 충성

57 고객 서비스가 기업 수익의 원천이 되는 논리적 구조를 일컫는 용어로 이익, 성장, 고객충성도, 고객만족, 고객에게 제공된 재화와 가치, 직원의 역량, 만족도, 충성도, 생산성 사이에 직접적인 관계가 있다고 주장하는 것은?

① 서비스 수익 체인
② 피시본 다이어그램
③ 가치 수익 체인
④ 토털 서비스 시스템
⑤ 충성도 수익 체인

58 다음 중 존 네이스비츠(John Naisbitt)의 메가트렌드(Megatrend) 조건에 해당하지 않는 것은?

① 사회 전반적으로 광범위하게 영향을 미친다.
② 탈공업화 사회, 글로벌 경제, 분권화, 네트워크형 조직 등이 특징이다.
③ 기본적으로 글로벌한 성격을 가지고 있다.
④ 최소한 20~50년간 중장기적으로 지속된다.
⑤ 마케팅 언어와 마케팅 현상 세계에서만 존재한다.

59 서비스 유통과 관련해 효과적인 산출관리를 위한 조건으로 가장 옳지 않은 것은?

① 수요가 변동하는 경우

② 설비 용량이 한정되어 있는 경우

③ 예약을 통해 서비스를 미리 판매하는 경우

④ 한계판매 비용이 낮고 한계용량 변경 비용이 높은 경우

⑤ 재고가 소멸되지 않는 경우

60 고객가치 분석기법으로서 제품의 구입시기, 구입빈도, 구입비용의 세 가지 요소로 고객 등급을 분류하는 것은?

① RFM
② AIO
③ SWOT
④ CEM
⑤ STP

03 | 고객관리 실무론

61 사업자가 물품 등의 하자·채무불이행 등으로 인한 소비자의 피해에 대하여, 수리·교환·환급 또는 배상을 하거나, 계약의 해제·해지 및 이행 등을 해야 하는 경우에 해당하지 않는 것은?

① 환급금액은 거래 시 교부된 영수증 등에 적힌 물품 등의 가격을 기준으로 한다.

② 교환은 같은 종류의 물품 등으로 하되, 같은 종류의 물품 등으로 교환하는 것이 불가능한 경우에는 같은 종류의 유사물품 등으로 교환한다.

③ 물품 등을 유상으로 수리한 경우 수리한 날부터 2개월 이내에 소비자가 정상적으로 물품 등을 사용하는 과정에서 수리한 부분에 종전과 동일한 고장이 재발한 경우에는 무상으로 수리한다.

④ 할인 판매된 물품 등을 교환하는 경우에는 그 정상가격과 할인가격의 차액을 환불하거나 할인가격 금액에 상당하는 물품 등으로 교환한다.

⑤ 수리는 지체 없이 하되, 수리가 지체되는 불가피한 사유가 있을 때는 소비자에게 알려야 한다.

62 메라비언(Mehrabian)이 제시한 커뮤니케이션의 전달 정도에 대한 비대면 커뮤니케이션의 전화응대의 특징으로 옳은 설명은?

① 14%의 표정, 몸짓언어 등 시각적 요소에 의해 전달된다.
② 55%의 목소리, 음색, 억양 등 청각적 요소에 의해 전달된다.
③ 7%는 대화에서 선택하는 단어 등 언어적 요소에 의해 전달된다.
④ 38%는 발음, 음정, 속도 등 청각적 요소에 의해 전달된다.
⑤ 86%의 목소리, 음색, 억양 등 청각적 요소에 의해 전달된다.

63 바람직한 전화응대 자세에 대한 설명으로 옳지 않은 것은?

① 자신의 불쾌한 감정을 목소리에 나타내지 않는다.
② 전화기 옆에 필기도구를 준비하여 항상 메모할 수 있도록 한다.
③ 숫자, 장소, 금액, 일시 등과 같은 내용은 반복하여 확인하도록 한다.
④ 고객 응대 전화일 경우 유머와 전문적인 내용 전달로 신뢰감을 형성하도록 한다.
⑤ 통화 중 상대방을 기다리게 할 경우 주위의 대화 내용이 들리지 않도록 한다.

64 다음 중 콜센터의 서비스에서 상담 중에 제공되는 내용에 해당하는 것은?

① 인 사
② 고객 이해도
③ 통화 연결성
④ 상담원 접속성
⑤ 통화 대기

65 다음 중 인바운드형 콜센터의 특징에 해당하는 것은?

① 기업주도형이다.
② 많은 양의 고객데이터를 보유한다.
③ 목표달성과 성과 지향적이다.
④ 적극적인 커뮤니케이션 능력이다.
⑤ 고객의 접근이 용이하다.

66 다음 중 스크립트의 역할이 아닌 것은?

① 고객과 실제 상황대응에 효과적이다.

② 텔레마케터의 고객상담관리 지침 역할을 한다.

③ 상품과 서비스의 특징에 알맞게 수시로 고객 응대용으로 수정 및 활용이 가능하다.

④ 고객과 상담원 간 대화의 윤활유 역할을 한다.

⑤ 통화시간을 조절할 수는 없지만 상담원들이 불필요한 표현을 하지 않도록 도와준다.

67 콜센터의 모니터링 방법 중에서 정해진 동료의 상담내용을 듣고 장단점을 피드백하고 벤치마킹하여 동료를 평가할 수 있도록 하는 모니터링 방법은?

① Remote Monitoring

② Peer Monitoring

③ Recording Monitoring

④ Self Monitoring

⑤ Side-by-Side Monitoring

68 다음 보기에 해당하는 에드워드 홀(Edward T. Hall)의 공간적 거리는?

> 연설이나 강의와 같은 특수한 경우에 한정된다. 강사의 입장에서는 청중 모두를 한눈에 파악하기 위해 이 정도의 거리가 필요하고, 청중의 입장에서도 강사에게 무례한 행동을 노출시키지 않으면서 편안히 강의를 들을 수 있는 거리이다.

① 공적인 거리   ② 사적인 거리

③ 개인적인 거리   ④ 사회적인 거리

⑤ 친밀함의 거리

69 고객이 단점을 지적하면 다른 장점을 제시하여 대화 주제에 대해 장단점이 존재한다는 사실을 적시하여 저항의 강도를 낮추는 화법은?

① 부메랑 화법   ② 아론슨 화법

③ Yes, but 화법   ④ 칭찬 화법

⑤ 경청 화법

70 소비자기본법상 명시된 소비자중심경영의 인증(제20조의2)에 대한 내용으로 가장 거리가 먼 것은?

① 소비자중심경영인증을 받으려는 사업자는 대통령령으로 정하는 바에 따라 공정거래위원회에 신청하여야 한다.

② 소비자중심경영인증을 받은 사업자는 대통령령으로 정하는 바에 따라 그 인증의 표시를 할 수 있다.

③ 공정거래위원회는 소비자중심경영을 활성화하기 위하여 대통령령으로 정하는 바에 따라 소비자중심경영인증을 받은 기업에 대하여 포상 또는 지원 등을 할 수 있다.

④ 공정거래위원회는 소비자중심경영 인증을 신청하는 사업자에 대하여 대통령령으로 정하는 바에 따라 그 인증의 심사에 소요되는 비용을 부담하게 할 수 있다.

⑤ 소비자중심경영인증의 유효기간은 그 인증을 받을 날부터 2년으로 한다.

71 다음 중 불만고객응대에서 '고객은 개인 감정에 의해 화를 내는 것이 아니고, 일처리에 대한 불만으로 복잡한 규정과 제도에 항의하는 관점에서 대처해야 한다'는 처리원칙에 해당하는 것은?

① 피뢰침의 원칙
② 역지사지의 원칙
③ 감정통제의 원칙
④ 책임공감의 원칙
⑤ 행동절제의 원칙

72 소비자기본법상 명시된 표시의 기준(제10조)에 대한 내용이 아닌 것은?

① 표시의 크기, 위치 및 방법
② 시각장애인을 위한 표시방법
③ 사용방법, 사용·보관할 때의 주의사항
④ 물품 등을 제조·수입 또는 판매하거나 제공한 사업자의 주소 및 전화번호를 제외한 명칭 및 물품의 원산지
⑤ 상품명, 용도, 성분, 재질, 성능, 규격, 가격, 용량, 허가번호 및 용역의 내용

73 인상형성에 있어서 '사람들은 상대를 판단할 때 가능하면 적은 노력으로 결론에 이르려고 하는 특성이 있다'라는 것으로 첫인상이 중요하다는 심리학적 이론에 해당하는 것은?

① 맥락효과
② 일관성 오류
③ 구두쇠 이론
④ 후광효과
⑤ 귀인오류

74 다음 중 인상을 형성하는 데에 영향을 주는 요인이 아닌 것은?

① 경 험
② 소 득
③ 신체적 매력
④ 라이프스타일
⑤ 욕 구

75 다음 중 인사할 때의 시기와 방법으로 적절하지 않은 것은?

① 복도에서 상사와 만났을 때는 한쪽으로 비켜서면서 가볍게 인사한다.
② 상대방의 인사에 응답을 하는 것보다 만나는 즉시 자신이 먼저 인사하는 것이 좋다.
③ 걸어가는 중에 서로 다른 방향에서 만나면 30보 이내에서 인사할 준비를 한다.
④ 상사를 외부인사와 함께 복도에서 만날 때는 걸으면서 가볍게 목례를 한다.
⑤ 인사할 가장 좋은 거리는 6~8보 정도가 적당하다.

76 레스토랑에서 식사 중 매너로 옳지 않은 것은?

① 식탁에 음식이 떨어졌을 때에는 당황하지 말고 태연하게 이를 집어 접시 한 쪽 위에 둔다.
② 식사 중 트림을 하거나 음식을 소리 내어 씹는 것은 실례이며, 식사 후 이쑤시개를 사용하는 것은 허용된다.
③ 식사 도중에 대화를 나누면서 상대의 식사 속도에 맞춰 먹는 것이 좋다.
④ 식사 중에 손으로 귀, 코, 머리 등을 만지거나 긁는 것도 금기이다.
⑤ 식사 중 기침을 하는 경우에는 손으로 또는 손수건을 사용하여 입을 가리며 냅킨을 사용하지 않는다.

77 다음 중 전통예절에서 절을 하는 방법으로 적절하지 않은 것은?

① 양손을 포개어 양 팔꿈치와 손이 배 근처에 수평이 되게 한다.

② 기본 절에서 여자는 한 번을 한다.

③ 남자가 절을 할 때는 왼 발바닥 위에 오른발을 포갠다.

④ 일반적 공수는 남자는 왼손이 위로 가고 오른손을 감싼다.

⑤ 의식행사에서는 기본 횟수의 배를 한다.

78 교육훈련 기법 중 '역할연기법'의 단점에 해당하는 내용은?

① 원칙과 이론의 체계적인 습득이 어렵다.

② 참석자의 수준에 좌우된다.

③ 다른 방법과 병용하지 않으면 의미가 없다.

④ 교수자의 일방적인 내용 전달에 그칠 수 있다.

⑤ 교수의 능력 및 기술에 거의 전적으로 의존한다.

79 다음 중 이메일을 사용할 때의 예절로 옳지 않은 것은?

① 지나친 약어나 속어의 사용은 피한다.

② 상대편의 편리함을 배려하여 메일 본문에 내용을 모두 포함한다.

③ 보내는 사람의 신분을 밝히고 제목은 간결하고 정확하게 작성한다.

④ 업무상 이메일은 24시간 내에 보내는 것이 예의이다.

⑤ 영문을 사용할 경우 모든 글자를 대문자로 쓰지 않는다.

80 다음 보기에 해당하는 소비자의 권리는?

> 우리 주변에서 불법으로 만들어진 유해식품을 팔고 있습니다. 건강에 해로운 식품을 먹지 않도록 하시고 주부식품안전감시단을 구성하여 활동합시다.

① 교육을 받을 권리

② 의견을 반영할 권리

③ 안전할 권리

④ 단체를 조직하고 활동할 권리

⑤ 알 권리

81 소비자기본법상 국가 및 지방자치단체의 책무에 대한 설명으로 옳지 않은 것은?

① 국가는 지방자치단체의 소비자권익과 관련된 행정조직의 설치·운영 등에 관하여 대통령령이 정하는 바에 따라 필요한 지원을 할 수 있다.

② 국가는 사업자가 소비자에게 제공하는 물품 등으로 인한 소비자의 생명·신체 또는 재산에 대한 위해를 방지하기 위하여 사업자가 지켜야 할 기준을 정하여야 한다.

③ 국가 및 지방자치단체는 물품 등의 품질개선 및 소비생활의 향상을 위하여 물품 등의 규격을 정하고 이를 보급하기 위한 시책을 강구하여야 한다.

④ 국가는 소비자의 개인정보를 보호하기 위한 기준을 정하여야 한다.

⑤ 국가는 소비자와 사업자 사이에 발생하는 분쟁을 원활하게 해결하기 위하여 대통령령이 정하는 바에 따라 소비자분쟁해결 기준을 제정해야 한다.

82 다음 중 소비자 단체의 업무가 아닌 것은?

① 소비자의 교육
② 소비자 문제에 관한 조사·연구
③ 소비자에게 물품에 대한 정보를 성실하고 정확하게 제공
④ 국가 및 지방자치단체의 소비자 권익과 관련된 시책에 대한 건의
⑤ 소비자 불만 및 피해를 처리하기 위한 상담·정보제공

83 사업자가 서비스를 제공하는 과정에서 생성되는 이용자의 개인정보에 해당하는 것은?

① 주민등록번호
② 전화번호
③ 결재기록
④ 최종학교
⑤ 주 소

84 다음 보기의 내용에 해당하는 개인정보보호법의 규정은?

> ○○○씨는 모 카드회사에 명의도용 관련 문의를 위해 전화 상담을 하는 과정에서 고객맞춤서비스를 위하여 신용카드회원이 아니더라도 반드시 개인의 주민번호를 알려달라고 하는 것을 확인하고 이것을 시정해 주기를 요구하였다.

① 개인정보 이용·제공 제한
② 개인정보의 수집 제한
③ 민감정보의 처리 제한
④ 고유식별정보의 처리 제한
⑤ 개인정보의 제공

85 조직의 문제가 되는 상황을 설정하여 그 상황에 대한 이해를 목적으로 시연하는 방법으로 진행되는 집합교육으로 자신과 타인 간의 이해관계를 촉진시키며 기대되는 행동과 태도의 변화를 유도하는 목적에 활용되는 교육방법은?

① 토의법
② 역할연기
③ 워크샵
④ 브레인스토밍
⑤ 사례법

86 프레젠테이션의 슬라이드 디자인 제작 시 영상은 컬러, 질감, 크기 등에서 상호보완적이어야 한다는 원리에 해당하는 것은?

① 균형성
② 단순성
③ 명료성
④ 조화성
⑤ 조직성

87 다음 중 프레젠테이션을 발표하기 전에 좌석배치, 소음, 정전, 전기 및 전자 기구의 상태 등을 확인하고 분석하는 요소는?

① Preparation
② Purpose
③ Preview
④ Place
⑤ People

88 이미지를 형성하는 첫인상의 특징이 아닌 것은?

① 초두효과
② 일회성
③ 일방적
④ 최근성
⑤ 신속성

89 파워포인트를 활용하여 슬라이드 쇼를 진행하는 중에 다른 내용을 설명하거나 쇼를 잠시 멈추고자 할 때, 일시적으로 화면을 어둡게 하는 기능에 사용하는 단축키는?

① [B]Key
② [W]Key
③ [E]Key
④ [A]Key
⑤ [S]Key

90 다음 중 브레인스토밍(Brainstorming)의 장점을 모두 고른 것은?

가. 자기 아이디어의 제안 및 발표 능력이 향상된다.
나. 새로운 아이디어가 창출된다.
다. 다른 사람들의 아이디어에 대해 함께 평가할 수 있다.
라. 대규모 집단에 적용할 수 있다.

① 가, 나
② 가, 나, 다
③ 가, 나, 라
④ 나, 다, 라
⑤ 가, 나, 다, 라

제10회 | 적중모의고사

○ 정답 p.361

01 | CS 개론

01 고객만족 경영의 3원칙에 대한 다음 설명 중 적절하지 않은 것은?

① 제1원칙은 MOT 최우선의 원칙으로, 고객과 접촉하는 매 순간이 '진실의 순간'이고 '평가의 순간'이며 '결정의 순간'이다.

② MOT 최우선의 원칙에 따라 조직은 역피라미드형 조직을 취한다.

③ 종업원 만족의 3요소는 자율권·권한위임·서비스표준이다.

④ 제2원칙은 경영관리층이 주도하는 원칙으로 경영관리층은 비전의 제시와 솔선수범을 하되, 종업원의 자율권을 보장하기 위해 현장배회(MBWA)는 삼간다.

⑤ 제3원칙은 CSI(고객만족도)를 측정하는 것이다.

02 다음 중 고객관계관리(CRM) 전략 수립의 단계에 쓰이는 요소와 관련이 없는 것은?

① 고객 분석

② 개인화 설계

③ 커뮤니케이션 설계

④ 대안 결정

⑤ CRM 전략 방향 설정

03 참여관점에 따른 고객의 분류 중 전략이나 고객관리 등에 중요한 인식을 심어주는 고객은?

① 직접고객   ② 의견선도고객

③ 의사결정고객   ④ 경쟁자

⑤ 한계고객

04 노드스트롬(Nordstrom)의 기업문화의 특징에 해당하지 않는 것은?

① 노드스트롬 일가에 의해 4대째 운영되고 있다.

② 고객이 맨상단에 위치한 역피라미드형 조직구도를 가지고 있다.

③ 종업원에게 대폭 권한을 주고 신뢰하므로 별도로 그 권한사용에 대한 점검 등을 하지 않는다.

④ 가격경쟁보다는 서비스경쟁을 우선한다.

⑤ 개인별 고객수첩제도는 오늘날 고객관계마케팅(CRM)의 일환으로 매우 중요시되고 있다.

05 마이클 포터(Michael Porter) 교수가 산업경쟁을 촉진하는 5대 경쟁세력으로 지칭하지 않은 것은?

① 내부고객   ② 공급자

③ 신규 진출기업   ④ 구매자

⑤ 대체자

06 4C 마케팅에 대한 설명으로 적절하지 않은 것은?

① Customer – 고객 자체를 의미한다.

② Cost – 소비자가 받아들이는 가치라는 의미로서의 비용을 뜻한다.

③ Cost – 가장 일반적인 형태로는 기회비용이라고 볼 수도 있고, 하나의 브랜드에서 다른 브랜드로 바꿀 때 발생하는 교환비용도 여기에 해당한다.

④ Convenience – 고가의 상품구매 시 무이자 할부 서비스가 제공된다든지, 아니면 상품 사용설명서가 동영상으로 제공된다거나 하는 소비자의 입장에서 구매 시의 장벽을 낮춰주고, 사용상의 편의성을 높여줌으로써 가장 효율적으로 소비자 Cost를 낮춰주는 전략이다.

⑤ Communications – 유통과는 조금 다른 범주로 가치교환의 편의성을 의미한다.

제10회

07 돈 탭스콧(Don Tapscott) 박사가 제시한 12가지 테마에 해당하지 않는 것은?

① 지 식   ② 디지털화

③ 가상화   ④ 분 산

⑤ 동시화

08 다음 보기에서 설명하는 고객 유형은?

> 고객을 확보하는 데 소요되는 비용이 판매나 서비스의 제공에서 얻을 수 있는 수익보다 큰 고객의 유형이다.

① 한계고객   ② 기대고객

③ 잠재고객   ④ 로열티고객

⑤ 등대고객

09 기대-불일치 이론에 근거한 연구가 아닌 것은?

① 인지적 협화 이론   ② 대조 이론

③ 동화-대조 이론   ④ 비교 수준 이론

⑤ 일반화된 부정성 이론

10 MBTI의 16가지 유형 중 임금 뒷편의 권력형과 관련이 없는 특징은?

① 조용하고, 다정하며, 세심하고, 성실하고, 책임감이 강하다.

② 공동의 선을 추구하기 위한 명확한 비전을 개발한다.

③ 직장과 가정에서 정돈되고 조화로운 환경을 만들기 위해 노력한다.

④ 자신들의 의무에 헌신적이고, 이를 꾸준하게 실현해 나간다.

⑤ 타인, 특히 자신에게 중요한 사람들의 느낌에 관심이 많고, 그들과 관련된 구체적인 것을 잘 알아차리고 기억한다.

11 CRM의 중요성을 강조하는 연구결과의 내용과 일치하지 않는 것은?

① 상위 20%에 해당되는 고객 1인의 매출이 나머지 80%에 해당되는 고객 16명의 매출과 비슷하다.

② 대개의 회사들은 매년 약 15~20%의 고객을 잃는다.

③ 고객유지율이 몇 %만 증가해도 25~100%까지의 이윤을 증가시킬 수 있다.

④ 불만족한 고객의 90% 이상이 자신이 느낀 불만을 호소하기 위하여 해당 회사에게 연락을 취한다.

⑤ 만족을 얻지 못한 고객의 91%는 절대로 그 회사의 물건을 다시 구매하지 않을 것이며, 최소한 9명에게 자신이 겪은 불쾌감을 이야기한다.

12 CRM 기능과 정보기술, 그리고 실행 차원에서의 성공 요인을 설명한 것으로 적절하지 않은 것은?

① 고객 관계와 관련된 업무 프로세스를 자동화하고 개선하는 것이 CRM의 핵심 목표이지만, CRM 시스템에 다양한 분석 및 리포팅을 지원할 수 있는 강력한 비즈니스 인텔리전스 기능을 갖추어야 한다.

② CRM 시스템은 과거, 현재, 미래 고객에 대한 방대한 양의 정보를 포함하고 있으며, 이 정보는 의사 결정자들을 위해 분석·가공되어 활용될 수 있어야 한다.

③ 콜센터, 유선 인터넷, 무선 인터넷 등 고객과의 접촉 채널은 다양화되고 있다. 이 채널들의 각 특성을 최대한 활용함과 동시에 여러 채널에 걸쳐있는 기능들을 통합적으로 관리·운영하는 것도 중요하다.

④ 고객들에게는 채널의 종류에 따라 다양한 경험을 제공하는 것이 중요하다.

⑤ 고객 정보는 하나의 저장소에서 통합 관리되어야 하고, 이 정보는 직접 고객과 대면하여 일하는 모든 임직원들이 실시간으로 이용할 수 있도록 해야 하며, 모든 CRM 관련 애플리케이션과 기능에서 데이터 일관성을 유지할 수 있어야 한다.

13 조하리(Johari)의 '마음의 창'에 관한 설명으로 옳지 않은 것은?

① 개방형은 공개적 영역이 가장 넓은 사람이다.
② 자기주장형은 다른 사람의 말에 좀 더 진지하게 귀를 기울이는 노력이 필요하다.
③ 신중형은 자기개방을 통해 다른 사람과 좀 더 넓고 깊이 있는 교류가 필요하다.
④ 고립형은 숨겨진 영역이 가장 넓은 사람이다.
⑤ 조하리의 창에서는 활발하고 원활한 인간관계가 이루어지는 개방형이 가장 바람직하다.

14 앨더퍼(Alderfer)의 ERG이론에 대한 설명으로 적절하지 않은 것은?

① 앨더퍼는 매슬로우(Maslow)의 5단계 범주를 세 범주로 구분하면서 인간의 욕구를 존재 욕구(E ; Existence), 관계 욕구(R ; Relatedness), 성장 욕구(G ; Growth)로 명명하였다.

② 존재 욕구는 배고픔, 갈증, 안식처 등과 같은 생리적·물질적 욕망으로서, 봉급과 쾌적한 물리적 작업 조건과 같은 물질적 욕구가 이 범주에 속한다.

③ 관계 욕구는 직장에서 타인과의 대인관계, 가족, 친구 등과의 관계와 관련되는 모든 요구를 포괄한다.

④ 욕구좌절(Needs Frustration)은 고차욕구인 성장 욕구가 충족되지 않으면 저차욕구인 관계 욕구도 줄어들어 좌절된다는 것이다.

⑤ 욕구강도(Needs Strength)는 저차욕구인 존재 욕구가 충족될수록 고차욕구인 관계 욕구에 대한 바람이 커진다.

15　교류분석에서 부모의 마음(P)의 자아상태와 관련이 없는 것은?

① 자신을 길러준 부모로부터 받아들인 부분이다.

② 타인에 대해 비판적, 보호적 행동으로 표현된다.

③ "밤새워 노름이라니 안되겠군."이라는 식의 엄한 표현은 아버지의 자아상태라고 할 수 있다.

④ 상대방에게 손을 내밀면서 "매우 곤란한 것 같은데 뭘 도와줄까?"라고 하는 자상한 표현은 어머니의 자아상태라고 할 수 있다.

⑤ 객관적인 정보수집으로 현실을 분석하고, 가능성을 측정하며 감정에 좌우됨이 없이 기능하는 모습이다.

16　감성역량의 4요소에 대한 설명으로 적절하지 않은 것은?

① 감성역량이란 '자신과 구성원의 감성 코드를 맞추고 관리해 나가는 역량'이라고 할 수 있다. 이렇게 코드를 맞춰감으로써 구성원과 감정적인 유대감과 목표에 대한 공감대를 형성하고, 구성원들의 자발적인 헌신, 몰입을 이끌어 낼 수 있는 것이다.

② 자기 인식 능력은 자신의 가치관, 감정 상태, 장단점, 목표 등을 명확히 이해하고 긍정적인 확신을 갖는 정도를 뜻한다.

③ 자기 관리 능력은 감정이입능력이라고도 표현되며, 구성원에게 불안감을 줄 수 있는 부정적인 감정(분노, 불만 등)을 자제하고, 낙관적이고 즐거운 태도를 유지할 수 있어야 한다.

④ 사회적 인식 능력은 구성원의 감정이나 상태를 깊이 이해하는 능력이다.

⑤ 관계 관리 능력은 구성원들과 원만한 관계를 형성·유지하는 능력으로 설득력, 피드백, 코칭, 동기부여 등을 들 수 있다.

17　대기관리의 방법 중 고객인식관리에 해당하지 않는 내용은?

① 대안을 제시한다.

② 서비스가 시작되었다는 느낌을 준다.

③ 예상 대기시간을 알려 준다.

④ 이용되지 않는 자원은 보이지 않도록 한다.

⑤ 고객을 유형별로 대응한다.

18 다음 중 프로세스 조직의 특징으로 적절하지 않은 것은?

① 고객가치를 충족시키는 데 있어 최상의 프로세스가 구축될 수 있도록 전체 조직시스템(조직구조, 관리평가시스템, 보상시스템, 기업문화 등)을 프로세스를 중심으로 근본적으로 재설계한 조직이다.

② 프로세스 관점은 항상 고객의 관점에서 기업활동을 수행할 수 있게 한다.

③ 일 자체보다 성과에 초점을 둔다.

④ 기업의 활동을 전체적·구체적으로 파악할 수 있다.

⑤ 업무수행에 따른 책임이 분명하지 않다.

19 표준적인 고객구매행동 모델로서 RFMIPT 공식이 있는데, 여기에서 P가 의미하는 것은?

① 최종 구매일이 언제인가?

② 과거에 몇 번 구매했는가?

③ 어느 매체를 통해 제품이나 서비스정보를 얻었는가?

④ 장기연체사실이 있는가?

⑤ 일정 기간 동안 이용한 금액이 얼마인가?

20 고객생애가치(LTV) 제고를 위해 필요한 활동을 모두 고른 것은?

가. 교차 판매	나. 축소 판매
다. 추가 판매	라. 대량 판매
마. 고객 유지	바. 위탁 광고

① 가, 나 　　　　　　　　② 가, 나, 라

③ 가, 다, 마 　　　　　　　④ 가, 다, 바

⑤ 가, 나, 다, 라, 마, 바

21 서비스 프로세스 매트릭스(Service Process Matrix)에서 X, Y축을 구성하는 기준으로 Y축에 해당하는 것은?

① 개인화 　　　　　　　　② 개별화

③ 차별화 　　　　　　　　④ 노동집약도

⑤ 상호작용

22 하버마스(Habermas)의 이상적인 의사소통 상태를 특징짓는 준거 중 이해가능성(Comprehensibility)에 해당하는 것은?

① 발언에 속임수가 있으면 안 된다.
② 발언이 맥락에 맞아야 한다.
③ 발언이 모호하지 않고 의도를 분명히 해야 한다.
④ 교환되는 메시지가 진실해야 한다.
⑤ 발언에 많은 정보가 함축되어 있어야 한다.

23 패런과 케이(Farren & Kaye)는 끊임없이 변화하는 현대 조직에 있어서의 리더의 역할을 지원자, 평가자, 예측자, 조언자, 격려자의 5가지로 분류하였다. 다음 중 평가자의 역할에 해당하는 설명은?

① 구성원 직원들이 직업의 가치와 아울러 일에 대한 관심 그리고 경쟁력 있는 기술을 개발할 수 있도록 도와준다.
② 현재 직업에서 중요하게 생각하는 점과 개선점 및 방법을 찾아내기 위해 직원들의 말을 경청한다.
③ 직원들이 각자의 직무에서 원하는 것이 무엇인지 이해하고 이를 명확히 표현할 수 있도록 도와준다.
④ 기업, 직업 그리고 해당산업에 대한 정보를 제공한다.
⑤ 직원들의 잠재의식 속에 가지고 있는 커리어 목표를 찾도록 도와준다.

24 인간관계의 발전단계 중 촉진요인에 해당하지 않는 것은?

① 정서적 지지와 공감
② 즐거운 체험의 공유
③ 접촉의 감소
④ 현실적 도움의 공유
⑤ 자기공개

25 서비스의 정의와 관련하여 '서비스란 고객만족을 제공하려는 고객 접촉 인력이나 장비의 상호작용 결과 일어나는 활동 또는 일련의 활동으로 소비자에게 만족을 제공하는 것'이라고 주장한 학자는?

① 레티넨(Letinen)
② 베리(Berry)
③ 주드(Judd)
④ 라스멜(Rathmell)
⑤ 블루아(Blois)

26 부정감정을 조절하는 방법으로 정서 회피적 방법에 해당하지 않는 것은?

① 술 마시기
② 여행하기
③ 다른 사람에게 조언 구하기
④ 일에 몰두하기
⑤ 취미활동하기

27 인간관계의 개선을 위해 상대편과 대화의 기회를 포착하는 방법으로 가장 옳지 않은 것은?

① 우연한 만남이라도 상대방에 대한 관심을 표현하는 것이 중요하다.
② 상대방과의 우연한 만남에서 대화를 나눌 적절한 시기를 포착하는 것이 중요하다.
③ 대화를 나눌 적절한 장소를 알아두는 것이 중요하다.
④ 주제를 명확하게 하여 대화에 임하여야 한다.
⑤ 친밀한 관계로 발전할 수 있는 대화의 기회를 차단하는 여러 가지 요인에 대한 자각이 필요하다.

28 자극의 조직화 단계에서 자극의 불완전한 부분을 메워서 완전한 전체로 지각하려는 경향과 관련이 있는 것은?

① 단순화
② 유사화
③ 폐쇄성
④ 집단화
⑤ 형상과 배경화

29 다음 중 호혜성이 무시되는 인간관계는?

① 수직적 인간관계
② 수평적 인간관계
③ 업무중심적 인간관계
④ 공유적 인간관계
⑤ 교환적 인간관계

30 새로운 서비스 창출기법인 체험 마케팅에 대한 설명으로 옳지 않은 것은?

① 체험 마케팅이란 고객이 상품을 직접 체험하도록 하면서 홍보하는 마케팅 기법이다.

② 감각 마케팅은 감각적 체험의 제공, 즉 시각, 청각, 후각, 촉각, 미각의 오감을 자극하여 고객들에게 감각적 체험을 창조할 목적으로 하는 마케팅이다.

③ 디자인을 이용한 미학적 마케팅이나 색상을 이용한 컬러 마케팅, 향기 마케팅, 음향 마케팅 등이 감성 마케팅에 해당한다.

④ 인지 마케팅은 고객들에게 창조적인 인지력과 문제 해결적 체험을 제공하는 것을 목적으로 지성에 호소하는 '인지적 체험'이 목적이다.

⑤ 행동 마케팅은 고객의 육체적 체험과 라이프스타일, 상호작용에 영향을 미치는 것을 목표로 한다.

---

02 | CS 전략론

31 서비스 청사진의 특징에 대한 설명으로 옳지 않은 것은?

① 핵심 서비스 프로세스를 그 특성이 나타나도록 알아보기 쉬운 방식의 그림으로 나타낸 것이다.

② 기존의 공정도표들과는 달리 고객과 서비스 시스템과의 상호작용을 구체적으로 표현하며 실패 가능점을 미리 식별하여 미연에 방지책이나 복구 대안을 강구하도록 하는 데 있다.

③ 서비스 프로세스 결과를 분석하는 데 유용하다.

④ 논리적인 구성요소 등을 동시에 보여줌으로써 서비스를 시각적으로 제시한다.

⑤ 서비스 청사진은 고객이 경험하게 되는 서비스 과정이고, 업무수행의 지침이며, 서비스 제공 프로세스의 단계를 나누는 방법이다.

32 다음 중 내부작용선에 대한 설명에 해당하는 것은?

① 외부고객과 일선종업원 사이의 수평선이다.

② 고객이 경험하는 서비스 품질을 알게 하여 서비스설계에 공헌할 수 있다.

③ 고객이 볼 수 있는 영역과 어떤 종업원이 고객과 접촉하는지를 알려준다.

④ 실패 가능점을 확인시켜 준다.

⑤ 점진적인 품질개선 작업을 강화시킬 수 있다.

33 일반고객으로 가장하여 매장을 방문하여 물건을 사면서 점원의 친절도, 외모, 판매기술, 사업장의 분위기 등을 평가하여 개선점을 제안하는 일을 하는 사람은?

① 서비스 프로세스
② 서비스 청사진
③ 서비스 모니터링
④ 미스터리 커스터머
⑤ 피시본 다이어그램

34 평가만을 위한 모니터링이 아닌 종업원의 장단점을 발견하고 능력을 향상시킬 수 있는 수단으로 활용해야 하며, 이때 가장 중요한 서비스 모니터링 요소로 편견 없는 기준으로 평가하여 누구든지 인정할 수 있는 요소에 해당되는 것은?

① 대표성
② 객관성
③ 타당성
④ 신뢰성
⑤ 차별성

35 훈련받은 전문요원이 고객을 가장하여 서비스를 체험하고 조사하는 방식으로 현장 접점에서 현장 방문을 통해 암행감사를 하는 것에 해당하지 않는 것은?

① Virtual Customer
② Mystery Shopper
③ Spotter Service
④ Anonymous Audit
⑤ Cold Watcher

36 바람직한 서비스 모니터링을 위해 기업이 구축하여야 할 운용 프로세스에 해당하지 않는 것은?

① 행동지침이 되는 서비스 표준 매뉴얼의 작성
② 교육 진행을 위한 기관 구축
③ 종업원의 평가 또는 통제 수단으로만 적극 활용
④ 모니터링 요원의 객관적인 평가를 위한 사전교육 실시
⑤ 장기적인 측면에서 지속적인 개선의 도구로 활용

37 다음 중 고객접점과 관련된 원칙으로 가장 거리가 먼 것은?

① 곱셈의 법칙

② 100 − 1 = 0의 법칙

③ 통나무 물통법칙

④ TEN − TEN − TEN 원칙

⑤ 나눗셈의 법칙

38 만족거울 이론에 대한 설명으로 옳지 않은 것은?

① 은행, 보험회사, 병원 등에서의 조사를 통하여 만들어진 이론이다.

② 고객이 만족하면 매상도 증가하게 된다는 이론이다.

③ 종업원이 먼저 만족해야 한다는 이론이다.

④ 벤자민 슈나이더(Benjamin Schneider)와 데이빗 보우엔(David Bowen)의 논문에서 사용되었다.

⑤ 고객의 목소리에 귀를 기울여 원하는 제품이나 서비스를 개발해야 한다는 이론이다.

39 상품 종류가 다양한 온라인 매장의 경우 매출의 대부분이 오프라인에서는 판매량이 저조해 구비해 놓기 힘든 틈새상품에서 나온다는 법칙은?

① 깨진 유리창의 법칙   ② 파레토 법칙

③ 롱테일 법칙   ④ 코즈의 법칙

⑤ 경영의 황금률

40 서비스 운영시스템, 서비스 전달 시스템, 서비스 마케팅 시스템을 총체적 관점에서 고객에게 차별화된 서비스를 제공하기 위한 마케팅 전략을 이르는 말은?

① 고객생애가치

② 고객 서비스

③ 품질의 집

④ 토털 서비스

⑤ 서비스 품질

41 서비스 수익체인에 대한 설명으로 적절하지 않은 것은?

① 내부 서비스 품질은 종업원 만족을 가져온다.
② 종업원 충성도는 종업원 생산성을 가져온다.
③ 종업원의 생산성은 서비스 가치의 창출을 가져온다.
④ 고객만족은 고객충성도를 높인다.
⑤ 고객의 충성도가 5% 상승하면 수익도 3% 증가한다.

42 기업이 앞으로 직면할 시장에 대한 설명으로 적절하지 않은 것은?

① 앞으로 소비자는 커다란 동질 집단으로 존재하지 않을 것이다.
② 기업은 여러 점의 중심적 역할을 하는 소비자를 가려내 이들의 심리와 행태에 주의를 기울여야 한다.
③ 소비자들은 감정적 관여도가 낮은 기본적 생필품 등에 대해서는 최저가 위주의 소비 행태를 보일 것이다.
④ 자신의 가치관이나 사회적 지위를 드러내 준다고 생각하는 제품에 대해서는 아낌없이 높은 가격을 지불할 것이다.
⑤ '일반적인 대중'을 타깃으로 하는 회사만이 살아남을 것이다.

43 서비스 품질관리에 있어서 MOT에 관한 설명 중 옳지 않은 것은?

① 고객접점(Moments Of Truth)이란 조직의 서비스 품질에 관하여 어떤 인상을 얻을 수 있는 사건을 말한다.
② 서비스 품질관리에서 MOT 또는 결정적 순간이란 고객이 매장을 들어선 순간을 뜻한다.
③ 일반적으로 MOT는 고객이 종업원과 접촉하는 순간에 발생하지만 '광고를 보는 순간'에도 발생한다.
④ MOT는 고객과의 많은 접점에서 단 한 가지라도 나쁜 인상을 준다면 그것으로 고객은 기업의 이미지를 결정한다.
⑤ 스칸디나비아 항공 회장 얀 칼슨(Jan Carlson)은 현장에 있는 직원과 고객이 처음 만나는 '15초' 동안의 고객 응대 태도에 따라 기업 이미지가 결정된다고 주장하였다.

44 서비스 품질을 측정하고 평가하는 기준은 다양하다. 다음 중 '고객에게 빠른 서비스를 제공하려는 판매원 또는 종업원의 의지와 능력'에 대한 평가에 가장 가까운 기준은?

① 보장성
② 공감성
③ 신뢰성
④ 반응성
⑤ 유형성

45 다음 중 Parasuraman, Zeithmal과 Berry가 제시한 SERVQUAL의 평가방법의 5개 차원에 속하는 것으로 바르게 묶인 것은?

① 신뢰성 – 반응성 – 확신성 – 공감성 – 안전성
② 신뢰성 – 반응성 – 확신성 – 공감성 – 유형성
③ 신뢰성 – 반응성 – 확신성 – 공감성 – 심미성
④ 신뢰성 – 반응성 – 확신성 – 공감성 – 유연성
⑤ 신뢰성 – 반응성 – 안전성 – 공감성 – 유형성

46 모든 품질차원의 요인들이 고객 불만해소에 영향을 주고 있으며, 그 영향도가 서로 다름을 알 수 있다. 애프터 서비스 품질 차원의 요인들 중 영향도가 가장 낮은 것은?

① 태도 및 행동
② 서비스 처리시간
③ 전문성/기술
④ 편의성
⑤ 정 책

47 서비스의 품질관리는 제조의 품질관리와 현격한 차이가 있다. 다음 중 서비스 품질 고유의 특징으로 적절하지 않은 것은?

① 서비스의 품질을 측정하기 어렵다.
② 서비스 구입 후 평가에 제품의 경우보다 더 신경 쓴다.
③ 고객의 서비스와 제품에 대한 견해의 차이가 없다.
④ 서비스 생산자가 서비스 전달자 역할을 겸하고 있는 경우가 많다.
⑤ 서비스 전달자의 태도는 그날의 서비스의 품질에 영향을 미친다.

48 서비스 종업원의 역할갈등과 역할 모호성에 대한 설명으로 적절하지 않은 것은?

① 역할갈등은 양립될 수 없는 두 가지 이상의 기대가 개인에게 동시에 주어졌을 때 발생한다.

② 고객과 접촉하는 종업원은 기업과 고객을 연결하여 양자의 요구를 동시에 만족시켜야 하므로 담당하는 직무에서 역할갈등을 느낀다.

③ 역할 모호성은 개인이 역할과 관련된 충분한 정보를 가지고 있지 못할 때 발생한다.

④ 역할 모호성은 서비스 표준이 없을 때 발생한다.

⑤ 역할 모호성은 서비스 표준의 의사소통이 너무 활발할 때 발생한다.

49 다음 중 괄호 안에 들어갈 말로 가장 적절한 것은?

> (   )는 현재 생산·판매되고 있는 제품 및 서비스품질에 대해 해당 제품을 직접 사용해보고 이 제품과 관련된 서비스를 받아 본 고객이 직접 평가한 수준을 모델링에 근거하여 측정, 계량화한 지표를 의미한다.

① 고객의 기대　　　　　　　② 고객의 니즈
③ 고객만족도　　　　　　　④ 브랜드 충성도
⑤ 고객충성도

50 로열티고객이 가져다주는 이점으로 적절하지 않은 것은?

① 고객관리 유지비용이 절감된다.

② 기본적으로 제품 및 서비스의 누계이익 기여도가 높아지고 불평, 불만, A/S 건수가 줄어든다.

③ 고객확보의 매력은 기존고객이 자사에 제품 및 서비스를 다른 잠재고객에게 추천함으로써 새로운 로열티고객을 창출할 수 있다.

④ 특정인의 이름이나 직위 등 입수된 정보를 활용하여 커뮤니케이션을 시도하며, 접촉하는 개개인에 따라 각기 다른 메시지를 전달할 수 있다.

⑤ 자사 제품과 서비스를 구입하여 애용해 주는 로열티고객의 사전기대를 정확하게 파악하고 끊임없이 이를 상회하는 제품과 서비스를 제공할 수도 있다.

51 다음 보기의 내용이 설명하는 마케팅조사 기법은?

> 표적시장으로 예상되는 소비자를 일정한 자격 기준에 따라 6~12명 정도 선발하여 한 장소에 모이게 한 후, 면접자의 진행 아래 조사목적과 관련된 토론을 함으로써 자료를 수집하는 마케팅조사 기법이다. 토론을 통하여 소비자의 심리상태를 파악하는 정성적(Qualitative) 조사방법이며, 면접법의 결과로 설문지 작성에 필요한 기본정보를 수집할 수 있고, 신제품에 대한 아이디어, 소비자의 제품 구매 및 사용실태에 대한 이해, 제품사용에서의 문제점 등을 파악할 수 있다.

① On-line Survey
② FGI(Focus Group Interview)
③ In-depth Interview
④ On-line Focus Group
⑤ ZMET

52 다음 중 고객 커뮤니티가 기업에 미치는 영향으로 적절하지 않은 것은?

① 다수 고객의 차별화된 니즈를 파악할 수 있다.
② 차별화된 제품 개발이나 제품/기술 혁신을 이끌어낼 수 있다.
③ 해당 제품/서비스 또는 기업을 프로모션하는 수단으로 활용할 수도 있다.
④ 커뮤니티를 통해 연결된 기업과 고객 간에 신뢰 및 감성적인 유대관계를 형성할 수 있다.
⑤ 리스크의 원천을 미리 감지하여 이를 회피 또는 완화할 수 있다.

53 다음 예시는 리츠칼튼 호텔의 고객서비스 업무 프로세스에서 이 직원은 호텔 수칙 3조를 수행한 것이다. 이러한 고품격 서비스를 가능하게 하는 리츠칼튼 호텔의 서비스 방침에 해당하지 않는 것은?

> "마니 도와조서 대다니 감사합니다(많이 도와줘서 대단히 감사합니다)." 지난해 11월 서울 리츠칼튼 호텔에 숙박했던 한 미국인 노부부는 호텔을 떠나며 서툰 한국어로 감사 편지를 남겼다. 어린 시절 미국으로 이민을 갔던 한국계 남편이 이 호텔 직원의 안내로 50년 만에 고향 동네를 돌아볼 수 있었기 때문이다. 할아버지는 어린 시절 다닌 초등학교 이름 정도만 희미하게 기억할 뿐이었다. 이 직원은 당시 학교의 위치와 동네를 알아내고, 택시기사에게 보여 줄 위치 설명서와 지도도 한글로 만들어 주었다. 호텔 직원의 정성으로 그는 추억 속의 고향으로 돌아갈 수 있었다.

① 엄격한 서비스 표준 강화
② 직원 재량권 강화
③ 고객문제 효과적 대응
④ 가치 진술방식
⑤ 예술적 업무 프로세스

54 CRM에 대한 설명으로 옳지 않은 것은?

① 고객의 평생가치를 극대화하여 수익성을 높이는 고객관계관리 프로세스이다.

② 신규고객의 확보를 위한 전략은 CRM의 대상이 아니다.

③ 다양해지는 고객의 욕구에 유연하게 대처함으로써 수익의 극대화를 추구하는 것이다.

④ 기존 고객을 유지하기 위한 대표적인 전략으로 고객활성화 전략, 애호도 제고 전략, 그리고 교차판매 전략을 들 수 있다.

⑤ 지속적인 피드백을 통한 고객니즈 및 개별특성의 파악과 이에 맞는 상품 및 서비스의 개발 및 판매촉진활동을 의미한다.

55 서비스 마케팅(Service Marketing)에 대한 설명으로 옳지 않은 것은?

① 상호작용 마케팅은 종업원과 고객 간에 이루어지는 마케팅이다.

② 내부 마케팅은 기업과 종업원 간에 이루어지는 마케팅이다.

③ 외부 마케팅은 기업과 고객 간에 이루어지는 마케팅이다.

④ 서비스 마케팅은 외부 마케팅, 내부 마케팅, 상호작용 마케팅을 필요로 한다.

⑤ 외부 마케팅은 내부 마케팅보다 우선적으로 수행해야 한다.

56 다음 중 서비스 기대 영향 요인 중 내적 요인에 속하는 것은?

① 소비자의 기분 ② 경쟁적 대안

③ 개인적 니즈 ④ 기업 측의 약속

⑤ 날 씨

57 서비스의 수요와 공급의 문제를 해결하기 위한 서비스 수요관리 전략 중 수요가 너무 많은 상황에 사용하기에 부적절한 전략은?

① 방문서비스 또는 고객 편의 제고

② 정상 요금 부과

③ 고가격 구매자 우선함

④ 예약제, 대기시스템 실시

⑤ 수요분산을 위한 커뮤니케이션 노력

58 제품 차별화의 중요한 요소로 생산된 모든 제품단위가 일관되게 만들어졌으며, 또한 약속한 목표 규격명세를 충족시키는 정도를 일컫는 요소는?

① 성능 품질
② 적합성 품질
③ 디자인
④ 신뢰성
⑤ 기대품질

59 시장 세분화를 위한 주요변수 중 라이프스타일 분석과 같이 소비자의 여러 개인적 특성 가운데 사람의 행동이나 개성, 삶의 방식 등이 속하는 기준은?

① 인구통계적 변수
② 사회·경제적 변수
③ 추구편익 변수
④ 심리분석적 변수
⑤ 충성도 변수

60 국가고객만족도(NCSI) 설문의 구성 내용을 모두 고른 것은?

가. 고객기대 수준	나. 인지 서비스 품질 수준
다. 인지가치 수준	라. 고객만족지수
마. 고객불만	바. 고객충성도

① 가, 나, 다
② 가, 나, 라
③ 가, 나, 다, 라
④ 나, 다, 라, 마
⑤ 가, 나, 다, 라, 마, 바

61 다음 중 이미지를 형성하는 첫인상의 특징에 해당하지 않는 것은?

① 최근성   ② 일방적

③ 일회성   ④ 초두효과

⑤ 신속성

62 다음 중 올바른 명함 수수법으로 가장 적절한 것은?

① 아랫사람이나 용건이 있는 사람이 자기를 소개한다는 차원에서 먼저 건네는 것은 실례가 된다.

② 명함은 만나자마자 교환하는 것이 원칙이다.

③ 받은 명함은 앉아서 대화를 나누기 전 명함집에 넣는 것이 예의이다.

④ 혹시 모르는 한자가 있을 경우라도 질문하는 것은 실례가 된다.

⑤ 앉아서 대화를 나누다가도 명함을 교환할 때는 일어서서 건네는 것이 원칙이다.

63 악수하는 요령에 관련된 내용으로 옳은 것은?

① 남자, 여자 모두 장갑을 착용한 경우 악수 시에는 장갑을 벗는다.

② 악수를 하면서 허리는 약간 굽힌다.

③ 여성이 자리에 앉아 있을 때 남성이 악수를 청할 경우 여성의 경우 앉아서 악수를 해도 무방하다.

④ 감정의 표현이 필요한 경우 악수를 하면서 상대방의 손을 계속해서 잡고 말을 걸어도 무방하다.

⑤ 남성이 상사인 경우에도 여성 직원에게 악수를 먼저 청하는 것은 실례가 된다.

64 자기표현 방법 중 상대방의 문제를 지적하기보다는 그 행동을 전반적인 성격특성이나 인격으로 확대시켜 표현하는 말은?

① 나-전달법   ② 너-전달법

③ Do 언어   ④ Be 언어

⑤ 타인의 수용과 이해

65 다음 중 엘리베이터나 계단 이용 시 매너로 적절하지 않은 것은?

① 엘리베이터를 탈 때는 손님보다 나중에 타고, 내릴 때는 손님보다 먼저 내린다.

② 방향을 잘 알고 있는 윗사람이나 여성과 함께 엘리베이터를 이용한다면, 윗사람 또는 여성이 먼저 타고 내려야 한다.

③ 엘리베이터로 들어갈 때는 정중앙 자리가 상석이다.

④ 계단을 올라갈 때는 남성이 여성보다 먼저, 내려갈 때는 여성이 앞서게 하는 것이 예의이다.

⑤ 계단 이용 시 연장자나 상급자가 중앙에 서게 한다.

66 프레젠테이션의 목적 중에 청중의 의욕을 환기하고, 기대하는 행동을 받아들이게 하려는 것은?

① 행동촉구

② 의사결정 설득

③ 정보전달

④ 동기유발

⑤ 엔터테인먼트

67 콜센터 조직의 일반적인 특성과 가장 거리가 먼 것은?

① 개인 편차

② 개방적인 내부 커뮤니케이션 구조

③ 비정규직 중심의 전문조직

④ 집단의식

⑤ 특정 업무의 선호

68 특정 개인의 행동 특성을 나타내는 정보 중 특정 개인의 닉네임, 직책 등의 정보, 이름 등에 해당하는 것은?

① 개인의 특성에 대한 정보

② 특정 개인의 행동 특성을 나타내는 정보

③ 개인에 대한 호칭

④ 특정 개인의 상황이나 상태를 나타낼 수 있는 정보

⑤ 특정 개인의 생각이나 의견 또는 감정 등을 나타내는 정보

69 전화응대법에 관한 내용으로 가장 바람직한 태도는?

① 사내 전화가 왔을 때는 회사명, 부서명 및 성명을 말한다.
② 상대가 통화하고자 하는 사람이 부재중이어서 전언을 의뢰받았을 때에는 반드시 자신의 소속 부서명과 성명을 밝힌다.
③ 잘못 걸려온 전화인지를 확인하기 위하여 상대방이 신원을 밝힐 때까지 수화기를 든 채 기다린다.
④ 전화를 받는 중에 메모를 하게 되면 전화의 내용을 혼동하거나 흘려버릴 우려가 있으므로 메모는 통화가 끝난 후에 정리한다.
⑤ 중요한 일의 경우 상대방의 통화 가능 여부를 물어보지 않아도 된다.

70 다음 중 아웃바운드 텔레마케팅의 성공요소로 볼 수 없는 것은?

① 텔레마케팅 전용상품과 서비스의 개발
② 아웃바운드 텔레마케팅 시스템 구축
③ 스크립트의 다양한 활용
④ 명확한 고객 데이터베이스
⑤ 새로운 인력의 선발을 통한 지속적인 업무교체

71 아웃바운드의 기본 스크립트 구성체계를 바르게 나열한 것은?

① 자기소개 및 첫인사 → 상대방 확인 → 전화를 건 목적 전달 → 정보수집 및 니즈탐색 → 상품, 서비스 제안 → 종결
② 상대방 확인 → 자기소개 및 첫인사 → 전화를 건 목적 전달 → 정보수집 및 니즈탐색 → 상품, 서비스 제안 → 종결
③ 전화를 건 목적 전달 → 자기소개 및 첫인사 → 상대방 확인 → 정보수집 및 니즈탐색 → 상품, 서비스 제안 → 종결
④ 자기소개 및 첫인사 → 전화를 건 목적 전달 → 상대방 확인 → 정보수집 및 니즈탐색 → 상품, 서비스 제안 → 종결
⑤ 정보수집 및 니즈탐색 → 자기소개 및 첫인사 → 상대방 확인 → 전화를 건 목적 전달 → 상품, 서비스 제안 → 종결

72 내방객을 응대하는 태도에 대한 설명으로 가장 옳지 않은 것은?

① 손님이 방문하면 하던 일을 멈추고 얼른 자리에서 일어나 공손하게 인사한다.

② 약속이 되어 있지 않은 손님의 경우는 성명, 소속, 방문목적을 확인한 후 상사에게 보고하고 상사의 지시를 따른다.

③ 동시에 두 사람 이상의 손님이 잇달아 방문하였을 때는 용건이 간단한 손님이나 연령이 많은 손님을 우선 안내한다.

④ 약속이 되어 있는 손님이 오셨을 때, 상사가 통화 중이거나 먼저 방문한 손님이 있을 때는 메모로 알려서 상사의 지시에 따라 손님을 안내한다.

⑤ 자신을 찾아온 방문객에 대해서는 반드시 일어나 "어서 오십시오. 기다리고 있었습니다."라고 반갑게 인사한다.

73 다음 중 고객불만에 대한 설명으로 옳지 않은 것은?

① 대부분의 경우 사소한 것들로 시작되나 회사나 브랜드에 대한 고객충성도에 영향을 미친다.

② 저가 공급 전략을 사용하는 많은 기업들은 고객으로 하여금 '가치불만'을 느끼게 할 위험이 크다.

③ 지속적으로 고객불만이 발생하게 되면 고객손실에서부터 매출수량 및 매출액 감소현상뿐만 아니라 고객들로부터의 모든 불평을 들으며 괴로워하는 종업원의 잠재적 손실도 있다.

④ 고객불만 해결을 위한 개별적 시도는 오히려 손실을 만들어 부정적인 파급효과를 낼 수 있으므로 체계적인 절차와 정책을 따르는 것이 좋다.

⑤ 자신의 불만을 해결하여 만족하게 된 고객은 불만을 갖고 있지만 토로하지 않는 고객에 비해 동일 브랜드를 재구입할 가능성이 매우 높다.

74 다음 중 소비자기본법상 한국소비자원의 피해구제에 대한 설명으로 옳지 않은 것은?

① 소비자는 물품 등의 사용으로 인한 피해의 구제를 한국소비자원에 신청할 수 있다.

② 국가·지방자치단체 또는 소비자단체는 소비자로부터 피해구제의 신청을 받은 때에는 한국소비자원에 그 처리를 의뢰할 수 있다.

③ 사업자는 소비자로부터 피해구제의 신청을 받은 때에는 신청을 받은 날로부터 60일이 경과하여도 합의에 이르지 못하는 경우 한국소비자원에 그 처리를 의뢰할 수 있다.

④ 사업자는 소비자로부터 피해구제의 신청을 받은 때에는 한국소비자원에 피해구제의 처리를 의뢰하기로 소비자와 합의한 경우 한국소비자원에 그 처리를 의뢰할 수 있다.

⑤ 원장은 피해구제의 신청을 받은 경우 그 내용이 한국소비자원에서 처리하는 것이 부적합하다고 판단되는 때에는 신청인에게 그 사유를 통보하고 그 사건의 처리를 중지할 수 있다.

75 개인정보보호법의 내용과 일치하는 것은?

① 개인정보처리자는 사상·신념, 노동조합·정당의 가입·탈퇴, 정치적 견해, 건강, 성생활 등에 관한 정보, 그 밖에 정보주체의 사생활을 현저히 침해할 우려가 있는 개인정보로서 대통령령으로 정하는 민감정보를 처리하여서는 아니 된다.

② 고정형 영상정보처리기기운영자는 영상정보처리기기의 설치 목적과 다른 목적으로 영상정보처리기기를 임의로 조작하거나 다른 곳을 비춰서는 아니 되지만, 녹음기능은 사용할 수 있다.

③ 개인정보처리자는 정보주체의 동의를 받은 경우라도 정보주체의 개인정보를 제3자와 공유할 수 없다.

④ 자신의 개인정보를 열람한 정보주체는 개인정보처리자에게 그 개인정보의 정정을 요구할 수는 있으나, 삭제를 요구할 수는 없다.

⑤ 행정안전부 장관은 개인정보의 처리에 관한 기준, 개인정보 침해의 유형 및 예방조치 등에 관한 표준 개인정보 보호지침을 정하여 개인정보처리자에게 그 준수를 권고할 수 있다.

76 다음은 얀 칼슨(Jan Carlson)의 고객만족에 관한 이야기이다. 괄호 안에 들어갈 가장 적절한 용어는?

> 얀 칼슨은 그의 저서 「진실의 순간」에서, 서비스 업무 개선의 중요성을 '소매업에서는 가격이 하루 만에 똑같아지고 상품 품목은 3일 만에 모방된다. 차이를 좁히기 힘들고 따라할 수 없는 것이 (   )이다'라고 설명했다.

① 고객가치
② 고객충성도
③ 서비스 품질
④ 서비스
⑤ 고객응대

77 다음 중 코칭(Coaching)의 특징으로 적절하지 않은 것은?

① 미래지향적
② 행동변화에 중점
③ 스스로 문제를 발견하고 해결
④ 양방향적인 관계
⑤ What에 집중

78 우리나라 개인정보보호법의 주요 내용이 아닌 것은?

① 개인정보보호 규제 대상 및 범위 확보
② 민간 CCTV 설치 및 확대 근거 마련
③ 개인정보 분쟁조정 제도의 강화
④ 주민번호 등 고유 식별정보의 보호 강화
⑤ 개인정보 영향평가 및 유출 통지제도 도입

79 다음 중 사이버상에서 지켜야 할 e-mail 에티켓으로 가장 적절하지 않은 것은?

① 내용은 간결하게 하고 상세한 파일은 첨부파일을 이용한다.
② 신뢰성을 위해 신분을 밝힌다.
③ 지나친 약어와 속어는 명확한 의미 전달에 방해가 된다.
④ 영어로 제목을 써야 할 경우 대문자로 쓰는 것이 원칙이다.
⑤ 비즈니스 메일은 시간을 준수한다.

80 토의법의 단점에 대한 설명으로 옳지 않은 것은?

① 다양하고 많은 양의 학습 내용을 다루기에 부적합할 수 있다.
② 대규모 집단에는 적용하기 어렵다.
③ 학습자의 다양한 능력, 지식, 경험 등이 고려될 여지가 거의 없다.
④ 시간 분배가 어렵고 시간 소비량이 다른 수업에 비해 많은 한계를 가지고 있다.
⑤ 불필요한 논쟁을 벌일 소지가 많고, 학습자 중 몇 명에 의해 주도될 가능성이 있다.

81 통계청에서 다음 자료를 구한 김 대리가 이 데이터를 표현하는 데 가장 적합한 그래프의 형태는?

> 1960년대부터 현재까지, 전체 인구에서 0~14세, 15~64세, 65세 이상이 차지하는 비율을 10년 단위로 비교하는 자료

① 꺾은선 그래프   ② 누적막대 그래프
③ 일반막대 그래프   ④ 원형 그래프
⑤ 띠그래프

82 올바른 프레젠테이션 자료의 제시와 관련이 없는 것은?

① 가독성을 높이기 위하여 글자모양은 단순하고 명료한 글씨체를 고른다.

② 내용을 정확하게 전달하기 위해 글자를 많이 사용한다.

③ 막대 그래프 작성 시 주로 종축에는 수량이나 금액 등을 취하고, 횡축에는 속성, 종류, 시간 등을 표시한다.

④ 시계열적인 변화, 추세나 경향을 파악하기 위해서는 선(꺾은선) 그래프를 사용한다.

⑤ 시각화를 위해 기존의 체계를 무너뜨리고, 새로운 각도로 분석하여 재정리한다.

83 다음 중 회의의 형식에 대한 설명으로 옳은 것은?

① 집단토론(Buzz Session) – 발표자들이 개별적으로 자신의 의견을 발표한 후, 발표자들 간 상호토의를 거쳐 청중으로부터 질문을 받는 형식

② 공개토론(Panel) – 다수의 인원을 소그룹으로 나누어 정해진 의견을 그룹 대표자가 전체 앞에서 발표함으로써 전체의 의견을 통합해 나가는 형식

③ 심포지엄(Symposium) – 3~5명의 전문가가 특정 의제에 대하여 개별적으로 의견을 발표하고 청중이나 사회자로부터 질문을 받아 답변하는 형식

④ 포럼(Forum) – 토의 참가자가 자유롭게 정보나 의견을 제공하고, 사회자가 화이트보드에 적어 아이디어를 전원이 볼 수 있도록 하면서 진행하는 형식

⑤ 브레인스토밍(Brainstorming) – 1~3인 정도의 전문가가 10~20분간 공개연설을 한 후에, 이 내용을 중심으로 참가자들과 질의 응답하는 방식

84 다음 중 의전(儀典)의 기본 원칙에 대한 설명에 해당하지 않는 것은?

① 의전은 상대방과 상대방의 문화에 대한 존중과 배려를 바탕으로 한다.

② 의전은 양자주의를 원칙으로 한다.

③ 의전은 특정 시대와 지역의 문화를 반영한다.

④ 의전의 가장 기본이 되는 것은 서열을 지키는 것이다.

⑤ 의전은 오른쪽을 상석으로 한다.

85 개인정보 유출 통지와 관련하여 다음의 괄호 안에 들어갈 말은?

> 개인정보처리자는 (　　　) 이상의 개인정보의 유출 등이 있음을 알게 되었을 때에는 개인정보의
> 유형, 유출 등의 경로 및 규모 등을 고려하여 대통령령으로 정하는 바에 따라 제1항 각 호의 사항을
> 지체없이 보호위원회 또는 대통령령으로 정하는 전문기관에 신고하여야 한다.

① 10명
② 1백명
③ 1천명
④ 1만명
⑤ 10만명

86 개인정보보호법에 명시된 민감정보의 범위와 가장 거리가 먼 것은?

① 여권번호
② 건 강
③ 정당의 가입, 탈퇴
④ 노동조합의 가입, 탈퇴
⑤ 성생활

87 다음 중 서비스 회복의 해결 방안으로 서비스 보증을 실행함으로써 얻을 수 있는 이점에 해당하지 않는 것은?

① 서비스의 각 요소에 대해 고객이 원하고 기대하는 것이 무엇인지를 보다 중점적으로 살펴보게 된다.
② 명확한 기준을 설정해주게 되며, 고객과 종업원 모두에게 기업이 추구하는 바를 전달하게 된다.
③ 기업으로 하여금 실패한 이유를 이해함과 동시에 잠재적인 실패발생점을 규명하고 극복할 수 있도록 유도한다.
④ 구매결정에 따른 위험성을 완화시켜주고, 장기적인 고객충성심을 구축해 줌으로써 기업의 마케팅 능력을 키워준다.
⑤ 불량 서비스에 대해 고객보상을 실시하게 되면, 보상자체가 품질실패 비용의 발생을 강조하게 되기 때문에 접점직원들이 보다 보증에 대해 심각하게 생각하게 된다.

88 다음 호칭과 관련된 대화 중 옳은 것은?

① 사장님실은 이쪽입니다.

② 사장님, 김 부장님께서 오셨습니다.

③ 저희 아버지 함자는 '홍', '길'자, '동'자입니다.

④ 어르신, 잠시만 기다리겠습니까?

⑤ 선생님, 오랜만에 봅니다.

89 도날슨(Donaldson)과 스캐널(Scannel)의 성인학습의 원리에 대한 설명에 해당하지 않는 것은?

① 사람들의 학습속도는 유사하다.

② 긍정적 강화는 학습을 강화한다.

③ 학습은 끊임없이 지속되는 과정이다.

④ 최선의 학습은 '실행'을 통해 얻을 수 있다.

⑤ 전체-부분-전체의 순서로 학습할 때 효과가 있다.

90 다음 보기에 설명된 개념이 가장 적절하게 연결된 것은?

㉠ 이동통신 단말기와 통신 네트워크를 이용해 무선 인터넷으로 각종 정보와 서비스를 이용하고, 상품을 구입할 수도 있는 전자상거래 방식

㉡ 인터넷쇼핑몰에서 물건을 산 대가 등으로 획득하는 가상의 화폐로서 현금으로 교환할 수는 없으나, 인터넷 공간에서는 상품을 구매할 수 있는 가상의 돈

㉢ 전자상거래 중에서 회사와 개인 간의 거래를 의미

---

① ㉠ B2B, ㉡ 전자 화폐, ㉢ M-Commerce

② ㉠ M-Commerce, ㉡ 전자 화폐, ㉢ B2C

③ ㉠ 이동상거래, ㉡ 사이버머니, ㉢ B2C

④ ㉠ M-Commerce, ㉡ 사이버머니, ㉢ B2C

⑤ ㉠ B2C, ㉡ 사이버머니, ㉢ M-Commerce

작은 기회로부터 종종 위대한 업적이 시작된다.

– 데모스테네스 –

CS 리더스관리사

정답 및 해설

아이들이 답이 있는 질문을 하기 시작하면 그들이 성장하고 있음을 알 수 있다.

– 존 J. 플롬프 –

제1회 | 정답 및 해설

📖 문제 p.3

01 | CS 개론

01	02	03	04	05	06	07	08	09	10	11	12	13	14	15
⑤	③	④	②	④	④	⑤	②	④	②	③	①	④	①	④
16	17	18	19	20	21	22	23	24	25	26	27	28	29	30
③	②	③	④	④	①	①	②	③	④	④	①	②	②	①

01 공개된 영역(개방형)

개방형은 공개적 영역이 가장 넓으며 대체로 인간관계가 원만한 사람들이다. 이들은 적절하게 자기표현을 잘할 뿐만 아니라 다른 사람의 말도 잘 경청할 줄 아는 사람들로서 다른 사람에게 호감과 친밀감을 주게 되어 인기가 있다. 그러나 지나치게 공개적 영역이 넓은 사람은 말이 많고 주책스런 사람으로 비춰질 수도 있다.

02 고객만족을 결정하는 요소
- 직접적 요소 : 제품이나 서비스가 갖는 성능, 기능, 가격, 시설의 분위기, 종사원의 서비스, 기업의 사후 서비스 등
- 간접적 요소 : 기업의 사회를 위한 공헌활동과 환경보호, 기업에서 제공하는 지역주민들의 복지 및 시설 제공 등

03 프로세스에서의 규율은 통제하기 위한 규율이 아니라 창의성과 효율성 제고를 위한 규율이어야 한다.

04 ① 원격접점, ③ㆍ④ 전화접점, ⑤ 시스템적 접점

05 쇼스택(Shostack)은 시장 실체를 구성하는 유ㆍ무형의 요소 중에서 어느 요소가 핵을 형성하여 지배성을 발휘하느냐에 따라 (무형성 정도) 분류하는 유형성 스펙트럼 모델을 제시하였다.

무형성 정도에 따른 분류
'소금 < 청량음료 < 세제 < 자동차 < 화장품 < 패스트푸드점 < 광고대행사 < 항공사 < 투자관리 < 컨설팅 < 교육'의 순이다.

06 관광 서비스는 기술적 요소가 적은 것은 사실이지만 인적자원에 의존하고, 고객의 직접 참여에 의해서 서비스가 창출되므로 모방이 쉽지 않다.

07 구전의 특성은 쌍방향(양방향) 커뮤니케이션이며, 일대일 커뮤니케이션이다.

08 고객의 역할
크게 3가지로 분류되는데 첫째는 생산자원으로서의 고객, 둘째는 서비스 품질 및 만족에 기여하는 공헌자로서의 고객, 셋째는 경쟁자로서의 고객이다. 생산자원으로서의 고객은 고객의 노력, 시간 및 기타 자원으로 서비스 생산프로세스에 공헌한다면 고객도 조직의 일부로 간주한다는 것이다. 경쟁자로서의 고객은, 고객은 어떤 경우에는 부분적으로 서비스를 수행하고 어느 경우에는 전체적으로 서비스를 수행하므로 서비스 제공자가 필요하지 않을 수 있다는 의미에서 경쟁자가 될 수 있다는 것이다.

09 사고형(Thinking)
- 진실, 사실에 큰 관심
- 원리와 원칙
- 논리적, 분석적
- 맞다, 틀리다
- 규범, 기준 중시
- 지적 논평

10 소비자 의사결정 단계는 '문제인식 – 정보의 탐색 – 제품의 대안평가 – 제품구매 – 구매 후 평가' 순으로 이루어진다.

11 ③ 사랑, 애정, 소속감, 우정, 사람들과 시간을 함께 보내는 것
① 가장 기본적이고 강한 욕구(음식물, 물, 산소 등)
② 안정감, 보호, 의존, 공포나 불안, 위험으로부터 자유
④ 자기에 대한 존중, 타인으로부터의 존경
⑤ 자아증진을 위한 개인의 갈망, 자신이 잠재적으로 지닌 것을 실현하려는 욕망

12 ② 기업의 내부와 외부자료를 수집하는 과정이다.
③ 사용자의 의사 결정에 도움을 주기 위하여, 기간시스템의 데이터베이스에 축적된 데이터를 공통의 형식으로 변환해서 관리하는 데이터베이스이다.
④ 많은 데이터 가운데 숨겨져 있는 유용한 상관관계를 발견하여, 미래에 실행 가능한 정보를 추출해 내고 의사 결정에 이용하는 과정이다.
⑤ 마케팅 활동의 결과를 판단하여 의미 있는 정보를 마케팅 자료로 활용하기 위해 피드백된다.

13 기업의 제품이나 서비스의 불만족은 고객이탈로 이어질 수 있다.

14 생산성 향상은 종업원에 물리적인 요소가 아니라 배려나 관심 등 사회적·심리적 요소가 충족되었을 때 동기가 이루어져 생산성이 향상된다.

15 ①·③ 하향적 의사소통, ②·⑤ 상향적 의사소통

16 CRM 구축단계는 기업특성별 고객전략 수립, 인프라 구축, 데이터마이닝을 통한 고객분석, 고객유지를 위한 서비스와 피드백 관리 등의 단계로 나뉜다. 데이터 마이닝을 통한 고객분석과 마케팅 단계에서는 고객 성향을 분석하여 구매를 유발하고 다양한 고객층을 대상으로 차별화된 마케팅을 시도한다.

17 웨스트브룩과 뉴먼(Westbrook & Newman)은 고객만족을 결과에 초점을 두고 개념화(결과 지향적 접근) 하였으며, 앤더슨(Anderson)은 고객만족을 과정에 초점을 두고 개념화(과정 지향적 접근)하였다.

18 '중심화 경향'은 타인을 평가할 때, 어느 극단에 치우쳐 오류를 발생시키는 대신 적당히 평가하여 오류를 줄이려는 경향을 말한다.

19 경영학에서 서비스의 정의
- 활동론적 측면 : 판매를 목적으로 제공되거나 상품판매와 연계해 제공되는 모든 활동
- 속성론적 측면 : 시장에서 판매되는 무형의 상품
- 봉사론적 측면 : 서비스 제공자가 서비스 수혜자에게 제공하는 봉사적 혜택
- 인간 상호관계론적 측면 : 무형적 성격을 띤 일련의 활동으로서, 고객과 서비스 종업원의 상호관계에서 발생해 고객의 문제를 해결해 주는 것

20 현장 서비스에 대한 설명이다.

21 슈메너(Schmenner)의 서비스 프로세스 매트릭스에서 노동집약도가 낮고, 고객과의 상호작용 및 개별화 정도가 높은 항목에 해당하는 업종은 '서비스 샵'이며, 병원, 수리센터, 기타 정비회사 등이 여기에 속한다.

22 기대-불일치 이론
- 긍정적 불일치 : 지각된 제품 성과 > 기대 → 고객만족(고객 감동)
- 부정적 불일치 : 지각된 제품 성과 < 기대 → 고객 불만족
- 단순 일치 : 지각된 제품 성과 = 기대 → 고객만족

23 ① 소멸성, ③ 비분리성, ④·⑤ 무형성에 대한 문제점이다.

24 단일 대기 열
- 어느 줄에서 대기해야 할지 고민할 필요가 없다.
- 단일 입구이기 때문에 끼어들기 문제를 해소할 수 있다.
- 줄이 길어지는 경우 고객 이탈 문제가 발생할 수 있다.
- 오는 순서대로 대기하기 때문에 형평성이나 공정성이 보장된다.
- 평균 대기 시간이 줄어든다.

25 귀인이론의 범주화 체계
- 인과성의 위치 : 서비스 실패의 원인이 행위자 자신에게 있는지, 상대방이나 상황에 있는지를 추론하는 것
- 안정성 : 어떤 원인이 일시적인지 또는 영원한 것인지, 실수에 의한 것인지 또는 반복적인 것인지를 추론하는 것
- 통제성 : 어떤 원인이 의도적인 것인지, 비의도적인 것인지를 추론하는 것

26 ① · ② · ③ · ⑤ 위생요인에 해당한다. 동기요인으로는 인정, 작업 자체, 책임, 발전 등이 있다.

허츠버그(Herzberg)의 동기위생이론
직무만족을 가져다주는 요인을 동기요인 또는 만족요인, 직무 불만족을 예방하는 요인으로 위생요인 또는 불만족요인이라고 하였다.

27 노드스트롬(Nordstrom) 백화점의 대표적인 권한위임 정책은 모든 규칙과 규정을 없애고 기업자적인 종업원을 육성하는 것이다.

28 문제의 명확한 정의 → 문제의 주요 원인 범주화 → 잠재 원인 브레인스토밍 실시 → 주요 원인 범주의 세부 사항 검토 → 근본 원인 확인

29 나. '친밀'에 대한 설명이다. '의식'이란 상호간의 존재를 인정하면서도 누구와도 특별히 친하게 지냄이 없이 일정한 시간을 보내게 되는 것을 말한다.

30 생산자 또는 소비자 중심의 한쪽 편중에서 벗어나 생산자와 소비자의 지속적인 관계를 통해 서로 윈윈(Win-Win)할 수 있도록 하는 관점의 마케팅 전략으로 기업과 고객 간의 인간적인 관계에 중점을 두고 있다. 고객과 끊임없이 대화하면서 관계를 강화하고 원하는 제품을 정확히 파악해 고객 만족도를 높이는 대응전략이 관계 마케팅의 핵심이다.

02 | CS 전략론

31	32	33	34	35	36	37	38	39	40	41	42	43	44	45
③	①	①	①	②	③	④	③	③	①	②	⑤	②	①	③

46	47	48	49	50	51	52	53	54	55	56	57	58	59	60
⑤	③	⑤	④	③	⑤	③	④	①	②	⑤	③	⑤	④	⑤

31 서비스 모니터링의 목적
- 조직 전반의 품질 향상과 혁신에 대한 근거를 제공한다.
- 응대의 품질과 제공된 정보의 정확성을 측정한다.
- 콜센터 프로세스의 일관성과 효과성에 기여한다.
- 콜계약의 형태, 팀, 그리고 센터에 걸쳐 유효한 패턴을 찾기 위해 추세조사를 할 때 데이터를 제공한다.
- 피드백에 대한 구체적인 예를 줌으로써 코칭을 지원해준다.
- 상담사에게 추가적인 훈련의 필요성을 확인시켜준다.
- 훈련의 유효성을 평가한다.
- 고객의 필요나 기대를 찾아낸다.

- 콜센터와 전사적 관점에서 전략을 실행하도록 지원한다.
- 고객 만족도를 평가한다.
- 기능과 능력의 프로파일을 개발하는 데 도움을 준다.
- 법적 사항을 준수하게 함으로써 책임을 완화시킨다.
- 상담사로 하여금 조직의 정책을 따르도록 만든다.

32 서비스 모니터링의 목적
상담원이 고객과의 전화응대 과정에서 콜센터에서 정한 통화의 기본 서비스 기준 사항을 정확히 준수하는지를 확인 및 평가하고, 향후 인적 서비스 개선을 위한 직원 교육의 방향 및 방법을 제시하고자 하는 것으로서, 모니터링 이후 작업과의 연계가 매우 중요하다.

33 고객의 소리 VOC(Voice of Customer)에 대한 내용으로 고객의 불만을 듣기 위한 수단으로 활용된다.

34 VOC(Voice of Customer)
관리 시스템 콜센터에 접수되는 각종 고객들의 불만사항을 접수부터 처리 완료 시까지 처리상황 등을 실시간으로 관리하며, 이러한 처리결과를 각 관서별로 지표화해서 평가 및 관리함으로써 고객들의 체감서비스를 향상시키는 고객관리시스템을 의미한다.

35 경영마인드의 핵심요소
① · ③ 외부 기회 요인
④ · ⑤ 내부 약점 요인

36 ① 지리적 변수, ② · ⑤ 인구통계학적 변수, ④ 심리분석적 변수

37 4C
고객 가치(Customer Value), 고객 측의 비용(Cost to the Customer), 편리성(Convenience), 고객과의 커뮤니케이션(Communication)을 의미한다. 상품을 고객 가치로, 가격을 고객이 지불해야 할 비용으로, 유통을 고객이 얼마나 편리하게 접근할 수 있느냐 하는 편리성으로, 촉진을 고객에게 적절하게 기업이나 상품을 알리고 고객의 반응을 접수하는 상호간의 커뮤니케이션으로 파악한 것이다.

38 서비스기업의 경영에서 전통적인 마케팅의 4P인 상품(Product), 가격(Price), 유통(Place), 촉진(Promotion)의 요소에, 사람(People), 물리적 증거(Physical Evidence), 처리과정(Process)의 3P를 추가하여 확장된 마케팅 믹스를 7P라고 한다.

39 카노의 품질 모형

매력적 품질요소	고객이 미처 기대하지 못한 것을 충족시켜 주거나, 고객이 기대했던 것 이상으로 만족을 초과하여 주는 품질요소이다.
일원적 품질요소	고객의 명시적 요구사항이며, 이 요소가 충족될수록 만족은 증대되고, 충족되지 않을수록 불만이 증대되는 것으로 '만족요인'이라고도 한다.
당연적 품질요소	최소한 마땅히 있을 것이라고 생각되는 기본적인 품질요소로서, 충족이 되면 당연한 것이기 때문에 별다른 만족감을 주지 못하나, 충족되지 않을 경우 불만을 일으키는 것으로 '불만족 요인'이라고도 한다.
무관심 품질요소	충족 여부에 상관없이 만족도 불만도 일으키지 않는 품질요소이다.
역 품질요소	충족이 되지 않으면 만족을 일으키고, 오히려 충족이 되면 불만을 일으키는 품질요소이다.

40 미국의 IT전문지 「레드헤링」의 편집장인 Chris Anderson이 처음으로 사용한 용어로서, 롱테일(The Long Tail)의 법칙을 말한다.

41 감성요소 차별화

따뜻한 감성이나 이미지 브랜드를 이용하여 차별화하는 것이다. 오리온 초코파이의 '정'이나 경동 보일러의 '부모님께 보일러 놔드리기' 등은 이러한 감성 마케팅으로 성공한 대표적인 케이스이다.

42 고객이탈

고객 스스로가 제공되는 상품, 서비스, 가격, 친절(응대), 제도 등에 대한 이유로 실망을 품고 계획적으로 떠나가는 현상이다. 고객의 불안이 내재된 채 이탈되는 현상이므로 이를 잠재우거나 원래의 고객으로 재소환시키는 데는 엄청난 시간과 노력, 그리고 비용이 소요된다.

고객이탈 · 고객전환 요인

핵심적 가치 제공의 실패 → 불친절한 고객응대 → 제품가격 → 이용불편 → 불만처리 미흡 → 경쟁사의 유인 → 비윤리적 기업행위 → 불가피한 상황

43 ② 책임이 분명한 과실로 인해 초래된 서비스 과정이나 결과이다.
① 서비스 접점에서 고객 불만족을 일으키는 열악한 서비스를 경험하는 것이다.
③ 고객의 허용영역 이하로 떨어지는 서비스 성과이다.
④ 서비스 과정이나 결과에 대하여 서비스를 경험한 고객이 좋지 못한 감정을 갖는 것을 말한다.
⑤ 수준이 심각하게 떨어지는 서비스 결과를 경험하는 것이다.

44 올리버(Oliver)가 제시한 소비자 충성도 4단계
• 인지적 충성 : 브랜드 신념에만 근거한 충성 단계
• 감정적 충성 : 브랜드에 대한 선호나 태도가 만족스러운 경험이 누적됨에 따라 증가하는 단계
• 행동 의욕적 충성 : 브랜드에 대한 긍정적 감정을 가지고 반복적인 경험에 의해 영향을 받으며 행위 의도를 갖는 단계
• 행동적 충성 : 의도가 행동으로 전환되는 단계

45 고객과의 직접 대면은 유통과정이 줄어 비용절감 효과를 가져온다.

46
① 고객식별의 수단으로 활용한다.
② 고객 맞춤형 서비스를 제공한다.
③ 고객인지프로그램의 단점이다.
④ 기존고객의 유지목적이다.

47
제품의 3가지 차원은 본질적 제품(소비자의 충족, 문제해결), 실체적 제품, 확장적 제품(보증, 신용판매, 설치, 작동법교육)으로 나뉜다. 그 외에도 기능에 따라 핵심제품, 유형제품으로 분류한다.

48
이유재 · 이준엽의 KS-SQI 모델에서 제시한 품질의 속성
• 성과 측면 : 본원적 욕구충족, 예상 외 혜택, 약속이행, 창의적 서비스
• 과정 측면 : 고객응대, 신뢰감, 접근 용이성, 물리적 환경

49
서비스접점에서의 차별화 방법으로는 신속하고 정확한 제공, 친절도 향상, 매력적인 서비스 제공자 등이 있다.

50
의료기관은 비영리적인 동기에 의해 설립된다.

51
서비스 품질 측정의 어려움
• 서비스 품질은 서비스 전달 완료 이전에 검증되기 어렵다.
• 고객은 서비스 프로세스의 일부이며, 변화가능성의 요인이 된다.
• 고객으로부터 데이터를 수집하는 것은 시간 · 비용적으로 많이 소모되며, 회수율이 낮다.
• 서비스 품질의 개념은 주관적이다.

52
서비스의 과정(확신성, 공감성, 유형성, 반응성)품질이 결과(신뢰성)의 품질을 가져온다.

53
측정되는 품질 요소는 처리 능력, 전송 지연, 정확성 및 신뢰성 등 사용자가 받게 될 서비스의 품질과 성능을 기본으로 한다. ①·②·③·⑤는 제품의 품질 요소에 해당한다. ④는 제품구매 후기에 소비자에 의해 나타나는 평가에 해당한다.

54
벤치마킹의 유형
• 포괄 벤치마킹 : 서로 다른 업종 기업들에 대한 벤치마킹
• 기능 벤치마킹 : 최신 · 최상의 제품이나 프로세스를 가지고 있는 조직을 대상으로 한 벤치마킹
• 내부 벤치마킹 : 서로 다른 위치의 사업장, 부서, 사업부 사이에서 일어나는 벤치마킹
• 경쟁 벤치마킹 : 직접적인 경쟁사에 대한 벤치마킹

55
STP(Segmentation Targeting Positioning) 전략
욕구가 유사한 소비자 집단별로 전체 시장을 나누고(Segmentation), 각 세분 시장의 매력도를 평가하여 우리 기업에 가장 적합한 세분 시장을 선택 혹은 표적화하여(Targeting), 선정된 표적 시장 내에 가장 바람직한 경쟁적 위치를 정립(Positioning)하는 마케팅 전략을 말한다.

56 ① · ② · ③ · ④ 정성조사가 필요한 경우

57 소비 환경의 변화요인

58 의료 서비스 특성
- 무형적인 제품이다.
- 기대와 실제 성과와의 불일치가 크다.
- 수요예측이 불가능하다.
- 의사결정자가 다양하다.
- 비용은 간접 지불 형태이다.

59 조셉 플러머의 AIO 분석 기법
- Activities(활동) : 쇼핑, 상품에 대한 대화 등으로 관찰될 수 있지만 그 이유를 측정하기 어렵다.
- Interests(관심) : 어떤 사물과 사건, 화제 등에 대하여 특별하고 계속적인 주의를 부여하는 정도를 의미한다.
- Opinions(의견) : 질문이 제기된 상황에 대하여 개인이 제시하는 반응으로 예측, 신뢰, 평가, 해석, 기대 등을 의미한다.

60 서비스 기대 영향 요인
- 내적 요인 : 개인적 니즈, 관여도, 과거의 경험, 보조 서비스의 핵심 서비스화
- 외적 요인 : 경쟁적 대안, 사회적 상황, 구전
- 상황 요인 : 구매동기, 소비자의 기분, 날씨, 시간적 제약
- 기업 요인 : 기업 측의 약속, 실내 장식

03 | 고객관리 실무론

61	62	63	64	65	66	67	68	69	70	71	72	73	74	75
④	②	①	④	⑤	①	③	⑤	①	⑤	②	⑤	⑤	⑤	⑤
76	77	78	79	80	81	82	83	84	85	86	87	88	89	90
②	③	④	③	②	⑤	④	①	②	②	⑤	⑤	④	⑤	④

61 전화응대는 비용이 들지만 회사의 첫인상이며, 서비스 창구이고 고객만족의 첫걸음임을 인식해야 한다.

62 전화응대에서 벨소리가 여러 번 울릴 때까지 받지 않으면 고객은 불만을 표시하게 된다. 벨소리는 두 번 울리기 전에 받는 것이 좋다.

63 이미지는 있는 그대로를 자연스럽게 보여주는 것이 아니라, 조작되고 만들어진 것이기 때문에 가짜라는 것이다.

64 강사가 자신을 소개할 때 본인의 회사 또는 기관 다음에 직책에 이어 본인 이름을 소개하는 것이 예의이다.

65 ①·②·③·④ 아웃바운드형 콜센터의 특징에 대한 설명이다.

66 콜센터에서 활용하는 스크립트의 내용이다. 텔레마케팅에서 대화와 대본역할을 하며, 도입에서 상담진행, 마무리 감사 등의 절차와 구성을 통해 상담 및 고객설득 능력을 숙달하기 위해 사용된다.

67 ① 양 무릎을 공손히 꿇고 앉는다. → 앉았을 때 오른쪽 발이 왼쪽 발 위에 오게 한다. → 두 손바닥이 완전히 바닥에 닿도록 깊이 굽혀서 정중히 절을 한다(45도 정도).
② 양 무릎을 공손히 꿇고 앉는다. → 앉았을 때 오른쪽 발이 왼쪽 발 위에 오게 한다. → 가지런한 두 손이 바닥에 약간 닿는 자세에서 머리를 조금 숙인다(15도 정도).
④ 오른쪽 무릎을 세워서 앉는다. → 양손은 가지런히 모아 옆에 놓으며 머리를 깊이 숙이고 정중히 절을 한다(45도 정도).
⑤ 오른쪽 무릎을 세워서 앉는다. → 양손은 가지런히 모아 옆에 놓으며 머리를 좀 더 깊이 숙이고 정중히 절을 한다(30도 정도).

68 ① 개방형 질문
② 선택형 질문
③ 개방형 질문
④ 확인형 질문

69 ② 대화를 나눌 때 부정(-)과 긍정(+)의 내용을 혼합해야 하는 경우, 동일한 조건이면 부정적 내용을 먼저 말하고 끝날 때 긍정적인 내용으로 마무리하는 화법이다.
③ 고객이 자꾸 내 곁을 떠나려는 변명과 트집을 잡을 때 그 트집이 바로 나의 장점(특징)이라고 주장하여 돌아오게 하는 화법이다.
⑤ 청유형 의뢰나 질문형식으로 바꾸어 말하는 화법이다(예 "이쪽 자리 괜찮으십니까?" 등).

70 ① 사내직원을 외부사람에게 먼저 소개한다.
② 남성을 여성에게 먼저 소개한다.
③ 연소자를 연장자에게 먼저 소개한다.
④ 여럿이 모인 자리에는 한 사람을 먼저 소개한다.

71 ② 개인적 거리
① 친밀한 거리, ③ 사회적 거리, ④ 대중적 거리 근접 영역, ⑤ 대중적 거리 원접 영역

72 부드러운 시선으로 상대를 바라보면서 대화한다.

73 ① 자기와는 상관없다는 식의 태도나 행동
③ 기계적 응대로 인간미를 느낄 수 없음
④ 생색이라고도 하며 해야 할 일을 인심써서 하고 있다는 식

74 엄격한 보상 방침보다는 고객에게 진정어린 관심을 갖고 해결하려는 노력을 보여야 한다.

75 '마음의 상처치료'는 심리 상담에 관련된 내용이다.

76 ① 어떤 사람에 대한 일반적인 평가가 그 사람의 특정적인 부분에 확대되는 것
③ 처음에 알게 된 정보에 나중에 알게 된 새로운 정보들의 지침을 만들고 전반적인 맥락을 제공하는 것
④ 처음에 강하게 인식된 정보가 전체 이미지 판단에 결정적인 역할을 하는 것
⑤ 주변의 사건이나 상황의 의미를 해석하는 정보처리 과정에서 범하는 체계적인 잘못

77 심리학자 메라비언(Albert Mehrabian)의 연구결과에 따르면, 첫인상을 결정하는 요소 중에서 '신체언어'가 55%(시각적 요소), '목소리'가 38%,(청각적 요소), '말의 내용'(언어적 요소)이 7%의 비율을 차지한다고 한다.

78 영어 제목이 모두 대문자로 되어 있으면 읽기가 불편하므로, 모든 문장을 대문자로 입력할 필요는 없다.

79 명함에는 재미있거나 개성적인 표현을 사용해서는 안 된다.

80 MICE 산업

회의(Meeting)	정해진 목적을 실현하기 위해 참여자의 이해에 관한 사항을 심의, 결정하는 회의 이벤트의 하나로 정의할 수 있다. 회의는 종류나 목적도 다양하고, 컨벤션과 함께 MICE 산업에서 차지하는 비중이 높아지고 있다. 일반적으로 회의에는 컨퍼런스, 콩그레스, 세미나, 워크숍, 포럼 등이 있다.
포상 관광(Incentive)	인센티브 여행은 기업에서 성과가 뛰어난 사람에 대한 보상으로 실시하는 관광여행 관련 비즈니스를 말한다. 대상의 동기를 유발하기 위해 이용되는 다양한 프로모션과 마케팅 수단이므로 다른 마이스 구성 요소에 비해 차별화된 특징이 많다. 최근에는 인센티브 여행의 영향력과 파급효과 때문에 지역별로 활발한 유치 활동이 전개되고 있다.
컨벤션(Convention)	컨벤션은 본래 미국의 정치 용어로, 정부 각료 회의 소집이라는 의미였지만, 상업적 영역으로 의미가 확대되기 시작하여 기업에서 개최하는 회의나 공식 파티와 같은 의미를 포함하게 되었다. 미국에서 컨벤션은 전시형 이벤트에서 나타나는 상품을 중심으로 한 집회가 아니라 인간과 정보를 중심으로 한 모임의 성격을 띤다.
전시(Exhibition)	마이스(MICE)의 한 부분을 차지하는 전시회(Exhibition)는 주로 산업 전시회를 지칭한다. 주로 상업적인 목적으로 개최되며, 경제적인 효과를 기대해 진행한다.

81 국가와 지방자치단체의 책무에 관한 내용이다.

82 사업자의 책무이다(소비자기본법 제19조).

83 "소비자"라 함은 사업자가 제공하는 물품 또는 용역을 소비생활을 위하여 사용하는 자 또는 생산활동을 위하여 사용하는 자로서 대통령령이 정하는 자를 말한다(소비자기본법 제2조).

84 공수법
- 평상시 : 남자는 왼손이 위이고, 여자는 오른손이 위이다.
- 흉사시 : 남자는 오른손이 위이고, 여자는 왼손이 위이다.

85 만 14세 미만 아동의 개인정보를 처리하기 위하여 이 법에 따른 동의를 받아야 할 때에는 그 법정대리인의 동의를 받아야 하며, 법정대리인이 동의하였는지를 확인하여야 한다(개인정보보호법 제22조의2 제1항).

86 온라인 사이트에서 탈퇴한 회원의 정보라도 파기해야 한다.

87 ① 상호작용을 통하여 정보와 의견을 교환하고 결론을 도출하는 공동 학습형태이다.
② 해설이나 설명을 일방적으로 전달하는 방법이다.
③ 연수에 있어서 업무에 필요한 지식이나 기술을 실천적 · 체험적으로 학습하여 구체적인 성과를 만들어가는 연수방식이다.
④ 오스번(Osborn)이 개발하였으며, 자유연상기법을 이용하여 아이디어를 수집하는 기법이다.

88 브리핑의 결론부분은 재동기부여, 질의응답, 요약, 결어 등이 포함된다.

89 ① 슬라이드 화면의 공백은 가급적 비워둔다.
② 텍스트보다는 도해나 그래픽을 이용하여 이해하기 쉽도록 구성한다.
③ 핵심내용은 자세히 입력하고 전달내용은 유인물을 배포한다.
④ 집중력을 위해 다양한 동영상, 그림, 사운드를 적절하게 사용한다.

90 ① 외부의 악의적 네트워크 침입자가 임의로 웹사이트를 구성해 일반사용자들의 방문을 유도하여, 인터넷 프로토콜인 TCP/IP의 구조적 결함을 이용해 사용자의 시스템 권한을 획득한 뒤 정보를 빼가는 해킹수법이다.
② 불특정 다수에게 메일을 발송해 위장된 홈페이지로 접속하도록 한 뒤 인터넷 이용자들의 금융정보 등을 빼내는 신종사기 수법이다.
③ 네트워크를 통해 자신을 복제하고 전파할 수 있는 악성 프로그램이다.
⑤ 겉으로 보기에는 전혀 해를 끼치지 않을 것처럼 보이지만, 실제로는 바이러스 등의 위험인자를 포함하고 있는 프로그램이다.

제2회 | 정답 및 해설

○ 문제 p.28

01 | CS 개론

01	02	03	04	05	06	07	08	09	10	11	12	13	14	15
⑤	⑤	③	③	④	③	⑤	④	②	③	③	⑤	④	①	④
16	17	18	19	20	21	22	23	24	25	26	27	28	29	30
②	⑤	③	②	②	④	⑤	①	③	③	②	④	⑤	⑤	③

01 다. 1922년 LG사에서 고객가치 창조의 도입으로 우리나라에 도입되었다.
라. 2000년대 이후 업종을 불문하고 대부분의 기업에 CS경영이 도입되었다.

02 서비스 프로세스 설계의 평가는 절대적이 아니라 상대적이다.

03 ① 예약시스템
②·⑤ 순서에 의한 번호표 등
④ 다중 대기 열

04 다. 실시 문제의 명확한 정의는 피시본 다이어그램(Fishbone Diagram)의 머리 쪽에 기술한다.
마. 문제를 야기시키는 근본원인의 확인은 생선뼈 모양의 사선으로 표시하며, 근처에 원인명을 요약하여 기술한다.

05 고객의 요구와 기술의 속성 사이에 정확한 상관관계를 도출할 수 있다.

06 웨스트브룩과 뉴먼(Westbrook & Newman)에 해당하는 설명이다. 앤더슨(Anderson)은 고객만족을 과정에 초점을 두고 개념화하여, 고객의 만족과 불만족을 하나의 과정으로 이해하였다.

고객만족에 대한 학자별 정의

웨스트브룩 (Westbrook)과 뉴먼(Newman)	고객만족을 결과에 초점을 두고 개념화하여(결과지향적 접근), 고객의 포괄적인 감정에 대하여 고객이 상품 및 서비스를 구매·비교·평가·선택하는 과정에서 고객이 경험하는 호의적인 감정을 고객만족, 비호의적인 감정을 불만이라고 하였다.
앤더슨(Anderson)	고객만족을 과정에 초점을 두고 개념화하여(과정지향적 접근), 고객의 만족과 불만족을 하나의 과정으로 이해하여 고객의 사용 전 기대와 사용 후 성과를 평가한 결과로 고객만족을 이해하였다.

햄펠(Hempel)	소비자가 만족을 기대했던 제품의 효익이 실현되는 정도라고 정의하고, 실제 성과와 기대했던 결과 사이의 일치 정도를 나타낸다고 하였다.
밀러(Miller)	소비자의 만족, 불만족은 제품에 대한 기대수준과 지각된 성과수준과의 상호작용으로부터 생긴다고 정의하였다.
굿맨(Goodman)	고객만족이란 '고객의 요구와 기대에 대응하는 일종의 기업활동의 결과로서, 상품과 서비스의 재구매가 이루어지고 고객의 신뢰가 계속되는 상태'이다.
올리버(Oliver)	'만족이라는 것은 소비자 자신의 성취반응이며, 이는 제품 · 서비스의 특성과 그것의 자체 제공이 소비자의 욕구충족과 이행되는 수준에 대한 소비자의 판단'이라고 해석했다.
코틀러(Kotler)	만족이란 사람들의 기대치와 그 제품에 대해 자각하고 있는 성능과 비교하여 나타나는 즐거움이나 실망감을 의미한다.

07 한계고객은 참여관점에서 기업의 리스크가 크기 때문에 소요비용이 수익보다 커서 디마케팅 대상이 된다.

08 노드스트롬(Nordstrom)은 항상 정상 이윤 또는 그보다 약간 낮은 이윤을 추구하고, 합리적인 가격에 적정한 품질의 상품을 제공하는 것을 기본으로 한다.

09 전통적으로 우리민족은 한(恨)과 정(情)의 민족이며 동방예의지국으로서, 충효예(忠孝禮)사상에 기반을 둔 감성이 타민족에 비하여 훨씬 발달하여 감성 마케팅의 성공가능성이 어느 국가보다 높다.

10 고객만족은 제품의 이성적 측면, 예를 들어 가격이나 품질 등에 대해 고객의 불만을 해소시켜 고객만족을 유도하는 반면, 고객감동은 제품의 이성적 측면뿐만 아니라 감성적 측면, 즉 서비스, 고객관계 및 제품이미지에 이르기까지 모든 측면에서 고객을 열광시켜 장기적이고 지속적인 감동을 유도하는 것을 의미한다.

11 고객의 종류
- 내부고객 : 가치생산에 직접 참여하는 고객(종업원)
- 중간고객 : 기업과 최종고객이 되는 소비자 사이에서 그 가치를 전달하는 고객(도매상, 중간상, 대리점 등)
- 외부고객 : 기업이 생산한 가치를 사용(소비)하는 고객(가장 중요한 고객인 소비자)

12 대기시간은 혼자 기다릴 때 더 길게 느껴진다.

13 고객 창출 전략에는 게시판 기능(커뮤니티 서비스), 인비테이션 서비스 등이 있다.

14 상호의존성이다. 두 집단 간 협조와 정보의 제공 등 협동행위를 필요로 하는 과정에서 나타난다.

15 현재에 살고 현재를 즐긴다. 그들은 장기적인 계획을 완수하는 것에는 별 흥미가 없다.

16 우수한 리더십 특성(Curt Reimann)
- 고객에 대한 접근성
- 솔선수범과 정확한 지식의 결합
- 일에 대한 열정
- 도전적 목표
- 강력한 추진력
- 기업문화의 변화
- 조직화

17 CRM 전략 수립에서 가장 중요한 것은 CRM이 무엇인가에 대해 회사 내부의 컨센서스를 확보하는 것이다. 마케팅팀이 생각하는 CRM과 영업팀, IT팀이 생각하는 CRM이 각각 다르다면 이는 심각한 문제이다. 그러나 실제는 다른 경우가 많다. CRM에 대해 워낙 다양한 견해들이 있기 때문이다.

18 ① 고객 활성화전략
② 고객충성도 제고전략
④ 신규고객 확보전략
⑤ 과거고객 재활성화전략

19 ① 관대화 경향
③ 투영효과
④ 범주화의 경향
⑤ 스테레오 타입의 경향

20 교류분석적 대화의 법칙은 상보교류, 교차교류, 이면교류의 3가지 유형으로 분류된다. ①은 자극과 반응의 주고받음이 평형되고 있는 교류, ③은 두 메시지가 전달되는데 하나는 사회적 수준, 다른 하나는 심리학적 수준의 메시지이다.

21 주차유도원 서비스, 상품게시판 예약 서비스 등은 사전 서비스에 해당한다.

22 서비스기업 주관 서비스의 경우 접점직원은 자율성이 없으며, 기계적으로 회사에서 설정한 표준이나 매뉴얼에 의해 서비스가 제공된다.

23 고객이 기업이나 병원 등을 방문할 경우, 여러 곳을 찾아 돌아다니며 서비스를 받는 대신 단일의 곳에서 한 번에 원하는 모든 일을 처리할 수 있도록 하는 서비스를 '원스톱 서비스(토털 서비스)'라고 한다.

24 소비자의 지각된 위험
- 심리적 위험(Psychological Risk) : 구매한 제품이 자아 이미지와 어울리지 않을 가능성에 따라 소비자가 지각하는 위험
- 신체적 위험(Physical Risk) : 구매한 제품이 안전성을 결여하여 신체적 위해를 야기할 가능성에 따라 소비자가 지각하는 위험
- 경제적 위험(Financial Risk) : 구매한 제품이 제 성능을 발휘하지 못하여 발생하는 경제적 손실에 따라 소비자가 지각하는 위험
- 사회적 위험(Social Risk) : 특정한 상품을 구매하여 다른 사람들이 자신에게 가질 평가에 따라 소비자가 지각하는 위험
- 성능 위험(Performance Risk) : 구매한 제품의 기능이 발휘가 되지 않을 가능성에 따라 소비자가 지각하는 위험

25 관광 서비스는 타 관광 서비스 상품과 상호보완적인 성격을 지니고 있다(예 항공기, 호텔, 레스토랑, 놀이시설 등).

26 C · M · S의 9가지 세부구성 요소
- 신념 : 철학, 비전, 혁신
- 태도 : 열정, 애정, 신뢰
- 능력 : 창조 능력, 운영 능력, 관계 능력

27 고객만족경영 혁신의 성공요인
- 리더십 : 리더의 혁신에 대한 적극적인 태도, 긍정적인 마인드
- 조직 문화 : 혁신을 행하는 조직의 문화, 혁신 담당자, 조직 구조
- 고객과 시장 : 고객을 중시하는 구성원들의 마인드와 시장 지향적인 마인드를 갖는 것을 의미
- 자원 지원 : 물리적 · 심리적 보상을 의미
- 프로세스 기법 : 서비스 기업에 요구되는 경영 혁신 프로세스 기법

28 품질의 집(HOQ ; House Of Quality) 구성 요소
품질의 집의 구성요소에는 고객의 요구, 상호작용, 품질의 특성, 상관관계, 설계의 품질, 경쟁사 비교 등이 있다.

29 다니엘 골먼(Daniel Goleman)은 성공한 리더와 실패한 리더 간의 차이가 기술적 능력이나 지능지수(IQ) 보다는 감성지능에 의해 크게 좌우된다는 연구결과를 발표하였다. 약 80% 정도의 감성지능과 20% 정도의 지적능력이 적절히 조화를 이룰 때, 리더는 효과적으로 리더십을 발휘할 수 있다는 것이다.

30 동기부여능력은 돈, 명예와 같은 외적 보상이 아닌, 스스로의 흥미와 즐거움에 의해 과제를 수행하는 능력이다. 즉, 추진력, 헌신, 주도성, 낙천성 등이다.

31	32	33	34	35	36	37	38	39	40	41	42	43	44	45
④	②	⑤	②	⑤	⑤	③	②	②	①	⑤	⑤	④	①	④

46	47	48	49	50	51	52	53	54	55	56	57	58	59	60
⑤	⑤	④	②	③	⑤	①	②	①	②	⑤	⑤	①	⑤	⑤

31 서비스 청사진의 작성 5단계
- 1단계(과정의 도식화) : 서비스가 고객에게 전달되는 과정을 염두에 두고 이를 도식화된 그림형태로 나타낸다.
- 2단계(실패 가능점의 확인) : 전체 단계 중에서 서비스 실패가 일어날 확률이 큰 지점을 짚어내어 표시해 둔다.
- 3단계(경과 시간의 명확화) : 각 단계별 표준 작업 시간과 허용 작업 시간을 명확히 적어 넣는다.
- 4단계(수익성 분석) : 실수가 발생하거나 작업이 지연될 경우를 상정한 시뮬레이션을 통해 수익성을 분석하고, 그 결과를 토대로 표준 서비스 청사진을 확정한다.
- 5단계(청사진 수정) : 사용 목적별로 서비스 청사진을 해석하고 대안을 도출한 후, 청사진을 새로 수정하여 서비스 실패의 가능성을 줄일 수 있다.

32 서비스 청사진은 전달자가 아닌, 고객의 경험과 관점에서 설계된다.

33 부진상담원 그룹에 대한 코칭을 통하여 업무수행 능력의 편차를 최소화하도록 도와주고, 직원과 제대로 코칭자격을 갖춘 평가자 간의 유대감을 형성할 수 있다.

34 미스터리 쇼핑은 한 매장만 도는 것이 아니라 계획성을 갖추어 여러 매장을 돌고, 다른 성격의 매장도 한 번에 쇼핑하기도 한다.

35 MOT 사이클 차트는 서비스 프로세스상에 나타나는 일련의 MOT들을 보여주는 시계모양의 도표로 서비스 사이클 차트라고도 한다. 이 차트는 서비스 전달시스템을 고객의 입장에서 이해하기 위한 방법이다. 그러므로 고객의 불만사항, 고객 만족도, 고객의 서비스 불만유형, 서비스 품질의 중요도 등 모두가 서비스 점검 요소에 속한다.

36 큰 기업체가 비교적 관심을 덜 가지거나 미처 생각하지 못한 시장으로, 최근에는 대기업들도 틈새시장에 참여하는 추세이다.

37 서비스 패러독스(Service Paradox)의 탈피 방안이다.

38 코틀러(Kotler)의 시장 세분화를 위한 다섯 개의 기준

측정 가능성	세분 시장의 규모와 구매력 및 특성이 측정될 수 있어야 한다.
접근 가능성	세분 시장에 효과적으로 도달할 수 있는 정도이다.
실질성	세분 시장이 충분히 크거나 수익이 있는 정도이다.
행동 가능성	효과적인 마케팅 프로그램을 실행할 수 있는 정도이다.
차별화 가능성	마케팅믹스 요소와 프로그램에 대해 서로 다르게 반응해야 한다.

39 고객경험관리(CEM)
- 설문, 관찰, 타깃고객 조사, VOC 등을 통해 모니터링한다.
- 고객의 기대 및 경험 간의 차이가 있는 곳에 제품이나 서비스를 위치시켜 판매를 유도한다.
- 제품이나 서비스에 대한 고객의 경험을 체계적으로 관리하는 프로세스이다.
- 기업에 대한 고객 경험을 향상하기 위해 시스템과 기술, 단순 프로세스를 활용한다.

40 리츠칼튼 회사는 '우리는 신사숙녀를 모시는 신사숙녀이다'를 모토로 한다. 먼저 호텔에서 종업원을 신사숙녀로 대해줌으로써 종업원들이 스스로 자부심을 가지고 고객들에게 더 좋은 서비스를 제공하여 결과적으로 호텔이 더 많은 이윤을 남기는 데 공헌하였다.

41 만족거울 이론
일선창구에서 고객을 접촉하는 직원들의 봉사수준이 형편없으면, 마치 거울처럼 반사되어 그 회사의 만족도도 같이 하락하고 매상도 자연적으로 감소한다. 반대로 종업원들이 자기가 하는 일에 의미를 느끼고 열심히 하여 만족을 갖게 되면, 그 결과 고객들에게도 만족을 느끼게끔 서비스를 제공함으로써 자연히 매상도 증가하게 된다는 이론이다.

42 '감성요소의 차별화'는 따뜻한 감성이나 이미지브랜드를 이용하여 차별화하는 것이다.

43 의료기관의 경제적 특징
- 정보의 비대칭성 : 질병이 발생했을 때 제공되는 서비스의 종류나 범위에 대한 정보가 공급자인 의료인에게만 편중되어 있다.
- 외부효과 : 당사자들 간의 경제적 거래가 거래와 관계없는 사람에게도 비용이나 편익에 대한 차이를 발생시킨다.
- 경쟁제한 : 의료 서비스는 면허가 있는 사람만 제공할 수 있으므로 경쟁이 제한된다.
- 공공재적 성격 : 누구도 소비로부터 배제되지 않는 비배제성과 개인의 소비가 다른 개인의 소비에 영향을 주지 않는 비경합성의 성격을 가진다.
- 질병의 예측 불가능성 : 질병의 불확실성과 불규칙성에 집단적으로 대응하기 위해 의료보험에 가입한다.
- 치료의 불확실성 : 양질의 의료 서비스에 대한 욕구는 치료의 불확실성으로 인해 발생한다. 따라서 정부나 민간 의료 기관으로 하여금 질적인 측면에서 적절한 대응을 하도록 유도해야한다.
- 생활필수품으로서의 보건의료 : 건강한 삶을 살아가기 위해서는 건강의 증진, 질병으로부터의 예방, 치료 등의 보건의료가 중요하다. 생활수준에 따라 보건의료도 많은 차이가 난다.

44 ① 최소한 마땅히 있을 것으로 생각되는 기본적인 요소

② 충족이 되면 만족을 주지만, 충족되지 않더라도 하는 수없이 받아들이는 요소. 고객감동의 원천으로 주문획득인자로서 적용

③ 충족이 되든지 안 되든지 만족도 불만도 일으키지 않는 요소

④ 충족이 되면 만족하고, 충족되지 않으면 불만을 일으키는 요소

⑤ 충족이 되면 불만이 되고, 충족되지 않으면 만족이 되는 요소

45 SWOT 전략의 특성
• SO 전략(강점-기회 전략) : 시장의 기회를 활용하기 위해 강점을 사용하는 전략
• ST 전략(강점-위협 전략) : 시장의 위협을 회피하기 위해 강점을 사용하는 전략
• WO 전략(약점-기회 전략) : 시장의 기회를 활용하여 약점을 극복하는 전략
• WT 전략(약점-위협 전략) : 시장의 위협을 회피하고 약점을 최소화하는 전략

46 고객 피드백의 가치를 훼손하는 8가지 요소
• 비능률적·중복적 자료수집
• 자료 분류의 비일관성
• 오래된 자료
• 결론이 서로 다른 다양한 분석 결과
• 우선순위를 표기하지 않은 분석
• 행동이 수반되지 않는 분석
• 보고체계 오류로 인한 자료 상실
• VOC 관리로 실행한 개선효과 점검 미비

47 종업원의 동기부여, 인적자원관리 및 마케팅관련 원칙 및 기술을 응용하는 내부 마케팅을 활성화해야 한다.

48 고객의 만족도를 과거, 현재, 미래와 비교할 수 있어야 한다(계속성의 원칙).

49 서비스 회복이란 서비스 실패에 대응하여 기업이 취하는 행동을 말하며, 처음부터 실패 없이 약속된 성과나 효용을 제공하는 것보다 서비스 실패 시 기업이 효과적인 회복전략을 수행하게 되면 소비자는 더욱 호의적으로 반응하게 되는 역설적인 상황을 자아낸다(Etzal & Silverman, 1981). 이러한 상황을 '서비스 회복 패러독스'라고 한다.

50 충성고객들은 일반고객에 비해 비교적 신제품이나 고급제품에 대한 구매율이 높고, 경쟁자에 낮은 관심을 보인다. 또한 가격에 덜 민감하고, 제품과 서비스 아이디어를 제공하기도 한다.

51 ① 서비스 약속시간 준수, 고객문제의 해결에 대한 성의와 약속의 처리 등
② 시설, 설비의 외관, 종업원의 깔끔함, 서비스와 관련된 제반자료(설명서, 팸플릿의 외형 등)
③ 고객에 대한 관심, 편리, 이익, 욕구에 대한 직원의 이해 등

52 소비자는 정보탐색자이다.

53 관계 마케팅은 신규고객의 확보도 중요하게 생각하지만, 무엇보다도 기존고객과의 관계 관리를 더 중요시 한다.

54 ② 미흡한 서비스 설계, 서비스 업무 표준화 결여, 부적합한 물리적 증거 등
③ 인사정책의 결함, 적합하지 않은 감독 및 통제 시스템, 수요와 공급의 불일치, 부적합한 종업원
④ 커뮤니케이션 부족, 고객기대에 부흥하지 못함, 과잉약속

55 라 – 외적 요인, 마 – 기업 요인

56 서비스 신상품 기획 시 고려사항
- 고객이 추구하는 편익을 제공한다.
- 서비스 프로세스를 리엔지니어링한다.
- 제품을 서비스로 전환한다.
- 시장조사를 활용한다.
- 보조 서비스로 새로운 상품을 만든다.
- 기업이 가지고 있는 기존 이미지와 잘맞는 신상품을 통해 시너지를 추구한다.
- 직원들이 새로운 상품이 얼마나 중요한지를 충분히 이해하고 협업할 수 있도록 한다.

57 ① 심리를 응용하는 것이지, 가장 큰 영향을 주는 요인은 아니다.
② '타협 효과(Compromise Effect)'에 대한 설명이다.
③ '부분적 리스트 제시 효과(Part – List Cunning Effect)'에 대한 설명이다.
④ '희소성의 원리'에 대한 설명이다.

58 ① 상호작용 마케팅은 리얼타임 마케팅이라고도 하며 기업이 정한 약속을 종업원이 제대로 지키는 과정이다. 이 과정에서는 서비스를 제공하는 구성원의 역량이 가장 중요하다.
② 내부 마케팅은 서비스 제공자가 고객과 약속한 서비스를 제공할 수 있도록 교육, 동기부여, 보상, 장비와 기술을 확충하는 활동이다.
③ 외부 마케팅은 서비스 제공 전, 고객과 커뮤니케이션하며 고객의 기대를 형성하고 고객과 약속하는 활동이다.

59 서비스 포지셔닝의 원칙
- 기업은 목표로 하는 고객의 마음속에 하나의 포지션을 가져야 한다.
- 그 위치는 단순하면서도 일관된 메시지를 제공하는 독특한 것이어야 한다.
- 그 위치는 다른 경쟁사들과 자사를 구별시켜줄 수 있어야 한다.
- 자사의 노력을 집중시켜야 한다.

60 ② 자신이나 타인의 성공이나 실패와 관련한 행동 원인을 설명하는 방식에 대한 이론이다. 특정 행동이나 사건의 원인을 규정하고, 행위자나 관찰자가 그 사태를 통제하려는 의도 하에 생성되는 생각 및 신념이라는 의미에서 '통제인지'라고도 한다.

④ 개인이 심리적으로 일관성을 유지하려고 하는 동기를 가지고 있다는 가정을 기본으로, 이에 따르면 일반적으로 인간은 사고와 느낌(정서) 및 행동 간 일관성을 유지하는 균형 상태를 추구하며, 이러한 상태가 이뤄졌을 때 균형상태라고 한다.

03 | 고객관리 실무론

61	62	63	64	65	66	67	68	69	70	71	72	73	74	75
⑤	④	④	⑤	①	④	⑤	③	③	③	⑤	③	②	③	⑤
76	77	78	79	80	81	82	83	84	85	86	87	88	89	90
①	②	①	④	①	③	②	①	⑤	④	④	④	②	⑤	①

61 고객이 이해하기 힘든 전문용어는 사용하면 안 된다. 그리고 부정적인 말을 전달할 때는 단답형은 피하고, 고객의 욕구를 충족하지 못하였을 때 차선책을 제시하여야 하며, 고객보다 낮은 목소리로 통화한다.

62 스크립트(Script)의 마지막 부분에 들어갈 내용이다.

63 말없이 식사만 하는 것보다는 공통의 관심사 등을 주제로 대화하는 것이 좋다. 사업 이야기 등의 무거운 주제는 피하고 가벼운 대화를 이어가도록 한다.

64 콜센터의 역할은 거래보조 수단에서 세일즈 수단으로 변화되고 있다.

65 ② · ③ Silent 모니터링
④ · ⑤ Call Taping

66 고객응대서비스의 7C
• 사고(Consideration)
• 일치(Coincidence)
• 일관성(Coherence)
• 예절(Courtesy)
• 정확(Correctness)
• 찬사(Compliment)
• 간결(Conciseness)

67 말을 자르는 고객에 대한 상담기법
- 일단 상대방의 말을 들어 준다.
- 상담 내용을 계획대로 진행하기 위하여 양해를 구하며 상담한다.
- 간단명료하게 핵심을 제시하고, 논리적으로 상담을 진행한다.

68 단기적인 사후 비용은 증가하나, 장기적으로는 회사의 이미지 향상으로 수익의 증가를 가져올 수 있다.

69 앉아서 대화를 나눌 경우 일어서서 명함을 건네는 것이 일반적이다.

70 사내에서 방문객을 안내할 때에 엘리베이터의 안내 요원이 없는 경우는 안내자가 먼저 타서 열림 버튼을 누르고, 내릴 때에는 문이 닫히지 않도록 안내자가 열림 버튼을 누르고 방문객이 먼저 내리도록 안내한다.

71 에티켓의 속성
- 공공적 속성
- 의무적 속성
- 이질적 속성
- 가변적 속성
- 행동적 속성
- 보편적 속성

72 이미지 형성의 요소는 가시적인 요소(시각적인 형상, 모습)와 관념적인 요소(개념, 느낌, 분위기, 연상)로 나뉜다.

73 화환이 크고 값비싸다고 해서 상사와 회사의 대외 이미지가 상승하는 것은 아니다. 행사의 성격에 맞는 검소하고 품위 있는 것으로 준비하는 것이 좋다.

74 ① 목례, ② 가벼운 인사, ④ 정중한 인사

75 Side-by-Side Monitoring
모니터링 관리자가 상담원 옆에 앉아서 상담원이 콜을 다루는 동안에 경청함으로써 상담원은 즉각적인 피드백과 코칭을 받을 수 있다.

76 비행기 이용 시 상급자가 나중에 타고 먼저 내리도록 하고, 기내에서는 승무원의 지시를 따르는 것이 가장 기본적인 예의이다.

77 국가가 국제정치적 원칙이나 개인 수준의 이해관계보다도 더욱 큰 중요성을 갖는 민족주의는 국제 비즈니스 매너에 어긋난다고 볼 수 있다.

78 양말의 색깔은 구두나 정장의 색깔에 맞추고, 목이 긴 것을 착용하도록 한다.

79 국가 및 지방자치단체의 책무(소비자기본법 제6조)
- 관계 법령 및 조례의 제정 및 개정·폐지
- 필요한 행정조직의 정비 및 운영 개선
- 필요한 시책의 수립 및 실시
- 소비자의 건전하고 자주적인 조직 활동의 지원·육성

80 교육훈련 강사의 역할
- 교수 프로그램 개발자 : 조직의 문제가 무엇인지 파악하고 학습요구를 분석하여 학습내용을 결정한다. 이후 내용이 효과적으로 학습될 수 있도록 교수학습계획을 수립한다.
- 학습 촉진자 : 강의, 토의진행, 시범 등의 역할을 하며 학습자들이 학습활동을 할 수 있도록 도와준다.
- 교수전략 개발자 : 교육훈련 프로그램의 전달이 효율적일 수 있도록 매체를 선정하고 방법을 모색한다. 학습효과를 높일 수 있는 학습보조도구와 시청각 자료를 만들고 활용한다.

81 원장은 피해구제의 신청을 받은 날부터 30일 이내에 규정에 따른 합의가 이루어지지 아니하는 때에는 지체 없이 소비자분쟁조정위원회에 분쟁조정을 신청하여야 한다(소비자기본법 제58조).

82 위원장은 위원 중에서 공무원이 아닌 사람으로 보호위원회 위원장이 위촉한다(개인정보보호법 제40조 제4항).

83 ② 소그룹으로 특별한 기술을 훈련하고 교육하는 모임으로 주로 교육활동에 사용되는 형태의 모임이며 특정 주제에 대한 기술지도 및 강연 진행
③ 견본전시로서 각종의 상품견본을 일정한 장소에 전시하고 상품의 품질, 성질, 효용을 알기 쉽게 설명하고 때로는 실제로 가동시켜 소개, 선전을 하고 동시에 매매거래를 촉진시키기 위하여 개최되는 시장
④ 여러 강연자가 하나의 주제에 대해 각각 다른 입장에서 짧은 강연을 한 뒤 청중으로부터 질문이나 의견을 듣는 방식으로, 넓은 시야에서 문제를 논의하여 결론을 이끌어 내려고 하는 집단토론
⑤ 전문인 등이 특정한 주제로 행하는 연수회나 강습회

84 ⑤ 2년 이하의 징역 또는 2천만 원 이하의 벌금(개인정보보호법 제73조)
① · ② · ③ · ④ 5년 이하의 징역 또는 5천만 원 이하의 벌금(동법 제71조)

85 단기간의 이해에 집착할 경우 컴플레인이 발생할 수가 있다. 단기간의 이해에만 집착하여 고객에 대해 교환이나 환불을 회피할 경우 고객의 불만이 생기며 고정고객을 잃게 될 수가 있으므로 주의해야 한다.

클레임(Claim)과 컴플레인(Complain)의 개념 차이
- 클레임 : 어느 고객이든 제기할 수 있는 객관적인 문제점에 대한 고객의 지적으로, 클레임 처리가 되지 않을 경우 고객에게 물질적, 정신적 보상으로 해결해야 한다.
- 컴플레인 : 고객이 상품을 구매하는 과정에서 또는 구매한 상품에 관하여 품질, 서비스, 불량 등을 이유로 불만을 제기하는 것으로, 고객의 불만·오해·편견 등을 풀어주는 일을 컴플레인 처리라고 한다.

86 목소리가 맑으냐, 탁하냐를 말하는 것은 음질이다.

87 고객 콜센터의 효율적 운영방안
- 조직구성 및 인원
- 리얼타임 데이터베이스화
- 텔레마케팅 지원시스템 운용
- 각종 정보 관리
- 자료 분석 및 통계적 모델 관리
- 개인실적 및 보상
- 통신환경에 맞는 장비 구축
- 서비스 기법 개발
- 고객의 만족 및 불만사항을 데이터화
- 전 직원 서비스 반응 체크

88 슬라이드 디자인의 원리
- 단순성 : 전하려는 필수적인 정보만 제공, 최소한의 글씨와 그림 제시
- 명료성 : 이해하기 쉽도록 단순화
- 균형성 : 심미적인 좋은 배치
- 조화성 : 영상은 컬러, 질감, 크기 등에서 상보적이며, 글자의 색깔과 배경색의 적절한 배합
- 조직성 : 내용 배열의 흐름
- 강조성 : 중요한 부분을 색이나 선으로 강조
- 통일성 : 구성요소들이 전체적으로 하나라고 생각함

89 기업과 소비자 간 B2C 전자상거래는 낮은 시장진입장벽과 업체 간 치열한 경쟁으로 확실한 경쟁 우위요소가 없으면 사업의 성공 가능성이 높다고 볼 수 없다.

90 ② 전문 업체와 제휴하여 인력, 시스템, 시설 등을 공유하여 운영하는 방식
④ 클라우드 기술을 적용해 별도의 콜센터 장비없이 어느 곳에서든 PC만으로 콜센터 업무가 가능한 운영 방식
⑤ 운영에 따른 리스크를 방지하고 효율성, 생산성 등을 고려해 외부의 전문 콜센터 업체에서 인력, 시스템, 시설 등을 조달하는 방식

제3회 | 정답 및 해설

🕐 문제 p.53

01 | CS 개론

01	02	03	04	05	06	07	08	09	10	11	12	13	14	15
①	②	⑤	③	③	⑤	④	⑤	①	④	④	②	③	①	①
16	17	18	19	20	21	22	23	24	25	26	27	28	29	30
④	②	②	⑤	①	①	⑤	①	③	④	③	①	①	③	②

01 아담스(Adams)의 공정성 이론(Equity Theory)은 배분적, 절차적, 상호적 공정성의 3가지 측면을 가진다. 여기서는 조직의 절차상의 공정성에 해당한다.

02 굿맨(Goodman)은 비즈니스와 기대에 부응한 결과로써, 상품과 서비스의 재구입이 이루어지고 고객의 신뢰감이 연속되는 상태를 '고객만족'이라고 정의하였다.

03 우리나라에서의 고객만족에 대한 연구는 1990년대에 집중적으로 연구되었다.

04 매슬로우(Maslow)의 욕구 5단계
- 생리적 욕구 : 의식주 등 생존하기 위한 기본 욕구
- 안전 욕구 : 근본적으로 신체적 및 감정적인 위험으로부터 보호되고 안전해지기를 바라는 욕구
- 소속감과 애정 욕구 : 인간은 사회적인 존재이므로 조직에 소속되거나 동료와 친교를 나누고 싶어 하고, 또 이성 간의 교제나 결혼을 갈구하게 되는 욕구
- 존경 욕구 : 내적으로 자존·자율을 성취하려는 욕구(내적 존경 욕구) 및 외적으로 타인으로부터 인정을 받으며, 집단 내에서 어떤 지위를 확보하려는 욕구(외적 존경 욕구)
- 자아실현 욕구 : 계속적인 자기발전을 통하여 성장하고, 자신의 잠재력을 극대화하여 자아를 완성시키려는 욕구

05 산업의 고도화와 정보발달에 따라 고객지향적 마케팅 경영이 확산되었다.

06 노동집약도가 높고, 고객과의 상호작용 및 개별화가 낮은 업종은 '대중 서비스'이며, 금융업, 학교, 도·소매업 등이 여기에 속한다.

07 마이클 포터(Michael Porter)가 제시한 5가지 경쟁세력은 신규 진입자, 대체재, 공급자, 구매자, 경쟁자이다.

08 서비스의 4대 특징
- 무형성 : 형태가 없으므로 특허로써 보호를 받을 수 없고, 가격 설정 기준이 모호하다.
- 이질성 : 누가, 언제, 어디서 제공하느냐에 따라 서비스의 형태와 수준, 가격이 달라져서 표준화가 어렵다.
- 비분리성 : 생산과 소비가 동시에 일어난다.
- 소멸성 : 서비스는 저장하거나 재판매할 수 없으므로, 소멸성을 극복하기 위해서는 수요와 공급을 조절하는 것이 필요하다.

09 구전의 정보는 기업으로부터 창출되는 것이 아니라 고객으로부터 창출된다.

10 고객참여에 의존하여 서비스 성과가 나타나는 서비스 업종은 교육 서비스, 의료 서비스, 휘트니스 서비스 등이 대표적이다.

11 고객의 의사결정과정 단계 중에서 정보의 탐색은 위험을 줄이는 구매의사 결정에 영향을 준다.
- 정보의 유형
  - 제품에 대한 정보
  - 점포에 대한 정보
- 정보의 원천

인적 정보원	가족, 친구, 전문가
비인적 정보원	대중매체, 인터넷, 광고, 포장
개인적 원천	가족, 친구, 이웃, 친지
상업적 원천	광고, 판매원, 포장, 웹사이트
공공적 원천	대중매체, 영향력 있는 소비자 단체
경험적 원천	제품 사용, 조사

12 ① 진실과 사실에 주로 관심을 갖고 논리적·분석적·객관적으로 판단한다.
③ 미래, 가능성에 초점을 두고 신속, 비약적인 일처리를 한다.
④ '무엇'과 '어떻게'로 시작하는 질문을 많이 한다.
⑤ 자기 외부에 주의 집중하고, 외부활동과 적극성을 가진다.

13 미국의 쿨리(Cooley. C. H.)는 구성원의 접촉 방식에 따라 집단을 나누었다. 1차 집단이란, 구성원 간의 대면접촉과 친밀감을 바탕으로 결합되어 구성원들이 전인격적인 관계를 이루고 있는 집단으로 친구, 이웃, 가족 등이 대표적이다. 2차 집단은 구성원 간의 간접적인 접촉과 목적 달성을 위한 수단적인 만남을 바탕으로 결합되어, 구성원들은 전인격이 아닌 인격의 일부만을 토대로 의식적, 인위적 상호 작용을 하는 집단으로 회사나 각종 단체를 들 수 있다.

14 캐일라 패런(Caela Farren)과 베벌리 케이(Beverly Kaye)는 조언자(Advisor), 격려자(Encourager), 지원자(Facilitator), 평가자(Evaluator), 예측자(Predictor)의 5가지로 현대 조직에서의 필요한 리더 역할을 제시하였다.

15 ③・⑤ 추가판매라고도 하며, 어떤 상품을 구입한 고객에게 보다 고급의 상품을 판매하는 전략을 말한다.

16 데이비드 마이스터(David Maister)가 분류한 대기시간에 영향을 미치는 통제 요인 중 '기업의 부분 통제요인'에 해당하는 것은 점유, 불만 등이 있다.
① 설명 – 기업의 완전 통제요인
② 공정성 – 기업의 완전 통제요인
③ 고객의 태도 – 고객 통제요인
⑤ 대기단위 – 고객 통제요인

17 넬슨 존스(R. Nelson Jones)는 인간관계를 심화시키는 세 가지 요인으로 3R을 제시하고 있다. 3R은 보상성(Rewardingness), 상호성(Reciprocity) 그리고 규칙(Rules)이다. 그중 상호성에 대한 내용이다.

18 노드스트롬(Nordstrom)의 경영철학은 최고의 서비스(Exceptional Service), 구색(Selection), 품질(Quality) 및 가치(Value)였다. 이는 철저한 고객 봉사주의를 기초로 한 것이다.

19 CRM은 복잡한 시스템 및 고객의 데이터를 통합하여 운영함으로써 고객의 정보를 바탕으로 차별화하여 운영하여 고객유지 및 관리비용의 효과를 주기 위한 프로그램이다.

20 ② 서비스가 주이고, 유형재가 약간 부가됨
③ 순수 유형재
④ 유형재가 주어지고 서비스가 약간 수반됨
⑤ 순수 서비스

21 통신업은 유통 서비스에 해당한다.

OECD에서 분류한 서비스 산업 유형
• 유통 서비스 : 도소매업, 운수업, 통신업
• 생산자 서비스 : 금융 및 보험업, 부동산 임대업
• 사회 서비스 : 공공 행정, 보건사회복지 사업
• 개인 서비스 : 의료・교육, 숙박・음식점업, 오락・문화・운동, 가사 서비스업

22 서비스 특성 중에서 이질성은 누가, 언제, 어디서 서비스를 제공하는가에 따라서 달라지는 특성으로 ⑤는 사용자의 시간 및 공간의 편리함을 제공하지만 사용자의 조건에 따라 문제점이 발생할 수 있다.

23 ② 서비스에 대한 수요변동의 정도와 공급의 제한 정도에 따른 분류
③ 조직 간의 상호작용 방식과 서비스 조직의 이용 가능성에 따른 분류
④ 고객의 요구에 대응하는 종업원과 상호작용 정도와 권한위임을 행사할 수 있는 정도
⑤ 서비스 조직과 고객 간의 관계가 회원인가 또는 비공식적 관계인가와 서비스 제공이 지속적인가 아니면 개별적인가에 따른 분류

24 관광객의 만족에 있어서 가장 중요한 요인은 인적자원이다.

25 규모의 경제 및 성과중심 경영에서 탈피하고 있다.

26 ① 직원들과 정서적 공감대를 바탕으로 직원들을 움직이는 유형이다.
② 차별화된 아이디어를 제시하여 무에서 유를 이끌어 미래를 개척하는 유형이다.
④ 제도나 규칙의 중요성을 인식하고 이성적 사고를 가진 조직원들의 의견을 존중하고, 그룹에 정보를 잘 전달하려고 노력하고, 조직원 모두를 목표방향에 설정에 참여하게 함으로써 확신을 심어주려는 리더십이다.
⑤ 초인적인 대중호소력과 선동력을 지닌 지도자로서 원인을 알 수 없는 흡입력으로 조직원들의 이성이 아닌 맹목적인 의식에 의해 추앙받는 유형이다.

27 저지전략(Blocking)에 대한 설명이다.

시장방어 전략
- 저지전략(Blocking) : 새로운 진입자의 시장진출을 막는 것으로 시장에 진입하기 위해 들어가는 비용을 증가시키거나 진입 시의 예상 수익을 감소시킴으로써 저지하는 것(예 서비스보증, 집중광고, 입지나 유통통제, 전환비용)
- 보복전략(Retaliation) : 새로운 진입자가 그들이 예상하거나 원하는 수준의 수익을 확보할 기회를 막는 것(예 장기간의 계약기간, 장기고객에 대한 다양한 혜택 제공)
- 적응전략(Adaptation) : 새로운 진입자가 이미 시장에 있다는 사실을 인정한 상태에서 실시하며 새로운 진입자가 시장을 잠식하는 것을 막는 것(예 서비스의 추가나 수정, 서비스 패키지 확장, 지속적 경쟁우위 확보)

28 ② 특정기업이 다른 기업과의 경쟁에서 우위에 설 수 있는지의 여부를 판단하는 개념으로 개별기업에 한정된 전략이다.
③ 특정고객·제품·지역 등 특정한 세분시장에 집중하여 기업의 자원을 투입하는 전략을 말한다.
④ 소비자들이 널리 인정해주는 독특한 기업 특성을 내세워 경쟁하는 경쟁전략을 말한다. 차별화 전략을 펼치려면 고품질, 탁월한 서비스, 혁신적 디자인, 기술력, 브랜드 이미지 등 무엇으로든 해당 산업에서 다른 경쟁기업들과 차별화한다.
⑤ 상황대응 전략은 기업이 처한 상황에서 주어진 상황을 효율적으로 대응하는 전략이다. 기업의 사업 환경은 끊임없이 변화하기 때문에 기업은 유연한 상황 대응이 필요하고 즉각적인 수행이 필요하다.

29 총체적 고객만족경영 혁신(TCS)의 요소
서비스 기업의 경우 경쟁력의 요소는 지식·인사조직·정보기술·프로세스와 같은 '내부 핵심역량 강화 요소'와 상품력·가격경쟁력·브랜드·이미지·고객관리와 같은 '시장경쟁력 요소'로 나눌 수 있다.

30 FOD(Fax On Demand)는 협업 CRM의 도구이다.

31	32	33	34	35	36	37	38	39	40	41	42	43	44	45
①	①	①	②	③	②	⑤	⑤	③	①	⑤	③	③	④	②
46	47	48	49	50	51	52	53	54	55	56	57	58	59	60
③	①	④	②	①	②	⑤	③	②	③	①	⑤	⑤	③	①

31 묶음가격 전략
둘 혹은 그 이상의 상품이나 서비스를 패키지의 형태로 소비자에게 제공하는 마케팅 전략
- 순수 묶음가격 전략 : 서비스를 패키지로만 구입할 수 있도록 하는 전략
- 혼합 묶음가격 전략 : 서비스를 개별적으로나 패키지로 구입할 수 있도록 하는 전략

32 ② CRM(Customer Relationship Management) : 고객관계관리
③ CSR(Corporate Social Responsibility) : 기업의 사회적 책임
④ CVI(Customer Value Innovation) : 고객가치혁신
⑤ CSI(Customer Service Index) : 고객서비스만족도

33 ② 짧은 기간 동안 매장을 돌면서 자세한 사항들을 주시하고 기억하는 능력
③ 보고서나 코멘트의 설명이 읽는 사람으로부터 생생함을 느끼도록 하는 작문능력
④ 정해진 시간 내에 많은 것을 얻기 위해 사전에 기본적인 정보를 획득하는 것
⑤ 회사와 사업장은 미스터리 쇼퍼(Mystery Shopper)의 활동과 보고서에 의존하므로 신뢰에 대한 기대를 충족시켜야 함

34 고객접점에서 단순한 업무 대응 위주뿐만 아니라 고객에게 세부적이고 필요한 사항을 제공하는 목표를 가지도록 한다.

35 ① 고객(Customer), 고객의 기회비용(Customer Cost), 고객의 편리성(Convenience), 고객과의 대화(Communication)에 대한 전략이다.
② 소비자행동에 근거하여 시장을 세분화(Segmentaion)하고 이에 따른 표적시장(Targeting)의 선정 후 표적시장에 적절한 제품이나 서비스를 포지셔닝(Positioning)하는 전략이다.
⑤ 효과적인 마케팅을 위한 네 가지 핵심 요소로, 이 핵심 요소를 잘 혼합하여 마케팅 효과를 극대화하는 전략 4P는 Product, Price, Place, Promotion을 말한다.

36 마케팅의 4P(Product, Price, Place, Promotion)는 생산자 혹은 기업의 입장에서 마케팅의 접근방법을 일컫는다. 그리고 정보사회가 되기 이전에 수요가 공급을 초과하는 '만들기만 하면 팔리는' 상황이었기 때문에, 기업은 주로 기술개발이나 제품생산 효율성에 치중하였다. 4C는 '소비자의 욕구를 충족(Customer Needs)시키기 위해 소비자의 비용(Cost)을 줄여주면서 소비자가 원하는 편리한(Convenience) 곳에서 구매할 수 있도록 함과 아울러 고객과 지속적인 관계를 유지하기 위해 소통(Communication)하는 활동'을 의미한다.

37 초창기 시장이 매스 마케팅 시장이었다면 1980년대는 세분화 마케팅을 거쳐 틈새 마케팅으로의 변환이 이루어진 시기이다. 이후 틈새 마케팅은 다시 데이터베이스 마케팅으로 변화하게 된다.

38 ① 와이어드 잡지
② · ③ 파레토 법칙
④ 무관심한 다수의 고객

39 핵심가치 제공의 실패, 불친절한 고객응대, 가격, 이용불편, 불만처리 미흡, 경쟁사의 유인, 비윤리적 행위, 불가피한 상황 순이다.

40 동일한 서비스를 제공받은 고객이라도 평가는 다르게 나타난다.

41 기업의 입장에서 추가적인 수익창출비용과 시간적인 노력을 감소시킨다.

42 차별화 전략, 비차별화 전략, 집중화 전략은 표적 마케팅 전략이다.

43 ① 어떤 상품에 대한 사람들의 소비가 증가하면 오히려 그 상품의 수요가 줄어드는 효과
② 상품의 가격이 오르는 데도 일부 계층의 허영심과 과시욕으로 인해 수요가 증가하는 효과
④ 집단에서 부정적으로 낙인찍히면 그 대상이 점점 더 부정적인 행태를 보이며, 대상에 대한 부정적인 인식이 지속되고 강화되는 효과
⑤ 의사가 제안한 효과 없는 가짜 약이나 치료법이 환자의 믿음과 긍정적인 소망으로 인해 병세가 호전되는 효과

44 고객의 사소한 모든 정보를 빠짐없이 고객 기호 카드에 기록, 내부 시스템으로 공유하는 리츠칼튼 호텔의 고도로 차별화된 개별적 서비스 전략이다.

45 서비스 품질 개선 방안
• 서비스 품질 결정요소 파악
• 고객기대 관리
• 유형적 요소 관리
• 고객에게 서비스 내용 제공
• 기업 내 품질문화 정착, 자동화 실천
• 변화하는 고객기대에 대응
• 기업이미지 향상
• 가시적 평가 기준 제공

46 순서는 ④ - ⑤ - ③ - ② - ①의 단계로 진행된다.

47 테어도르 레빗(Theodore Levitt)은 핵심 제품, 실체 제품, 확장 제품의 3가지 차원으로 분류하였다.
② 소비자들이 실제로 구입하고자 하는 핵심적인 혜택(Benefit)이나 문제를 해결해 주는 서비스
③ 핵심 제품과 실체 제품에 추가적으로 있는 서비스와 혜익을 주는 제품(예 A/S, 품질보증, 설치 서비스 등)

48 이유재 · 이준엽의 KS-SQI 모델에서 제시한 품질의 속성
• 성과 측면 : 본원적 욕구충족, 예상 외 혜택, 약속이행, 창의적 서비스
• 과정 측면 : 고객응대, 신뢰감, 접근 용이성, 물리적 환경

49 ① 최소한 마땅히 있을 것으로 생각되는 기본적인 요소
③ 충족되든지 안 되든지 만족도 불만도 일으키지 않는 요소
④ 충족이 되면 만족하고 충족되지 않으면 불만을 일으키는 요소
⑤ 충족이 되면 불만이 되고 충족되지 않으면 만족이 되는 요소

50 전사적 품질관리(TQM ; Total Quality Management)
• 제품 및 서비스의 품질을 향상시켜 장기적인 경쟁우위를 확보하기 위해 기존의 조직문화와 경영관행을 재구축하는 것이다.
• 최저비용으로 고객의 요구에 부응하는 것으로, 품질관리 책임자뿐만 아니라 마케팅 · 생산 · 노사관계 등 기업의 모든 구성원이 품질관리의 실천자가 되어야 한다.

51 내부 마케팅은 '직원에 대한 동기 부여', '기업 내의 서비스 문화의 창조', '서비스의 품질향상과 유지', '조직을 통합'하는 역할을 한다.

52 가빈(Garvin)의 품질 모형

범 주	개 념
성 과	제품이 가지는 운영적 특징
특 징	제품이 가지고 있는 경쟁적 차별성
신뢰성	실패하거나 잘못될 가능성의 정도
적합성	고객의 세분화된 요구를 충족시킬 수 있는 능력
지속성	고객에게 지속적으로 가치를 제공할 수 있는 기간
서비스 제공 능력	속도, 친절, 문제해결 등의 제공 능력
심미성	외관의 미적 기능
인지된 품질	기업 혹은 브랜드 명성

53 ① · ② · ④ · ⑤ 역할 모호성을 감소시키는 내용에 해당한다.

54 고객만족도 조사는 3가지 원칙으로 계속성의 원칙(정기적으로 계속 실시하여 그 전의 상태와 비교해서 추이를 파악할 수 있어야 한다), 정량성의 원칙(조사결과는 비교 가능하도록 정량적인 조사이어야 한다), 정확성의 원칙(조사항목은 충분한가, 조사표본은 적절한가, 조사방법은 적절한가, 조사자는 조사능력을 갖추고 있는가)이 있다.

55 고객충성도란 기업이 지속적으로 고객에게 탁월한 가치를 제공해 줌으로써 그 고객으로 하여금 해당 기업이나 브랜드에 호감이나 충성심을 갖게 하여 지속적인 구매활동이 유지되도록 하는 것이다.

56 서비스 청사진(Service Blueprinting)은 종업원, 고객, 기업 측에 서비스 전달과정에서 해야 하는 각자의 역할과 서비스 프로세스와 관련된 단계와 흐름 등 서비스 전반을 이해하도록 묘사해 놓은 것으로, 특히 서비스 상품 개발의 설계와 재설계의 단계에서 유용하다.

57 의료 서비스는 간접 지불 형태를 갖는다.

58 ① 소비자가 시중에서 쉽게 얻을 수 있는 값싼 제품을 선호할 것이라고 믿는 개념
③ 소비자가 최고의 품질, 성능, 혁신적인 특성을 제공하는 제품을 선호할 것이라고 믿는 개념

59 고객가치의 특성은 동적성, 주관성, 상황성, 다차원성 등이 있다.

60 Folks는 여러 사람이 모여서 사회적 욕구를 충족시킬 수 있다는 의미를 가진다.

61	62	63	64	65	66	67	68	69	70	71	72	73	74	75
③	②	①	①	②	④	⑤	④	②	⑤	③	③	②	②	③
76	77	78	79	80	81	82	83	84	85	86	87	88	89	90
⑤	④	①	②	④	②	①	②	⑤	⑤	③	⑤	②	⑤	④

61 간단한 메시지를 너무 천천히 말하면 듣는 사람이 지루해하므로 적당한 속도로 말한다.

62 직속상사 이외의 상사로부터 지시를 받은 경우, 그 내용을 직속상사에게 보고하고 지시를 구한다.

63 콜센터는 전략수립 단계에서 목표를 설정하고 달성을 위해 세부행동지침, 평가, 그에 따른 보상체계를 마련한다.

64 정보적 프레젠테이션에는 서술적, 설명적, 논증적 프레젠테이션이 있다.

65 ① 상담원이 모르는 상태에서 무작위로 추출한 상담내용을 평가자가 녹취하여 결과를 상담원과 공유하도록 하는 방법이다.
③ 상담원의 콜을 수시로 들어볼 수 있는 방식으로 신입사원을 대상으로 활용도가 높은 방법이다.
④ 서로 도움을 주는 위치에서 모니터링하기 때문에 신입 상담원에게 아주 좋은 방법이다.
⑤ 상담원이 고객과 통화한 콜을 청취하여 스스로 평가하게 하는 방법이다.

66 서비스의 전략적인 측면은 콜센터의 역할에 해당한다.

67 관대한 보상규정을 적용하여 처리한다.

68 전화를 다른 부서로 연결할 때 양해를 구하지 않았으며, 다른 부서의 사람이 전화를 받을 수 있는 상황인지를 사전에 확인하지 않았다.

69 즉각적인 수행향상을 목적으로 실시하는 것이다.

70 학자별 소비자 정의

폰 히펠(Von Hippel)	소비자란 개인적인 용도에 쓰기 위하여 상품이나 서비스를 제공받는 사람을 의미한다.
가토 이치로(加藤一郎)	소비자란 국민 일반을 소비생활이라고 하는 시민생활의 측면에서 포착한 개념이다.
이마무라 세이와(今村成和)	소비자는 생활자이며 일반 국민임과 동시에 거래 과정의 말단에서 구매자로 나타나는 것을 의미한다.
타케우치 쇼우미(竹内昭未)	소비자란 타인이 공급하는 물자나 용역을 소비생활을 위하여 구입 또는 이용하는 자로서 공급자에 대립하는 개념이다.

71 외적인 요소는 헤어스타일이나 얼굴 표정, 옷차림새, 태도, 제스처 등이 있다.

72 초두효과는 처음에 강하게 들어온 정보가 전체적인 이미지 판단에 결정적이라는 것이다.
맥락효과는 처음에 내린 판단이 나중에 입력되는 정보들에 판단 기준을 제공하여 동일한 맥을 잇게 된다는 것이다.

73 열차의 경우 말석은 진행방향의 역방향으로 통로 측의 자리이다.

74 악수를 할 때는 인사와 병행하지 않는다.

75 명함을 받을 사람이 여럿일 경우 윗사람에게 먼저 건넨다.

76 코칭은 1대1 방식이므로 지도에 들어가는 시간이나 비용이 많이 든다. 그러므로 시급한 문제해결에는 적절하지 않다.

77 와이블(Weible)의 개인정보 유형

일반정보	이름, 주민등록번호, 운전면허, 주소, 전화번호, 생년월일, 출생지, 본적지, 성별, 국적
가족정보	부모·배우자의 이름 및 직업, 부양가족의 이름, 가족 구성원들의 출생지·생년월일 및 주민등록번호·직업
교육 및 훈련정보	학교출석사항, 최종학력, 성적, 기술자격증, 면허증, 서클활동, 상벌사항
병역정보	군번·계급, 제대유형, 주특기, 근무부대
부동산정보	소유주택, 토지, 자동차, 건물
동산정보	보유현금, 저축현황, 주식, 채권, 수집품, 보석
소득정보	봉급, 봉급경력, 보너스·수수료, 이자소득, 사업소득
기타 수익정보	보험 가입현황, 수익자, 회사의 판공비, 투자프로그램, 퇴직프로그램, 휴가·병가
신용정보	대부, 잔액·지불상황, 저당, 신용카드, 지불연기·미납 횟수, 임금압류 통보에 대한 기록
고용정보	고용주, 회사주소, 상관의 이름, 직무수행 평가기록, 훈련기록, 출석기록, 상벌기록, 성격 테스트 결과, 직무태도
법적정보	전과기록, 자동차 교통위반기록, 파산·담보기록, 구속기록, 이혼기록, 납세기록
의료정보	가족병력기록, 신체장애 여부, 혈액형, 정신질환 기록
조직정보	노조가입, 종교단체 가입, 정당가입, 클럽회원
습관 및 취미정보	흡연, 음주량, 선호 스포츠·오락, 여가활동, 비디오 대여기록, 도박 성향

78 ② 소비자의 올바른 권리행사를 이끌고, 물품 등과 관련된 판단능력을 높이며, 소비자가 자신의 선택에 책임을 지는 소비생활을 할 수 있도록 필요한 교육을 하여야 한다(소비자기본법 제14조 제1항).
③ 소비자가 사업자와의 거래에서 개인정보의 분실·도난·누출·변조 또는 훼손으로 인하여 부당한 피해를 입지 아니하도록 필요한 시책을 강구하여야 한다(동법 제15조).
④ 소비자의 불만이나 피해가 신속·공정하게 처리될 수 있도록 관련기구의 설치 등 필요한 조치를 강구하여야 한다(동법 제16조).
⑤ 물품 등의 규격·품질 및 안전성 등에 관하여 시험·검사 또는 조사를 실시할 수 있는 기구와 시설을 갖추어야 한다(동법 제17조).

79 ① 거래의 상대방, 구입 장소, 가격, 거래 조건 등을 자유로이 선택할 권리이다(소비자기본법 제4조 제3호).
③ 합리적인 소비 생활을 위하여 필요한 교육을 받을 권리이다(동법 제4조 제6호).
④ 소비 생활에 영향을 주는 국가 및 지방자치단체의 정책과 사업자의 사업 활동 등에 대하여 의견을 반영시킬 권리이다(동법 제4조 제4호).
⑤ 물품 또는 용역을 사용함으로써, 생명, 신체, 재산상의 위해로부터 보호받을 권리이다(동법 제4조 제1호).

80 할인 판매되는 물품 등을 교환하는 경우에는 그 정상가격과 할인가격의 차액에 관계없이 한다(소비자기본법 시행령 별표1).

81 OECD의 8원칙은 수집제한의 원칙, 정보내용 정확성의 원칙, 목적 명확화의 원칙, 이용제한의 원칙, 안정성 확보의 원칙, 공개의 원칙, 개인 참가의 원칙, 책임의 원칙이다.

82 법정대리인 동의 시 아동의 개인정보 수집이 가능하다.

83 ① 사상·신념, 노동조합·정당의 가입·탈퇴, 정치적 견해, 건강, 성생활 등에 관한 정보, 그 밖에 정보주체의 사생활을 현저히 침해할 우려가 있는 개인정보로서 대통령령으로 정하는 정보(이하 "민감정보"라 한다)를 처리하여서는 아니 된다(개인정보보호법 제23조 제1항).
③ 개인정보처리자가 제3자에게 개인정보의 처리 업무를 위탁하는 경우 위탁업무 수행 목적 외 개인정보의 처리 금지에 관한 사항, 개인정보의 기술적·관리적 보호조치에 관한 사항, 그 밖에 개인정보의 안전한 관리를 위하여 대통령령으로 정한 사항이 포함된 문서에 의하여야 한다(동법 제26조 제1항 제1호).
④ 누구든지 일부 경우를 제외하고는 공개된 장소에 고정형 영상정보처리기기를 설치·운영하여서는 아니 된다(동법 제25조 제1항).
⑤ 개인정보처리자는 영업의 전부 또는 일부의 양도·합병 등으로 개인정보를 다른 사람에게 이전하는 경우에는 개인정보를 이전하려는 사실, 개인정보를 이전받는 자의 성명·주소·전화번호 및 그 밖의 연락처, 정보주체가 개인정보의 이전을 원하지 아니하는 경우 조치할 수 있는 방법 및 절차를 미리 해당 정보주체에게 알려야 한다는 조항이다(동법 제27조 제1항).

84 이전되는 국가의 개인정보 수준은 실질적으로 동등한 수준을 갖추면 된다.

85 먼저 한 사람을 소개한 후 여러 사람을 소개한다.

86 ① 오스번이 개발하였으며, 자유연상기법을 이용하여 아이디어를 수집하는 기법이다.
② 상호작용을 통하여 정보와 의견 교환, 결론 도출하는 공동 학습형태이다.
④ 해설이나 설명의 이해 등을 일방적으로 전달하는 방법이다.
⑤ 하버드 대학에서 개발하였으며 자료를 통해 해답이 정해지지 않은 사례 제시 후 학습자들이 문제파악, 대안제시와 토론과정으로 진행되는 방식이다.

87 칼 알브레히트(Karl Albrecht)의 서비스 7거지악
• 무관심 : 나와는 상관없다는 식의 태도
• 무시 : 마치 먼지를 털어내듯 고객의 요구나 문제를 못 본 척하고 고객을 피하는 일
• 냉담 : 고객에게 '귀찮으니 저리 좀 가주세요'라는 식으로 적대감, 퉁명스러움, 친근하지 못함, 고객사정을 고려하지 않음, 조급함을 표시하는 것
• 건방떨기, 생색 : 의사가 환자를 다루듯 생색을 내거나 어딘지 모르게 건방진 태도
• 로봇화 : 직원이 완전히 기계적으로 응대하므로, 고객 개인사정에 맞는 따뜻함이나 인간미를 전혀 느낄 수 없는 태도
• 규정 핑계 : 고객 만족보다는 조직의 내부 규정을 앞세우기 때문에 종업원의 재량권을 행사하거나 예외를 인정할 수 없어 상식이 통하지 않는 경우
• 뺑뺑이 돌리기 : '죄송합니다만 ○○로 가주세요, 여기는 담당이 아닙니다.'식으로 고객을 뺑뺑이 돌리는 행동

88 슬라이드 디자인의 원리는 단순성, 명료성(이해하기 쉽도록 단순화), 균형성(심미적으로 좋은 배치), 조화성(영상은 컬러, 질감, 크기 등에서 상보적이며, 글자의 색깔과 배경색의 적절한 배합), 조직성(내용의 배열의 흐름), 강조성(중요한 부분을 색이나 선으로 강조), 통일성(구성요소들이 전체적으로 하나라고 생각함) 등이 있다.

89 *.psd는 포토샵의 확장자로 파워포인트에서는 포토샵의 확장자를 저장할 수 없다.

90 코치(Coach)의 역할
- 후원자(Sponsor) : 직원들이 개인적인 성장과 경력상 목표를 달성하는 데 도움이 되는 업무가 무엇인지 결정하는 것을 도와주는 사람이다.
- 멘토(Mentor) : 어떤 분야에서 존경받는 조언자이며, 기업의 정치적 역학관계에 대처하는 방법과 영향력을 행사해서 파워를 형성하는 방법도 알고 있는 사람이다.
- 평가자(Appraiser) : 특정한 상황 하에서 직원의 성과를 관찰하여 적절한 피드백이나 지원을 하기로 직원과 약속한 사람이다.
- 역할모델(Role Model) : 역할 모델은 맡은 바를 행동으로 보여주는 역할을 수행하면서 직원들의 기업문화에 적합한 리더십 유형을 보여준다.
- 교사(Teacher) : 직원들이 자신의 업무를 효과적으로 수행할 수 있도록 업무상 비전, 가치, 전략, 서비스 및 제품, 고객 등에 관한 정보를 제공하는 역할을 한다.

제4회 | 정답 및 해설

🕐 문제 p.77

01 | CS 개론

01	02	03	04	05	06	07	08	09	10	11	12	13	14	15
④	③	④	①	①	③	②	③	④	①	⑤	⑤	①	①	②
16	17	18	19	20	21	22	23	24	25	26	27	28	29	30
③	①	①	④	⑤	⑤	④	⑤	②	⑤	③	③	②	⑤	③

01 무관심 단계인 1981년 세계적인 스칸디나비아 항공의 젊은 사장 얀 칼슨(Jan Carlson)이 '진실의 순간'이라는 개념을 도입하면서 전세계로 널리 확산되었다. '진실의 순간'은 조직과 개인이 접촉할 시 개인이 조직 서비스에 대한 느낌을 갖는 순간을 말하며, 개인(고객)이 선택한 조직이 가장 좋다는 것을 입증시켜야 할 순간을 말한다.

02 개인의 가치, 신념 등을 고취한다.

03 ③ 두 사람 사이에 크고 작은 상호의존이 나타나는 단계
　　⑤ 두 사람 사이에 직접적인 교류가 일어나는 단계

04 ② 시그마(Sigma : σ)라는 통계척도를 사용하여 모든 품질 수준을 정량적으로 평가하고, 문제해결 과정과 전문가 양성 등의 효율적인 품질문화를 조성하며, 품질혁신과 고객만족을 달성하기 위해 전사적으로 실행하는 21세기형 기업경영 전략
　　③ 서비스를 생산하고 제공하는 데 필요한 모든 활동과 절차를 망라하여 묘사하고 설명해 놓은 것
　　④ 고객과의 접촉 정도와 주문화, 노동집약 형태에 의해 서비스를 네 가지 형태로 분류한 것
　　⑤ 원인과 필요사항을 정리하여 목표에 다가가기 위해서 어떤 것이, 무엇이, 왜, 어떻게 해야 하고 준비해야 하는지 누가, 언제 해야 하는지에 대한 내용을 일목요연하게 시각화한 것

05 가치 창출에 기여하지 않는 단계는 삭제되어야 한다.

06 '테러고객'에 대한 설명이다. '고객테러'란 기업이 불량제품이나 불량 서비스로 고객에게 피해를 주는 것을 말한다.

07 고객만족의 3대 핵심요소는 제품 요소, 서비스 요소, 기업이미지 요소로 구분할 수 있다.

08 솔로몬과 구트만의 서비스 접점의 특징
- 서비스 공급자와 고객이 양쪽 모두가 참여한 양자관계일 때 성립된다.
- 서비스 공급자와 고객 사이의 커뮤니케이션은 상호작용이 되어야 한다.
- 접점에서는 고객의 목표와 욕구에 맞춘 목표지향적인 역할이 수행되어야 한다.
- 서비스 공급자와 고객 사이 간 서비스 정보를 교환하는 것이 서비스 접점의 목적이 된다.
- 제공되는 서비스의 내용과 특징에 따라 서비스 접점의 범위가 제한된다.

09 문화의 특징
- 포괄적 개념으로 개인의 사고 과정과 행동에 영향을 주는 모든 것을 포함한다.
- 문화는 획득되는 것이다.
- 문화는 가치, 규범, 처벌을 아우른다.
- 문화는 공유된다.
- 문화는 지속적이면서 변화된다.

10 마. 자기집중이 아니라 대인관계기술(Social Skill)이다.

11 총체적 고객만족경영(TCS ; Total Customer Satisfaction)

내부 핵심역량 강화	시장경쟁력 강화
• 비전 전략 공유 • 임직원(HR) 역량 극대화 • 프로세스 혁신 • 전략적 성과관리 • 변화관리 • 시설환경관리 등의 혁신활동	• 브랜드 관리 • 영업력 향상 • 신상품 개발 • 서비스 품질 혁신 • 고객관계관리(CRM)

12 전화번호, 가입커뮤니티, 가족관계는 인구통계적 DNA에 해당하고, 고객평생가치(LTV ; Life Time Value)는 고객가치 DNA에 해당한다.

13 ② 폭넓은 대인 관계를 유지하며 사교적, 정열적이고 활동적이다.
③ 사람과 관계에 주요 관심을 갖고 상황적이며 정상을 참작한 설명을 한다.
④ 진실과 사실에 주관심을 갖고 논리적이고 분석적이며, 객관적으로 판단한다.
⑤ 분명한 목적과 방향이 있으며, 철저하게 계획하고 체계적이다.

14 쇼스택(Shostack)은 시장실체를 구성하는 유·무형의 양 요소 중에서 어느 요소가 핵을 형성하여 지배성을 발휘하느냐에 따라 (무형성 정도를) 분류하는 유형성 스펙트럼 모델을 제시하였다. 무형성 정도에 따라 분류를 하면 소금 < 청량음료 < 세제 < 자동차 < 화장품 < 패스트푸드점 < 광고대행사 < 항공사 < 투자관리 < 컨설팅 < 교육 순이다.

15 기업 간의 기술 수준이 평준화되고 모방이 용이해지면서 제품 간 차별성은 떨어지고 유사성은 증가하는 제품 범용화 현상이 나타난다. 그러므로 차별화된 서비스의 필요성이 커지게 되었다.

16 주로 기존고객 및 잠재고객을 대상으로 하는 고객유지 및 이탈방지 전략이 비중이 높지만, 신규고객의 확보 또한 CRM의 대상이 된다.

17 커뮤니케이션 설계
고객에게 제공될 것이 결정된 경우, 어떻게 제공할 것인지 전달방법을 설계하는 것으로 설계방법에 따라 인터넷을 이용하는 방법(e-mail, 문자 메시지, 웹 콘텐츠)과 전통적인 방법(우편이나 전화, 인적 접촉, 매스 미디어) 등이 있다.

18 서비스 조직과 고객 간의 관계

구 분		서비스 조직과 고객과의 관계 유형	
		회원 관계	공식적 관계없음
서비스 제공의 성격	계속적 제공	• 보험 · 은행 • 전화가입 · 대학 등록	• 방송국 · 경찰보호 • 등대 · 고속도로
	단속적 거래	• 장거리 전화 • 지하철 회수권	• 렌터카 • 우편 서비스 · 유료도로

19 조하리(Johari)의 창은 인간관계의 상호작용에서 나타나는 4개의 영역으로 구분할 수 있는데, 공개적(개방형) 영역, 맹목의(자기 주장형) 영역, 숨겨진(신중형) 영역, 미지의(고립형) 영역으로 나누어진다.

20 상대방의 행동을 금하거나 통제하는 방식으로 표현하는 경우에는 부정감정이 상대방을 상하게 할 수 있으므로, 상대방의 행동을 규제하는 방식보다는 나의 바람을 전달하는 표현이 바람직하다.

21 RFM 기법
언제(Recency, 구매시점), 얼마나 자주(Frequency, 구매빈도), 제품 구입에 얼마나 (Mometary, 구매금액)의 3가지 요소로 고객의 등급을 분석하는 방법이다.

22 일반 서비스가 고객이 표현한 욕구를 완벽하게 제공한 서비스라면, 고품위 서비스는 고객이 아직 표현하지 못하는 잠재적 욕구까지 헤아려 충족시켜주는 서비스로, 고객만족을 넘어 고객감동을 가져다주는 서비스라고 할 수 있다.

23 귀인이론에 대한 설명이다.

24 고객관계관리(CRM)의 순환
신규고객 획득 → 우수고객 유지 → 고객가치 증진 → 잠재고객 활성 → 평생고객

25 유형의 제품은 모방이 쉽지만 무형의 관광 서비스는 모방이 쉽지 않다.

26 구성원의 성장

27 구전(입소문 마케팅, 바이럴 마케팅)
- 신뢰감 형성 : 상품이나 서비스에 대해 기업의 의도로 형성되지 않고 개인의 정보이므로 고객들이 더 신뢰할 수 있다.
- 급속한 전파 : 상품에 대한 불만은 구매자들에 한정되지만, 구전은 많은 사람들에 의해 빠르게 전파되어 기업의 매출에 큰 손실을 줄 수 있다.
- 큰 파급 효과 : 구전은 개인 간의 상호작용이므로 문서, 자료, 기타 매체보다 더 효과가 좋다.
- 정확한 정보제공 : 제품과 서비스에 대한 개인의 경험에 기인하므로 확실한 정보를 제공한다.
- 제품 추천 : 고객의 준거집단에서 서로 구전에 의한 추천으로 재방문, 재구매 등이 이루어져 기업의 인지도와 브랜드 선호도가 증가한다.

28 ① 차별화된 아이디어를 제시하여 무에서 유를 이끌어 미래를 개척하는 유형
③ 아랫사람에게 맡겨, 부하직원들이 무엇을 하더라도 주의를 주지 않는 유형
④ 직원들과 정서적 공감대를 바탕으로 직원들을 움직이는 유형
⑤ 명령에 즉각적으로 따라주기를 바라고 일에 대해 자세히 설명을 하지 않는 유형

29 고객접촉지점에서는 원가우위를 획득할 수 없기 때문에 생산성 증가 및 원가절감을 위해서는 지원지점에 중점을 두어야 한다.

30 슈미트(Bernd H. Schmitt) 교수는 체험의 여러 가지 유형들을 마케팅의 전략과 목적을 구성하는 '전략적 체험 모듈(Strategic Experiential Modules : SEMs)'로 간주하였다. 즉, 인간의 감각을 5가지로 분류하여 브랜드 체험에 활용하도록 하였다. 이는 감각적 체험(Sense), 감성적 체험(Feel), 인지적 체험(Think), 행동적 체험(Act), 관계적 체험(Relate)이다.

31	32	33	34	35	36	37	38	39	40	41	42	43	44	45
④	②	②	②	③	④	①	①	③	②	③	⑤	③	②	④

46	47	48	49	50	51	52	53	54	55	56	57	58	59	60
④	④	①	②	④	⑤	②	④	③	④	⑤	⑤	④	②	④

31 산업공학이나 생산관리 분야에서 어떤 제품을 생산하려고 할 때 필요한 업무들을 식별하고 그들 사이의 연관성을 파악하기 위해서 흐름도, 프로세스 도표, 인간 – 기계 도표 등을 이용하여 생산 공정을 세밀하게 분석하고 각 단계별로 매우 엄격한 업무 수행 지침을 개발함으로써 품질의 일관성을 유지하려고 노력해왔다.

서비스업에서도 이와 같은 시각적인 기법을 사용하여 서비스 설계를 좀 더 철저하게 수행하려는 목표로 고안된 것이 쇼스택(Shostack)의 서비스 청사진이다. 서비스 청사진은 최초에 상품 기획을 위해서 개발되었으며 이후 상품의 변경(Modification)이나 마켓 포지셔닝(Positioning)을 위한 도구로 발전되었다.

서비스 청사진이 서비스 품질 설계에 공헌하는 것은 기존의 공정도표들과는 달리 고객과 서비스 시스템과의 상호작용을 구체적으로 표현하며 실패 가능점을 미리 식별하여 미연에 방지책이나 복구 대안을 강구하도록 하는 데 있다. 따라서 청사진을 통해서 전체 운영시스템 중 어떤 부분이 고객에게 노출되어 있고 어느 부분이 가려져 있는지를 파악할 수 있다.

32 경쟁자의 실체 파악 및 확인 → 경쟁업체의 인지 및 평가 분석 → 경쟁 기업의 포지셔닝 파악 → 고객에 대한 분석 수행 → 포지셔닝 결정 → 모니터링으로 감시 단계 설정

33 가빈의 5가지 관점의 품질 차원
- 선험적 접근 : 품질을 '고유한 탁월성'의 개념으로 보고 분석하기 쉽지 않지만 경험을 통해 알 수 있는 것으로 정의하였다.
- 사용자 중심적 접근 : 사용자의 필요와 욕구, 선호 등을 충족시키는 제품이 품질이 좋다고 가정하는 정의이다.
- 제조 중심적 접근 : 사용자 중심적 접근과 대조되는 접근으로 기업이 제품의 속성을 리스트대로 만들면 제품의 신뢰도가 높아져 품질이 좋다고 가정하는 것이다.
- 제품 중심적 접근 : 제품이 가진 바람직한 속성의 총합이 클수록 제품의 품질이 양호하다는 정의이다.
- 가치 중심적 접근 : 원가와 가격에 의해 품질을 판단하는 정의이다.

34 건강센터의 서비스 전달 시스템 내에 근무하는 주차관리요원, 접수 담당자, 검사기사, 의사, 수납 담당자와 같은 서비스 제공자들은 각자 자기 위주의 부분적 업무만 생각하고 있으나 고객은 전체 서비스 프로세스를 경험하고 있다. 즉, 고객은 새처럼 높은 데서 숲 전체를 바라보지만, 서비스 담당자는 근처의 나무만 보는 격이다.

35 서비스 보증이 필요한 상황
- 상품자체의 가격이 높은 경우
- 고객의 자아 이미지가 관계된 경우
- 문제 발생 시 그 피해가 심각한 경우
- 해당 산업에 전반적으로 품질에 대한 나쁜 이미지가 형성되어 있는 경우
- 상품구매에 대해 고객의 전문지식이나 자신감이 적을 경우
- 고객의 반복구매가 기업에 중요한 경우
- 사업이 구전에 의해 영향을 많이 받는 경우
- 구매자의 저항이 큰 경우

36 롱테일(The Long Tail) 법칙 또는 '역 파레토 법칙'은 전통적인 마케팅에선 20%의 주력 제품이 매출의 80%를 이끌고 간다는 '80 : 20'의 파레토의 법칙이 성립했지만, 인터넷의 활성화로 이제 상대적으로 판매량이 적은 상품의 총합이 전체의 매출에서 더 큰 비중을 차지하게 된다는 이론이다. 과거에는 '유통비용과 진열공간의 한계' 등으로 소수의 '잘 팔리는' 상품이 필요했다면, 인터넷 공간에서는 매장에 진열되지 못했던 제품들도 모두 공간을 갖게 될 길이 열렸다는 것이다. 미국 최대의 정보기술(IT) 전문지 '와이어드(Wired)'의 편집장이자 베스트셀러 '롱테일(The Long Tail)'의 저자 크리스 앤더슨이 처음 정의했다.

37 '가시선'은 고객이 볼 수 있는 영역과 어떤 종업원이 고객과 접촉하는지를 알려주어 합리적인 서비스 설계를 하도록 도와준다.

38 서비스 경제발달, 경제적 풍요, 기술발달에 따라서 오히려 고객의 체감 서비스 품질은 하락하는 서비스의 역설현상(Service Paradox)이 나타나고 있다.

서비스 패러독스(Service Paradox)의 원인
- 서비스의 획일화
- 서비스의 인간성 상실
- 기술의 복잡화
- 인력 확보의 어려움

39 애프터 서비스의 경우 기업의 성과로 창출되도록 하기 위해서는 우선 고객의 불만을 해소시키는 것에 초점을 두어야 할 것이다. 가장 중요한 것은 제품의 품질 수준을 높이는 것이고, 만에 하나 낮은 품질의 제품이 고객의 손에 전달되었을 경우, 고객의 입장에서 가장 민감한 비용을 최소화하는 방안이 중요하며, 그 다음 빨리 고객이 제품을 다시 사용할 수 있도록 고장이 난 제품을 수리하는 전문성 품질을 높이는 것이 충성도를 높이는 방안이다.

40 제품 차별화 요소
- 형태 : 상품의 크기, 모양 등의 물리적 구조
- 특성 : 상품의 기본적 기능을 보충하는 특징
- 성능 품질 : 상품이 기본적인 것이 작동되는 수준
- 적합성 품질 : 상품 단위가 일관되며 약속된 목표 규격이 충족된 정도
- 내구성 : 어떤 조건에도 상품에 기대되는 작동 수명 측정치

- 신뢰성 : 상품이 고장나지 않고 정상적으로 작동할 가능성의 측정치
- 수선 용이성 : 미작동 상품을 정상적으로 움직이게 할 가능성에 대한 측정치(수신자 부담 전화, 팩스, 원격상담 등)
- 스타일 : 상품이 구매자에게 좋게 느껴지는 형태
- 디자인 : 기업에게 경쟁적인 우위를 가져오게 하는 요인

41 기술의 발전으로 제품의 기술적인 품질 수준은 거의 차이가 없는 상황에 도달하였다.

42 ① · ② · ③ · ④ 긍정적인 측면에 대한 설명이다.

43 고객 세분화 전략은 고객을 비슷한 욕구를 가진 집단으로 구분하여 각 집단별로 마케팅 전략을 수립하는 것이다. 예전에는 단순하게 성별, 연령, 지역, 소득 등과 같은 인구통계학적 요소에 의하여 세분화하였는데, 최근에는 개개인의 고객에게 상품과 서비스가 맞춰지려면 고객의 기호나 성격, 생활방식 등을 섬세하게 세분화해야 한다.

44 서비스 품질 측정도구로서 서비스 기업이 고객의 기대와 평가를 이해하는 데 사용할 수 있는 다문항 척도 (Multiple-item Scale)이다.

45 무형성이 아니라 유형성(물리적 시설, 장비, 종업원, 고객 커뮤니케이션 자료 등의 외형적 요소)이다.

46 고객의 기대는 두 가지 차원에서 변화하는데 하나는 기대의 '수준'이 높아지는 것이고 다른 하나는 '관점'이 변화하는 것이다. 서비스 기업은 고객기대의 변화를 예측하고 파악하여 그에 대응해야 한다.

47 ① · ② · ③ · ⑤ 내부 마케팅의 특징이다.

48 의료기관의 고객만족 3요소는 하드웨어적(시설, 건물, 청결도, 진료실 분위기, 의료기기), 소프트웨어적 (진료절차, 예약, 업무처리, 대기실 운영, 해피콜 등), 휴먼웨어적(친절도, 용모, 태도, 의사소통, 신뢰성 등) 요소가 있다.

49 ② 지각적으로 느끼는 사람이 시간상 바로 이전의 것, 공간적으로 바로 옆의 것과 대조하여 현재의 대상을 지각하는 데 영향을 끼치는 것을 말한다.
① 서로 인접한 색들끼리 서로에게 영향을 받아 인접한 색에 가깝게 보이는 현상을 말한다.
③ 어떠한 일 또는 작업 등이 진행된 뒤에 그로 인해 개선된 효과를 말한다.
④ · ⑤ 통상적으로 먼저 제시된 정보가 후에 들어온 정보보다 전반적인 인상의 현상에 대해 더욱 더 강력한 영향을 미치는 것을 의미한다. → 맥락효과

50 틈새 마케팅의 의미를 작은 시장(Small Market)에만 주목하라고 해석해서는 안 된다. 틈새시장은 작을 수도 있고, 클 수도 있다. 시장이 크건 작건 관계없이 틈새 마케팅은 경쟁자가 진입하지 않은 좋은 틈새시장을 찾는 것에서 시작된다.

51 고객의 소리(VOC ; Voice of Customer)를 통한 고객관리
- 고객의 소리에 귀를 기울여 그들의 욕구를 파악하고 이를 수용하여 경영활동을 함으로써 고객만족을 추구하는 제도이다.
- 고객불만을 최소화하여 궁극적으로 고객불평을 제로(ZERO)화하자는 것이다.

52 투사법은 응답자들의 내면의 태도나 동기를 이끌어 내는 조사 방법으로 소비자의 잠재의식 속에 있는 욕구를 파악함으로써 신제품에 대한 아이디어 또는 어떤 제품의 경쟁상표에 대해 소비자들이 갖는 이미지를 파악하는 데 유용하다.

53 ① 줄을 서서 기다리는 시간, 매장에서 판매원이 올 때까지의 시간, 수리 신청에 대한 회답 시간, 수리에 요하는 시간 등과 관련된 품질
② 항공, 철도, 전화, 호텔, 백화점, 유원지 등 설비나 시설 등의 기능을 발휘하도록 보수가 잘 되고 있는지를 나타내는 품질
③ 적절한 광고, 청구 금액의 착오, 은행의 기장 착오, 컴퓨터 실수, 배달 사고, 항공기·철도 등의 사고, 전화 고장, 상품의 매진·품절 등에 관련된 품질

54 구전은 언어적 커뮤니케이션으로만 제한되지 않는다.

55 ①·②·③ 구매 전 고객기대관리 전략
⑤ 구매 후 고객기대관리 전략

56 토털 서비스는 고객의 구매심리를 개발 및 창조하는 것까지 포함한다.

57 애프터 서비스(A/S)의 장점이다.

58 대기업들이 시장에서 높은 매출을 올릴 수 있다면, 틈새시장을 공략하는 중소기업의 경우 높은 매출을 실현할 수는 없다고 해도 수익성을 보장받을 수 있는 충분한 시장규모와 구매력이 있어야 한다.

59 성공적인 모니터링을 위한 6가지 요소로 대표성, 객관성, 차별성, 신뢰성, 타당성, 유용성 등이 있다.

타당성
- 고객들이 실제적으로 어떻게 대우를 받았는지에 대한 고객의 평가와 모니터링 점수가 일치해야 하고, 이를 반영해야 한다는 것을 의미한다.
- 모니터링 평가표는 고객 응대 시의 모든 중요한 요소가 포함될 수 있도록 포괄적이어야 한다.
- 고객을 만족시킬 수 있는 행동들은 높게 평가해야 하며, 고객 불만족 행동들은 낮게 평가될 수 있도록 설정되어야 한다.

60 CRM에 대한 내용이다.

61	62	63	64	65	66	67	68	69	70	71	72	73	74	75
④	④	④	③	②	⑤	②	①	②	④	④	③	②	①	②
76	77	78	79	80	81	82	83	84	85	86	87	88	89	90
①	①	②	③	①	②	④	③	①	②	①	⑤	②	⑤	④

61 OJT의 종류
- 코 칭
- 멘토링
- 직무순환
- 직무교육훈련(Job Instruction Training)

62 전화상담 시 동의를 구하는 등의 부탁을 할 경우에는 "이렇게 하면 어떨까요?" 등의 구체적인 대안을 제시하여야 한다.

63 프레젠테이션 4P
3P[사람(People), 목적(Purpose), 장소(Place)] + 사전준비(Preparation)

64 콜센터 구축에 따른 장기적이고 지속적인 운용비용 관리를 고려해야 한다.

65 아웃바운드 텔레마케팅의 상담 흐름
ⓛ 자신과 회사소개 및 전화를 건 이유를 말한다. → ⓔ 고객의 욕구를 탐색한다. → ⓒ 고객에게 상품을 소개하고 이점을 제안한다. → ⓒ 적극적인 종결을 통하여 판매를 성사시킨다. → ⓜ 끝인사 및 추후의 거래 등을 약속한다.

66 ①·②·③·④ 폐쇄형 질문이 필요한 경우이다.

67 ① 고객이 자꾸 내곁을 떠나려는 변명과 트집을 잡을 때 그 트집이 바로 나의 장점(특징)이라고 주장하여 돌아오게 하는 화법
③ 상대의 의견이나 진술내용이 나와 일치하지 않을 때 바로 '틀렸다', '아니다'라고 반박하지 않고 '그 의견도 일리가 있지만 저의 의견은~' 이런 식으로 응대하는 화법
④ 상대방의 이야기를 다시 한번 확인해 주고, 맞장구치는 화법
⑤ 상대의 의견이나 진술내용을 진지하게 들으면서 이에 반응을 보이는 화법

68 면담 약속이 없는 고객이라 할지라도 손님이 일단 들어오면, 밝은 표정으로 '어서 오십시오' 또는 '안녕하십니까?'로 인사하며 맞이한다. 첫인사로 '무슨 일로 오셨습니까?'라는 표현은 자칫 무례하게 들릴 수도 있기 때문이다.

69 ① 처음에 강하게 들어온 정보가 전체적인 이미지 판단에 결정적임

③ 외모나 지명도 또는 학력과 같이 어떤 사람이 갖고 있는 장점이나 매력 때문에 관찰하기 어려운 성격적인 특성도 좋게 평가되는 효과

④ 시간적으로 나중에 제시된 정보에 의해서 영향을 받는 효과

⑤ 최초의 인상이 중심이 되어 전체인상이 형성되는 효과

70 통화 중이나 긴급한 일을 처리하는 상황이라도 방문객이 오면 먼저 인사한다. 만약 통화내용이 중요한 사안이라 하더라도 목례로 방문객에게 인사를 한 후 통화를 마치도록 한다.

71 자신의 개성을 살린 이미지를 상황과 대상에 맞도록 표현하는 것이 이미지 연출이다.

72 상대의 '입'이 아니라 '눈'을 바라보고 하는 것이 원칙이다.

73 평상시에는 남자는 왼손이 위, 여자는 오른손이 위이며, 흉사시에는 남자는 오른손이 위, 여자는 왼손이 위이다.

74 앤톤의 인·아웃바운드 성과지표

• 인바운드 성과지표 : 평균 응대속도, 평균 통화시간, 평균 통화 후 처리시간, 80%의 콜에 대한 응대속도, 불통율

• 아웃바운드 성과지표 : 판매건당 비용, 시간당 판매량, 시간당 접촉횟수, 1인당 연간 평균매출, 평균 판매가치

75 여러 사람과 한 사람이 있을 경우 먼저 한 사람을 여러 사람에게 소개한다.

76 기혼자가 미혼자에게 청한다.

77 나보다는 상대방의 입장을 더 존중하고 이해하며, 주위 사람들에게 폐가 되지 않도록 행동하는 것이 직장생활의 제1원칙이다. 따라서 직장 동료의 개인적인 이야기는 가급적 언급을 자제해야 한다.

78 중앙의 접시를 중심으로 나이프와 포크는 각각 오른쪽과 왼쪽에 놓게 된다.

79 소비자의 기본적 권리(소비자기본법 제4조)
- 물품 또는 용역(이하 "물품 등"이라 한다)으로 인한 생명·신체 또는 재산에 대한 위해로부터 보호받을 권리
- 물품 등을 선택함에 있어서 필요한 지식 및 정보를 제공받을 권리
- 물품 등을 사용함에 있어서 거래상대방·구입 장소·가격 및 거래조건 등을 자유로이 선택할 권리
- 소비생활에 영향을 주는 국가 및 지방자치단체의 정책과 사업자의 사업활동 등에 대하여 의견을 반영시킬 권리
- 물품 등의 사용으로 인하여 입은 피해에 대하여 신속·공정한 절차에 따라 적절한 보상을 받을 권리
- 합리적인 소비생활을 위하여 필요한 교육을 받을 권리
- 소비자 스스로의 권익을 증진하기 위하여 단체를 조직하고 이를 통하여 활동할 수 있는 권리
- 안전하고 쾌적한 소비생활 환경에서 소비할 권리

80 안 되는 일은 최선을 다해 해결책이나 대안책을 찾아보는 노력을 한다.

81 대규모점포의 종류 중 대형마트·전문점·백화점·쇼핑센터·복합쇼핑몰 또는 그 밖의 대규모점포를 설치하여 운영하는 자("유통사업자"라 한다)를 말한다(소비자기본법 시행령 제34조 제3항).

82 나. 소비자기본법 제5조 제2항
다. 소비자기본법 제5조 제3항
라. 소비자기본법 제5조 제1항

83 기본계획(개인정보보호법 제9조 제2항)
- 개인정보 보호의 기본목표와 추진방향
- 개인정보 보호와 관련된 제도 및 법령의 개선
- 개인정보 침해 방지를 위한 대책
- 개인정보 보호 자율규제의 활성화
- 개인정보 보호 교육·홍보의 활성화
- 개인정보 보호를 위한 전문인력의 양성
- 그 밖에 개인정보 보호를 위하여 필요한 사항

84 공공기관의 개인정보 처리업무를 방해할 목적으로 공공기관에서 처리하고 있는 개인정보를 변경하거나 말소하여 공공기관의 업무 수행의 중단·마비 등 심각한 지장을 초래한 자는 10년 이하의 징역 또는 1억원 이하의 벌금에 처한다(개인정보보호법 제70조).

85 명조체와 바탕체는 글씨체가 너무 얇기 때문에 빔프로젝트 사용 시 글씨가 번져 보이고 흐리게 보여 판독하기 어려운 경우가 생기므로 프레젠테이션용 PPT에 적합하지 않다.

86 ② · ④ 브레인스토밍(Brainstorming), ③ 버즈세션(Buzz Session), ⑤ 심포지엄(Symposium)

패널 (Panel)

토의할 문제에 대해 참석자 중 5~8명 정도의 대표자가 청중 앞에서 토론을 한 뒤에 다시 전원에 의한 공개토론에서 질의응답을 하게 된다. 시야를 넓히고 좀 더 풍부한 지식을 쌓으려는 목적에 적합한 회의 방식이다.

87 도넛형 그래프

원형 그래프와 마찬가지로 구성 비율이나 분포도 등 비율 표시에 유용한 차트이다. 원형 그래프와의 차이는 여러 계열을 하나의 차트에 표시할 수 있다는 점이다.

88 인터넷에 연결되어 있는 모든 컴퓨터들은 모두 자신의 주소를 가지고 있는데, 예를 들면, 283.135.143.16과 같이 마침표로 나눠진 네 자리 숫자를 IP주소(Internet Protocol Address)라고 한다.

89 웹사이트 방문자들은 항상 새로운 것을 찾고, 최신 정보를 원하기 때문에 웹 페이지의 신속한 업데이트는 반드시 필요하다.

90 유비쿼터스(Ubiquitous)

1988년 제록스의 마크 와이저(Mark Weiser)가 '유비쿼터스 컴퓨팅(Ubiquitous Computing)'이라는 용어를 사용하면서 처음으로 등장하였다. 와이저는 유비쿼터스 컴퓨팅을 메인프레임과 퍼스널 컴퓨터(PC)에 이어 제3의 정보혁명을 이끌 것이라고 주장하였는데, 단독으로 쓰이지는 않고 유비쿼터스 통신, 유비쿼터스 네트워크 등과 같은 형태로 쓰인다.

제5회 | 정답 및 해설

🕐 문제 p.102

01 | CS 개론

01	02	03	04	05	06	07	08	09	10	11	12	13	14	15
④	③	③	④	③	③	①	①	③	④	③	③	⑤	③	③
16	17	18	19	20	21	22	23	24	25	26	27	28	29	30
②	②	⑤	⑤	③	①	⑤	①	②	③	③	③	②	⑤	②

01 서비스의 품질에 대한 정의를 설명한 것이다.

02 예의 등 사람의 감정의 교류를 촉진할 수 있는 요소가 상호작용의 공정성에 속한다.

03 ① 소비자가 두 개의 지각이 각각 옳다고 보는 반면 서로 조화되지 않게 지각될 때 나타나는 심리상태이다.
② 고객의 기대와 성과 간의 불일치에 의해 만족 또는 불만족이 발생한다는 것이다.
④ 자신이 투입한 노력에 대한 비율과 다른 사람과 비율 사이에서 긍정적이거나 부정적으로 인식될 경우 불공정한 경험으로 만족하지 못한 결과를 초래한다는 이론이다.
⑤ 고객이 사전적으로 부여한 가치와 실제로 구매를 통해 지각한 결과의 일치 여부를 통해 만족이나 불만족이 결정된다는 이론이다.

04 ① MOT 마케팅을 실현한 스칸디나비아 항공사의 CEO
② 서비스 품질 측정의 출발점 5가지 요인 제시
③ 5가지의 경쟁세력모형 제시
⑤ 공정론이론 제시

05 1981년 스칸디나비아 항공사(SAS)는 얀 칼슨(Jan Carlson) 사장의 MOT 도입으로 CS경영에 성공했다.

06 결정적 순간(Moments of Truth)은 고객이 기업의 종업원 또는 특정 자원과 접촉하는 때를 말한다.

07 MBTI의 판단형(Judging)의 특징
- 정리정돈과 계획
- 의지적 추진
- 신속한 결론
- 통제와 조정
- 분명한 목적의식과 방향감각
- 뚜렷한 기준과 자기의사

08 생산관리방법에 해당한다.

대기관리의 방법
대기관리의 방법에는 크게 기업의 서비스방법을 변화시켜 고객의 대기시간을 감소시키는 생산관리방법과 서비스방법의 변화는 없지만, 고객이 느끼는 체감대기시간을 줄여주는 고객인식관리방법으로 구분할 수 있다. 예약의 활용, 커뮤니케이션의 활용, 공정한 대기시스템의 구축, 대안의 제시 등이 생산관리방법에 속한다.

09 소비행동의 패턴이 변하면서 하드웨어적인 요소보다 소프트웨어적인 요소가 중요시된다.

10 현장순회관리
의사결정권을 가진 리더(경영층)가 직접 현장을 방문하여 업무수행의 진척도, 과제 해결을 위한 의사결정 3현주의(현장에서, 현물을 보고, 현상을 파악)에 의하여 신속하게 처리하는 경영

11 뉴스는 대중적 정보 원천에 해당한다.

12 서비스를 제공한 기업의 입장에서 나타나는 효과이다.

13 생산자원으로 보는 고객의 역할에서 고객이 참여했을 때의 단점으로 고객 불만이 발생할 수도 있다.

14 그레고리 스톤(Gregory Stone)은 고객을 경제적, 윤리적, 개인적, 편의적 고객의 네 가지로 분류하였으며, ① 경제적 고객, ②・⑤ 개인적 고객, ④ 윤리적 고객에 해당한다.

15 의견선도고객으로 평론가, 소비자보호단체, 기자, 전문가 등이 포함된다.

16 ① 나이, 가족수명주기단계, 직업, 경제적 환경, 개성, 자아개념 등
③ 문화, 하위문화, 사회계층 등
④ 욕구, 동기, 경험, 지식, 지각, 학습, 신념, 태도 등
⑤ 문제의 인식, 정보탐색, 대안의 평가, 구매결정, 구매 후 평가 등

17 e-Sales
- 인터넷상에서의 검색 단계부터 상품 및 서비스의 전 구매과정을 의미한다.
- 인터넷상에서 상품이나 서비스를 온라인으로 판매하기 위한 활동이나 여기에 필요한 수단을 의미한다.

18 마케팅에만 역점을 두고 있는 것이 아니라 기업의 모든 내부 프로세스의 통합을 요구한다.

19 기업의 제품이나 서비스의 불만족은 고객이탈로 이어질 수 있다.

20 갈등의 요소
- 상호의존성 : 갈등은 상호의존 관계에 있을 때 발생한다.
- 상반되는 목표 : 서로 일하는 방법의 선택에서 이견을 가지고 있다든지, 추구하는 방향에 대한 의견을 가지고 있을 때 갈등이 발생한다.
- 한정된 자원 : 자원이 한정된 경우 서로 차지하기 위해 갈등이 발생한다.
- 개입에 의한 좌절 : 갈등은 유한한 자원을 바탕으로 서로 다른 목표를 추구하는 과정에서 상대가 개입하여 방해하고 자신의 이익만을 고집할 때 발생한다.
- 표출된 대립관계 : 서로에 대한 반감이 행동으로 표출될 경우 갈등이 발생한다.

21 대인지각에서 발생하는 다양한 왜곡의 유형은 단순화 경향에 의한 왜곡(스테레오 타입), 일관화 경향에 의한 왜곡(후광효과, 초두효과, 관용효과), 자기중심적 판단에 의한 왜곡(대비효과)으로 나뉜다.

22 효과적인 커뮤니케이션의 장애요인
준거틀의 차이, 선택적 청취, 가치판단의 차이, 정보원의 신뢰도, 여과, 언어상의 차이, 시간의 압박 등이 있다.

23 유통채널의 다양화로 인해 유통비용이 감소한다.

24 의사소통 채널의 종류

구 분	의사소통의 충실성
면대면 회의	높음
전화, 화상 회의	·
e-mail, 음성메일	·
편지, 메모	·
게시판	낮음

25 추가판매(Up-selling)는 설비의 마모 혹은 재공급이 필요할 때 업그레이드를 권유하여 판매하는 전략이다.

고객평생가치(CLV) 제고를 위한 핵심 활동
- 교차판매(Cross-selling) : 기존 구매 품목 외의 새로운 상품을 구매하도록 유도하는 활동
- 추가판매(Up-selling) : 특정 카테고리 내에서 상품의 구매액을 늘리도록 유도하는 활동

26 관광객의 만족은 서비스 산업의 특성상 종업원과 시간적으로 접촉이 많으므로 인적자원이 가장 중요하다.

27 ② 작업자의 태도, 감정 등의 심리적 요인들이 생산성에 영향을 준다. 물리적 환경보다 인간관계의 심리적, 사회적 환경이 생산성 향상에 더 중요하다는 실험결과를 가져온다.
④ 자신이 투입한 노력에 대한 비율과 다른 사람과 비율 사이에서 긍정적이거나 부정적으로 인식될 경우 불공정한 경험으로 만족하지 못한 결과를 초래한다는 이론이다.
⑤ 인간관계교류를 분석하는 것으로 인간관계가 존재하는 모든 장면에 적용할 수 있는 이론이다.

28 ①·③·④·⑤ 비카리스마적 리더의 특징이다.

29 서비스 기업의 시장방어 전략은 저지전략(서비스 보증, 집중광고, 입지 및 유통통제, 전환비용), 보복전략(고객과의 계약기간 연장 및 요금할인, 가격인하, 판매촉진), 적응전략(서비스 추가 및 서비스 패키지 강화, 경쟁우위개발)으로 나뉜다.

30 충동을 표현하고 불안이나 분노와 같은 스트레스의 원인이 되는 감정을 스스로 통제할 수 있는 능력이다.

31	32	33	34	35	36	37	38	39	40	41	42	43	44	45
④	④	⑤	①	①	③	①	④	④	④	②	②	①	②	①
46	47	48	49	50	51	52	53	54	55	56	57	58	59	60
④	⑤	③	④	④	①	②	③	⑤	④	⑤	②	③	⑤	③

31 서비스 청사진의 특징
- 핵심서비스 프로세스를 그 특성이 나타나도록 알아보기 쉬운 방식의 그림으로 나타낸 것이다.
- 종업원, 고객, 기업 측에 서비스 전달 과정에서 해야 하는 각자의 역할과 서비스 프로세스와 관련된 단계와 흐름 등 서비스 전반을 이해하도록 묘사해 놓은 것으로, 특히 서비스 상품 개발의 설계와 재설계의 단계에서 유용하다.
- 논리적인 구성요소 등을 동시에 보여줌으로써 서비스를 시각적으로 제시한다.
- 서비스 청사진은 고객이 경험하게 되는 서비스 과정이고 업무수행의 지침이며, 서비스 제공 프로세스의 단계를 나누는 방법이다.
- 서비스 청사진이 서비스 품질 설계에 공헌하는 것은 고객과 서비스 시스템과의 상호작용을 구체적으로 표현하며, 실패 가능점을 미리 식별하여 미연에 방지책이나 복구 대안을 강구하도록 하는 데 있다.

32 미스터리 쇼퍼(Mystery Shopper)의 자격조건으로 신뢰성, 관찰력, 계획성, 객관성, 융통성, 꼼꼼함, 정직성, 작문능력 등이 있다.

33 산업재 시장에서 가능한 시장 세분화 방법
- 인구통계적 변수 : 산업 규모, 산업 종류, 기업 규모, 기술, 입지 등
- 운영적 변수 : 고객능력, 채용기술, 사용자와 비사용자의 지위 등
- 구매 습관적 변수 : 구매기준, 권한구조, 구매기능 조직 등
- 상황적 변수 : 구매규모, 구매의 긴급도, 특수 용도성 등
- 개인적 특성 : 충성도, 위험에 대한 태도, 구매자와 판매자의 유사성 등

34 STP 전략
- Segmentation(시장 세분화) : 시장은 여러 형태의 고객, 제품 및 요구로 형성되어 있으므로 마케팅 관리자는 기업의 목표를 달성하는 데 있어 어느 세분 시장이 최적의 기회가 될 수 있는가를 결정해야 한다.
- Targeting(표적시장 선정) : 기업은 여러 세분 시장에 대해 충분히 검토한 후에 세분 시장에 진입할 수 있다. 표적시장 선정은 각 세분 시장의 매력도를 평가하여 진입할 하나 혹은 그 이상의 세분 시장을 선정하는 과정이다.
- Positioning(포지셔닝) : 자사의 제품이 표적 소비자의 마음속에 경쟁제품과 비교하여 명백하고, 독특하게 바람직한 위치를 잡을 수 있도록 하는 활동을 말한다.

35 서비스 기업의 경영에는 전통적인 마케팅의 4P인 상품(Product), 가격(Price), 유통(Place), 촉진(Promotion)의 요소에 사람(People), 물리적 증거(Physical Evidence), 처리과정(Process)의 3P를 추가하여 확장된 마케팅 믹스를 7P라고 한다. 여기에서 사람(People)은 종업원과 고객 모두를 포함한다. 이들은 서비스의 생산과 소비의 과정에서 참가자로서의 역할을 모두 담당하게 된다. 물리적 증거(Physical Evidence)는 서비스의 무형성이라는 특성으로 인해 서비스 기업에서 제공하는 서비스 이외에 부가적인 유형적 증거를 확인함으로써 서비스의 질을 평가하게 된다. 처리과정(Process)은 결과의 산출물인 완성품이 고객의 만족 여부의 주관심사이다. 그러나 서비스라고 하는 무형의 제품은 최종 소비되는 서비스 상품도 중요하지만, 생산과정이 고객만족에 중요한 영향을 미치게 된다.

36 소수의 다양한 상품생산이 일반화되면서 시도된 틈새 마케팅의 한 형태이다.

37 고객의 기대 및 욕구를 수집하고 이해하는 방법으로는 고객의 목소리 청취, 고객 패널의 활용, 미스터리 쇼퍼(Mystery Shopper)의 활용 등이 있다.

38 서비스 실패의 회복을 위한 공정성의 유형은 크게 3개로 절차적 공정성, 상호작용적 공정성, 분배적 공정성으로 나눌 수 있다. 첫째, 절차에 대해 지각하는 공정성으로 불평처리의 평가와 관련된 절차적 공정성의 요소들은 프로세스 통제, 의사결정 통제, 접근성, 적시성, 유연성 등이 있다. 둘째, 상호작용적 공정성은 실행 절차에 있어서 개인 간의 행동과 관련하여 상호인 이해관계 속에 공감과 상호만족, 응답성, 확신성, 감정 이입이 있다. 셋째, 분배 공정성은 자신이 얻게 되는 결과 혹은 산출을 통하여 공정성의 수준을 평가하는데 결과물의 공정(정직), 공평, 요구의 부응, 적절한 보상 등이다.

39 서비스 품질을 정의하는 데는 크게 고객필요 관점과 고객의 품질 지각관점으로 나누어 볼 수 있다. 고객필요 관점은 서비스 품질을 고객이 필요로 하고 요구(Need)하는 데 초점을 맞추어 제공된 서비스가 고객의 기대나 요구에 부응하는 정도로 보고 있다. 여기에 비해 고객품질 지각관점은 서비스 품질을 기대불일치 패러다임에 근거하여 고객의 기대(Expectation)와 성과(Performance) 사이의 지각차이로 보는 것이다.

40 서비스 접점에서 차별화 방법으로 신속하고 정확한 제공, 친절도 향상, 매력적인 서비스 제공자 등이 있다.

41 의료기관의 서비스 환경은 사회적 환경(① · ④ 소비자 의식 변화, 국민의 의식 수준 증가), 제도적 환경(② 의료보험 및 민간의료보험제도, 의료수가, 의료시장개방), 기술적 환경(⑤ 의약품 개발, 치료기법 개발)로 나뉜다.

42 고객패널(Customer Panel)
일정 고객집단이 상품 및 서비스를 제공하는 회사와 계약을 맺고 지속적으로 자료를 제공하기로 하고 일정 기간 동안 현장체험과 모니터링, 시장조사, 고객의견 수렴을 하여 서비스 개선안 등을 제시하는 제도이다.

43 디마케팅(De-marketing)

상품의 판매 자체나 판매 증가가 기업의 이익에 위협을 줄 때 기업 스스로가 상품 판매를 줄이거나 판매 자체를 중단하고자 하는 마케팅이다. 즉, 수요를 억제함으로써 제품에 대한 이미지와 브랜드 가치를 높여 오히려 소비자 만족을 높이려는 마케팅을 말한다.

②·④ 중상류층을 대상으로 하는 고급 제품류를 주로 마케팅

③ 소비자의 아이디어가 신제품 개발에 직접 관여하는 마케팅

⑤ 장기적으로 기업의 이미지를 높이는 광고 또는 마케팅 방법

44 나 – 과정통제, 다 – 결과통제에 해당된다.

45 Teas(1993)는 SERVQUAL 모형에서 기대(Expectation)에 대한 개념 정의와 측정 타당도에 문제가 있다고 지적하고, 기대 수준은 규범적 기대 수준이므로 SERVQUAL은 어떤 이상적 기준과의 비교를 나타내며 예견된 서비스와 제공된 서비스의 차이를 나타내지는 않는다고 주장하였다.

46 고객의 이해는 서비스 품질의 차원의 10개 준거 중 하나이다.

47 진부화 현상

매력적 품질요소는 고객이 미처 제품에 대한 기대를 하지 못했기 때문에 고객 감동의 원천이 되나, 그 제품에 기대 심리가 높아짐에 따라 일원적 요소 또는 당연적 요소로 옮겨갈 수 있다. 이런 현상을 '진부화 현상'이라고 한다.

48 올리버(Oliver)는 충성도를 선호하는 제품이나 서비스를 재구매하거나 다시 사용하겠다는 높은 상태를 관여(몰입)라고 했으며, 충성도는 소비자의 정도의 문제이고 연속적인 것으로 보아 4단계 모델로 분류하였다.

올리버의 충성도 4단계

• 인지적 충성 : 브랜드 신념에만 근거한 충성 단계

• 감정적 충성 : 브랜드에 대한 선호나 태도가 만족스러운 경험이 누적됨에 따라 증가하는 단계

• 행동 의욕적 충성 : 브랜드에 대한 긍정적 감정을 가지고 반복적인 경험에 의해 영향을 받으며 행위 의도를 갖는 단계

• 행동적 충성 : 의도가 행동으로 전환되는 단계

49 ①·②·③·⑤ 정성적인 조사기법에 해당한다.

50 고객의 서비스 참여의 관여도가 증가할수록 이상적 서비스 수준과 희망 서비스 수준의 간격이 좁아지고, 관여도가 높아질수록 허용영역이 좁아지는 두 가지 측면이 있다.

51 고객 Gap 원인으로 가격, 광고, 판매촉진, 제공자의 통제 가능한 요인, 개인적 요구, 구전 등이 있다.

52 고객만족경영에서 기업의 패러다임 변화이다.

53 계획수립은 '기업목표의 기술 → 기업환경 분석 → 마케팅 목표 설정 → 목표달성의 전략수립 → 전략수립의 프로그램 작성 → 실행 및 재검토' 순이다.

54 일반적으로 장기계획은 5년 이상의 계획을 말하고, 중기계획은 2~5년 정도의 계획을, 단기계획은 1년 이내의 계획을 말한다. 그러나 지나치게 절대적 시간만으로 구분하기보다는 기업의 성격을 감안하여 계획을 분류하는 것이 바람직하다.

55 벤치마킹(Bench Marking)은 기업이 다른 기업의 핵심 특징들을 파악하고 검토하여, 그로부터 배운 것을 자사 조직의 운영에 적용하고 실행하는 방법으로 홍보활동, 제품, 서비스, 실무, 프로세스 전략 등이 벤치마킹의 대상이 된다. ④는 마케팅 계획수립의 장점이다.

56 ① 포지셔닝의 정의에 해당하고, ②·③·④ 포지셔닝의 역할에 대한 내용이다.

57 보상제도에 따른 장점에 해당한다.

58 기획단계에서는 조직원 개인의 역할과 책임을 규명하고 목표설정에 따른 측정지표를 개발한다.

59 〈보기〉의 모든 내용이 서비스 표준안 작성 시 고려할 사항이다.

60 고객 경험 제공 수단에는 커뮤니케이션, 시각적·언어적 아이덴티티, 제품 외형, 공동브랜딩, 공간적 환경, 웹사이트와 전자매체, 인적요소 등이 있다. 그중 인적요소는 가장 강력한 경험 제공 수단이다.

03 | 고객관리 실무론

61	62	63	64	65	66	67	68	69	70	71	72	73	74	75
③	④	④	③	④	③	③	②	④	④	②	⑤	⑤	①	③
76	77	78	79	80	81	82	83	84	85	86	87	88	89	90
④	⑤	③	④	①	②	⑤	④	②	⑤	③	⑤	⑤	⑤	①

61 메시지를 남길 때의 예절이다.

62 사회적 이미지
특정한 사회 속에서만 성립되고, 그 사회의 내부에서 사회구성원이 모두 의심 없이 수용하고 있는 이미지를 말한다.

63 전화응대 3원칙의 '정확성'에 해당한다.

64 ① 고객님 주문하신 상품의 결제는 할부가 가능합니다.
② 고객님 수리비가 만원 나왔습니다.
④ 고객님 말씀하신 매장은 4층에 있습니다.
⑤ 고객님 ○○아파트 ○○○호로 곧 제품이 도착합니다.

65 ① 문서를 작성할 때 상사의 지시사항이더라도 존칭은 생략한다.
② '성, ○자, ○자'는 상대방의 성명을 소개할 때 쓴다.
③ 사내에서는 직급과 직책 중에서 더 상위개념을 칭한다.
⑤ 사물에는 존칭을 사용하지 않는다.

66 전화 상담요원의 능력을 향상하여 평준화하기 위함이다.

67 ① 모니터링이 되는지 모르는 상황에서 고객과 상담원사이에 자연스럽게 상호 관찰이 가능한 방식이다.
② 관리자가 상담원 근처에서 상담내용 및 업무처리 과정, 행동을 직접 관찰하고 즉각적으로 모니터링하는 방법이다.
④ 상담원이 고객과 통화한 콜을 청취하여 스스로 평가하게 하는 방법이다.
⑤ 정해진 동료의 상담내용을 듣고 장・단점을 피드백하고 벤치마킹하여 동료를 평가할 수 있도록 하는 모니터링 방법이다.

68 ① 단호한 표현보다 미안한 마음을 먼저 전하여 쿠션 역할의 말을 전함
④ 상대방에게 신뢰를 주는 말을 전함(예 "이쪽에서 해드리겠습니다." 등)
⑤ 청유형 의뢰나 질문형식으로 바꾸어 말하는 화법(예 "이쪽 자리 괜찮으십니까?" 등)

69 상석의 순서는 '가 – 나 – 라 – 다'이다.

70 첫인상의 특징
• 일회성 : 단 한 번뿐
• 신속성 : 3~7초 내에 결정
• 일방적 : 나의 의지와 상관없이 상대방이 판단함
• 초두효과 : 처음에 강하게 들어온 정보가 전체적인 이미지 판단에 결정적임

71 레이어드 화법으로 청유형 의뢰나 질문형식으로 바꾸어 말하는 화법. 예로 "이쪽 자리 괜찮으십니까?" 등의 화법을 사용하면 오해를 해결하는 데 도움이 된다.

72 우리나라의 소비자 8대 권리에 포함되어 있다.

73 고객(소비자)의 문제로 생긴 불만에 대한 설명이다.

74 컨설팅의 효과에 해당한다.

75 불만족한 고객의 심리적 상태
- 자신의 구매행위 실수에 대한 자책감이 있다.
- 관련된 법규에 대해 알아보고 전문가와 상의한 후 상담을 요구하는 경우가 많다.
- 보상거절에 대한 불안 심리도 있다.
- 상담원이 자신의 문제를 해결할 것을 믿는다.
- 금전적 손해를 보상받기를 원한다.
- 즉각 화를 내기도 한다.

76 다니엘 부어스틴(Daniel Boorstin)은 이미지 속성을 인위적, 믿을 수 있는 것, 수동적, 두드러진 것, 단순화, 모호한 것으로 6가지를 제시했다.

77 공식석상에서 처음 자신을 소개하는 인사를 할 때 가장 정중하게 인사해야 한다.

78 올바른 공수(拱手) 예절
- 공손한 자세에서의 손의 모습은 두 손을 앞으로 모아 맞잡은 공수이다.
- 의식행사에 참석했을 때와 전통배례를 할 때, 어른 앞에서 공손한 자세를 취하려면 공수한다.
- 공수법은 남자와 여자가 다르고 평상시와 흉사시가 다르다.

79 성과관리
- 성과관리를 통해 구성원을 평가 및 보상하여 동기부여를 할 수 있기도 하며, 성과 결과를 가지고 부서장 및 임원들과 객관적이고 근거 있는 커뮤니케이션을 할 수도 있다.
- 성과관리는 측정이나 평가 자체가 목적이기보다는, 지속적인 개선을 통해 발전을 이루는 것을 궁극적인 목적으로 삼는 것이 바람직하다.

80 비즈니스 매너에서 악수하는 요령
- 악수는 오른손으로 하는 것이 원칙이다.
- 악수를 할 때 상대방의 눈을 보면서 한다.
- 적당한 악력으로 손을 잡고 적당한 높이로 흔들되 여성과 악수할 때는 세게 쥐거나 흔들지 않는다.
- 손을 너무 세게 쥐거나 손끝만 내밀어 악수하지 않는다.
- 왕이나 대통령 외에는 당당한 자세로 허리를 곧게 펴고 악수를 한다.

81 ① 모든 상황에서 평균 이상의 불평 성향을 가지며, 다른 사람들이나 제3자에게도 불평을 하는 유형
③ 적극적 불평을 통해 기업에게 두 번째 기회를 주며, 불평을 체험한 해당기업에서 떠날 가능성이 낮은 유형
⑤ 친구나 친척들에게 부정적 구전을 하고 다른 업체로 전환할 의도가 높으며, 기업에게 두 번째 기회를 주지 않는 유형

82 ① 영어로 제목을 작성할 때는 단어의 첫글자만 대문자를 사용한다.
② 첨부파일은 꼭 필요한 경우에만 보내야 한다.
③ 약어와 속어를 사용하면 내용을 명확하게 전달할 수 없다.
④ 발송자의 닉네임을 사용하면 전달에 혼란을 야기한다.

83 ① 인사 대상과 방향이 다를 때 일반적으로 30보 이내에서 인사한다.
② 인사 대상과 방향이 마주칠 때 이상적인 거리는 6보 전방이다.
③ 측면에서 나타나거나 갑자기 만나게 됐을 때에는 즉시 인사한다.
⑤ 상사를 복도에서 마주칠 경우 가던 길을 멈출 필요는 없으며 한쪽으로 비켜 인사한다.

84 ① 오스번이 개발하였으며, 자유연상기법을 이용하여 아이디어를 수집하는 기법이다.
④ 해설이나 설명을 일방적으로 전달하는 방법이다.
⑤ 기업에서 조직의 문제가 되는 상황을 설정하여 그 상황에 대한 이해를 목적으로 시연하는 방법이다.

85 프레젠테이션의 핵심적인 요소는 발표자(Presenter), 청중(Audience), 내용(Message) 3가지이다.

86 재동기를 부여하는 것은 결말 부분에 사용한다.

87 멀티미디어 자료를 지나치게 사용하면 주의집중력을 떨어트리므로 주의한다.

88 비영리민간단체의 요건(소비자기본법 제70조 제4호)
• 법률상 또는 사실상 동일한 침해를 입은 50명 이상의 소비자로부터 단체소송의 제기를 요청받을 것
• 정관에 소비자의 권익증진을 단체의 목적으로 명시한 후 최근 3년 이상 이를 위한 활동실적이 있을 것
• 단체의 상시 구성원 수가 5천명 이상일 것
• 중앙행정기관에 등록되어 있을 것

89 🔍 이미지의 명도를 조절하는 도구로 이미지를 밝게 만들어준다.

90 DDos는 네트워크에 연결된 많은 호스트들의 패킷을 범람시킬 수 있는 DOS 공격용 프로그램을 분산 설치하여, 공격대상의 시스템 성능 저하와 마비를 일으킨다.

제6회 | 정답 및 해설

🔅 문제 p.126

01 | CS 개론

01	02	03	04	05	06	07	08	09	10	11	12	13	14	15
⑤	④	④	②	①	②	⑤	②	③	②	②	③	③	③	④
16	17	18	19	20	21	22	23	24	25	26	27	28	29	30
⑤	②	⑤	③	①	③	③	④	①	④	③	①	③	③	③

01 서비스라는 쇼에서 주인공은 당연히 고객이다. 고객보다 화려하게 꾸미지 말라. 고객보다 돋보이려고 하지 말라. 고객보다 잘난 척하지 마라. 가장 빛나야 할 사람은 고객이다.

02 고객 행동의 요인
- 문화적 요인 : 개인의 생각, 가치관, 기호성, 선호도 등
- 사회적 요인 : 준거집단, 가족, 친구, 이웃, 직장동료, 종교단체, 전문가 단체 등
- 개인적 요인 : 연령, 직업, 경제적 상황, 개성, 가치관, 생활방식(Lifestyle) 등

03 초기에는 제품의 품질이 주요 경쟁 요소였지만, 품질이 평준화되어 품질은 기본적인 요소가 되고, 디자인, 가격 등이 주요 경쟁 요소가 된다면 이때 품질은 기반 프로세스로 분류된다.

04 고객만족의 3대 핵심요소 중 직접 요소에는 제품 요소, 서비스 요소가 있고, 간접 요소에는 기업이미지 요소가 있다.

05 마이클 해머(Michael Hammer)의 3C
- Customer(고객) : 21세기는 고객의 시대, 즉 고객을 만족시키고 감동을 주지 못하면 기업경영은 제대로 생존, 성장하기 어렵다.
- Change(변화) : 기존의 기업 마인드를 바꾸고 글로벌 시장에 맞는 합리적인 조직으로 변화해야 한다. 고객, 인간, 고객가치창조 중심으로 변화해야 하며, 변화에 효과적으로 대응하기 위해서는 내부의 의견을 들을 수 있어야 하고 기업 문화로 정착돼야 한다. 결국 유연한 조직문화가 기업을 변화시킬 수 있는 것이다.
- Competition(경쟁) : 21세기는 무한경쟁시대이다. 종전의 기업가중심에서 소비자중심으로 헤게모니가 넘어가면서 기업들은 무한경쟁에서 살아남기 위해서는 고객중심경영전략을 구사하여야 한다.

06 고정고객의 이탈을 방지하기 위한 DB를 구축하여 관리하였으며, 인터넷의 발달과 함께 사이버고객에 대하여도 관심을 갖기 시작한 것은 1990년대 성장기의 특징에 해당한다.

07 고객만족경영이 일반화된 시점에서, 한 차원 높은 고객만족경영 추진을 통한 경영효율성 제고와 차별화된 경쟁우위를 창출하자는 총체적 혁신방법이 제시됐는데, 이것이 바로 KMAC(한국능률협회)가 최근 선보인 '총체적 고객만족'이다.

08 감성 경영의 도입효과
- 대외적인 차원 : '감성 마케팅'을 통해 기업의 매출액과 브랜드 가치의 상승효과 도출
- 대내적인 차원 : '감성 리더십'을 통해 피그말리온 효과(Pygmalion Effect)를 극대화시킴으로써 임직원의 기업의 충성도 강화 및 핵심인재양성 촉진

09 노드스트롬(Nordstrom)은 외부고객보다 내부고객을 먼저 섬긴다. 내부고객인 직원들에게 충분한 보상을 제공함으로써 직원들은 자신의 가게를 운영하는 마음으로 매장을 운영하고 고객에게 최상의 서비스를 제공할 수 있기 때문이다.

10 위험을 줄이기 위한 소비자의 행동
- 소량 구매 후 대량 구매
- 보증기간이 긴 제품 구매
- 상품 보증이 강한 제품 구매
- 과거에 만족했거나 수용할 만한 것으로 기억하는 상품 구매
- 유명한 브랜드 구매
- 신뢰할 수 있는 사람에게 정보 탐색

11 피터 드러커(Peter Drucker)는 자본주의 시대의 거대한 변혁을 3단계로 구분한 후, 제1단계인 19세기의 산업혁명, 제2단계인 20세기의 생산성 혁명에 이어 현재의 제3단계를 경영혁명이라 부르고, 21세기에 기업에는 고객중시 전략 이외에 경영혁명이 요구되고 있다고 하였다.

12 단골고객, 로열티고객뿐만 아니라 잠재고객, 가망고객 등 모든 고객관리가 중요하다.

13 미래학자인 롤프 옌센(Rolf Jensen)은 1인당 GNP가 1만 1,000달러가 넘으면 기능보다는 꿈과 감성을 추구하는 꿈의 사회(Dream Society)가 된다고 주장하였다. 이 기준으로 본다면 한국은 이미 감성형 사회로 전환됐으며 감성형 사회에서는 이성적인 두뇌보다 감성적인 마음이 사람을 움직인다.

14 고객의 종류

내부고객	가치생산에 직접 참여하는 고객(종업원)
중간고객	기업과 최종고객이 되는 소비자 사이에서 그 가치를 전달하는 고객(도매상, 중간상, 대리점 등)
외부고객	기업이 생산한 가치를 사용(소비)하는 고객(가장 중요한 고객인 소비자)

15 '대조효과'에 대한 설명이다. '최근효과(신근성 효과)'는 시간적으로 나중에 제시된 정보에 의해서 영향을 받는 효과를 말한다.

16 감각형과 직관형

선호지표	감각형(Sensing)	직관형(Intuition)
설 명	오감에 의존하여 실제의 경험을 중시하며 지금, 현재에 초점을 맞추고 정확, 철저히 일처리함	육감 내지 영감에 의존하며 미래지향적이고 가능성과 의미를 추구하며 신속, 비약적으로 일처리함
대표적 표현	• 지금, 현재에 초점 • 실제의 경험 • 정확, 철저한 일처리 • 사실적 사건묘사 • 나무를 보려는 경향 • 가꾸고 추수함	• 미래 가능성에 초점 • 아이디어 • 신속 비약적인 일처리 • 비유적, 암시적 묘사 • 숲을 보려는 경향 • 씨뿌림

17 상표에 대한 충성심을 거의 보이지 않는 제품이 의미 없는 데이터베이스 자료에 해당한다.

18 구매에 대하여 불만족한 고객이 있더라도, 고객의 불평불만을 취사선택하여 기업경영에 반영하면 기업의 성장에 많은 도움이 된다. 반면에 불평불만을 가지고 아무 말 없이 다른 기업제품을 소비하는 경우에는 기업은 점차 몰락할 수밖에 없게 된다.

19 고객관계관리(CRM)는 고객획득보다는 고객유지에 비중을 더 둔다.

20 교차교류(의사소통의 제2패턴)
• 의사소통의 방향이 서로 어긋날 때, 즉 교차될 때 이루어지는 교류이다.
• '갈등교류'라고도 하며, 의사소통이 즉각 중단될 수 있는 교류이다.

21 다른 사람의 말에 좀 더 진지하게 귀를 기울이는 노력이 필요한 것은 맹목의 영역(자기주장형)과 관련이 있다.

22 머튼(Merton)의 아노미 이론

유 형	내 용	비 고
동조형	문화적 목표와 제도적 수단을 모두 수용하는 유형	부적응자에서 제외
혁신형	문화적 목표는 수용하지만 제도적 수단은 거부하는 유형	횡령, 탈세, 사기범
의례형	문화적 목표는 거부하지만 제도적 수단은 수용하는 유형	공무원의 복지부동
패배형	문화적 목표와 제도적 수단을 모두 거부하는 유형	약물중독, 은둔자, 부랑자
반역형	문화적 목표와 제도적 수단을 모두 거부하고 기존의 것을 변혁시키려는 유형	혁명가, 히피, 해방운동가

23 범주화의 경향이라고 한다.

24 ② 의사결정 고객, ③ 법률규제자, ④ 단골고객, ⑤ 옹호고객에 대한 설명이다.

25 자기긍정-타인부정(I'm OK-You're not OK)은 부모에게 가졌던 긍정적 생각이 부정적 생각으로 바뀌었을 때 생긴다.

26 기업성과 제고를 위해서는 조직 프로세스(Organizational Process)에 대한 좀 더 포괄적인 이해를 바탕으로 한 프로세스 중심의 경영 마인드 확립이 필요하다. 프로세스는 조직 내의 원재료, 정보, 사람 등과 같은 Input을 제품, 서비스 등의 Output으로 변환시키는 과업이나 활동들의 집합을 의미한다. 예를 들면 신제품 개발, 주문 처리, 자원 배분, 의사 결정 프로세스 등이다. 고객의 기대와 조직의 전략을 연결시키는 역할을 하며, 기업은 고객의 니즈를 가장 신속하게 파악하고 충족시켜 주는 프로세스를 보유함으로써 경쟁에서 승리할 수 있다.

27 고객의 특성이해

고객의 변화에 민감	미국 홈디포의 경우 타깃 고객층이었던 DIY(Do-It-Yourself)족이 나이가 들어가자 이들의 욕구도 변할 것이라도 생각하였다. 매장에서 무료상담과 낮은 가격으로 직접 카펫이나 문 난방 시스템 등을 설치해 주는 서비스를 시작하여 대성공을 거두었다.
고객과 접촉하여 확인	스타벅스의 CEO 하워드 슐츠(Howard Schultz)는 어느 날 커피가게에서 원두커피를 즐기는 손님들의 모습에서 스타벅스 창업의 아이디어를 얻었다. 커피는 값싼 상품이라는 고정관념을 깨고 편안하게 커피를 즐기는 분위기에 파묻히고 싶다는 고객의 욕구를 읽은 것이다.
고객의 접점 중시	미국의 노드스트롬(Nordstrom)은 독특한 고객 제일의 경영 철학을 가지고 있다. 이 회사의 종업원 제1규칙은 "어떤 상황에서도 스스로 판단하되 고객에게 가장 좋다고 생각하는 것을 실행하십시오. 그 외 규칙은 없습니다."이다.

28 소비자 분야에서 기업 내적 경제학의 새로운 관점으로서의 충성도의 가치와 충성심의 경제학은 1988년 프레드릭 라이치헬드의 『로열티 효과』가 출간됨으로써 처음으로 공론화되었는데, 바로 그 책에 수록된 그림이다. 가운데 원에는 우월한 고객 가치와 고객만족을 집어 넣었다.

29 고객 충성도의 정확한 측정을 위해 등장한 것이 NPS(Net Promoter Score, 순추천고객지수)이다. NPS는 기존 고객만족도 조사와 달리 '단 하나의 궁극적으로 중요한 질문'을 던지는데, 단순히 만족도를 묻는 것이 아닌, 고객의 마음속에 숨겨진 로열티를 측정할 수 있는 질문을 하는 것이다. NPS는 결정적인 질문으로 '추천의향'을 묻는데, 예를 들어, "당신이 사용하는 기업의 제품이나 서비스를 가족 혹은 친구에게 추천하겠습니까?"라는 질문을 하고 "추천하겠다"는 응답 비율에서 "추천하지 않겠다"는 응답 비율을 뺀 것이 바로 NPS이다. NPS 결과에서 '추천 고객층'은 해당 제품이나 서비스의 고객으로 머물러 있는 비율이 높고, 가격에 대한 민감도가 낮아 원하는 제품이나 서비스를 획득하기 위해 프리미엄 가격을 지불하기도 한다. 또 주변인에게 자신이 사용하는 제품이나 서비스를 추천하는 비율이 높기도 하다. 따라서 이러한 추천 고객층의 특징은 기업의 수익성에 직접적인 영향을 주는 것이다.

30 카프만(Karpman)의 드라마 삼각형은 게임을 이해하는 데 대단히 중요한 단서를 제공한다. 게임의 연기자는 상황에 따라 박해자, 희생자, 구원자 중 어느 역할을 담당하며, 이 역할은 게임을 진행하면서 자주 바뀐다고 한다.

31	32	33	34	35	36	37	38	39	40	41	42	43	44	45
②	①	④	③	⑤	①	③	④	②	②	②	②	⑤	②	①
46	47	48	49	50	51	52	53	54	55	56	57	58	59	60
④	③	④	④	①	②	①	①	②	③	②	①	⑤	⑤	⑤

31 산업공학이나 생산관리 분야에서 어떤 제품을 생산하려고 할 때 필요한 업무들을 식별하고 그들 사이의 연관성을 파악하기 위해서 흐름도, 프로세스 도표, 인간 – 기계 도표 등을 이용하여 생산 공정을 세밀하게 분석하고 각 단계별로 매우 엄격한 업무수행 지침을 개발함으로써 품질의 일관성을 유지하려고 노력해 왔다. 서비스업에서도 이와 같은 시각적인 기법을 사용하여 서비스 설계를 좀 더 철저하게 수행하려는 목표로 고안된 것이 쇼스택(Shostack)의 서비스 청사진이다.

32 서비스 청사진의 작성 5단계

1단계(과정의 도식화)	서비스가 고객에게 전달되는 과정을 염두에 두고 이를 도식화된 그림 형태로 나타낸다.
2단계(실패 가능점의 확인)	전체 단계 중에서 서비스 실패가 일어날 확률이 큰 지점을 짚어내어 표시해 둔다.
3단계(경과 시간의 명확화)	각 단계별 표준 작업 시간과 허용 작업 시간을 명확히 적어 넣는다.
4단계(수익성 분석)	실수가 발생하거나 작업이 지연될 경우를 상정한 시뮬레이션을 통해 수익성을 분석하고, 그 결과를 토대로 표준 서비스 청사진을 확정한다.
5단계(청사진 수정)	사용 목적별로 서비스 청사진을 해석하고 대안을 도출한 후, 청사진을 새로 수정하여 서비스 실패의 가능성을 줄일 수 있다.

33 서비스 모니터링의 '대표성'
- 모니터링 대상 접점을 통하여 전체 접점서비스의 특성과 수준을 측정할 수 있어야 한다.
- 모니터링 대상 접점은 하루의 모든 시간대별, 요일별 및 그 달의 모든 주를 대표할 수 있도록 수행되어야 한다.

34 SWOT 분석 틀
- 외부 기회 요인 : 경쟁력이 약해진 경쟁사, 새로운 기술의 출현, 경제호황, 신규시장 발견
- 외부 위협 요인 : 뛰어난 대체재의 등장, 정부의 새로운 규제, 소비자 기호의 변화, 막강한 경쟁자 출현
- 내부 강점 요인 : 자사의 우월한 제조기술, 원활한 자금 조달, 높은 시장 점유율, 탄탄한 마케팅 조직, 높은 고객 충성도
- 내부 약점 요인 : 높은 이직률, 낮은 연구 개발비, 낙후된 시설

35 합동 모니터링은 평가자(QAA) 간의 공유 회의를 통해 평가 항목에 따른 차이를 파악하고 최소화하기 위한 과정으로, 합동 모니터링의 목적은 녹취평가의 기준안을 마련해 평가와 코칭에 적용하는 것이다.

36 ② 무관심 품질요소
③ 역 품질요소
④ 일원적 품질요소
⑤ 당연적 품질요소

37 MOT 사이클 차트는 서비스 프로세스상에 나타나는 일련의 MOT들을 보여주는 시계모양의 도표로, 서비스 사이클 차트라고도 한다. 이 차트는 서비스 전달시스템을 고객의 입장에서 이해하기 위한 방법이다. 고객이 경험하는 MOT들을 원형차트의 1시 방향에서 시작하여 순서대로 기입한다.

38 크리스토퍼(Christopher)의 고객 서비스 3단계
• 거래 전 서비스 : 기술적 서비스, 명시된 회사의 정책, 회사에 대한 고객의 평가, 회사 조직, 시스템 유연성
• 거래 시 서비스 : 재고 품질 수준, 'Back order' 이용 가능성, 시간, 주문의 편리성, 제품 대체성
• 거래 후 서비스 : 설치, A/S, 불만 처리, 포장, 일시적인 대체

39 원래 파레토 법칙(Pareto's Law)은 소득의 불균형을 이야기하는 법칙으로 소득의 상위 20%에 해당하는 사람이 전체 소득의 80%를 차지한다는 이론이었는데, 이 법칙이 마케팅시장에서도 응용되면서 전체 제품의 20%에 해당하는 제품이 전체 매출액의 80%에 해당하는 법칙으로 변용되었다.

40 서비스를 통한 고객감동은 고차원적인 것을 만든다거나 전혀 새로운 방법을 고안하는 일이 아니다. 제때에 필요하고 당연한 응대를 잘 하는 일이다.

41 리츠칼튼 호텔은 모든 고객에게 규격화된 획일적 서비스를 제공하는 것이 아니라, 차별화된 개별적 서비스를 제공하기 위해 고객인지프로그램이라고 불리는 고객정보관리시스템을 운영하고 있다.

42 리츠칼튼 호텔의 황금표준은 호텔의 핵심가치를 집약한 것으로, 이 황금표준은 사훈, 신조, 3단계 서비스, 20가지 기본지침 등을 포함하는데, 직원들은 이 황금표준이 인쇄된 작은 카드를 항상 지니고 다니면서 이를 실천하고 있다.

43 서비스 품질은 제공된 서비스의 품질을 경험한 고객에 의해 결정된다.

44 서비스 품질 평가요인은 유형성, 신뢰성, 반응성(응답성), 확신성, 공감성(감정이입) 등이다.

45 신뢰성과 관련된 서비스 품질평가 차원은 신용성이 있다.

46 과정 위주보다는 결과 위주에 초점을 맞추어야 한다.

47 서비스 품질의 기업성과는 두 가지 측면으로 나타나는데 '방어적 영향'과 '공격적 영향'으로 나타난다.
- 방어적 영향 : 기존고객을 유지하는 소극적인 형태로 비용절감과 고객충성도 상승, 구전효과를 통해서 기존수익을 유지하는 것
- 공격적 영향 : 신규고객을 창출하는 것으로 시장점유율의 증가, 기업이미지의 상승, 서비스 프리미엄의 증대, 가입고객의 증가를 통해 추가수익의 증가를 가져오게 하는 것

48 고객인지프로그램(Customer Recognition Program)은 고객 개개인 모두에게 차별화된 맞춤 서비스를 제공하는 프로그램을 말한다.

49 고객만족의 정의
- 인지적 상태의 관점 : 고객만족을 '구매자가 치른 대가의 보상에 대한 소비자의 판단'으로 보는 관점으로 구매자가 치른 대가에 대해 적절하게 또는 부적절하게 보상되었다고 느끼는 소비자의 인지적 상태이다.
- 고객의 평가로 보는 관점 : 고객만족은 '고객의 욕구 및 요구를 충족시키는 정도에 대한 평가, 고객의 사전기대와 제품의 실제성과 또는 소비경험에서 판단되는 일치·불일치 정도 등 일련의 소비자의 인지적 과정에 대한 평가'로 정의된다.
- 정서적 반응으로 보는 관점 : 고객의 기대·불일치와 같은 고객의 다양한 인지적 처리과정 후 형성되는 정서적 반응으로 보는 관점이다.
- 만족에 대한 고객의 판단으로 보는 관점 : 고객의 인지적 판단과 정서적 반응이 결합되어 나타나는 것이다.

50 고객만족을 실현하기 위한 기본적 3요소

구 분	대 상
하드웨어적 요소	기업의 이미지, 브랜드 파워, 매장의 편의시설, 고객지원센터, 인테리어, 분위기 연출
소프트웨어적 요소	기업의 상품, 서비스 프로그램, A/S와 고객관리시스템, 부가서비스 체계
휴먼웨어적 요소	서비스 마인드, 접객 서비스 행동, 매너, 조직문화

51 고객만족도 측정의 3대원칙에는 계속성의 원칙, 정량성의 원칙, 정확성의 원칙이 있으며, 예문은 이중에서 정확성의 원칙에 해당하며, 정확한 조사와 정확한 해석이 필요하다는 의미이다.
- 계속성의 원칙 : 고객의 만족도는 과거, 현재, 미래와 비교할 수 있어야 한다.
- 정량성의 원칙 : 항목간 비교가 가능하도록 정량적인 조사여야 한다.

52 ② 의존효과는 소비재에 대한 소비자의 수요가 소비자 자신의 자주적 욕망에 의존하는 것이 아니라 생산자의 광고·선전 등에 의존하여 이루어진다는 현상을 말한다.
③ 컬트(Cult)란 어떤 인물, 이념, 사물에 귀의하고 헌신을 바치는 집단 또는 운동이다. 컬트마케팅은 어떤 가치를 맹목적으로 숭배하는 집단(컬트)처럼 소비자들도 상표를 추종한다는 의미이다.

53   ② 조정성 : 예방, 치료, 재활 및 보건 증진사업과 관련된 다양한 서비스가 잘 조정되어야 한다.

    ③ 접근성 : 모든 사람들이 편하게 이용할 수 있어야 한다.

    ④ 적정성 : 질적 측면에서 의료의 의학적 적정성과 사회적 적정성이 동시에 달성될 수 있도록 적절하게 제공되어야 한다.

    ⑤ 효율성 : 의료 목적 달성에 투입되는 자원의 양을 최소화하거나 일정 자원의 투입으로 최대 목적을 달성할 수 있어야 한다.

54   벤치마킹과 신규 진입자를 제어하는 것은 관계가 없다.

55   소비자들은 여러 가지 영향요소에 의하여 서비스의 구매 이전에 그것에 대한 기대를 가지며, 이러한 기대와 소비자들이 실제로 제공받는 서비스의 성과를 비교하여 서비스의 품질을 인식한다.

56   고객의 기대를 잘못 파악해서 발생한 갭을 '갭(GAP) 1'이라 한다. 즉, 갭(GAP) 1은 고객의 기대와 경영자의 인식의 차이이다. 기업이 고객만족을 달성하기 위해서는 고객의 기대가 무엇인지를 정확히 파악하여야 한다. 고객의 기대를 정확히 파악하지 못하면 이후 활동을 아무리 잘해도 잘못된 정보에 의해 움직이기 때문에 고객 갭이 발생하게 된다.

57   서비스 전략의 수요측 고려 사항

    • 소비자에게 가격 차별화로 우대 서비스를 한다.

    • 고객에게 심야할인제도, 주말의 조조할인 서비스를 한다.

    • 고객에게 비성수기의 할인제도 개발 서비스를 한다.

    • 고객의 기호와 유형을 조사하여 만족도를 보완하여 서비스한다.

58   품질경영 모델의 핵심가치

    • 고객주도형 품질

    • 최고경영자의 리더십

    • 전원참여와 능력개발

    • 설계 품질의 향상과 예방

    • 장기적인 관점 중시

    • 사실에 입각한 경영

    • 지속적인 개선

    • 사업경영성과 중시

59 ① · ② · ③ · ④ 조직구성원, 즉 내부고객의 충성도, 만족도, 내부역량에 대한 설명이다.

초일류 서비스 조직의 수익 모델
- 수익과 성장은 고객 충성도에 연결된다.
- 고객 충성도는 고객 만족에 연결된다.
- 고객 만족은 서비스 가치에 연결된다.
- 서비스 가치는 종업원 생산성에 연결된다.
- 종업원 생산성은 종업원 충성도에 연결된다.
- 종업원 충성도는 종업원 만족에 연결된다.
- 종업원 만족은 업무 생활의 내부 품질에 연결된다.

60 상호작용시스템에서 종업원의 과제는 기회의 결여 혹은 위험부담의 두려움이다.

종업원 권한부여를 위한 조직통제시스템

통제 시스템	목 표	종업원의 과제	관리자의 과제	주요이슈
신 뢰	공 헌	목표에 대한 불확실성	핵심가치 및 사명의 전달	핵심가치 규명
한 계	준 수	압력 혹은 유혹	기준의 규정 및 집행	위험회피
진 단	달 성	초점의 결여	명확한 표적의 구축 및 지원	주요 성과변수
상호작용	창 출	기회의 결여 혹은 위험부담의 두려움	학습의 촉진을 위한 조직 대화를 개방함	전략적 불확실성

03 | 고객관리 실무론

61	62	63	64	65	66	67	68	69	70	71	72	73	74	75
①	④	③	①	①	④	②	④	②	③	⑤	③	④	③	④

76	77	78	79	80	81	82	83	84	85	86	87	88	89	90
③	①	⑤	③	②	③	①	③	②	④	②	④	④	②	②

61 알버트 메라비언(Albert Mehrabian)의 커뮤니케이션 전달의 정도
- 면대면 : 언어적 요소 7%, 청각적 요소 38%, 시각적 요소 55%
- 비대면 : 언어적 요소 14%, 청각적 요소 86%

62 ① 방문객보다 약간 앞에서 안내한다.
② 방문객보다 나중에 타고, 내릴 때는 먼저 내려 방향을 안내한다.
③ 수행하는 사람이 조금 앞서서 안내한다.
⑤ 손바닥이 위로 향하게 안내한다.

63 악수할 때 손을 너무 꽉 쥐는 것은 상대에게 불쾌감을 줄 수 있으므로 적당히 악력을 조절한다.

64 호감득실이론(에론슨과 린더)
자신을 처음부터 계속 좋아해 주던 사람보다 자신을 싫어하다가 좋아하는 사람을 더 좋아하게 되고, 반대로 자신을 처음부터 계속 싫어하던 사람보다 자신을 좋아하다가 싫어하는 사람을 더 싫어하게 된다고 하는 이론

65 브레인스토밍(Brainstorming)
- 일정한 테마에 관하여 회의 형식을 채택하는 것이다.
- 구성원의 자유발언을 통한 아이디어의 제시를 요구하여 발상을 찾아내는 방법이다.
- 어떠한 내용의 발언이라도 그에 대한 비판을 해서는 안 된다.
- 자유분방한 의견 수렴으로 아이디어를 전개시켜 나간다.
- 일종의 '자유연상법'이라고도 할 수 있다.
- 회의에는 리더를 두고, 구성원 수는 10명 내외를 한도로 한다.

66 인원이 적은 파티에서는 소개받은 모든 사람들에게 작별 인사를 하고 대형파티에서는 소개받은 사람들에게 작은 소리로 작별 인사를 한다.

67 ① 명함은 두 손으로 건넨다.
③ 모르는 한자가 있을 경우 물어보는 것은 실례가 아니다.
④ 명함을 동시에 주고받을 때에는 오른손으로 주고 왼손으로 받는다.
⑤ 목례를 하고, 가슴 선과 허리 선 사이에서 주고받는다.

68 개인정보의 파기(개인정보보호법 제21조)
- 개인정보처리자는 보유기간의 경과, 개인정보의 처리 목적 달성, 가명정보의 처리 기간 경과 등 그 개인정보가 불필요하게 되었을 때에는 지체 없이 그 개인정보를 파기하여야 한다. 다만, 다른 법령에 따라 보존하여야 하는 경우에는 그러하지 아니하다.
- 개인정보처리자가 개인정보를 파기할 때에는 복구 또는 재생되지 아니하도록 조치하여야 한다.
- 개인정보처리자가 개인정보를 파기하지 아니하고 보존하여야 하는 경우에는 해당 개인정보 또는 개인정보 파일을 다른 개인정보와 분리하여 저장·관리하여야 한다.
- 개인정보의 파기방법 및 절차 등에 필요한 사항은 대통령령으로 정한다.

69 자신보다 나이가 어리더라도 직장 선배에게는 직함을 붙여서 부르거나 '~선배'라고 호칭해야 한다.

70 ③ 전화를 건 사람이 전달한 용건을 상대방이 복창하지 않는다면, 제대로 전달되었는지 확인하는 것이 필요하다. 이와 같이 다시 동일질문을 던져 재확인하는 것이 필요하다.

① 전화를 걸 때이므로 전화를 걸기 전에 이미 관련 자료를 찾아 놓고 전화를 걸었어야 한다.

② 전화번호를 누를 때 연필을 사용하는 것은 바람직하지 않다.

④ 상대방이 전화 건 사람의 이름과 소속을 묻지 않는다고 하더라도, 추후 약속 변경 등의 이유로 전화를 걸 필요가 생길 수도 있으므로 항상 자신의 신분을 밝혀둔다.

⑤ 통화 희망자가 부재중일 때 메모를 남기고, 전화를 받는 사람의 이름을 묻는다.

71 Side-by-Side 모니터링의 장·단점

장 점	단 점
• 상담사는 즉각적인 피드백과 코칭을 받을 수 있다. • 상담사는 QAA의 도움을 받아 즉각적으로 새로운 행동을 연습할 수 있다. • 모니터링을 수행하는 QAA는 상담사가 시스템과 참고자료, 그리고 다른 보조품 등을 사용하는 것을 지켜볼 수 있다. • 신입사원에게 상호적이고 지원을 해 주는 환경을 제공한다. • 상담사와 QAA 사이의 관계를 강화시킨다.	• 직접적인 관찰은 성과에 영향을 줄 수 있고, 상담사는 신경이 예민해져서 성과에 부정적 영향을 미친다. • 상담사는 모니터링되는 동안에 표준에 따라 행동하므로, 평상시 행동을 발견하기 어려울 수 있다. • 모니터링을 하는 사람이 많은 시간을 소비하게 한다.

72 콜센터 매니저의 역할
- 조직관리 : 텔레마케터 인터뷰 및 상담, 인원조정
- 실적관리 : 실적관리 및 근무환경 개선

73 Call Log : 전화통화로 일어나는 모든 업무를 기록하는 기능이다.

74 인바운드 스크립트는 고객으로부터 전화를 수신하는 타입, 즉 전화를 걸어온 고객이 무엇을 말할 것인지 예상할 수 없는 고객주도형이므로 정형 스크립트 패턴을 만드는 것은 매우 어려운 일이다. 따라서, 전화수주나 자료·샘플청구 등의 단일 목적인 경우를 빼고는 스크립트의 충실보다는 Q&A나 대응매뉴얼의 충실에 시간을 할애하는 쪽이 현명하다.

75 아웃바운드 텔레마케팅에서는 신규·기존고객 관리가 효율적이다.

76 CTI(Computer Telephony Integration)
- 콜센터의 핵심요소인 컴퓨터와 전화시스템을 통합하는 기술을 말한다.
- 컴퓨터를 이용한 전화시스템의 효율적 제어, 통계, 분석, 모니터링이 가능하다.

77 표준화된 언어표현과 상담방법으로 고객 중심 응대가 쉽다.

78 스킬 향상과 행동변화를 위해 코치를 하고자 할 때에는 한 번에 한두 가지 정도만 선정한다.

79 고객응대
- 고객과 기업이나 조직의 상담업무를 대표하는 상담원 간의 대면·비대면 커뮤니케이션 과정을 말한다.
- 고객과의 의사소통 : 고객응대는 상담요원이 고객과 대면 또는 비대면 접촉수단을 통해 이루어지는 대화 과정에서 어떠한 목적 내지는 필요성을 느끼고 이에 대한 커뮤니케이션을 전개하는 활동이다.
- 1:1 상호작용 : 고객응대는 대화의 상대, 접촉수단과 방법, 응대목적이나 응대내용 등의 커뮤니케이션 내지는 협상을 전개할 상황으로 1:1 상호 작용에 의해 이루어진다.
- 대화예절 수반 : 고객응대는 상업적이든 비상업적이든 커뮤니케이션을 전개함에 있어서 대화예절이 수반된다.
- 응대의 전문성 : 고객응대는 단순히 커뮤니케이션이라기보다는 고객이 필요로 하는 제품과 서비스에 관련된 필수정보, 추가적인 정보, 애로사항, 문제나 불만사항의 해결에 대한 상담과 조언을 한다는 자세로 이루어져야 하며 신뢰성과 전문성이 요구된다.

80 ① 전문가형 고객
③·④ 빈정거리는 고객
⑤ 지나치게 호의적인 고객

81 고객의 니즈를 파악하기 위해서는 적절한 질문을 해야 한다. 즉, 상황 전체를 파악하는 단계에서는 개방형 질문을, 얻어진 정보를 가지고 구체적으로 확정할 경우에는 선택형 질문이 효과적이다.

82 보고의 일반원칙
- 적시성의 원칙
- 정확성의 원칙
- 완전성의 원칙
- 필요성의 원칙
- 간결성의 원칙
- 유효성의 원칙

83 운전기사가 있는 경우는 뒷좌석의 운전석 대각선 방향이 상석이다.

84 고객 불만해소 단계
- 1단계 : 경청(집중효과)
- 2단계 : 고객관점에서 바라보기(회상효과)
- 3단계 : 불만원인 찾기(탐색효과)
- 4단계 : 사과와 양해 구하기(반전효과)
- 5단계 : 건설적인 협상(양해효과)

85 ①·②·③·⑤ 소비자기본법에서 규정하는 소비자의 책무(제5조)에 속하는 내용이며, ④ 소비자의 기본적 권리(제4조)에 속하는 내용이다.

소비자의 책무(소비자기본법 제5조)
- 소비자는 사업자 등과 더불어 자유시장경제를 구성하는 주체임을 인식하여 물품 등을 올바르게 선택하고, 소비자의 기본적 권리를 정당하게 행사하여야 한다.
- 소비자는 스스로의 권익을 증진하기 위하여 필요한 지식과 정보를 습득하도록 노력하여야 한다.
- 소비자는 자주적이고 합리적인 행동과 자원절약적이고 환경친화적인 소비생활을 함으로써 소비생활의 향상과 국민경제의 발전에 적극적인 역할을 다하여야 한다.

86 ② 개인정보보호법 제25조 제2항
① "개인정보처리자"란 업무를 목적으로 개인정보파일을 운용하기 위하여 스스로 또는 다른 사람을 통하여 개인정보를 처리하는 공공기관, 법인, 단체 및 개인 등을 말한다(개인정보보호법 제2조 제5호).
③ 개인정보 보호에 관한 사무를 독립적으로 수행하기 위하여 국무총리 소속으로 개인정보 보호위원회를 둔다(개인정보보호법 제7조 제1항).
④ 보호위원회는 개인정보의 보호와 정보주체의 권익 보장을 위하여 3년마다 개인정보 보호 기본계획을 관계 중앙행정기관의 장과 협의하여 수립한다(개인정보보호법 제9조 제1항).
⑤ 개인정보처리자는 보유기간의 경과, 개인정보의 처리 목적 달성, 가명정보의 처리 기간 경과 등 그 개인정보가 불필요하게 되었을 때에는 지체 없이 그 개인정보를 파기하여야 한다(개인정보보호법 제21조 제1항).

87 ② QFD(품질기능전개법) : 고객의 요구사항을 제품의 설계특성으로 변환하고, 이를 다시 부품특성, 공정특성, 그리고 생산을 위한 구체적인 사양으로까지 변환시키는 방식이다.
㉠ 고객만족지수(CSI)
㉡ 고객의 소리전달경로(VOC Line)
㉢ 종업원의 소리전달경로(VOE Line)

CSM(Custom Satisfaction Management)
계획실행과 평가 및 차기전략에 피드백하는 단계로서 CSP(고객만족상품), CSS(고객만족서비스), CSI(고객만족이미지), CSR(고객만족규정)을 추진 및 실행한다.

88 ①·②·③·⑤ 코칭(Coaching)의 장점에 대한 설명이다.

89 자기소개와 강의 개요를 설명해 주는 단계는 도입단계이다.

90 I-Message(나-전달법)의 구성
- 문제행동 : 문제가 되는 상대방의 행동, 상황의 객관적인 사실만을 구체적으로 말한다.
- 행동의 영향 : 상대방의 행동이 자신에게 미친 영향을 구체적으로 말한다.
- 느낀 감정 : 그러한 영향으로 생겨난 감정을 솔직하게 말한다.

제7회 | 정답 및 해설

🕐 문제 p.153

01 | CS 개론

01	02	03	04	05	06	07	08	09	10	11	12	13	14	15
①	③	④	①	③	⑤	①	③	③	⑤	④	④	④	⑤	①
16	17	18	19	20	21	22	23	24	25	26	27	28	29	30
①	②	④	②	②	②	①	⑤	④	④	③	②	③	①	④

01 고객행동의 영향요인은 문화적 요인(가치관, 선호성, 지각행동), 사회적 요인(준거집단, 가족, 사회적 역할과 지위), 개인적 요인(라이프스타일) 등으로 나뉜다.

02 조사내용으로 '과거 1년간 구입한 서비스 상품에 대해 불만과 불만의 처리, 불만의 신고, 해결의 만족도, 문제가 생긴 제품을 다시 구입하는지에 대한 조사였으며, 불만이 해결되면 불만을 호소한 사람들이 그 회사와 거래하는 경향이 많았다'는 내용이다.

03 서비스 프로세스 매트릭스 분류

구 분		고객과의 상호작용/개별화	
		높 음	낮 음
노동 집약도	높 음	전문 서비스 (변호사, 의사, 컨설턴트, 건축가 등)	대중 서비스 (금융업, 학교, 도·소매업 등)
	낮 음	서비스샵 (병원, 수리센터, 기타 정비회사 등)	서비스 팩토리 (항공사, 운송업, 호텔, 리조트 등)

04 ② 1990년대, ③·④·⑤ 1980년대의 일이다.

05 의료기관은 상호작용 및 개별화가 높기 때문에 고객의 참여 수준이 높은 것이 특징이다.

06 서비스의 품질은 서비스의 네 가지 특성인 무형성, 소멸성, 비분리성, 이질성에 영향을 받는다.

07 수요와 공급이 일정한 경우에는 예약 시스템으로 조절해야 한다.

08 고객 행동에 영향을 미치는 요인
- 문화적 요인 : 가치관, 선호성, 지각행동
- 사회적 요인 : 준거집단, 가족, 사회적 역할과 지위
- 개인적 요인 : 라이프스타일

09 MBTI는 개인이 쉽게 응답할 수 있는 자기보고문항을 통하여 인식하고 판단할 때의 각자 선호하는 경향을 찾고, 이러한 선호경향들이 하나하나 또는 여러 개가 합해져서 인간의 행동에 어떠한 영향을 미치는지를 파악하여 실생활에 응용할 수 있도록 제작된 심리검사이며, 성격의 좋고 나쁨을 판단하는 용도는 아니다.

10 서비스의 품질에 대한 설명으로 서비스의 품질은 가격, 후방활동, 전문성에 의해 결정된다.

11 제조물책임법과 집단소송제 도입 등으로 기업의 책임과 고객만족을 동시에 강화한 것은 2000년대 고객만족경영의 완성기의 특징이다.

12 ② CSM(고객만족경영 : Customer Satisfacion Management) : 고객에게 최대의 만족을 주는 것에서 기업의 존재 의의를 찾으려는 경영 방식
③ BPR(업무프로세스 재설계 : Business Process Reengineering) : 경쟁우위확보를 위해 기업의 핵심 부문에서 비용, 품질, 서비스, 스피드와 같은 요인의 획기적인 향상을 이룰 수 있도록 고객중심으로 업무처리 방식을 개혁하는 활동
⑤ TQM(전사적 품질경영 : Total Quality Management) : 품질을 개선하고 직원에 의한 혁신을 권장하며 정보의 자유로운 흐름을 지원하는 경영

13 내부고객은 회사 내의 종업원을 말한다. 노드스트롬(Nordstrom)은 종업원의 주도권을 인정하고 아이디어를 기대하고 장려하며, 설득하고 요구한다. 현장에 모든 결정 권한을 위임하고 판매에 따른 커미션을 제공함에 따라 판매사원 각자가 기업가처럼 열성적으로 일하는 독특한 기업문화를 형성하였다.

14 소득 수준은 고객가치 정보 중에서 구매력 정보에 해당하고, 고객평생가치는 계약 정보에 해당한다.

15 서비스 제공에서 고객의 역할은 첫째는 생산자원으로서의 고객, 둘째는 서비스 품질 및 만족에 기여하는 공헌자로서의 고객, 셋째는 경쟁자로서의 고객의 역할로 나뉜다.

16 ② 개인적 인식을 통한 차별화된 마케팅 : 개인적 고객
③ 기업의 사회적 이미지에 마케팅 : 윤리적 고객
④ CRM을 통한 고객 활성화 마케팅 : 개인적 고객
⑤ 부가적인 서비스로 고객에 맞는 제품설명서 제공 : 편의적 고객

17 소비자의사결정 단계는 '문제인식 – 정보의 탐색 – 제품의 대안평가 – 제품구매 – 구매 후 평가' 순으로 이루어진다.

18 ① 안정감, 보호, 의존, 공포나 불안, 위험으로부터 자유
② 가장 기본적이고 강한 욕구(음식물, 물, 산소 등)
③ 자아증진을 위한 개인의 갈망, 자신이 잠재적으로 지닌 것을 실현하려 욕망
⑤ 사랑, 애정, 소속감, 우정, 사람들과 시간을 함께 보내는 것

19 ① 판단형, ③ 직관형, ④ 인식형, ⑤ 사고형

20 모든 고객을 추구하지 않고, 모든 채널과 고객접촉점을 기본으로 고객 DB를 구축한다.

21 자기공개와 피드백의 측면에서 우리의 인간관계를 진단해볼 수 있는 방법이 '조하리의 마음의 창(Johari's Window of Mind)'이다.

22 ② 데이터에 존재하는 이상치나 중복성을 제거하는 과정이다.
③ 기업의 내부와 외부자료를 수집하는 과정이다.

23 서비스 기업에게 이용 가능한 '저지전략'에는 서비스 보증, 집중적 광고, 입지나 유통통제, 높은 전환비용, 고객만족 등이 포함된다.

24 두 사람 사이의 교류의 종류는 세 가지가 있는데, 상보적 교류(Complementary Transaction ; 평행교류), 교차적 교류(Crossed Transaction), 이면교류(Ulterior Transaction)이다.

25 서비스는 거래 전 서비스, 현장 서비스. 거래 후 서비스로 나눌 수 있다. 보증 및 변경은 거래 후 서비스에 해당한다.

26 고객적응과 판단에 대한 재량권을 기준으로 한 분류

구 분		서비스 특성상 주문에 대한 대응 범위	
		넓은 경우	좁은 경우
직원의 재량 범위	넓은 경우	• 법률 서비스 • 건강관리 • 건축설계 • 부동산중개업	• 교육(대형학급) • 질병예방프로그램
	좁은 경우	• 호텔 서비스 • 고급식당	• 영화관 • 패스트푸드점

27 저장하거나 재고를 남길 수 없는 소멸성을 특징으로 한다. 따라서 소멸성을 극복하기 위해서는 수요와 공급을 조절하는 것이 필요하다.
① 무형성을 극복하기 위해서는 물질적 증거와 심상을 제시해 주는 것이 필요하다.
③・④ 이질성을 극복하기 위해서는 고객별로 맞춤 고객서비스를 실시하고 표준화하는 것이 중요하다.
⑤ 불가역성을 극복하기 위해서는 서비스 제공자의 교육훈련과 자질을 개발하는 것이 필요하다.

28 '데이터 웨어하우스'는 기업이 축적한 고객과 제품, 서비스에 대한 각종 데이터를 통합적으로 관리하는 정보상자 역할을 한다.

29 관광 서비스에서 중요시되는 인적자원을 선발할 때는 지식, 기술, 능력, 인성, 신체적 특성의 다섯 가지 요인을 고려해서 선발한다. 이는 교육에 있어서도 기준이 되어 교육의 방향성을 제시하고 관광객 만족에 있어서 중요한 역할을 수행한다.

30 ① 과업의 중요성과 가치의 증대를 통해 팀과 조직을 위해 자신의 이익을 초월하게 함으로써, 그리고 욕구를 자아실현의 욕구와 같은 고차원의 수준으로 높임으로써 최초에 기대했던 것 이상으로 하도록 동기부여 한다.
② 조직의 효과적인 리더가 되기 위해서는 그것에 필요한 자질을 지닐 수 있어야 한다는 점을 전제로 하는 것으로, 훌륭한 리더가 되기 위해서는 육체적인 특성(건강, 키, 몸무게 등), 성격적인 특성(적극성, 활동성, 인내성, 관계성 등), 능력적인 특성(판단력, 통솔력, 지능, 카리스마 등)에 있어 뛰어난 자질을 지녀야 하는 것이다.
③ 리더십의 유효성은 상황변수의 조건에 따라 달라진다는 이론이다.

02 | CS 전략론

31	32	33	34	35	36	37	38	39	40	41	42	43	44	45
③	①	①	③	③	③	⑤	①	④	②	③	⑤	①	④	⑤
46	**47**	**48**	**49**	**50**	**51**	**52**	**53**	**54**	**55**	**56**	**57**	**58**	**59**	**60**
①	③	⑤	③	②	①	⑤	⑤	②	③	③	②	①	③	④

31 린 쇼스택(Lynn Shostack)은 서비스 프로세스 설계의 위험요소로 지나친 간소화, 미완성, 주관성, 편향된 해석을 지적했다.

32 VOC(Voice Of Customer : 고객의 소리)에 해당하는 내용이다.

33 서비스 표준안을 작성할 때의 고려사항 중에서 행동지침에 따라 구체적으로 작성되어야 하는 기준에 해당한다.

34 나. 서비스가 유형화된다.
바. 서비스 청사진은 고객이 경험하게 되는 서비스 과정이다.

35　4C

고객 가치(Customer Value), 고객 측의 비용(Cost to the Customer), 편리성(Convenience), 고객과의 커뮤니케이션(Communication).

① 교환의 편리성, 무이자 할부 서비스의 편익, 동영상으로 된 설명서의 편리성에 대한 내용이다.

36　집중화 전략은 특징 구매자 그룹, 제품라인의 세분, 지역적 시장에 집중하는 것으로 폭넓게 경쟁하는 기업보다 더욱 효과적, 효율적으로 좁은 전략적 목표대상에 집중하면 성공할 수 있다는 전제가 이 전략의 기본 개념이다. 집중전략은 원가 또는 차별화 우위전략과 결합될 수 있는데, 차별 집중화가 독창적인 제품을 좁은 목표시장에 제공하는 것을 의미하는 반면에 원가우위 집중화는 낮은 가격으로 기업의 제품이나 서비스를 좁은 목표시장에 제공함을 의미한다.

37　경험(체험) 마케팅의 유형 5가지
- 감각 마케팅 : 시각, 청각, 후각, 촉각, 미각의 오감을 자극하여 고객에게 감각적 체험을 창조할 목적으로 함
- 감성 마케팅 : 브랜드와 관련된 다소 긍정적인 감정에서부터 즐거움과 자부심 같은 강한 감정에 이르기까지 감정적 체험을 창출하기 위해 사람들의 느낌과 감정에 소구함
- 인지 마케팅(지성 마케팅) : 고객들에게 창조적인 인지력과 문제 해결적 체험을 제공하는 것을 목적으로 지성에 호소하는 '인지적 체험'을 목적으로 함
- 행동 마케팅 : 고객의 육체적 체험과 라이프스타일, 상호 작용에 영향을 미치는 것을 목표로 함
- 관계 마케팅 : 다른 사람과의 관계 형성을 체험하게 하는 '관계적 체험'을 통해 개인적 체험을 증가시키고 개인으로 하여금 이상적인 자아나 타인, 문화 등과 연결해줌으로써 고객의 자기 향상 욕구를 자극함

38　②·③ 동일한 법칙으로 전체 결과의 80%가 전체 원인 중 20%에 의해 만들어진다는 논리이다.
④ 자금을 어느 한곳에 올인하지 않고 적절하다고 생각하는 비율만큼 나누어서 분산해 보관한다는 논리이다.
⑤ 한 사람의 고객이 250명의 고객과 같다는 것으로 조 지라드의 법칙이라고도 한다.

39　① 어떤 사람에 대한 일반적인 평가가 그 사람의 특정적인 부분에 확대되는 것
⑤ 과거에 비해 경제적으로 윤택해지고 다양한 서비스를 누릴 수 있게 되었지만 서비스에 대한 만족도는 오히려 낮아지는 것

40　'핵심가치 제공의 실패, 불친절한 고객응대, 가격, 이용불편, 불만처리 미흡, 경쟁사의 유인, 비윤리적 행위, 불가피한 상황' 순이다.

41　기업이 얼마나 오랫동안 매출을 유지하는지와 더 많은 매출을 올릴 수 있는 소비자를 세분화하는 것이다. 즉, 충성도가 높은 시장을 세분화하는 것을 말하는 것이다.

42 서비스 품질평가 10개 차원과 SERVQUAL의 5개 차원

서비스 품질평가 10개 차원	SERVQUAL 5개 차원	SERVQUAL 차원의 정의
유형성	유형성	물리적 시설, 장비, 직원, 커뮤니케이션 자료의 외양
신용성	신뢰성	약속한 서비스를 믿을 수 있고 정확하게 수행할 수 있는 능력
반응성	대응성	고객을 돕고 신속한 서비스를 제공하려는 태세
능 력	확신성	직원의 지식과 예절, 신뢰와 자신감을 전달하는 능력
예 의		
신뢰성		
안정성		
접근성	공감성	회사가 고객에게 제공하는 개별적 배려와 관심
의사소통		
고객이해		

43 고객가치의 특성은 동적성, 주관성, 상황성, 다차원성 등이 있다.

44 ① 사회적 가치(Social Value)는 사회적 욕구의 충족, 제품이나 브랜드의 사회적 이미지, 사회적 규범이나 집단과의 관련성 때문에 지각되는 가치이다.
② 상황적 가치(Conditional Value)는 소비자가 직면하는 상황이 소비자행동에 강력한 영향을 주는 경우이다. 상황적 가치는 소비자가 직면하는 특정 상황이나 주변 환경의 결과로서 지각되는 가치로 분류한다.
③ 기능적 가치(Functional Value)는 경제적 효용이론에 기초한 가치로 제품의 품질, 기능, 가격, 서비스 등과 같은 실용적 또는 물리적 기능이다.
⑤ 정서적 가치(Emotional Value)는 어떤 제품이나 브랜드가 유발하는 느낌이나 감정적 상태로부터 소비자가 지각하는 가치이다.

45 ② 자신이나 타인의 성공이나 실패와 관련한 행동 원인을 설명하는 방식에 대한 이론이다.
④ 고객이 사전적으로 부여한 가치와 실제로 구매를 통해 지각한 결과의 일치 여부를 통해 만족이나 불만족이 결정된다는 이론이다.

46 고객인지프로그램(Customer Recognition Program)은 기존고객을 유지하는 목적으로 활용된다.

47 ① 고객이 실제로 구입하는 근본적인 제품이나 서비스
② 핵심적 제품을 유형제품으로 형상화 시킨 것으로 제품의 기본적 형태를 의미
④ 제품을 구입할 때 구매자들이 정상적으로 기대하고 또한 합의하는 일체의 속성과 조건
⑤ 미래에 경험할 수 있는 변환과 확장 일체를 의미

48 기대에 영향을 미치는 요인들
고객의 기대를 형성하는 데 기여하는 핵심요인은 기업 측의 약속, 전통과 사상, 구전, 고객들의 개인적 욕구, 서비스를 이용해 본 과거의 경험 등이 있다.

49 서비스 회복에 실패한 기업이 서비스 회복을 하는 과정에서 지나치게 서두르게 되면, 이중 일탈효과 (Double-Deviation Effect)를 가져올 수 있으므로 주의해야 한다.

50 테어도르 레빗은 핵심제품, 실체제품, 확장제품의 3가지로 차원으로 분류하였다.
① 소비자들이 실제로 구입하고자 하는 핵심적인 혜익(Benefit)이나 문제를 해결해 주는 서비스
③ 핵심제품과 실체제품에 추가적으로 있는 서비스와 혜익을 주는 제품(예 A/S, 품질보증, 설치 서비스 등)

51 서비스 품질에는 두 개의 차원이 있다. 즉, 기술적 차원(결과차원)과 기능적 차원(과정차원)이다. 결과품질 (Outcome Quality)은 고객이 기업과의 상호작용에서 무엇을 (What) 받느냐를 나타낸다. 이는 서비스와 관련해 생산과정이나 구매자와 판매자의 상호작용이 끝난 뒤 고객에게 남은 것을 나타낸다. 이는 보통 객관적으로 평가할 수 있는 차원인데 그 성격상 문제에 대한 기술적인 해결책인 경우가 많기 때문에 기술적 품질(Technical Quality)이라고도 부른다.

52 Garvin은 품질에 대한 정의가 특정 조직에 따라, 그 조직 내 특정 활동 및 기능과 관련 집단의 성숙도 및 경험의 정도에 따라 달라야 한다고 보았다.

53 서비스 품질 문제의 원천
• 생산과 소비의 비분리성 및 노동집약성
• 서비스 직원에 대한 부적절한 서비스
• 고객을 수치로 보는 견해
• 커뮤니케이션의 차이
• 기업의 단기적 견해

54 내부 마케팅(Internal Marketing)의 개념은 조직 내의 인적자원을 대상으로 한 마케팅 활동을 의미한다. 종래의 마케팅에서는 외부 고객에게 초점을 맞추어 마케팅연구나 계획 등이 실천되어 왔으나, 내부 마케팅은 종사원을 대상으로 그들을 동기부여 시키고 고객 지향적으로 개발하여 종사원의 대고객 서비스 수준을 향상시키고자 실시하는 마케팅활동이라 할 수 있다.

55 남들이 미처 발견하지 못했거나 건드리지 않는 시장을 공략해서 수익을 창출하는 마케팅이 '틈새 마케팅' 이며, '니치 마케팅'이라고도 한다.

56 먼저 포괄적인 질문에 이어서 구체적인 질문으로 작성한다.

57 ① 고객은 빈번하게 구매가 이뤄지는 계층이다.
③ 충성고객은 주변 누구에게나 긍정적 구전을 해주는 계층이다.
④ 예비고객은 구매에 관심을 보일 수 있는 계층이다.
⑤ 단골고객은 정기적으로 구매하는 계층이다.

58 ② 기업의 상품 구매, 서비스 이용실적은 좋지 않으면서 자신의 실속을 챙기기에만 관심이 있는 소비자를 의미

③ 여성적 라이프스타일에 적극적인 관심을 가지는 남성을 의미

④ 중년층이 자신의 삶을 적극적으로 가꾸기 위한 상품을 찾는 소비패턴을 의미

⑤ 소수만을 대상으로 맞춤 생산방식에 의해 제공되는 명품을 의미

59 마케팅 계획수립의 절차는 '기업의 목표 선정 – 기업 환경분석 – 마케팅 목표 설정 – 목표달성을 위한 전략수립 – 전략수립을 위한 Program 작성 – 실행 및 검토'의 순이다.

60 고객충성도(로열티)에 대해 소비자들은 제품 브랜드를 활용하고 얻는 가치를 '감성적 가치'와 '이성적 가치'로 나뉜다. 감성적 가치의 경우에는 브랜드에 대한 일종의 애착을 가지며 이러한 애착은 브랜드에 대한 호의로 연결되고, 결국 이러한 호의는 소비자들의 제품에 대한 가격민감성을 낮추게 되어 제품에 대한 프리미엄을 받게 해 주는 것을 의미한다. 더불어 애착과 신뢰는 고객충성도를 제고시키기 위해 필수불가결한 요소이다.

03 | 고객관리 실무론

61	62	63	64	65	66	67	68	69	70	71	72	73	74	75
⑤	④	②	②	⑤	②	②	④	④	②	④	④	④	④	①
76	77	78	79	80	81	82	83	84	85	86	87	88	89	90
③	④	②	①	①	④	①	④	⑤	②	③	①	③	③	②

61 콜센터를 효율적으로 운영하기 위해서 개인실적 및 보상에 대해서도 고려해야 하는데, 고객상담활동의 우수직원과 부서에 대해서 적절한 보상을 제공함으로써 조직원 전체의 관심도를 유발하도록 한다.

62 고객이 말하는 속도와 강도에 응대자가 보조를 맞추는 것이 전화응대 구성요소의 최상의 도구로 인식되고 있다.

63 고객의 신분을 밝히기 전에 통화를 요구하는 당사자의 상황을 미리 알려 주어야 하는 것이 예의이다.

64 사람이 가진 사물에 대해서는 경어를 사용하지 않는다.

65 ① 간결하면서도 쉬운 구어체로 작성한다.

② 고객이 주어가 되도록 고객의 입장에서 작성하도록 한다.

③ 부정형보다는 긍정으로, 지시형보다는 의뢰형으로 작성한다.

④ 최근 시사나 활용 가능한 스토리를 준비한다.

66 전화통화 시 목소리는 시각적으로 나타나는 특징이 있으므로 전화상대방과 직접 대면하고 있다는 생각으로 밝은 목소리와 부드러운 표정으로 고객과의 통화에 임해야 한다.

67 Recording Monitoring
상담원이 모르는 상태에서 무작위로 추출한 상담내용을 평가자가 녹취하여 결과를 상담원과 공유하도록 하는 방법이다.

68 말하기
- 부드러운 인사말로 시작하며 경어를 사용한다.
- 표준말을 사용하고 명확하게 발음한다.
- 단정적인 말은 삼가고 소비자 수준에 맞는 어휘를 사용해야 한다.
- 상담자는 말을 적게 하는 것이 효과적이다.
- 말의 속도를 잘 조절해야 하고, 음성의 크기와 고저를 조절해야 한다.
- 긍정적인 말을 하는 것이 좋으며, 말하면서 참고자료를 충분히 활용한다.

69 출입구에서 가장 먼 쪽이 상석이 된다.

70 고객들과 허물없이 대화를 나눌 수 있는 거리는 개인적 거리 근접영역에 해당한다.

71 코칭(Coaching)에 있어서 폐쇄형 질문은 피해야 한다.

72 Off-JT(Off the Job Training)는 현장 업무에서 벗어나 실시하는 교육 훈련, 점포 회의나 집합 연수가 대표적 사례이다.

사례연구법
- 사례연구는 성인학습 혹은 성인교육의 영역에서 많이 활용되어 왔던 방법 중의 하나이다.
- 정보수집력과 문제해결력을 향상시키는 데에 적절한 교육기법으로서, 특정 사례를 소재로 정보를 수집해서 문제상황을 명확히 하고, 원인을 분석하여 해결책을 구하여 계획을 세우고 이행해 나가도록 하는 단계로 구성된다.
- 교수자 자신이 이 분야의 전문가라고 해서 학습자들에게 해답이나 의견을 제시해 주는 것은 이 방법의 효과를 저하시키는 원인이 된다.

73 고객 불만 원인의 요인은 크게 기업문제(제도, 제품 등), 고객자신의 문제, 직원에 대한 문제로 분류할 수 있는데, 여기에서 가장 큰 영향을 주는 요인은 직원이 고객을 응대하는 과정에서 발생하는 불만이 가장 큰 것으로 조사되었다.

74 이미지 형성의 요소는 가시적인 요소(시각적인 형상, 모습)와 관념적인 요소(개념, 느낌, 분위기, 연상)로 나뉜다.

75 중간보고가 필요한 경우
- 상황이 변경되었을 때
- 처리기간이 오래 소요될 때
- 차 상위 상사와 상사의 지시가 상충될 때
- 실수를 저질렀을 때

76 아론슨 화법
어떤 대화(상담)를 나눌 때 부정(−)과 긍정(+)의 내용을 혼합해야 하는 경우, 부정적 내용을 먼저 말하고 끝날 때 긍정적 의미로 마감하는 것
- "날씨는 흐리지만(−), 기온은 적절(+)하다."
- "가격은 좀 비싸지만(−), 품질은 최고(+)이다."

77 ① 악수를 할 때 손은 두세 번 정도 흔들고 약 2초 정도 상대의 손을 잡는다.
② 악수를 할 때는 적당한 힘을 주어 상대방의 손을 잡는다.
③ 악수를 할 때는 상대방의 눈을 응시하면서 행한다.
⑤ 악수를 할 때 잡는 손은 스치듯 느슨하게 잡지 않도록 한다.

78 기만적인 표시·광고는 사실을 은폐하거나 축소하는 등의 방법으로 표시·광고하는 것으로 한다(표시·광고의 공정화에 관한 법률 시행령 제3조 제2항 참조).

79 소비자는 물품 등의 사용으로 인한 피해의 구제를 한국소비자원에 신청할 수 있다(소비자기본법 제55조 제1항).

80 ②·④ 살아 있는 개인에 관한 정보여야 한다.
③·⑤ 개인에 관한 정보여야 한다.

81 조사대상 침해행위의 중지는 개인정보 분쟁조정위원회의 역할이다(개인정보보호법 제47조 제1항 제1호).

82 ② 개인정보보호법 제18조
③ 개인정보보호법 제24조
④ 개인정보보호법 제16조
⑤ 개인정보보호법 제30조

83 기업의 서비스에 관련된 교육훈련은 직무에 영향을 주지 않는 범위에서 지속적으로 실시하도록 한다.

84 홉스테드의 문화차원 이론 5가지 범주
- 권력 거리 지수 : 조직이나 단체에서 권력이 작은 구성원이 권력의 불평등한 분배를 수용하고 기대하는 정도
- 개인주의 대 집단주의 : 한 개인이 가족이나 집단에 대한 책임보다 개인적인 자유를 더 중시하는 정도를 나타내는 척도
- 불확실성 회피지수 : 사회 구성원이 불확실성을 최소화함으로써 불안에 대처하려고 하는 정도
- 남성성 대 여성성 : 성별 간 감정적 역할의 분화를 나타내는 척도
- 장기지향성 대 단기지향성 : 사회의 시간 범위를 설명하는 척도. 장기 지향적인 사회는 미래에 더 많은 중요성을 부여하고, 단기 지향적인 사회에서는 끈기, 전통에 대한 존중 등을 강조

85 성인 학습자는 자발적인 참여 동기를 가진다.

86 프레젠테이션의 4P
Preparation(사전준비), Place(장소), Purpose(목적), People(사람, 청중)

87 초두효과
처음에 강하게 들어온 정보가 전체적인 이미지 판단에 결정적임 → 맥락효과(Context Effect)

88 ② 과거와 관련된 기억과 현재의 지각이라는 요소가 혼합되어 개인만의 이미지를 형성하는 단계이다.
④ 지각과 사고 이전의 감정에 의해 반응하는 과정으로 확장 효과를 가져온다.

89 전문적인 용어보다는 이해하기 쉬운 단어를 선택하여 사용한다.

90 내용을 시각적으로 빠르게 전달하고자 할 때 그림이나 표, 도형, 차트 등을 사용할 수 있으며, 〈보기〉는 순환, 주기 등을 표현하고자 할 때 쓴다.

제8회 | 정답 및 해설

◑ 문제 p.178

01 | CS 개론

01	02	03	04	05	06	07	08	09	10	11	12	13	14	15
④	④	①	⑤	④	①	②	③	①	②	①	①	⑤	④	⑤
16	17	18	19	20	21	22	23	24	25	26	27	28	29	30
⑤	⑤	④	②	②	③	④	④	①	③	④	①	④	②	④

01 베블런 효과(Veblen Effect)는 높은 가격에도 불구하고 일부 계층의 과시하고자 하는 욕구로 인해 수요가 줄어들지 않는 현상으로서, 이는 대인지각의 왜곡유형으로 볼 수 없다.

02 패러다임의 변화

과거(기업중심적)	패러다임	현재(고객중심적)
기업이 왕	힘의 우위	고객이 왕
일방적	커뮤니케이션	쌍방향적
시장점유율, 매출액	마케팅 목표	고객점유율
제 품	관리 및 지식기반	고 객
기업의 현재가치	중시되는 가치	고객의 평생가치
표준화 마케팅		개별화 마케팅
비차별적 마케팅	마케팅 방법	데이터베이스 마케팅
집단(매스) 마케팅		일대일 마케팅
제 품	판매대상	서비스
100% 마켓, 10% 고객	BSC(Balanced Score Card, 균형성과표) 내지 조직의 목표	100% 고객, 10% 마켓
획득하는(A ; Acquisition)전략	고객 경영의 주요목표	개발하고(D ; Development), 유지하고(R ; Retention), 공유하는(S ; Sharing) 전략

03 기업의 최종상품은 고객만족이라고 정의하는 것이다.

04 ①·④ 사내고객, 가치생산고객
②·③ 중간고객, 가치전달고객

05 고객만족의 필요성

구 분	내 용
주변환경의 변화	• 시장의 개방화 및 경쟁의 가속화 시대(고객의 선택폭이 넓어짐) • 고객의 자각(고객 스스로가 권리를 자각하기 시작함)
기업의 측면	• 고객불만의 구전효과 • 신규고객 창출과 기존고객 유지의 비용 • 고객만족된 제품을 생산함으로써 궁극적으로 지역사회, 인류사회에 공헌
개인의 측면	• 사내직원의 불만감소 및 일에 대한 자긍심 고취 • 믿고 사는 신용사회의 밑거름

06 RFM 분석은 일반적으로 데이터베이스 마케팅이나 직접마케팅에서 표적시장의 정의를 내리거나 고객의 행동양식을 분석하기 위한 도구로 사용된다.
• Recency – 마지막 주문 혹은 구매시점
• Frequency – 특정기간 동안 얼마나 자주 구매했는가?
• Monetary Value – 구매의 규모는 얼마인가?

07 노드스트롬(Nordstrom)은 고객을 속이지 않고 합리적인 가격에 적정한 품질의 상품을 제공하는 것을 모토로 한다. 바이어가 시장조사를 충분히 실시해 언제나 최저나 최고의 가격이 아닌 적정한 가격으로 책정하기 때문에, 경쟁사들보다 가격이 비싸지 않다는 데 있다.

08 ② 매력적이나 불완전한 정보를 먼저 제시하여 동의를 얻은 후에 완전한 정보를 알려주는 기법
④ 상대방이 들어줄 수 있을 만한 작은 요청을 먼저 한 후 수용이 되면 조금씩 요청을 증가시켜나가는 기법

09 유명한 미래학자 마이클 해머(Michael Hammer)는 21세기를 3C의 시대로 표현했는데, 여기서 3C란 Customer(고객), Change(변화), Competition(경쟁)을 가리킨다. 변화를 읽고 대처하는 능력에 따라, 선점과 핵심역량을 길러 경쟁력을 어떻게 강화하는가에 따라, 고객을 얼마나 존중하는가에 따라 조직이나 개인의 성공 여부가 결정된다는 말이다.

10 컨버전스 이노베이션(Convergence Innovation)

구 분	방 법
기업 내 업무 프로세스를 중심으로 한 전사 고객만족 경영혁신 활동을 전개하고자 할 때	6시그마 경영혁신과 CS 활동의 통합이 필요
사업장에서의 업무효율과 서비스 품질 제고를 위한 현장중심의 고객만족경영혁신 활동을 할 때	서비스 개선 · 워크아웃(Work Out) · 퀵윈(Quick Win)을 활용
고객만족 전략체제에 의해 고객만족도에 직접 영향을 미치는 요소를 고객지향적으로 개선하는 활동을 할 때	CS 활동과 CRM(Customer Relation Management) 통합
상품 서비스 마케팅 역량 강화를 통해 현장영업점의 영업과 판매역량을 향상시키는 프로그램 시	서비스 개선과 영업경쟁력 강화 프로그램 활용
시장의 차별화된 포지셔닝을 위한 기업 브랜드 전략 수립시	BI(Brand Identity)전략 · 서비스 개선 · 마케팅을 통합

11 생산관리와 고객인식관리

생산관리	고객인식관리
• 공정한 대기 시스템을 구축한다(번호표, 단일 vs 복수 대기선 활용). • 커뮤니케이션을 활용한다(혼잡시간 안내, SMS 활동 등). • 예약 시스템을 활용한다(병원, 기차, 극장 등). • 대안을 제시한다(은행을 예로 들면, ARS, ATM, 인터넷 활용 등).	• 예상 대기시간을 알려준다(대기 정보제공으로 고객이 선택할 수 있는 기회를 제공). • 서비스가 시작되었다는 느낌을 준다(도우미활용 안내, 접수대행 및 상담). • 고객의 유형에 따라 대응한다(고객 창구 업무별로 처리). • 이용되지 않는 자원 숨기기(고객과 상호작용하지 않는 활동은 고객이 볼 수 없는 곳에서 수행하고, 일하지 않는 직원과 사용되지 않는 시설은 보이지 않게 하기)

12 직원의 업무 분장을 명확히 하여야 한다. 과거 은행지점직원은 입출금부터 투자상담까지 모든 대고객업무는 물론 전화응대, 대출담보 평가, 연체금 회수까지 담당했지만, 이런 백화점식 업무분장으로는 고객을 만족시킬 수 없다.

13 고객의 다양성이 심화하고 이로 인해 시장이 점점 세분화되어 가고 있을 때, 획일화된 매스미디어사의 브로드 캐스팅광고는 더 이상 효과적이지 못하다. 따라서 광고의 효율을 높이기 위해서는 우선 구체적인 광고의 목표를 세우고 이를 달성하기 위한 목표고객을 찾아낸 후에 그들의 필요나 욕구를 채워줄 수 있는 상품이나 서비스에 대한 차별화된 타깃 마케팅이 필요하다. 아울러 단순히 상품이나 서비스를 고객에게 알리는 것이 목적이었던 기존 광고에서 벗어나 고객과의 장기적인 관계유지라는 관점에서 활동을 전개하는 것이 광고의 효율성을 높이기 위한 방안이다.

14 서번트(Servant Leadership) 리더십
- 부하를 가장 중요한 재원으로 보고, 부하에게 리더의 모든 경험과 전문 지식을 제공하면서 극진하게 섬기는 리더십을 말한다.
- 리더는 통제와 상벌보다는 경청, 감정이입, 칭찬과 격려, 설득에 의하여 그의 리더십을 발휘한다.

섬기는 리더들(Servant Leaders)이 보여주는 10가지 특징
경청하는 자세, 공감하는 자세, 치유에 대한 관심, 분명한 인식, 설득, 폭넓은 사고, 통찰력, 청지기 의식, 사람들의 성장에 대한 헌신, 공동체 형성

15 판단형과 인식형

선호지표	판단형(Judging)	인식형(Perceiving)
설 명	분명한 목적과 방향이 있으며 기한을 엄수하고 철저히 사전계획하고 체계적이다.	목적과 방향은 변화 가능하고 상황에 따라 일정이 달라지며 자율적이고 융통성이 있다.
대표적 표현	• 정리 정돈과 계획 • 의지적 추진 • 신속한 결론 • 통제와 조정 • 분명한 목적의식과 방향감각 • 뚜렷한 기준과 자기의사	• 상황에 맞추는 개방성 • 이해로 수용 • 유유자적한 과정 • 융통과 적응 • 목적과 방향은 변화할 수 있다는 개방성 • 재량에 따라 처리될 수 있는 포용성

16 고객유지율이 몇 %만 증가해도 25~100%까지의 이윤을 증가시킬 수 있다.

17 데이(Day)와 랜던(Landon)의 불평 행동 유형
- 무행동 : 아무 행동도 취하지 않고, 미래 구매에 영향을 미치지 않는 유형
- 공적행동 : 기업, 정부에 해결을 요구하거나 법적인 대응을 하는 적극적인 유형
- 사적행동 : 구매를 중지하거나, 주변인들에게 부정적 구전을 하는 등 개인적인 수준에서 불만을 해소하는 유형

18 문화적 목표는 거부하지만 제도적 수단은 수용하는 유형으로 공무원의 복지부동을 예로 들 수 있다.

19 신중형은 잘 적응하지만 내면적으로 고독감을 느끼는 경우가 많으며 현대인에게 가장 많은 유형으로 알려져 있다. 신중형은 자기개방을 통해 다른 사람과 좀 더 넓고 깊이 있는 교류가 필요하다.

20 게임을 하는 사람은 어릴 때 부모와 자식 간의 교류에서 어딘가 원활하지 못한 데가 있기 때문에 순순히 스트로크를 얻을 수 없었던 사람이 많다.

21 고슴도치 딜레마
다른 사람과 깊은 인간관계를 맺지 않으려는 사람들을 말한다. 자기의 삶과 자기 일에만 몰두해서 남들이 보기에는 이기적이라고 할 정도로 자기중심적이다. 늘 자기를 감추고 상대방과 일정한 거리를 두려고 한다. 그러면 피차 서로 간섭할 일도 없고 부딪칠 일도 없기 때문에 부담이 없다. 게다가 상대방으로부터 상처를 받을 일도 없다. 이렇게 인간관계 초기부터 상대방과 일정한 거리를 두고 자기를 방어하려는 사람들의 심리를 일컬어 '고슴도치 딜레마'라고 한다.

22 상보교류는 무갈등교류이며, 교차교류가 갈등교류에 해당한다.

23 침착성에 대한 설명이며, 용기는 자신의 신념을 고수하고, 도전하며, 잘못을 인정할 줄 알고, 필요할 때에는 자신의 행동을 바꿀 수 있는 능력을 말한다.

24 고객행동의 영향요인
• 문화적 요인 : 가치관, 선호성, 지각행동
• 사회적 요인 : 준거집단, 가족, 사회적 역할과 지위
• 개인적 요인 : 라이프스타일

25 감성역량의 4가지 요소

요 소	내 용
자기인식능력	자신의 가치관, 감정 상태, 장단점, 목표 등을 명확히 이해하고 긍정적인 확신을 갖는 정도의 능력
자기관리능력	이는 자신의 감정을 적절히 통제하고 다스리는 능력
사회적 인식능력	구성원의 감정이나 상태를 깊이 이해하는 능력
관계관리능력	이는 구성원들과 원만한 관계를 형성·유지하는 능력

26 기업문화창달의 주된 방법으로는 CI(Corporate Identity)를 많이 이용하고 있는데 CI에는 MI(Mind Identity), BI(Behavior Identity), VI(Visual Identity)가 있다. 비전과 이념은 가장 기본적인 조직의 핵심가치인데 이것을 어떻게 구성원들에게 신념화할 것인가(MI), 가시화할 것인가(VI), 행동화할 것인가(BI) 하는 CI가 기업문화창달 계획의 핵심적인 내용이 된다.

27 경영은 사람에 관한 것이다.

28 분명하고 구체적인 목표를 개발하고, 부하들이 그 목표를 달성할 때 보상이 주어진다는 점을 분명히 하는 것은 거래적 리더에 해당한다.

29 모든 고객이 동일한 가치를 가지고 있지 않기 때문에 전략의 차별화가 필요하다.

30 서비스 리더십은 CS 혁신을 위해 4가지 요소를 지원하고 촉진하는 것이다.

31	32	33	34	35	36	37	38	39	40	41	42	43	44	45
④	③	④	②	⑤	①	③	①	③	④	⑤	④	③	⑤	②

46	47	48	49	50	51	52	53	54	55	56	57	58	59	60
⑤	③	④	⑤	①	③	③	①	③	⑤	④	③	⑤	③	③

31 지원 프로세스는 서비스를 전달하는 종업원을 지원하기 위한 내부적 서비스로, 서비스 직원의 교육담당자 등을 말한다.

32 1단계(과정의 도식화) – 2단계(실패 가능점의 확인) – 3단계(경과 시간의 명확화) – 4단계(수익성 분석) – 5단계(청사진 수정)

33 역할 모호성
• 관리자나 상급자가 무엇을 원하며 그 기대를 어떻게 하면 충족시킬 수 있는가를 모르는 정도
• 정보나 훈련부족으로 업무수행이 어려우면 발생하는 것
• 직원이 자신에 대한 기대는 물론, 성과가 어떻게 측정·평가되는지도 알지 못함

34 성공적인 모니터링을 위한 6가지 요소로 대표성, 객관성, 차별성, 신뢰성, 타당성, 유용성 등이 있다.

35 콜 리코딩(Call Recording) 또는 콜 탭핑(Call Taping)은 녹음된 콜 샘플 중에서 무작위로 콜을 선택하여 모니터링하는 방법이므로 즉각적인 피드백이 어렵고, 모니터링 수행자가 바쁠 경우 피드백이 늦어질 수도 있다.

36 카노(Kano)의 품질 모형
• 매력적 품질요소 : 고객이 미처 기대하지 못한 것을 충족시켜 주거나, 고객이 기대했던 것 이상으로 만족을 초과하여 주는 품질요소이다.
• 일원적 품질요소 : 고객의 명시적 요구사항이며, 이 요소가 충족될수록 만족은 증대되고 충족되지 않을수록 불만이 증대되는 것으로 만족요인이라고도 한다.
• 당연적 품질요소 : 최소한 마땅히 있을 것이라고 생각되는 기본적인 품질요소이다. 충족이 되면 당연한 것이기 때문에 별다른 만족감을 주지 못하나, 충족되지 않을 경우 불만을 일으키는 불만족 요인이라고도 한다.
• 무관심 품질요소 : 충족 여부에 상관없이 만족도 불만도 일으키지 않는 품질요소를 말한다.
• 역 품질요소 : 충족이 되지 않으면 만족을 일으키고, 오히려 충족이 되면 불만을 일으키는 품질요소이다.

37 모니터링이 효과적으로 수행된다면 그 결과 데이터는 성과 평가의 자료가 되며, 탁월한 성과를 보이는 종업원에 대한 보상의 근거로 활용할 수 있다. 이러한 보상과 인정은 종업원들에게 확실한 동기부여가 될 뿐 아니라 모니터링을 감시가 아닌 자신을 발전하게 하는 수단으로 인식할 수 있도록 해준다.

38 이유재, 이준엽의 KS-SQI 모델에서 제시한 품질 속성
- 성과 측면 : 본원적 욕구충족 예상외 혜택, 약속이행, 창의적 서비스
- 과정 측면 : 고객응대, 신뢰감, 접근용이성, 물리적 환경

39 과거에 비해 경제적으로 윤택해지고 다양한 서비스들을 누릴 수 있게 되었지만, 서비스에 대한 만족도는 오히려 낮아지는 현상을 '서비스 패러독스(Service Paradox)'라 한다.

40 혼합측정에 대한 설명이다.

41 고객의 전화는 가능한 한 다른 사람이나 다른 부서로 넘기지 말고 처음 받은 사람이 고객의 용무가 끝날 때까지 직접 응대한다.

42 ① '서비스 체인'에 대한 설명이다.
② '만족거울'에 대한 설명이다.
③ '피시본 다이어그램'에 대한 설명이다.
⑤ 한 사람의 능력의 활용 정도는 여러 가지 능력 중에서 가장 작은 요소에 의해 결정된다는 것은 '최소량의 법칙'에 해당한다.

43 판매담당자의 대화법은 질문 → 경청 → 동감 → 응답하는 과정을 반복하는 것이다.

44 서비스 품질은 다항속성들로 구성되어 있으므로 고객이 요구하는 바에 적합하게 한다는 것은 관련된 많은 품질속성 중의 어느 하나에만 적합하도록 할 수 없기 때문에 고객필요 관점은 잘못된 개념으로 지적되고 있다.

45 회사가 고객에게 제공하는 개별적 배려와 관심은 공감성이다.

46 기업의 단기적 이익의 강조는 비용절감에 치중한 나머지 고객이익을 최우선으로 하지 않음으로써 결국에는 서비스 품질을 저하시킨다.

47 고객에게 우리가 의지하는 것이지, 고객이 우리에게 의지하지는 않는다.

48 기대가치(E)와 인식가치(P)가 같을 경우 '대체로 만족'이라 한다.

49 마케팅 목표는 재무적 수치(매출액, 시장점유율, 매출수량, 이익 등)의 경제적 목표와 소비자들의 지각이나 다양한 반응을 고려한 고객 관점(고객만족도, 인지도의 향상, 이미지의 전환 등)의 비경제적인 목표로 구분할 수 있다.

50 고객만족 측정 3원칙
- 계속성의 원칙 : 고객의 만족도를 과거, 현재, 미래와 비교할 수 있어야 한다.
- 정량성의 원칙 : 항목별로 정량적 비교가 가능하도록 조사하는 것이 중요하다.
- 정확성의 원칙 : 정확한 조사와 정확한 해석을 실시한다.

51 '고객에게 문화(Culture)를 서비스(Service)한다'라는 목표로 기업과 문화를 자연스럽게 하나로 만들어 고객에게 서비스하는 마케팅을 '컬비스 마케팅'이라 한다.

52 정량조사는 질문중심적(What?, When?, How?)인 반면, 정성조사는 반응중심적이다(Why?).
①・②・④・⑤ 정량조사 기법의 특징에 해당된다.

53 만족거울이라는 말은 벤자민 쉬나이더(Benjamin Schneider)와 데이빗 보우엔(David Bowen)의 논문에서 처음으로 나타난다. 벤자민 쉬나이더와 데이빗 보우엔은 고객과 종업원 만족 수준 사이에 밀접한 관계가 있음을 은행 지점들을 예로 연구한 1985년 보고에서 밝히고 있다. 그 후의 반복연구에서 그들은 자기의 일이 지원되고 있다고 믿는 정도가 고객만족에 대한 가장 일관된 정보를 가져다준다고 결론지었다.

54 고객관계관리(CRM)를 구현하기 위해서는 고객 통합 데이터베이스(DB)가 구축돼야 하고, 구축된 데이터베이스로 고객 특성(구매패턴・취향 등)을 분석하고 고객 개개인의 행동을 예측해 다양한 마케팅 채널과 연계되어야 한다.

55 수신자 부담 전화 서비스는 '서비스 담당자'보다는 '회사'가 고객에게 제공하는 서비스이다.

56 고객과 가장 많은 접촉을 가지는 일선 종사자들의 소리가 위로 전달되어야 진실로 고객이 원하는 바를 정책으로 입안할 수가 있다(상향 커뮤니케이션의 활성화).

57 인지불협화 이론(Cognitive Dissonance Theory)
소비자가 각각 옳다고 생각하는 두 개의 지각이 서로 조화되지 않을 때의 심리 상태이다. 이러한 부조화 상태에서는 균형이 결여된 요소들 간의 조화를 이루어 심리적 불안감이나 긴장상태를 감소시키는 동기를 부여해야 한다.

58 리츠칼튼 호텔의 고객 절대 만족의 개선 방안
- 중요한 서비스 품질의 결정요소를 파악하라.
- 고객의 기대를 관리하라.
- 유형적 요소를 관리하라.
- 고객에게 서비스 내용을 알려주라.
- 기업 내 품질 문화를 정착시켜라.
- 자동화를 실천하라.
- 변화하는 고객 기대에 대응하라.

59 감성요소 차별화는 따뜻한 감성이나 이미지 브랜드를 이용하여 차별화한다. 오리온 초코파이의 '정'이나 경동 보일러의 '부모님께 보일러 놔드리기' 등은 감성 마케팅으로 성공한 대표적인 케이스이다.

60 마케팅 믹스 4P에는 제품(Product), 장소(Place), 가격(Price), 촉진(Promotion)이 있고, 촉진은 판매를 촉진하는 요소로서, 광고, 홍보, 인적판매, 공중관계 등이 있다. ③ 재고관리는 4P 중 장소에 해당한다.

03 | 고객관리 실무론

61	62	63	64	65	66	67	68	69	70	71	72	73	74	75
①	①	①	③	②	④	③	④	④	④	①	②	④	④	⑤
76	77	78	79	80	81	82	83	84	85	86	87	88	89	90
③	①	⑤	②	①	④	③	①	③	②	⑤	④	③	③	④

61 먼저 퇴근을 할 때에는 다른 동료들에게 방해가 되지 않도록 하되 예의를 갖춰 인사를 하고 나온다.

62 ② 웃어른이 아랫사람의 절에 대한 답배로 사용
③ 항렬이 같은 사람이나 관직의 품계가 같을 시 사용
④ 절을 하더라도 답배를 하지 않아도 되는 높은 어른이나 의식행사에서 사용

63 감정노동 직무의 스트레스 대처법
• 적응하기 : 고객의 입장을 이해해보려고 노력한다.
• 분노조절 훈련 : 심호흡, 자극 피하기, 관심 바꾸기, 용서, 소리 지르기 등으로 분노를 조절해본다.
• 타인과 교류하기 : 어려움을 나눌 수 있는 상사나 동료를 만들거나 동호회·봉사활동 등을 통해 심리적으로 재충전할 수 있는 기회를 갖는다.
• 생각 멈추기 : 마음속으로 "그만!"을 외치고 생각을 멈추어 본다.
• 일과 나와의 분리 : 일 때문에 다른 사람이 되어 연극을 하는 중이라고 생각하며 자신과 업무를 분리한다.
• 혼잣말 등 인지적 기법 : 스스로 위로하고 격려하는 혼잣말이나 자기암시를 한다.

64 산울림법은 '앵무새법'이라고도 한다.
① Yes, but 화법
② 정면으로 부정하는 화법(논쟁 우려)
④ 사실을 사실로 인정하며 그 대신 다른 요소를 보충하는 화법
⑤ 주저하거나 거절하는 경우 자료를 제시하는 화법

65 화려한 프릴이나 레이스가 많은 스타일은 자칫 상대에게 부담을 줄 수 있다.

66 멘토링(Mentoring)

다양하고 풍부한 경험과 지혜를 겸비한 선배 또는 동료가 1:1로 상대방의 발전을 도모하기 위해 지도와 조언을 하는 것이다.

67 여러 사람들을 그룹별로 소개할 때에는 한 그룹을 다른 그룹에게 모두 소개하고 다른 편을 소개한다.

68 여닫이문으로 문이 당겨서 열릴 경우에는 문을 열고 잡은 후, 방문객이 먼저 안으로 들어가도록 안내하며, 문을 밀어서 열리는 경우에는 안내자가 먼저 문을 열고 들어가서 방문객이 안으로 들어오도록 한다.

69 냅킨 예절
- 냅킨을 놓는 위치 : 냅킨은 정식의 테이블 세팅에서는 손님의 바로 정면에 놓인 서비스 플레이트 위에 올려놓으며, 약식일 때는 손님의 왼쪽 포크 위에 올려놓는다.
- 냅킨을 펴는 시점 : 냅킨을 펴는 시점은 초대를 받았을 때 주인이 냅킨을 펴면 따라서 테이블에서 내리거나, 주빈이 착석하여 옆 좌석의 손님과 몇 마디의 인사말을 나누면서 냅킨을 펴면 뒤따라 편다.
- 식사의 끝과 휴식을 알리는 표시 : 식사가 끝나지도 않았는데 냅킨을 테이블 위에 올려놓으면 안 된다. 이는 식사를 '거부'한다는 의미가 되기 때문이다. 식사 중 냅킨을 테이블 위에 올려놓는 것은 금기시되어 있다. 잠깐 자리를 뜰 때에는 의자 위에 놓거나, 식탁에 걸쳐 접시로 눌러 놓는다.

70 개인생활과 직업인으로서의 역할을 구분하는 것이 중요하다.

71 로젠버그(Rosenberg)의 내적 이미지

자신에 대해 가지고 있는 개인의 생각과 느낌의 총합이다. 자신의 신체, 행동, 능력을 판단하는 지각의 본질이자 행동해야 할 방향을 결정하는 주체이다.

72 본인 입석하에 지시를 전달할 때에는 '님' 자를 붙인다.

73 전화가 들리지 않으면 다시 한 번 말해 달라고 정중히 요청한다.

74 코칭 대화 프로세스(GROW 모델)
- Goal(목표 설정) : 코칭의 주제와 목표를 설정
- Reality(현실 확인) : 목표와 관련된 현재 상황을 파악
- Option(대안 탐색) : 구체적으로 어떤 방법을 통해 목표를 실현시킬 수 있을지에 대한 탐색
- Will(실행의지 확인) : 함께 세운 계획을 실행에 옮길 수 있도록 코치의 역할이 중요하며, 코칭을 마무리 하는 동시에 전체 과정을 리뷰하고 피드백하는 과정

75 텔레마케팅은 고객지향의 서비스를 하는 동시에 판매·주문접수, 판매지원 등을 하는 이익센터의 역할도 수행한다.

76 부득이 전문성을 요하는 경우에만 해당 부서로 연결한다.

77 OJT(On the Job Training) 특징
- 평가가 쉽다.
- 계속적, 반복적으로 교육할 수 있다.
- 구체적이고 실제적인 교육을 할 수 있다.
- 상사와 부하, 선·후배 간의 인간관계가 두터워지며, 상사와 선배의 자기계발의 기회가 많다.

78 고객의 취향이나 요구사항, 현재 상황 등을 연구·분석하여 고객이 필요로 하는 상품과 서비스를 고객의 욕구에 맞게 제공한다.

79 불만족한 고객에 대한 상담기법
- 고객이 만족할 수 있는 방법을 제시한다.
- 전문기관을 알선한다.
- 개방형 질문을 한다.
- 충분히 배려한다.
- 보상받기를 원하는 것이 무엇인지 질문한다.
- 공감을 하면서 경청한다.
- 긍정하면서 상담원 측의 이야기를 한다.

80 안내 시 손가락으로 가는 방향을 가리켜서는 안 된다.

81 ① 어떤 원인에 의해 나타난 결과가 다시 원인에 작용해 그 결과를 줄이거나 늘리는 '자동 조절 원리'를 말하며, 이러한 피드백 과정을 고객 만족이라는 모니터링의 궁극적인 목적을 위해 이용하는 것이 모니터링 피드백이다.
② 일정한 형식을 유지하며 진행되는 방식으로 가장 흔히 사용하는 형태이다. QAA나 코칭을 하는 사람이 사전에 코칭 대상과 시기, 코칭 내용을 선정하여 상담원에게 코칭을 정해진 프로세스에 따라 실시한다.

82 고객 중심으로 작성되어야 한다.

스크립트(Script) 작성 원칙
- 문어체가 아닌 구어체로 작성되어야 한다.
- 고객, 기업, 상담원의 입장을 고려하여 작성되어야 한다.
- 스크립트 작성의 5C : 이해하기 쉽게(Clear), 간단명료하게(Concise), 논리적으로(Convincing), 회화체로(Conversational), 고객 중심으로(Customer-oriented) 작성되어야 한다.

83 불평은 고객이 상품을 구매하는 과정에서 또는 구매한 상품에 관하여 품질, 서비스, 불량 등을 이유로 종종 발생하는 사항이며, 불평접수 및 처리과정이 손쉽고 편리하다고 해서 불평이 발생하지 않는다고 볼 수는 없다.

84 소비자의 기본적 권리(소비자기본법 제4조)
- 물품 또는 용역(이하 "물품 등"이라 한다)으로 인한 생명·신체 또는 재산에 대한 위해로부터 보호받을 권리
- 물품 등을 선택함에 있어서 필요한 지식 및 정보를 제공받을 권리
- 물품 등을 사용함에 있어서 거래의 상대방·구입 장소·가격·거래조건 등을 자유로이 선택할 권리
- 소비생활에 영향을 주는 국가 및 지방자치단체의 정책과 사업자의 사업활동 등에 대하여 의견을 반영시킬 권리
- 물품 등의 사용으로 인하여 입은 피해에 대하여 신속·공정한 절차에 따라 적절한 보상을 받을 권리
- 합리적인 소비생활을 위하여 필요한 교육을 받을 권리
- 소비자 스스로의 권익을 증진하기 위하여 단체를 조직하고 이를 통하여 활동할 수 있는 권리
- 안전하고 쾌적한 소비생활 환경에서 소비할 권리

85 개인정보처리자는 개인정보를 익명 또는 가명으로 처리하여도 개인정보 수집목적을 달성할 수 있는 경우 익명처리가 가능한 경우에는 익명에 의하여, 익명처리로 목적을 달성할 수 없는 경우에는 가명에 의하여 처리될 수 있도록 하여야 한다(개인정보보호법 제3조 제7항).

86 코칭(Coaching) 스킬에는 경청스킬, 직관스킬, 자기관리 스킬, 질문스킬, 확인스킬 등이 있다.

87 프레젠테이션을 진행할 때 발표자의 일방적인 설명은 청중을 지루하게 만들고 집중력을 떨어뜨리므로 발표 중간에 청중에게 질문을 던지고 대화를 유도하는 것은 매우 중요한 기술이다.

88 수치를 나열하기보다 수치를 가공하여 도표화하게 되면 잠재적인 문제점이 부각된다.

89 ① 회의실이나 사무실을 벗어나 외부에서 회의하는 것
② 관련 전문가들을 모아 의견을 구하고 종합적인 방향을 전망해 보는 기법
④ 시안(試案)에 대해 구성원을 둘로 구분, 찬반을 토론하여 각 대안(代案)에 장·단점을 도출
⑤ 제시된 문제에 대해 다양한 참석자들이 자신의 아이디어를 글로 써낸 뒤에 제출된 모든 아이디어를 칠판이나 차트에 기록하여 장·단점에 대한 토론을 거쳐 투표로서 최종안을 선택하는 기법

90 누구든지 불특정 다수가 이용하는 목욕실, 화장실, 발한실(發汗室), 탈의실 등 개인의 사생활을 현저히 침해할 우려가 있는 장소의 내부를 볼 수 있도록 고정형 영상정보처리기기를 설치·운영하여서는 아니 된다. 다만, 교도소, 정신보건 시설 등 법령에 근거하여 사람을 구금하거나 보호하는 시설로서 대통령령으로 정하는 시설에 대하여는 그러하지 아니하다(개인정보보호법 제25조 제2항).

제9회 | 정답 및 해설

문제 p.202

01 | CS 개론

01	02	03	04	05	06	07	08	09	10	11	12	13	14	15
②	②	⑤	③	④	③	⑤	④	①	②	⑤	④	③	②	⑤
16	17	18	19	20	21	22	23	24	25	26	27	28	29	30
⑤	④	④	②	②	①	②	③	①	①	③	③	①	④	①

01 ① · ③ · ④ · ⑤ 직접적인 요소에 해당한다.

02 고객생애가치(LTV)가 기업에 도입된 것은 2000년대이다.

03 서비스 팩토리는 노동집약도, 고객과의 상호작용, 개별화 등이 모두 낮은 경우이다.

04 Edward & Peppard 교수의 비즈니스 프로세스는 경쟁 프로세스, 변혁 프로세스, 기반 프로세스, 지원 프로세스로 분류되고 그 중 기반 프로세스에 대한 설명이다.

05 서비스의 물리적 증거와 기술적 프로세스는 원격접점의 품질 평가 요인이다.

06 품질기능전개는 고객의 요구사항을 제품의 기술특성으로 변환하고, 이를 다시 부품특성과 공정특성, 그리고 생산에서의 구체적인 사양과 활동으로까지 변환하는 것이다. 따라서 품질기능전개가 가능하기 위해서는 고객의 요구사항을 조사하는 시장조사 결과가 정확하여야 하고, 모호한 고객의 니즈가 구체적이고 실행가능하게 문서화될 수 있어야 한다.

07 기업문화란 기업의 미래를 달성하기 위하여 전사원이 준수해야하는 말과 행동, 규범, 전략 등이라고 할 수 있다. 좋은 기업문화를 형성하기 위해서는 구성원에게 정의, 진실, 예절, 성실, 솔선수범 등의 자세가 필요하다.

08 공정성 이론은 자신이 투입한 노력에 대한 비율과 다른 사람과 비율 사이에서 긍정적이거나 부정적으로 인식될 경우 불공정한 경험으로 만족하지 못한 결과를 초래한다는 이론이다.
① 기대이론은 인간의 동기부여 정도는 인간이 특정 행위를 하려는 욕구의 정도가 동기부여의 요소에 의해 좌우된다는 이론이다.

② 성취 욕구 이론은 하버드 대학의 심리학자인 맥클리랜드는 '성취하는 사회(The Achieving Society, 1961)'에서 경제발전에 중요한 심리적 요인을 찾고자 노력하여 이를 '성취 욕구'로 제시한다.

③ 2요인 이론은 매슬로우(Maslow)의 문제점을 극복하기 위해 그의 연장선상에서 전개된 이론이며, 허츠버그(Herzberg)는 인간에게는 전혀 이질적인 두 가지 욕구가 동시에 존재한다고 주장한 이론이다.

⑤ 기대불일치 이론은 고객의 기대와 성과 간의 불일치에 의해 만족 또는 불만족이 발생한다는 것으로, 성과가 기대보다 높으면 긍정적 불일치에 의해 만족이 발생하고, 낮으면 부정적 불일치에 의해 불만족이 발생한다고 보는 이론이다.

09 고객만족을 위한 서비스 프로세스는 노동집중도(노동집약도), 고객과의 상호작용, 개별화로 분류된다.

10 서비스 제공에서 고객의 역할은 첫째는 생산자원으로서의 고객, 둘째는 서비스 품질 및 만족에 기여하는 공헌자로서의 고객, 셋째는 경쟁자로서의 고객의 역할로 나뉜다.

11 고객의 기대와 제품 또는 서비스의 수준
- 고객의 기대 > 제품 또는 서비스 : 고객불만
- 고객의 기대 = 제품 또는 서비스 : 고객만족
- 고객의 기대 < 제품 또는 서비스 : 고객감동

12 번호표를 활용하여 대기시간을 관리한 것은 공정한 대기시스템의 구축을 말하고, 병원의 예약서비스는 예약의 활용을 나타낸다. 이는 모두 생산관리방법에 해당된다.

13 소비자의 구매의사결정에서 위험성을 줄이기 위한 방법으로 가격할인, 시설의 개방 등을 활용하여 신뢰를 구축하는 길이다.

14 그레고리 스톤(Gregory Stone)의 고객분류

경제적 고객 (절약형 고객)	• 고객가치를 극대화하려는 고객을 말한다. • 투자한 시간, 돈, 노력에 대하여 최대한의 효용을 얻으려는 고객이다. • 여러 서비스기업의 경제적 강점을 검증하고 가치를 면밀히 조사하는 요구가 많고, 때로는 변덕스러운 고객이다. • 이러한 고객의 상실은 잠재적 경쟁위험에 대한 초기 경보신호라고 할 수 있다.
윤리적 고객 (도덕적 고객)	• 윤리적인 기업의 고객이 되는 것을 고객의 책무라고 생각한다. • 기업의 사회적 이미지가 깨끗하고 윤리적이어야 고객을 유지할 수 있다.
개인적 고객 (개별화 추구고객)	• 개인 간의 교류를 선호하는 고객을 말한다. • 형식적인 서비스보다 자기를 인정하는 서비스를 원하는 고객이다. • 최근 개인화되어가는 경향으로 고객정보를 잘 활용할 경우 가능한 마케팅이다.
편의적 고객	• 자신이 서비스를 받는 데 있어서 편의성을 중요시하는 고객이다. • 편의를 위해서라면 추가비용을 지불할 수 있는 고객이다.

15 불특정 다수의 고객을 유치하는 것이 아닌, 신뢰에 기반을 둔 장기적인 고객관계유지를 지향한다.

16 CRM의 등장배경은 다양한 고객에 대한 욕구나 필요에 따른 차별화된 마케팅 방식의 선호가 영향이 되었다.

17 감성지능의 5가지 요소
- 자아인식력 : 자신의 감정, 기분, 취향 등이 타인에게 미치는 영향을 인식하고 이해하는 능력
- 자기조절력 : 부정적 기분이나 행동을 통제 혹은 전환할 수 있는 능력
- 동기부여능력 : 돈, 명예와 같은 외적 보상이 아닌 스스로의 흥미와 즐거움에 의해 과제를 수행하는 능력
- 감정이입능력 : 다른 사람의 감정을 이해하고 헤아리는 능력
- 대인관계 기술 : 인간관계를 형성하고 관리하는 능력으로서, 인식한 타인의 감성에 적절히 대처할 수 있는 능력

18 3S 운동
생산성 향상 운동의 하나이다.
- Standardization(표준화) : 제품 및 부품의 규격과 종류를 표준화
- Specialization(전문화) : 직장이나 노동을 전문화
- Simplification(단순화) : 제품이나 작업방법을 단순화

19 종업원은 고객의 행동에 따라 심리, 감정, 행동 및 신체에 영향을 받으며, 다른 고객과 기업에 다시 영향을 미친다. 따라서 모든 고객을 상대로 CRM을 구축하는 것은 무모한 일이며, 기업과 고객의 편익에 따라 전략을 구축해야 한다.

20 에릭 번(Eric Berne)의 교류분석에서 사람의 자아 상태가 부모자아와 성인자아, 아동자아로 나누어져 성인 자아는 부모자아와 아동자아를 중재하고 평가하는 역할뿐만 아니라 정보를 수집하고 처리하면서 현실을 다루는 역할, 아동 자아는 어린아이처럼 행동하거나 어린아이의 감정 그대로 표현을 한다. 감정을 표출하거나 억제하는 부분, 욕구에서 나오는 어린이 같은 상태이다.

21 자기긍정–타인긍정 : 대체로 자신이나 타인에게 만족하며 모든 느낌을 인식하고 표현하는 데 문제가 없으며, 이 입장에서는 세상에 대한 합리적이고 객관적인 태도를 가진다.

22 유형성 스펙트럼

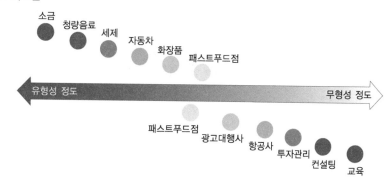

※ 자료원 : 이유재(2001). 「서비스 마케팅」. 2판. 학현사. p.24

23 매슬로우(Maslow)의 욕구 5단계

- 생리적 욕구 : 의식주 등 생존하기 위한 기본욕구
- 안전 욕구 : 근본적으로 신체적 및 감정적인 위험으로부터 보호되고 안전해지기를 바라는 욕구
- 소속감과 애정 욕구 : 인간은 사회적인 존재이므로 조직에 소속되거나 동료와 친교를 나누고 싶어 하고 또 이성 간의 교제나 결혼을 갈구하게 되는 욕구
- 존경 욕구 : 내적으로 자존·자율을 성취하려는 욕구(내적 존경 욕구) 및 외적으로 타인으로부터 인정을 받으며, 집단 내에서 어떤 지위를 확보하려는 욕구(외적 존경 욕구)
- 자아실현 욕구 : 계속적인 자기발전을 통하여 성장하고, 자신의 잠재력을 극대화하여 자아를 완성시키려는 욕구

24
① 순수 유형재화
② 서비스가 주이고 유형재가 약간 부가됨
④ 순수 서비스
⑤ 서비스가 주어지는 유형재화

25 의료기관의 특징에 해당한다.

26 서비스 리더십이란 내부고객(직원)이 리더에게 고객으로 대접받고 서비스를 받을 때 만족을 느끼며, 그 만족을 토대로 외부고객에게 만족과 감동을 느낄 수 있는 서비스를 제공한다는 현실을 구조화한 이론이다. 따라서 서비스 리더십에서 가장 선행되는 리더십은 내부직원을 섬기는 리더십이다.

27 특성론은 조직의 효과적인 리더가 되기 위해서는 그것에 필요한 자질이나 재능을 지닐 수 있어야 한다는 점을 전제로 하는 것이다.
① 변혁론은 과업의 중요성과 가치의 증대를 통해 팀과 조직을 위해 자신의 이익을 초월하게 함으로써, 그리고 욕구를 자아실현의 욕구와 같은 고차원의 수준으로 높임으로써 최초에 기대했던 것 이상으로 하도록 동기부여 한다. ② 상황 적합론(상황이론)은 리더십의 유효성은 상황변수의 조건에 따라 달라진다는 이론이다.

28
② 보복전략 : 경쟁기업의 수익확보를 저지할 목적으로 신규서비스 시도를 줄이고 시장점유를 유지하기 위한 공격적 경쟁
③ 적응전략 : 경쟁사가 시장에 진입한 것을 인정하고 시장잠식 및 시장점유율을 확대하는 것을 방지

29 서비스 기업의 경쟁 환경은 ① 규모의 경제를 실현하기 어렵다. ② 내부고객의 만족에도 관심을 가진다. ③ 경쟁사의 모방이 쉽다. ④ 기업 수익성의 핵심은 고객충성도이다. ⑤ 진입장벽이 상대적으로 낮다.

30 대인지각 왜곡 유형
- 범주화와 고정관념 : 사람을 파악하는 데 있어 같은 범주에 속해 있는 사람들은 비슷한 특성들을 공유하고 있는 것으로 여긴다. 이런 식으로 범주의 특성을 그 성원들의 특성으로 일반화시키는 경향성을 고정관념이라고 한다.
- 스테레오 타입 : 고정관념을 형성하는 여러 가지 선입관 중에서 특별한 경우를 일컬을 때 사용하는 용어로서, 한두 가지 사례를 보고 대상집단 전체를 평가하는 경우를 말한다.
- 일반화의 오류 : 부분을 전체로 착각하여 범하는 생각의 오류이다.
- 관대화 경향 : 인간의 행복추구본능 때문에 타인을 다소 긍정적으로 평가하는 경향을 말한다.
- 중심화 경향 : 타인을 평가할 때 어느 극단에 치우쳐 오류를 발생시키는 대신, 적당히 평가하여 오류를 줄이려는 경향을 말한다.

02 | CS 전략론

31	32	33	34	35	36	37	38	39	40	41	42	43	44	45
③	②, ③	③	④	②	③	②	⑤	②	④	②	③	⑤	②	①
46	47	48	49	50	51	52	53	54	55	56	57	58	59	60
③	④	②	①	③	⑤	⑤	④	③	⑤	③	①	⑤	⑤	①

31 MOT 사이클 차트의 분석 5단계
- 1단계 : 고객의 입장에서 걸어보기
- 2단계 : 고객접점 유니트 설계
- 3단계 : 고객접점 사이클 세분화
- 4단계 : 고객접점 시나리오 만들기
- 5단계 : 새로운 표준안대로 행동하기

32 ② 서비스 청사진은 전달자가 아닌, 고객의 경험과 관점에서 설계된다.
③ 고객의 역할이 아니라 종업원의 역할과 책임을 규정하기 위함이다.

33 고객의 소리
- 여러 고객의 집합체인 시장의 욕구와 기대의 변화를 알 수 있다.
- 고객의 결정적인 순간을 이해하고 고객의 입장에서 바라봄으로써 서비스 프로세스의 문제점을 알 수 있다.
- 예상 밖의 아이디어를 얻을 수 있다.
- 고객과의 관계유지를 더욱 돈독하게 할 수 있다.
- 고객접점에서 고객의 욕구에 근거하여 표준화된 대응서비스가 가능하다.
- 고객과의 커뮤니케이션을 통해 CRM의 한계를 극복하여 데이터를 통한 분석이 아닌, 고객의 실제 성향 파악을 가능하게 한다.

34 미스터리 쇼퍼(Mystery Shopper)의 활동에서 고려해야 할 요소로 적절성, 안정성, 윤리성, 객관성, 실용성 등이 있다.

35 경영진과 종업원, 고객의 상호이해관계를 바탕으로 서비스 표준을 이끌어 내는 것이 가장 최상의 방법이다.

36 시장 세분화란 하나의 시장을 구매자의 특성에 따라 몇 개의 집단으로 구분하는 것으로서 구분된 각 집단 혹은 시장 부문에 대하여 별개의 제품을 제공하거나 상이한 마케팅 믹스 전략을 이용하게 된다. 세분 시장의 전략으로 전체시장 도달전략(단일제품 전체시장 도달전략, 복수제품 전체시장 도달전략)과 부분 시장 도달 전략(단일시장 집중화 전략, 시장 전문화 전략, 제품 전문화 전략, 선택적 전문화 전략)이 있다.
① 기업의 마케팅믹스를 하나의 세분 시장에 전념하는 것
② 여러 세분 시장에 단일 제품으로 대처하는 것
④ 세분 시장 중에서 매력적이고 기업목표에 적합한 몇 개의 세분 시장에 진입하는 것
⑤ 모든 고객 집단들이 필요로 하는 모든 제품을 그 전체 고객집단에게 제공하는 것

37 ① 온라인 페이지의 기술적인 작동상태와 구매 가능성 보장
④ 최소한의 시간과 노력으로 원하는 서비스를 획득
⑤ 신용정보나 구매정보의 안전한 보호

38 SWOT 분석에 대한 설명이다.

39 ③ 칭찬하면 칭찬할수록 더욱 더 잘하는 동기를 제공하는 효과이다.
④ 플라시보 효과의 반대효과로 본인이 믿지 않으면 약을 먹어도 잘 낫지 않는 현상이다.
⑤ 치료에 생리적으로 도움이 되는 약이 아닌데도, 환자가 호전될 것이라 믿고 복용하여 병이 호전되는 현상을 말한다.

40 고객의 충성도와 이익에 따른 전략의 선택

구 분		장기거래 고객	단기거래 고객
높은 수익		True Friends	Butterflies
		• 회사의 제공 서비스와 소비자의 욕구 간 적합도가 높고 높은 잠재이익 보유 • 태도적, 행동적 충성도 구축과 지속적인 고객 관계 유지가 필요	• 회사의 제공 서비스와 소비자의 욕구 간 적합도가 높고 높은 잠재이익 보유 • 거래의 만족을 달성하도록 노력해야 함
낮은 수익		Barnacles	Strangers
		• 회사의 제공 서비스와 소비자의 욕구 간 적합도가 제한되고 낮은 잠재이익 보유 • 지갑점유율을 측정하여 낮으면 교체구매 유도	• 회사의 제공 서비스와 소비자의 욕구 간의 적합도가 낮음 • 투자 불필요 • 모든 거래에서 이익 창출 필요

41 ① 서비스 접점 실패 : 무례함, 전문성의 부족, 무관심
③ 핵심 서비스 실패 : 업무 실수, 계산 오류, 서비스 파멸
⑤ 불편 : 서비스 제공 위치·시간, 서비스 대기시간, 예약을 위한 대기시간

42 ① 충족이 되면 만족하고 충족되지 않으면 불만을 일으키는 요소
② 충족이 되면 만족을 주지만, 충족되지 않더라도 하는 수 없이 받아들이는 요소
④ 충족 되든지 안 되든지 만족도 불만도 일으키지 않는 요소
⑤ 충족이 되면 불만이 되고 충족되지 않으면 만족이 되는 요소

43 과거에는 외부고객 중심적이었으나 현대에는 외부고객뿐만 아니라 직원도 내부고객이라는 새로운 사고를 도입하여 내부고객의 만족이 선행되어야 외부고객을 위한 서비스가 만족스럽다는 점을 명확히 하여야 한다.

44 획일적이지 않고 고객의 개인적 취향에 맞는 서비스를 제공할 수 있다.

45 ② 소비자가 직면하는 상황이 소비자행동에 강력한 영향을 주는 경우이다. 상황적 가치는 소비자가 직면하는 특정 상황이나 주변 환경의 결과로서 지각되는 가치로 분류한다.
③ 사회적 욕구의 충족, 제품이나 브랜드의 사회적 이미지, 사회적 규범이나 집단과의 관련성 때문에 지각되는 가치이다.
④ 어떤 제품이나 브랜드가 유발하는 느낌이나 감정적 상태로부터 소비자가 지각하는 가치이다.
⑤ 소비자가 제품의 소비를 자극하는 새로움, 호기심 등과 관련된 가치이다.

46 만족도가 높은 종업원은 충성도가 높고 생산적이며, 충성도가 높은 고객을 이끌어낸다.

47 ① 편의품보다 상대적으로 구입 빈도가 낮은 소비재로 가구, 의류, 전자제품 등이 있음. 편의품보다 소수의 매장에 다양한 판매지원
② 독특한 특징을 가지거나 브랜드차별성을 가지는 소비재로 고가의 스포츠카, 유명디자이너의 의류 미술품 등이 있음. 고가이며, 특정 소비자들이 특별한 구매노력, 소수의 점포에서 판매
③ 필요를 느낄 때 수시로 구매하는 소비재로 비누, 과자, 신문 등이 있음. 탐색, 비교 등 구매노력을 최소화하는 대중적인 제품

48 '도나베디언'의 의료 서비스 품질요소
- 효험(Efficacy)
- 유효성(Effectiveness)
- 적정성(Optimality)
- 효율성(Efficiency)
- 수용성(Acceptability)
- 합법성(Legitimacy)
- 형평성(Equity)

49 내부 마케팅이란 내부고객인 종업원을 대상으로 기본적으로 사기를 진작시키고 근무 만족도를 향상시키며 종업원이 서비스 상품의 생산과정에서 중요한 인적자원으로 인식하도록 자격을 갖춘 종업원을 선발, 개발, 교육훈련 등을 통해 동기부여시키는 과정을 말한다.

50 서비스 품질에는 두 개의 차원이 있다. 즉, 기술적 차원(결과차원)과 기능적 차원(과정차원)이다. 결과품질(Outcome Quality)은 고객이 기업과의 상호작용에서 무엇을(What) 받느냐를 나타낸다. 이는 서비스와 관련해 생산과정이나 구매자와 판매자의 상호작용이 끝난 뒤 고객에게 남은 것을 나타낸다. 이는 보통 객관적으로 평가할 수 있는 차원인데 그 성격상 문제에 대한 기술적인 해결책인 경우가 많기 때문에 기술적 품질(Technical Quality)이라고도 부른다.

51 요구와 기대가 일치하지 않는 문제

52 내부적 서비스는 서비스를 전달하는 종업원을 지원하기 위한 서비스로서, '종업원 보상과 인정, 근무 장소 설계, 종업원의 선발과 교육, 업무 설계'가 이에 해당된다.

53 그렌루스(Grönroos)는 선행연구를 종합하여 6가지의 품질 구성요소로 전문성과 기술, 태도와 행동, 접근성과 융통성, 신뢰성과 믿음, 서비스 회복, 평판과 신용을 제시하였다.

54 서비스 품질은 추상적이고 다차원적이므로 대상을 장시간 지속적으로 관찰한 태도라고 할 수 있다.

55 ① · ② · ③ · ④ 정성조사에 필요한 자료 수집 방법이다.

56 올리버는 충성도를 '선호하는 제품이나 서비스를 재구매하거나 다시 사용하겠다는 높은 상태의 관여(몰입)'라고 했으며, 충성도는 소비자의 정도의 문제이고 연속적인 것으로 보아 4단계 모델(인지적, 감정적, 행동 의욕적, 행동적)로 분류하였다.

57 서비스 수익 체인
하버드 대학의 헤스켓(Heskett)과 새서(Sasser) 그리고 슐레징거(Schlesinger)가 제창한 것으로 고객서비스가 수익의 원천이 되는 논리적 구조를 말한다. 서비스 수익 체인(Service Profit Chain)은 수익, 성장, 고객충성도, 고객만족도, 고객에게 제공된 재화와 서비스의 가치, 직원의 역량, 만족도, 충성도, 생산성 간에 직접적이고 강력한 관계를 유지하는 것이다.

58 마케팅 트렌드에 대한 내용이다.

59 ① · ② · ③ · ④ 외에 재고가 소멸되는 경우, 시장세분화가 가능한 경우 등이 있다.

60 R(Recency) - 최근의, F(Frequency) - 빈도, M(Monetary) - 비용에 의한 분석기법이다.

61	62	63	64	65	66	67	68	69	70	71	72	73	74	75
④	⑤	④	②	⑤	⑤	②	①	②	⑤	①	④	③	②	④
76	77	78	79	80	81	82	83	84	85	86	87	88	89	90
②	②	③	②	④	⑤	③	③	②	②	④	④	④	①	①

61 할인 판매된 물품 등을 교환하는 경우에는 그 정상가격과 할인가격의 차액에 관계없이 교환은 같은 종류의 물품 등으로 하되, 같은 종류의 물품 등으로 교환하는 것이 불가능한 경우에는 같은 종류의 유사물품 등으로 교환한다(소비자기본법 시행령 별표1).

62 비대면 커뮤니케이션(주로 전화통화)은 14%의 언어적 요소와 86%의 청각적 요소에 의해서 영향을 받는다.

63 유머와 전문적인 내용보다 고객이 알아듣기 쉽게 내용을 전달해야 한다.

64 ①·③·④·⑤ 상담 전에 제공되는 내용이다.

65 ①·②·③·④ 아웃바운드형 콜센터의 특징이다.

66 스크립트 작성을 통해 상담원들이 불필요한 표현이나 상담 중간에 흐름을 잃지 않도록 하여 평균 통화시간을 조절할 수 있게 된다.

67 ① 상담원의 콜을 수시로 들어볼 수 있는 방식으로 신입사원을 대상으로 활용도가 높은 방법이다.
③ 상담원이 모르는 상태에서 무작위로 추출한 상담내용을 평가자가 녹취하여 결과를 상담원과 공유하도록 하는 방법이다.
④ 상담원이 고객과 통화한 콜을 청취하여 스스로 평가하게 하는 방법이다.
⑤ 서로 도움을 주는 위치에서 모니터링하기 때문에 신입 상담원에게 아주 좋은 방법이다.

68 공적인 거리에 관한 설명이다. 개인적인 거리는 일상적인 대화가 이루어지므로 격식과 비격식의 경계를 보이는 것이 무난하며, 친밀함의 거리는 가족이나 연인처럼 친밀한 유대관계가 전제된다.

69 어떤 대화(상담)를 나눌 때 부정과 긍정의 내용을 혼합해야 하는 경우, 기왕이면 부정적 내용을 먼저 말하고 끝날 때는 긍정적 의미(언어)로 마감하라는 것이다.

70 소비자중심경영인증의 유효기간은 그 인증을 받은 날부터 3년으로 한다(소비자기본법 제20조의2 제4항).

71 고객의 불합리한 분노로 인해 종업원이 감정을 조절할 수 없다고 느껴질 때 필요한 생각이 바로 피뢰침의 원칙으로, 종업원 자신을 조직의 피뢰침으로 생각하는 것이다.

72 물품 등을 제조·수입 또는 판매하거나 제공한 사업자의 명칭(주소 및 전화번호 포함) 및 물품의 원산지

73 ② 사람들은 한번 판단을 내리면 상황이 변해도 그 판단을 지속하려는 욕구를 가진다.
④ 어떤 사람에 대한 일반적인 평가가 그 사람의 특정적인 부분에 확대되는 것이다.
⑤ 사람들의 행동은 자신의 의지나 사고의 영향과 외부적 상황의 영향을 동시에 받는다. 그 중 어느 한쪽의 영향을 과대평가, 또는 과소평가하는 것이다.

74 인상 형성에 영향을 주는 요인은 라이프스타일, 경험, 배경, 욕구이다.

75 상사에게 외부인사와 함께 있을 때 복도라 해도 잠깐 멈추어서 인사를 한다.

76 식사 중 트림을 하거나 음식을 소리 내어 씹는 것은 실례이며, 식사 후 이쑤시개를 버젓이 사용하는 것도 실례이다.

77 평상시 어른에게는 남자는 1배, 여자는 재배를 한다. 제사 때에는 그 배를 한다.

78 역할연기법
가능한 실제상황과 매우 흡사한 가상적인 상황을 설정하여 신체적, 언어적인 표현을 통하여 대인관계의 능력개발을 목적으로 시도되는 방법이다.

79 메일 본문은 간략하게 작성하고 본문이 길어질 때는 첨부파일로 보낸다.

80 소비자 스스로의 권익을 증진하기 위하여 단체를 조직하고 이를 통하여 활동할 수 있는 권리에 해당한다.
소비자의 기본적 권리(소비자의 8대 권리)
- 물품 또는 용역(이하 "물품 등"이라 한다)으로 인한 생명·신체 또는 재산에 대한 위해로부터 보호받을 권리
- 물품 등을 선택함에 있어서 필요한 지식 및 정보를 제공받을 권리
- 물품 등을 사용함에 있어서 거래상대방·구입 장소·가격 및 거래조건 등을 자유로이 선택할 권리
- 소비생활에 영향을 주는 국가 및 지방자치단체의 정책과 사업자의 사업활동 등에 대하여 의견을 반영시킬 권리
- 물품 등의 사용으로 인하여 입은 피해에 대하여 신속·공정한 절차에 따라 적절한 보상을 받을 권리
- 합리적인 소비생활을 위하여 필요한 교육을 받을 권리
- 소비자 스스로의 권익을 증진하기 위하여 단체를 조직하고 이를 통하여 활동할 수 있는 권리
- 안전하고 쾌적한 소비생활 환경에서 소비할 권리

81 국가는 소비자와 사업자 사이에 발생하는 분쟁을 원활하게 해결하기 위하여 대통령령이 정하는 바에 따라 소비자분쟁해결 기준을 제정할 수 있다(소비자기본법 제16조 제2항).

82 사업자의 책무이다(소비자기본법 제19조).

83 사업자에 의해 생성되는 개인정보는 서비스이용기록, 접속로그, 쿠키, 결재기록, 접속 IP, 이용정지기록 등이 있다.

84 개인정보의 수집 제한(개인정보보호법 제16조)
- 개인정보처리자는 개인정보를 수집하는 경우에는 그 목적에 필요한 최소한의 개인정보를 수집하여야 한다. 이 경우 최소한의 개인정보 수집이라는 입증책임은 개인정보처리자가 부담한다.
- 개인정보처리자는 정보주체의 동의를 받아 개인정보를 수집하는 경우 필요한 최소한의 정보 외의 개인정보 수집에는 동의하지 아니할 수 있다는 사실을 구체적으로 알리고 개인정보를 수집하여야 한다.
- 개인정보처리자는 정보주체가 필요한 최소한의 정보 외의 개인정보 수집에 동의하지 아니한다는 이유로 정보주체에게 재화 또는 서비스의 제공을 거부하여서는 아니 된다.

85 역할연기법
- 역할연기법은 가능한 실제상황과 매우 흡사한 가상적인 상황을 설정하여 신체적·언어적인 표현을 통하여 대인관계의 능력 개발을 목적으로 시도되는 방법이다.
- 학습자들이 역할연기와 매우 유사한 상황에서 상대방의 입장과 생각을 이해하고, 효과적인 리더십 개발을 위해 그리고 보다 나은 대인관계 기술을 체득하도록 하는 데 매우 효과적인 방법이다.

86 슬라이드 디자인의 원리는 단순성, 명료성(이해하기 쉽도록 단순화), 균형성(심미적으로 좋은 배치), 조화성(영상은 컬러, 질감, 크기 등에서 상보적이며, 글자의 색깔과 배경색의 적절한 배합), 조직성(내용의 배열의 흐름), 강조성(중요한 부분을 색이나 선으로 강조), 통일성(구성요소들이 전체적으로 하나라고 생각함) 등이 있다.

87 프레젠테이션 4P는 Preparation(사전준비), Place(장소), Purpose(목적), People(사람, 청중)의 4가지로 구성된다.

88 첫인상의 특징
- 일회성 : 단 한 번뿐
- 신속성 : 3~7초 내에 결정
- 일방적 : 나의 의지와 상관없이 상대방이 판단함
- 초두효과 : 처음에 강하게 들어온 정보가 전체적인 이미지 판단에 결정적임

89 ② 화면을 하얗게 정지시킴

③ 화면상에 그려진 주석을 모두 지움

④ 포인터 표시/숨기기

90 브레인스토밍(Brainstorming)

일정한 테마에 관하여 회의형식을 채택하고, 구성원의 자유발언을 통한 아이디어의 제시를 요구하여 발상을 찾아내려는 방법이다. 브레인스토밍에서는 어떠한 내용의 발언이라도 그에 대한 비판을 해서는 안 되며, 오히려 자유분방하고 엉뚱하기까지 한 의견을 출발점으로 해서 아이디어를 전개시켜 나가도록 하고 있다. 일종의 자유연상법이라고도 할 수 있으며, 회의에는 리더를 두고, 구성원 수는 10명 내외를 한도로 한다.

• 한 사람보다 다수인 쪽에서 제기되는 아이디어가 많다.

• 아이디어 수가 많을수록 질적으로 우수한 아이디어가 나올 가능성이 많다.

• 일반적으로 아이디어는 비판이 가해지지 않으면 많아진다.

제10회 | 정답 및 해설

❂ 문제 p.226

01 | CS 개론

01	02	03	04	05	06	07	08	09	10	11	12	13	14	15
④	④	④	③	①	⑤	④	①	①	②	④	④	④	④	⑤
16	17	18	19	20	21	22	23	24	25	26	27	28	29	30
③	①	⑤	③	③	④	③	②	③	①	③	④	③	④	③

01 제2원칙은 경영관리층이 주도하는 원칙으로 경영관리층은 비전의 제시와 솔선수범을 하되, 현장배회경영(MBWA)을 통해 고객과의 잦은 만남을 가져야 한다.

02 CRM 전략 수립 6단계
- 1단계 : 환경 분석
- 3단계 : CRM 전략 방향 설정
- 5단계 : 개인화 설계
- 2단계 : 고객 분석
- 4단계 : 고객에 대한 오퍼(Offer)결정
- 6단계 : 커뮤니케이션(대화) 설계

03 참여관점에 따른 고객

구 분	내 용
직접고객(1차고객)	제공자로부터 제품 또는 서비스를 직접 구입하는 사람
간접고객 (개인 또는 집단)	최종소비자 또는 2차 소비자로 자동차의 경우 최종소비자는 일반인이 되지만, 자동차 영업사원이 공급하여 판매할 때에는 자동차 구매자는 간접고객이 됨
내부고객	회사 내부의 종업원으로서 조직과의 관계에서는 고객이 됨(주주나 종업원)
의사결정고객	직접적으로 제품이나 서비스를 구입하거나 돈을 지불하지는 않지만, 1차 고객이 선택하는 데 커다란 영향을 미치는 개인 또는 집단(의사의 처방전)
의견선도고객	제품이나 서비스를 구매하기보다는 평판, 심사, 모니터링 등에 영향을 미치는 집단(소비자 보호단체, 기자, 평론가, 전문가 등)
법률규제자	소비자 보호나 관련 조직의 운영에 적용되는 법률을 만드는 의회나 정부
경쟁자	전략이나 고객관리 등에 중요한 인식을 심어주는 고객
단골고객	자사의 제품이나 서비스를 반복적·지속적으로 애용하는 고객(단, 사람을 추천하는 로열티는 가지고 있지 않다)
옹호고객(충성고객)	단골고객의 성향을 포함함은 물론 다른 사람까지 추천하는 적극성을 띤 고객
한계고객	디마케팅 대상이 되는 고객으로 자사의 이익실현에 마이너스를 초래하는 고객(고객명단 제외, 해약 유도를 통해 고객의 활동이나 가치를 중시)

04 노드스트롬(Nordstrom)도 종업원에게 대폭 권한을 주면서도 현장에서 그 권한에 따른 역할 등이 제대로 사용되고 있는지 확인하기 위하여 비공식적으로 현장배회경영을 실시하고 있다.

05 5대 경쟁세력은 ②·③·④·⑤ 이외에 기존 기업 간 경쟁이 있다.

06 가치교환의 편의성을 의미하는 것은 Convenience이고, Communications는 마케팅의 시작과 끝을 뜻하며, 마케팅의 본질 자체가 의사소통이라는 의미이다.

07 분산이 아닌 집중이 해당된다. 즉, 부(富)가 집중되는 핵심산업 개념이 변화한다. 자동차, 철강 핵심산업에서 컴퓨터, 통신, 컨텐츠산업에 모든 역량이 집중된다.

08 한계고객은 참여관점에서 기업의 리스크가 크기 때문에 소요비용이 수익보다 커서 디마케팅 대상이 된다.

09 인지적 불협화 이론이 기대-불일치 이론에 근거한 연구이다.

10 공동의 선을 추구하기 위한 명확한 비전을 개발하는 사람들은 예언자형(INFJ)에 해당한다.

11 불만족한 고객의 10% 미만만이 자신이 느낀 불만을 호소하기 위하여 해당 회사에게 연락을 취한다.

12 CRM 기능과 정보 기술, 그리고 실행 차원에서의 성공 요인은 다음과 같다.

비즈니스 인텔리전스(Business Intelligence) 및 분석 능력
고객 관계와 관련된 업무 프로세스를 자동화하고 개선하는 것이 CRM의 핵심 목표이지만, CRM 시스템에 다양한 분석 및 리포팅을 지원할 수 있는 강력한 비즈니스 인텔리전스 기능을 갖추어야 한다. CRM 시스템은 과거, 현재, 미래 고객에 대한 방대한 양의 정보를 포함하고 있으며, 이 정보는 의사 결정자들을 위해 분석·가공되어 활용될 수 있어야 한다.

통합 채널을 통한 고객과의 상호작용
콜센터, 유선 인터넷, 무선 인터넷 등 고객과의 접촉 채널은 다양화되고 있다. 이 채널들의 각 특성을 최대한 활용함과 동시에 여러 채널에 걸쳐있는 기능들을 통합적으로 관리, 운영하는 것도 중요하다. 고객들에게는 채널의 종류와는 관계없이 일관된 경험을 제공하는 것이 중요하다.

중앙 집중화된 고객 정보 저장소(Repository)
고객 정보는 하나의 저장소에서 통합 관리되어야 한다. 이 정보는 직접 고객과 대면하여 일하는 모든 임직원들이 실시간으로 이용할 수 있도록 해야 하며, 모든 CRM 관련 애플리케이션과 기능에서 데이터 일관성을 유지할 수 있어야 한다.

13 조하리(Johari)의 '마음의 창'

구 분		피드백을 얻는 정도	
		내가 알고 있는 정보	내가 모르고 있는 정보
자기공개의 정도	타인이 알고 있는 정보	공개된 영역(개방형)	맹목의 영역(자기주장형)
	타인이 모르고 있는 정보	숨겨진 영역(신중형)	미지의 영역(고립형)

14 앨더퍼(Alderfer) 이론의 기본원리는 욕구좌절, 욕구강도, 욕구만족으로 설명할 수 있다.

욕구좌절	고차욕구인 성장욕구가 충족되지 않으면 저차욕구인 관계욕구를 더욱 희구하게 된다는 것이다.
욕구강도	저차욕구인 존재욕구가 충족될수록 고차욕구인 관계욕구에 대한 바람이 커진다는 것이다.
욕구만족	각 수준의 욕구가 충족되지 않을수록 그 욕구에 대한 바람은 더욱 커진다는 것이다.

15 객관적인 정보수집으로 현실을 분석하고, 가능성을 측정하며 감정에 좌우됨이 없이 기능하는 모습은 어른의 마음(A)의 자아상태에 해당한다.

16 사회적 인식능력을 감정이입능력이라고 한다.

17 '생산관리'에 해당한다.

대기관리의 방법
대기관리의 방법에는 크게 기업의 서비스방법을 변화시켜 고객의 대기시간을 감소시키는 '생산관리방법'과 서비스방법의 변화는 없지만 고객이 느끼는 체감대기시간을 줄여주는 '고객인식관리방법'으로 구분할수 있다. 예약의 활용, 커뮤니케이션의 활용, 공정한 대기시스템의 구축, 대안의 제시 등이 생산관리방법에 속한다.

18 기능단위 조직에서는 기능 자체가 하나의 완성된 업무가 아니므로 기능 간에 연관 관계 때문에 책임소재를 파악하는 데 상당한 어려움이 있다. 그러나 프로세스 자체가 하나의 매듭이 될 수 있는 일처리 과정을 의미하므로, 프로세스를 단위로 팀을 편성하였을 경우 업무수행에 따른 책임이 분명히 나타나게 된다. 따라서 업무수행 책임에 따른 업무수행 권한을 부여하기가 기타 어떠한 형태의 조직보다도 명확하다.

19 RFMIPT 공식
- 최근성(Recency) : 최종 구매일이 언제인가?
- 최빈성(Frequency) : 과거에 몇 번 구입하였으며, 그 주기는 어느 정도인가?
- 소비성(Monetary) : 최초 가입일부터 지금까지 또는 일정기간 동안 발생한 이용한 금액이 얼마인가?
- 구입품목(Item) : 어떤 형태의 제품(서비스)을 구매하였는가?
- 판매촉진 수단(Promotion) : 어느 매체를 통해 제품이나 서비스정보를 얻었는가?
- 신용도(Trust) : 장기 연체사실이 있는가?

20 고객 생애 가치(LTV ; Life Time Value)를 높이기 위한 핵심활동
  - 교차 판매
  - 추가 판매
  - 고객 유지

21 서비스 프로세스 매트릭스 분류

구 분		고객과의 상호작용/개별화	
		높 음	낮 음
노동 집약도	높 음	전문 서비스 (변호사, 의사, 컨설턴트, 건축가 등)	대중 서비스 (금융업, 학교, 도·소매업 등)
	낮 음	서비스 샵 (병원, 수리센터, 기타 정비회사 등)	서비스 팩토리 (항공사, 운송업, 호텔, 리조트 등)

22 ① 진지성(Sincerity), ② 타당성(Rightness or Legitimacy), ④ 진리성(Truth)

23 패런과 케이(Farren & Kaye)의 5가지 리더의 역할

역 할	내 용
지원자	• 구성원 직원들이 직업의 가치와 아울러 일에 대한 관심 그리고 경쟁력 있는 기술을 개발할 수 있도록 도와준다. • 구성원 직원들이 장기적인 경력개발계획의 중요싱을 깨달을 수 있도록 도와준다.
평가자	• 팀원들에게 그들의 작업수행과 평판에 관한 솔직한 피드백을 제공한다. • 직원들의 작업수행평가 기준과 기대치를 명확히 한다. • 현재 직업에서 중요하게 생각하는 점과 개선점 및 방법을 찾아내기 위해 직원들의 말을 경청한다. • 작업수행과 평가 그리고 커리어상의 최종목표 사이의 관계를 지적해 준다. • 직원들이 그들의 작업수행과 그에 대한 평가를 개선하기 위해 할 수 있는 구체적인 행동을 제시해 준다.
예측자	• 기업, 직업 그리고 해당산업에 대한 정보를 제공한다. • 직원들이 부가적인 정보의 원천을 찾아서 이용할 수 있도록 도와준다. • 직원들의 경력개발·전망을 위한 새로운 추세와 발전 내용을 지적해 준다. • 직원들이 기업의 문화적·정치적 현실을 이해할 수 있도록 도와 준다. • 기업의 전략적 방향을 충분히 설명해 준다.
조언자	• 직원들이 잠재의식 속에 가지고 있는 커리어 목표를 찾도록 도와준다. • 그 중에서 현실적인 목표를 택할 수 있도록 도움을 준다. • 잠재되어 있는 커리어 목표를 비즈니스의 요구와 기업의 전략적 요구에 연결시켜 준다. • 커리어 목표를 성취하는 데 도움이 될만한 것들과 아울러 장애가 될 만한 것들도 지적해 준다.
격려자	• 직원들이 경력개발을 위한 행동계획을 이행하는 데 필요한 자원을 연계시켜 준다. • 직원들을 키워 줄 수 있는 지위와 능력이 있는 사람들에게 직원들의 재능과 '경력개발' 목표를 알려준다.

24 접촉과 관심의 감소는 인간관계의 해체를 가져온다.

25 ② 제품은 형체가 있고 객관적인 실체인 반면, 서비스는 형체가 없는 활동이나 노력이므로, 구매하는 것의 본질 유무 여부로 판단해야 한다.
④ 서비스의 특성과 관련하여 서비스란 시장에서 판매되는 무형의 제품으로 정의를 내리며, 손으로 만질 수 있는지 없는지에 따라 유형의 상품, 무형의 상품으로 구분하였다.
⑤ 한 재화의 형태에서 물리적 변화가 없이 편익과 만족을 낳는 판매에 제공되는 활동이라고 하였다.

26 불쾌감정을 유발한 사람에게 직접 표현하기, 부정적 방법을 글로 쓰기, 부정적 감정과 관련된 사건에 대해서 다른 사람과 이야기하기, 다른 사람에게 조언 구하기, 인지적으로 재구성하기 등의 방법 등은 정서 직면적 방법에 해당한다.

27 처음 상대편과 대화 시에는 편안한 대화를 위해서 자연스럽고 부담 없는 화제를 준비하는 것이 필요하다.

28 자극의 조직화단계의 주요원칙
• 유사성 : 개개의 부분이 비슷한 것끼리 연결되어 하나의 형태나 색깔의 성질로 지각하는 경향
• 폐쇄성(종결성) : 자극의 불완전한 부분을 메워서 완전한 전체로 지각하려는 경향
• 집단화 : 근접한 것끼리, 유사한 것끼리, 연속적인 것끼리 묶어서 지각하려는 경향
• 형상과 배경 : 한 대상을 볼 때, 주요요소와 부수적(배경적) 요소로 조직화하려는 경향

29 공유적 인간관계와 교환적 인간관계

공유적 인간관계	• 가족과 연인, 아주 친밀한 친구 사이에서 나타나는 인간관계의 유형 • 타인의 행복이 나의 행복이고 타인에게 주는 것이 나에게 주는 것이 되는 관계로 호혜성이 무시되는 관계
교환적 인간관계	• 거래와 교환의 공정성, 즉 이득과 손실의 균형이 무엇보다 중요한 관계 • 주는 만큼 받고, 받는 만큼 주어야 한다는 호혜성의 원칙이 요구되는 관계

30 디자인을 이용한 미학적 마케팅이나 색상을 이용한 컬러 마케팅, 향기 마케팅, 음향 마케팅 등이 감각마케팅에 해당한다.

31	32	33	34	35	36	37	38	39	40	41	42	43	44	45
③	⑤	④	②	⑤	③	⑤	⑤	③	④	⑤	⑤	②	④	②
46	47	48	49	50	51	52	53	54	55	56	57	58	59	60
②	③	⑤	③	④	②	①	①	②	⑤	③	①	②	④	⑤

31 종업원, 고객, 기업 측에 서비스 전달과정에서 해야 하는 각자의 역할과 서비스 프로세스와 관련된 단계와 흐름 등 서비스 전반을 이해하도록 묘사해 놓은 것으로, 특히 서비스 상품 개발의 설계와 재설계의 단계에서 유용하다.

32 3개의 수평선

구 분	내 용
상호작용선	외부고객과 일선종업원 사이의 상호작용선을 통해 고객이 경험하는 서비스 품질을 알게 하여 서비스설계에 공헌할 수 있다.
가시선	고객이 볼 수 있는 영역과 어떤 종업원이 고객과 접촉하는지를 알려주어 합리적인 서비스 설계를 하도록 도와준다.
내부작용선	부서 고유의 상호의존성 및 부서간 경계 영역을 명확히 해주어 점진적인 품질개선 작업을 강화시킬 수 있다.

33 미스터리 쇼퍼(Mystery Shopper)라고도 하며, 상품의 질과 더불어 서비스의 질에 대한 소비자의 평가에 따라 기업의 매출이 큰 영향을 받게 되면서 생겨난 새로운 직업 가운데 하나이다.

34 객관성
- 종업원을 평가 또는 통제하는 도구가 아니라 종업원의 장·단점을 발견하고 능력을 향상시킬 수 있는 수단으로 활용해야 한다.
- 편견 없이 객관적인 기준으로 평가하여 누구든지 인정할 수 있게 해야만 한다.

35 미스터리 쇼퍼의 다양한 명칭
- Secret Shopper
- Anonymous Audits
- Virtual Customers
- Employ Evaluation
- Spotter Service
- Performance Audits
- Visit Checks
- Shadow Shopper
- Monitoring

36 서비스 모니터링의 기업 운용 프로세스
- 상담원의 개별적인 코칭과 향후 보상의 근거로 활용된다.
- 모니터링을 감시가 아닌, 상담원 자신을 발전하게 하는 수단으로 인식할 수 있도록 해 준다.
- 모니터링 결과를 통해 상담원 개개인과 콜센터 전체의 교육 Needs를 명확히 알 수 있게 해준다.
- 모니터링을 통해 드러난 개개인의 자질을 분석하여 상담원 선발과정에서의 문제점을 파악하여 다음 선발과정에서 선발 기준을 재조정할 수 있다.

37 고객접점과 관련된 원칙으로는 곱셈의 법칙, 100 − 1 = 0의 법칙, 통나무 물통법칙, TEN − TEN − TEN원칙 등이 있다.

38 만족거울 이론(Benjamin Schneider, David Bowen)
종업원들이 자기가 하는 일에 의미를 느끼고 열심히 하여 만족을 갖게 되면, 그 결과 고객들도 만족을 느끼게끔 서비스를 제공함으로써 자연히 매상도 증가하게 된다는 이론이다.

39 20%의 핵심고객으로부터 80%의 매출이 나온다는 유명한 파레토법칙(Pareto's Law)과 반대되는 개념으로 '역(逆) 파레토 법칙'이라고도 한다. 무한대의 진열이 가능한 인터넷 서점 '아마존닷컴'에서 일 년에 몇 권 안 팔리는 80%의 소외 받던 책들의 매출 합계가 20%의 베스트셀러들의 매출을 능가하는 의외의 결과를 두고 인터넷이 가져다준 유통혁명과 관련지어 미국의 인터넷 비즈니스 잡지 와이어드의 크리스 앤더슨 편집장이 만든 개념이다.

40 토털 서비스(Total Service)는 기업이 다른 경쟁기업과 차별되게 제공하는 서비스로서, 이를 통하여 고객과 사회로부터 긍정적인 평가를 받아 이익을 극대화하려는 전략이다.

41 고객의 충성도가 5% 상승하면 수익은 25~85% 증가한다.

42 소비가 양극화되는 차별화 추세에 적응하지 못하고 '일반적인 대중'을 타깃으로 하는 회사는 살아남지 못할 것이라는 점이다.

43 고객접점서비스란 고객과 서비스요원 사이의 15초 동안의 짧은 순간에서 이루어지는 서비스로서 이 순간을 진실의 순간(MOT ; Moment of Truth) 또는 결정적 순간이라고 한다.

44 ① 직원의 지식과 예절, 신뢰와 자신감을 전달하는 능력
② 회사가 고객에게 제공하는 개별적 배려와 관심
③ 약속한 서비스를 믿을 수 있고 정확하게 수행할 수 있는 능력
⑤ 물리적 시설, 장비, 직원, 자료의 외양

45 SERVQUAL의 5개 차원
유형성, 신뢰성, 반응성, 확신성, 공감성

46 반대로 애프터 서비스 품질 차원의 요인들 중 영향도가 가장 높은 것은 전문성/기술이다.

47 고객의 서비스에 대한 견해는 제품과 큰 차이가 있다. 제품과 서비스에 대하여 고객이 갖고 있는 차이점은 다음과 같다.
- 상품보다 서비스 구입 시 고객은 더 위험하게 느낀다.
- 서비스의 구입 전에 서비스를 평가하는 데 개인적인 의견에 더 치우친다.
- 가격과 시설이 품질에 직결된다고 간주한다.
- 서비스에 대한 대안들을 얻기 어려우므로 고객에 대하여 서비스의 대안들이 적은 편이다.
- 서비스 구입 후 평가에 제품의 경우보다 더 신경을 쓴다.

48 역할 모호성은 서비스 표준이 제대로 의사소통되지 않을 때 발생한다.

49 고객만족도(CSI ; Customer Satisfaction Index)는 현재 생산, 판매되고 있는 제품 및 서비스 품질에 대해 해당제품을 직접 사용해 보고, 이 제품과 관련된 서비스를 받아 본 고객이 직접 평가한 만족 수준의 정도를 모델링에 근거하여 측정, 계량화한 지표를 의미한다.

50 로열티
- 이전에 특정 기업의 제품을 구매한 고객 중에 다음 번에도 다시 그 기업의 제품을 구매하는 고객의 비율(고객유지율)로, 고객의 구매 행동을 직접적으로 측정
- 고객의 실제적인 행동으로 나타나는 재구매를 고객의 충성도로 간주하는 것
- 기업의 성과와 식섭적인 상관관계
- 고객수 증대효과
- 고객당 이윤 증대효과

51 FGI(Focus Group Interview)는 소수의 응답자와 집중적인 대화를 통하여 정보를 찾아내는 소비자 면접조사, 초점집단면접법이라고도 한다.

52 고객 커뮤니티를 적극 활용할 경우 고객의 요구사항이나 문제점을 명확히 규명함으로써 다수 고객의 보편적 니즈인 소위 '대세'를 파악할 수 있다. 즉, 리스크의 원천을 미리 감지해 이를 회피 또는 완화할 수 있다.

53 리츠칼튼 호텔 직원의 행동은 정확하게 호텔 서비스 수칙 3조 '고객들에게 독창적이고 개별적이며 잊지 못할 경험을 만들어 내기 위한 권한을 갖고 있다'를 실천한 사례이다. 2006년 세계적인 호텔체인인 리츠칼튼은 '직원들은 고객의 짐을 들어야 한다'거나 '고객을 안내할 때는 직접 모시고 가야 한다'는 식의 엄격한 고객 서비스 조항을 없앴다. 대신 '고객의 소망까지 알아차려 즉각 응대한다'와 같은 '가치 진술(Value Statements)' 방식으로 바꿨다. 고객의 개인적 취향에 따라 직원들이 판단력과 임기응변을 발휘할 수 있는 길을 열어준 것이다(2009, 동아일보 기사 중에서 발췌).

54 CRM(Customer Relationship Management)

회사의 고객이 누구인지, 고객이 무엇을 원하는지를 파악하여 고객이 원하는 제품과 서비스를 지속적으로 제공함으로써 고객을 오래 유지시키고 이를 통해 고객의 평생가치를 극대화하여 수익성을 높이는 통합된 고객관계관리 프로세스이다. 주로 기존 고객 및 잠재고객을 대상으로 하는 고객유지 및 이탈방지전략이 비중이 높지만 신규고객의 확보 또한 CRM의 대상이 된다.

55 서비스 마케팅(Service Marketing)은 외부 마케팅, 상호작용 마케팅, 내부 마케팅을 필요로 한다.

내부 마케팅	• 기업-종업원 간에 이루어지는 마케팅이다. • 서비스의 품질 관리를 위해 직원을 교육·훈련하고, 이들에게 동기를 부여하는 내부직원을 대상으로 하는 마케팅 활동이다. • 내부 마케팅은 외부 마케팅보다 우선적으로 수행한다.
외부 마케팅	• 기업-고객 간에 이루어지는 마케팅이다. • 서비스 산업에서도 CEO는 고객을 조사하고, 고객에게 제공할 서비스를 설계 디자인하여 제공하는 서비스 품질을 약속한다.
상호작용 마케팅	• 종업원-고객 간에 이루어지는 마케팅이다(고객접점 마케팅). • 서비스 기업의 직원들이 직접적으로 고객과 접촉하면서 실제 서비스를 제공한다(고객과의 약속 전달·제공).

56 서비스 기대 영향 요인
• 내적 요인 : 개인적 니즈, 관여도, 과거의 경험, 보조 서비스의 핵심 서비스화
• 외적 요인 : 경쟁적 대안, 사회적 상황, 구전
• 상황적 요인 : 구매동기, 소비자의 기분, 날씨, 시간적 제약
• 기업 요인 : 기업 측의 약속, 서비스 직원, 기업이미지

57 방문서비스 또는 고객 편의 제고 전략은 서비스 수요가 적은 상황에 사용한다.

수요관리 전략
• 수요분할
• 서비스 다양화/보완적 상품 개발
• 서비스 제공시간대와 장소의 조절
• 가격 차별화 전략
• 커뮤니케이션 증대
• 수요의 재고화 전략

58 적합성(Conformance)은 제품설계나 제조특성이 이미 설정된 표준에 적합한지의 정도를 나타내는 품질 특성이다.

제품 차별화의 요인
형태, 특성, 성능 품질, 적합성 품질, 내구성, 신뢰성, 수선 용이성, 디자인 등

59 시장 세분화를 위한 주요변수
- 인구통계적 변수 : 성별, 연령, 가족생활주기 등
- 사회·경제적 변수 : 수입, 교육 정도, 사회계층 등
- 심리분석적(사이코그래픽) 변수
- 지리적 변수 : 거주지역, 도시크기, 기후, 인구 밀도 등
- 추구편익 변수 : 동일 서비스에 대해 가지는 소비자들의 근본적인 추구편익의 차이
- 사용량 변수 : 고객의 서비스 사용 정도나 유형
- 촉진반응 변수 : 기업의 특정광고, 판매촉진, 진열이나 전시에 대한 소비자들의 반응
- 충성도 변수 : 고객이 사용 목적에 따라 특정의 상표를 선호하고 이를 반복하여 구매하는 소비자 선호
- 서비스 변수 : 서비스 제공물에 대한 고객들의 반응 유형

60 국가고객만족도(NCSI) 설문은 고객기대 수준, 인지 서비스 품질 수준, 인지가치 수준, 고객만족지수, 고객 불만, 고객충성도로 구성되어 있다.

03 | 고객관리 실무론

61	62	63	64	65	66	67	68	69	70	71	72	73	74	75
①	⑤	③	④	③	④	②	③	②	⑤	①	③	④	③	①

76	77	78	79	80	81	82	83	84	85	86	87	88	89	90
④	⑤	②	④	③	②	②	③	②	③	①	⑤	③	①	④

61 첫인상의 특징
- 일회성 : 단 한번 뿐이다.
- 신속성 : 3~7초 내에 결정된다.
- 일방적 : 나의 의지와 상관없이 상대방이 판단한다.
- 초두효과 : 처음에 강하게 들어온 정보가 전체적인 이미지 판단에 결정적이다.

62 ① 아랫사람이나 용건이 있는 사람이 자기를 소개한다는 차원에서 먼저 건네도 좋다.
② 만나자마자 명함을 교환하기 보다는 간단한 인사나 악수 후 건네는 것이 좋다.
③ 받은 명함은 앉아서 대화를 나누는 동안 테이블 위에 놓고 이야기하는 것이 예의이다.
④ 혹시 모르는 한자가 있을 경우라도 질문하는 것은 실례가 아니다.

63 ① 남자의 경우 장갑을 벗고 여성의 경우 벗지 않아도 된다.
② 악수를 하면서 허리를 굽힐 필요는 없다.
④ 악수를 하면서 상대방의 손을 계속해서 잡고 말을 걸면 실례이다.
⑤ 남성이 상사인 경우에 여성 직원에게 악수를 먼저 청할 수 있다.

64
- Be 언어 : 상대방의 문제 행동을 지적해 주기보다는 그 행동을 전반적인 성격 특성이나 인격으로 확대시켜서 표현하는 말

  예 홍표야, 너 왜 이렇게 게으르니?
- Do 언어 : 상대방의 문제가 되는 행동을 구체적으로 가리켜 표현하는 말

  예 홍표야, 너 자주 지각하는구나.

65 엘리베이터 버튼 대각선 방향 뒤쪽이 가장 좋은 자리이며, 버튼이 양쪽에 있는 엘리베이터는 뒤쪽 중앙이 상석이다.

66 프레젠테이션의 목적에는 정보전달, 동기유발, 의사결정 설득, 행동촉구, 엔터테인먼트 등이 있다.

67 콜센터 조직은 그 안에서 정규직과 비정규직 간의 의식·시각 차이, 참여도, 학습능력의 차이, 근속기간의 차이 등으로 인한 보이지 않는 커뮤니케이션 장벽이 존재한다.

68 특정 개인의 식별정보
- 개인에 대한 호칭 : 특정 개인의 이름, 닉네임, 어떤 조직 내에서의 호칭, 직책 등의 정보
- 개인의 특성에 대한 정보 : 개인의 신장, 체중, 나이, 혈액형, 지문 등의 객관적 정보
- 특정 개인의 상황이나 상태를 나타낼 수 있는 정보 : 개인의 교육이나 재정상황, 건강상태 등에 관한 정보, 직장에서의 근무평가나 각종 시험 평가에 대한 정보
- 특정 개인의 생각이나 의견 또는 감정 등을 나타내는 정보 : 개인의 글이나 의견, 개인에 대한 타인의 평가, 개인에 대한 사회적 조직 내에서의 평가에 대한 정보

69
① 사내 전화가 왔을 때는 부서명만 말한다.
③ 잘못 걸려온 전화일 때는 이쪽의 번호나 회사명을 알려준다.
④ 메모는 통화하면서 적는다.
⑤ 상대방의 통화 사정을 물어 본다. 특히, 휴대폰일 경우 회의 중이거나 운전 중일 수 있으므로 반드시 통화가능 여부를 물어 본다.

70 새로운 인력을 선발하여 지속적으로 업무를 교체하는 것은 업무의 효율성 측면에서 바람직하지 않다.

71 아웃바운드 기본 스크립트의 구성 체계
- 자기소개 및 첫인사
- 상대방 확인
- 전화를 건 목적 전달
- 정보수집 및 니즈탐색
- 상품, 서비스 제안
- 종 결

72 동시에 두 사람 이상의 손님이 잇달아 방문하였을 때는 먼저 온 손님이나 약속된 손님을 우선 안내한다.

73 고객의 개성과 개인차를 이해하고 불만고객에 대해 일대일 대응하는 것이 필요하다.

74 사업자는 소비자로부터 피해구제의 신청을 받은 때에는 신청을 받은 날로부터 30일이 경과하여도 합의에 이르지 못하는 경우 한국소비자원에 그 처리를 의뢰할 수 있다(소비자기본법 제55조 제3항 제1호).

75 ② 고정형 영상정보처리기기운영자는 고정형 영상정보처리기기의 설치 목적과 다른 목적으로 고정형 영상정보처리기기를 임의로 조작하거나 다른 곳을 비춰서는 아니 되며, 녹음기능은 사용할 수 없다(개인정보보호법 제25조 제5항).
③ 개인정보처리자는 정보주체의 동의를 받은 경우에는 정보주체의 개인정보를 제3자에게 제공(공유를 포함)할 수 있다(개인정보보호법 제17조 제1항 제1호).
④ 자신의 개인정보를 열람한 정보주체는 개인정보처리자에게 그 개인정보의 정정 또는 삭제를 요구할 수 있다. 다만, 다른 법령에서 그 개인정보가 수집 대상으로 명시되어 있는 경우에는 그 삭제를 요구할 수 없다(개인정보보호법 제36조 제1항).
⑤ 보호위원회는 개인정보의 처리에 관한 기준, 개인정보 침해의 유형 및 예방조치 등에 관한 표준 개인정보 보호지침을 정하여 개인정보처리자에게 그 준수를 권장할 수 있다(개인정보보호법 제12조 제1항).

76 얀 칼슨(Jan Carlson)은 그의 저서 「진실의 순간」에서, 서비스 업무 개선의 중요성을 '소매업에서는 가격이 하루만에 똑같아지고 상품 품목은 3일만에 모방된다. 차이를 좁히기 힘들고 따라할 수 없는 것이 서비스다'라고 설명하였다.

77 코칭의 특징은 코치와 코칭을 받는 사람의 수평적 파트너십 속에서 What이 아닌 Who에 집중하는 것이다.

78 개인정보보호법 제25조는 민간 CCTV 등 영상정보처리기기의 설치·운영 제한 규정을 두고 있다.

79 영어의 경우, 화면상의 글자가 모두 대문자로 되어 있으면 읽기가 매우 불편하므로, 모든 문장을 대문자로 입력하지 않는다.

80 토의법

장 점	• 토의법은 공동학습의 한 형태로서 일정한 조직으로 고정시키지 않고, 비형식적인 토의집단으로 구성하여, 특정 주제와 관련된 학습자료를 가지고 토의하는 것이다. • 참가자가 비교적 소규모이며, 상호작용이 가능한 형태일 때에 유용한 방법이다. • 경험의 상호교류에 의하여 실제 생활에 도움이 되는 지식이나 기술을 습득할 수 있다. • 참가자들 간의 인간관계의 향상 및 연대의식의 고양에 유리하다. • 대화를 통하여 협력과 사고하는 방법 등 주관적인 태도가 양성된다.
단 점	• 학습자의 수준에 한정될 수밖에 없다. • 경험중심이기 때문에 본질적 내용파악이 어렵다. • 참가자가 많을 경우에는 전개하기가 어렵다.

81 도표(그래프) 종류
- 막대 그래프 : 크거나 작거나, 많거나 적은 것을 한눈에 비교하여 읽는 데 적당한데, 이를 발전시켜 누적 막대 그래프를 그릴 수 있다.
- 꺾은선 그래프 : 시간이 흐름에 따라 변해가는 모습을 나타내는 데 많이 사용된다. 날씨 변화, 에너지 사용 증가율, 물가의 변화 등을 나타내기에는 막대 그래프보다 꺾은선 그래프가 유용하다고 할 수 있다.
- 원형 그래프나 띠 그래프 : 전체에 대한 부분의 비율을 나타내는 데 많이 쓰인다. 원이나 띠 그래프를 읽을 때는 먼저 전체가 100%인지를 확인하고, 그 중에서 각각의 항목이 차지하는 비중이 어느 정도인지를 읽은 후 자료항목이 차지하는 중요도(비율)나 우선순위를 파악할 수 있어야 한다.

82 내용을 빽빽하게 하는 것보다 상하좌우 여백을 적절히 안배하는 것이 보기에 부담이 없다.

83 ① 공개토론(Panel)
② 집단토론(Buzz Session)
④ 브레인스토밍(Brainstorming)
⑤ 포럼(Forum)

84 의전은 상호주의를 원칙으로 한다.

의전의 5R
- Respect(상대방에 대한 존중)
- Reciprocity(상호주의)
- Rank(서열)
- Right(오른쪽 우선)
- Reflecting Culture(문화 반영)

85 개인정보처리자는 개인정보의 유출 등이 있음을 알게 되었을 때에는 개인정보의 유형, 유출 등의 경로 및 규모 등을 고려하여 대통령령으로 정하는 바에 따라 제1항 각 호의 사항을 지체없이 보호위원회 또는 대통령령으로 정하는 전문기관에 신고하여야 한다. 이 경우 보호위원회 또는 대통령령으로 정하는 전문기관은 피해 확산방지, 피해 복구 등을 위한 기술을 지원할 수 있다. 이때 대통령령으로 정한 바에 따르는 유출 등의 규모는 1천명 이상의 정보주체에 관한 개인정보가 유출 등이 된 경우를 말한다(개인정보보호법 제34조 제3항, 시행령 제40조).

86 여권번호는 주민등록번호, 운전면허번호, 외국인등록번호와 함께 고유식별정보에 해당한다.

87 서비스 회복의 요인 가운데 하나인 '보상'은 고객이 원하는 원상태로 서비스를 회복시키는 것을 의미하며 가장 중요한 서비스 회복 전략으로 나타난다.

88 ① 사장실은 이쪽입니다.
② 사장님, 김 부장이 왔습니다.
④ 어르신, 잠시만 기다려 주시겠습니까?
⑤ 선생님, 오랜만에 뵙습니다.

89 학습속도는 사람마다 다르다.

도날슨(Donaldson)과 스캐널(Scannel)의 성인학습의 원리
- 학습은 학습자 스스로의 학습이다.
- 학습속도는 사람마다 다르다.
- 학습은 끊임없이 지속되는 과정이다.
- 학습은 자극에서 시작해 감각으로 끝난다.
- 긍정적 강화는 학습을 강화한다.
- 최선의 학습은 '실행'을 통해 얻어진다.
- 전체–부분–전체의 순서로 학습할 때 효과가 있다.

90 전자상거래 용어 정리
- M–Commerce : e–Commerce를 Mobile 환경으로 전개한 전자상거래 형태
- Cyber–money : 전자상거래나 콘텐츠 제공업체들이 자사 회원에게 마일리지 형태로 제공하는 가상화폐
- 비즈니스 주체 간의 거래 유형
  - B2B(Business–to–Business, 기업과 기업)
  - B2G(Business–to–Government, 기업과 정부)
  - B2C(Business–to–Consumer, 기업과 개인)
  - C2C(Consumer–to–Consumer, 개인과 개인)
  - G2G(Government–to–Government, 중앙정부와 지방정부) 등으로 구분

2025 시대에듀 CS리더스관리사 적중모의고사 900제

개정13판1쇄 발행	2024년 10월 15일 (인쇄 2024년 08월 23일)
초 판 발 행	2012년 05월 10일 (인쇄 2012년 03월 19일)
발 행 인	박영일
책 임 편 집	이해욱
편 저	CS리더스관리연구소
편 집 진 행	박종옥 · 오지민
표지디자인	하연주
편집디자인	차성미 · 장성복
발 행 처	(주)시대고시기획
출 판 등 록	제10-1521호
주 소	서울시 마포구 큰우물로 75 [도화동 538 성지 B/D] 9F
전 화	1600-3600
팩 스	02-701-8823
홈 페 이 지	www.sdedu.co.kr

I S B N	979-11-383-7475-0 (13320)
정 가	29,000원